MASTER

Roger Federer

CHRISTOPHER CLAREY

MASTER

Roger Federer

geoPlaneta

MASTER Roger Federer
Título original: *The MASTER The Long Run and Beautiful Game of Roger Federer*

DE LA EDICIÓN EN ESPAÑOL
geoPlaneta

Av. Diagonal 662-664. 08034 Barcelona
info@geoplaneta.com - www.geoplaneta.es
2ª. edición en español: febrero de 2026

ISBN: 978-84-08-31531-5
Depósito legal: B. 21.250-2025
Impresión y encuadernación: Digital

PEFC
PEFC/14-38-00305
Certificado PEFC
Este libro procede de bosques gestionados de forma sostenible y fuentes controladas
www.pefc.es

SUMARIO

Capítulo 1: Tigre, Argentina 9
Capítulo 2: Basilea, Suiza 23
Capítulo 3: Écublens, Suiza 47
Capítulo 4: Biena, Suiza 67
Capítulo 5: Sídney 101
Capítulo 6: Wimblendon 119
Capítulo 7: Melbourne 149
Capítulo 8: Palma de Mallorca 185
Capítulo 9: París 223
Capítulo 10: Los Ángeles 251
Capítulo 11: Feusisberg, Suiza 269
Capítulo 12: Nueva York 291
Capítulo 13: Lille, Francia 317
Capítulo 14: Dubái 329
Capítulo 15: Indian Wells, California 363
Capítulo 16: Felsberg, Suiza 387
Capítulo 17: Sudáfrica 407
Epílogo 415
Agradecimientos 429
Índice 433

Capítulo 1

TIGRE, ARGENTINA

Se acercaba la medianoche y, con ella, Roger Federer.

Los periodistas pasamos mucho tiempo esperando y aquella espera en concreto la pasé en un coche con chófer, en un barrio de las afueras de Buenos Aires, con la lamentosa balada *All by Myself* («completamente solo») de Eric Carmen sonando en la radio. Para mí era la mejor banda sonora, allí sentado, solo en la parte de atrás, con mis notas y mis reflexiones previas a la entrevista, pero no para Federer, que raras veces parece estar solo del todo y, desde luego, esa no era una de ellas.

Estábamos a mediados de diciembre del 2012, en la recta final de un año de resurgimiento en el que Federer había vuelto al n.º 1 tras ganar Wimbledon, su primer Grand Slam en más de dos años. El tenista había dejado en Suiza a su esposa, Mirka, y a sus gemelas de 3 años y había ido por primera vez a aquella parte de América del Sur a jugar unos partidos de exhibición cuyas entradas se agotaron en minutos.

Federer estaba allí por dinero: 2 millones de dólares por partido, es decir, con seis encuentros ganaría más que los 8,5 millones que había obtenido en premios oficiales en todo el 2012. Pero también estaba allí por el recuerdo, por la oportunidad de hacer comunidad con un público nuevo en un sitio nuevo, pese a todas las exigencias que su mente y su cuerpo habían soportado en los once meses previos.

Otros campeones con su fortuna ya asegurada se habrían contentado con descartar el viaje y el *jet lag*. Pero Federer y su agente, Tony Godsick, pensaban a gran escala: tenían en cuenta los mercados que todavía estaban sin explotar para Federer y las emociones que había aún sin explotar en Federer. La gira, que lo llevó a Brasil antes de Argentina, superó las expectativas de ambos y la viva imagen de ello eran las veinte mil personas que llenaron aquella noche el estadio improvisado de Tigre. Era una cifra récord para un partido de tenis en Argentina, un país orgulloso con tenistas icónicos como Guillermo Vilas, Gabriela Sabatini y Juan Martín del Potro, que había sido el rival de Federer y, en cierto modo, su contrapunto.

«Ha sido genial, aunque un poco raro para Juan Martín —dijo Franco David, el entrenador de Del Potro—. En Argentina él juega en casa, pero animan más a Federer.»

Eso mismo ha ocurrido en muchos países con afición al tenis. Al final Federer juega en casa casi en todas partes, e incluso cerca de la medianoche había varios cientos de fans esperando fuera del estadio: adultos subidos a cajas para ver mejor; niños montados a hombros de sus padres; luces de cámaras digitales parpadeando mientras sus dueños mantenían el dedo en el botón para captar el momento perfecto...

Había silencio, expectación y, de pronto, un alboroto cuando Federer salió por una puerta lateral y se abrió camino hasta el asiento de atrás, desplazándose con ligereza incluso después de una victoria en tres sets contra Del Potro.

«¡Adiós. Adiós. Adiós! —les dijo rítmicamente y en tono familiar a sus fans antes de abrir la puerta del coche—. ¿Qué tal todo?», me preguntó en el mismo tono tras cerrarla al subir.

He seguido a Federer por seis continentes. Lo he entrevistado más de veinte veces en veinte años para *The New York Times* y *The International Herald Tribune*. Hemos tenido encuentros en todo tipo de sitios, desde un avión privado hasta una pista trasera de Wimbledon, desde Times Square hasta restaurantes en los Alpes suizos o una suite en el Hotel de Crillon de París con unas vistas perfectas a la place de la Concorde, mientras su futura esposa, Mirka Vavrinec, se probaba prendas de diseño.

Una costumbre que diferencia a Federer de la mayoría de los deportistas de élite que he conocido es que siempre se adelanta y te pregunta cómo estás, y no de manera superficial: se interesa por cómo te ha ido el viaje al sitio donde estáis, cómo has percibido el torneo, el país, a la gente. «Lo más interesante de Roger es que se interesa de verdad», me dijo una vez Paul Annacone, antiguo entrenador de Federer.

En el 2012 yo me había embarcado en mi propia vuelta al mundo con mi familia de cinco miembros: un año escolar viajando, con tres meses en Perú, Chile y Argentina como punto de partida.

Federer quería que le hablara de los sitios principales (Torres del Paine y la isla de Chiloé en Chile, Arequipa en Perú), aunque le interesaban más la escolarización y las reacciones de nuestros hijos, cómo les había beneficiado aquello. Era otro indicio más de que preveía estar de viaje con su familia de manera indefinida, de que quería que sus hijas fuesen parte de su vida cotidiana y enseñarles, de camino, un buen pedazo del mundo.

«En muchas ciudades y torneos somos como invitados que siempre vuelven, y hemos hecho además un montón de amigos por el mundo —me contó—. Es esa sensación de encontrar un hogar fuera de tu casa. Ahora puedo reproducir esa sensación con bastante facilidad, sobre todo teniendo conmigo a las niñas, y quiero seguir haciéndolo por ellas, para que se sientan cómodas allá donde vayamos.»

El interés de Federer (ya sea pura cortesía o de corazón) fija el tono de una conversación, no de una entrevista estructurada. Es algo que te desarma —aunque no parezca ser su intención—, que sobre todo crea un ambiente de normalidad en mitad de lo extraordinario, y Federer lo proyecta con toda intención. Sabe moverse encima del pedestal (ha adquirido mucha práctica), pero a menudo insiste en que le resulta más feliz estar cara a cara; probablemente eso lo haya aprendido de su madre, Lynette: cuando alguien oye su apellido o un dependiente lo ve en la tarjeta de crédito y le pregunta si es familiar de «ese» Federer, Lynette siempre responde que sí, pero mueve rápido el foco y le pregunta a la otra persona si también tiene hijos.

—Fíjate en todo esto, escucha —me dijo Federer con su distintiva voz nasal de barítono, mientras señalaba por la ventanilla—. Estamos casi escabulléndonos entre la multitud con escolta policial. No suelo verme en estas, la verdad.

—Qué curioso. Habría dicho lo contrario —respondí.

—Gracias a Dios no. Yo me veo a mí mismo como un tipo normal con una vida fascinante como tenista, porque la vida como tenista al final la vives casi toda bajo la mirada del público, con viajes por el mundo, audiencia en directo... La crítica te llega de inmediato. Sabes si eres bueno o malo. Es un poco como los músicos, y es una buena sensación, la verdad. Aunque seas malo, no importa. Trabaja para mejorar. Al menos así sabes que tienes un trabajo que hacer. Y, si eres muy bueno, pues te da confianza y te motiva, te inspira. Reconozco que es una vida magnífica. A veces se hace complicada, claro, porque los viajes pueden ser duros. Ya sabes cómo es esto. Pero el otro día estaba pensando que hace unos diez años que entré en el Top 10 y aquí estoy, experimentando todavía cosas como esta. Es similar a una experiencia extracorpórea, casi no me creo que esté ocurriendo. Me siento muy afortunado, y supongo que es otra de las razones por las que quisiera seguir jugando más tiempo, porque estas cosas no van a volver a pasar cuando me retire.

La incógnita, incluso para Federer, era cuánto tiempo más avanzaría su camino antes de retirarse.

Aquella noche en Argentina el suizo tenía ya 31 años, la edad a la que Pete Sampras (uno de los modelos de Federer) alcanzó el récord de catorce títulos individuales de Grand Slam al ganar el US Open 2002. Esa resultó ser la última final que Sampras jugaría en el circuito, y habría sido un auténtico colofón deportivo si el tenista no hubiese esperado otro año más para anunciar su retirada.

Stefan Edberg, otro de los tenistas héroes de la infancia de Federer, se retiró con 30 años.

Pero la carrera del suizo no estaba en las últimas en Buenos Aires, tal y como habría podido imaginar la mayoría de expertos y aficionados del tenis. El jugador estaba aún en mitad de su recorrido y seguiría jugando con eficacia ya entrada la década del 2020, mientras los tenistas de su generación se dedicaban a otros negocios, a ser comentaristas o a entrenar a rivales más jóvenes que él. Al seguir a Sampras en sus últimas temporadas del 2001 y 2002 se percibía la sensación de rutina y presión. «Pete estaba fuera ya, pero Roger es un animal muy distinto —dijo Annacone, que ha entrenado a ambos jugadores—. A Pete viajar por el mundo le agotaba la energía. Roger saca energía de ello.»

Annacone viajó con Federer al circuito de la ATP en Shanghái. El segundo día de la estancia, Annacone y el resto del equipo estaban reunidos conversando en la suite de Federer cuando llamaron a la puerta. Era una mujer china.

Y Federer anunció que había llegado su profesora de chino.

«Roger nos dijo que iba a venir cada día una media hora para que pilláramos algunas palabras y aprendiéramos algo de mandarín —me contó Annacone—. Y yo le dije: "tío, si casi no sé hablar inglés...". Pero él insistió: "será divertido, ya verás". Y le encantó. Quería saber algunas frases para poder decir gracias en mandarín a los fans, aunque se ponía de los nervios cuando nos oía pronunciar a nosotros. Simplemente, Roger se adapta a los diferentes retos de los viajes de una manera que muchos otros no lo hacen.»

Para Federer ese era su estado natural, con un padre de Suiza y una madre de Sudáfrica, país que el tenista visitó por primera vez con 3 meses y al que regresó a menudo durante su infancia. Sampras solo hablaba inglés. Federer domina el francés, el inglés, el alemán y el suizo-alemán, y sabe algunas palabras de afrikáans gracias a su madre, además de palabrotas en sueco gracias a su antiguo entrenador, Peter Lundgren.

Como suizo de la ciudad fronteriza de Basilea que es, Federer se acostumbró a cambiar de ambiente cultural desde muy temprano, aunque estar expuesto a una forma de vida no garantiza que la asimiles. Federer lo hizo, en parte porque, como campeón del tenis, tenía sentido recorrer el mundo. Lo que le daba vértigo estando en aquel coche en Argentina en el 2012 era darse cuenta de que el corpus que había creado en las pistas de Wimbledon y Roland Garros había tenido su traducción y había inspirado a mucha mayor escala de lo que él imaginaba.

—Son muy apasionados —me dijo—. En América del Sur he visto llorar a más fans que en ningún otro sitio. Lloran y se ponen a temblar y se sienten tan... no sé... no asombrados, sino tan felices de conocerte, que ni se lo creen. Me ha pasado otras veces, pero es muy raro, aquí habré tenido a veinte personas al menos abrazándome y dándome besos, felices solo por tener la oportunidad de tocarme.

Los argentinos gritaban y trataban de acercarse al coche, pero Federer no se retiró de la ventanilla. Se acercó más, incluso.

Estábamos hablando en inglés y le pregunté si conocía la palabra *jaded*, hastiado.

—Más o menos —respondió dudoso.

—En francés significa *blasé* —le dije—. Es cuando ya has vivido algo antes y no te estimula igual, algo parecido a lo que imagino que sentiría Björn Borg en el coche cuando se marchó del US Open para no volver.

Borg tenía entonces 25 años.

Federer se paró a pensarlo un momento.

—Todo pasa muy rápido. Y te dices: «Bueno, ya está, no quiero seguir haciendo esto. Me he cansado». Eso es justo lo que intento evitar buscando el calendario más adecuado, con la correcta proporción de entretenimiento y de cambios, porque, como tú has dicho, si haces siempre lo mismo, da igual el qué, demasiadas veces sin parar y con demasiada frecuencia, te aburres. Da igual lo extraordinaria que sea tu vida, y ahí es donde entran estos viajes, o una buena sesión física de entrenamiento, unas agradables vacaciones, unos buenos torneos seguidos, para curtirte, sea como sea... Es en la variedad donde encuentro los recursos para seguir, la energía para continuar. De verdad, es bastante sencillo en cierto modo.

Al ver a Federer mantener esa frescura y entusiasmo con más de 30 años, contra toda lógica y todo precedente en el tenis, resultaba curioso darse cuenta de que esa capacidad para vivir el momento en realidad se basaba en la premeditación. Si estaba relajado y se amoldaba pese a todas las fuerzas que tiraban de él, era porque se conocía a sí mismo y su microcosmos lo bastante bien para eludir los escollos que pudieran apagarle la luz piloto.

También esa intencionalidad encajaba bien con el conjunto de su carrera.

A menudo, Federer ha logrado que el tenis parezca facilísimo, década tras década: lanzando *aces*, deslizándose hacia sus *drives* y, en sumador desafío a la gravedad, manteniéndose sobre el agua en un mundo lícitamente inundado por un cinismo icónico. No obstante, el camino de Federer, desde el adolescente temperamental de pelo rubio y dudoso estilo hasta uno de los grandes deportistas más elegantes y aplomados del mundo, ha sido un acto de voluntad a largo plazo, no cosa del destino.

Pese a la percepción extendida de que todo le sale natural, Federer es un planificador meticuloso que ha aprendido a asimilar la rutina y la autodisciplina, y que traza su calendario con mucha antelación y con bastante detalle.

«Suelo tener cierta idea de cómo será el siguiente año y medio, y una idea muy clara de los siguientes nueve meses —me contaba en Argentina—. Puedo decirte lo que haré el lunes antes de Róterdam o el sábado antes de Indian Wells. A ver, no hora por hora, pero sí detallo las cosas casi día por día.»

Aunque sea raro ver sudar a Federer, el esfuerzo y las inseguridades entre bastidores han alcanzado niveles tremendos; ha jugado con más dolor de lo que haya podido trascender y no han sido pocos los contratiempos siendo él centro de atención. Bien podría decirse que los dos partidos de mayor relevancia para Federer fueron las finales de Wimbledon 2008 contra Rafa Nadal y del 2019 contra Novak Djokovic: ambas acabaron con derrotas amargas tras cinco sets ajustados que superaron el tiempo reglamentario.

Federer ha sido un gran ganador, con más de cien títulos en el circuito y veintitrés semifinales consecutivas de Grand Slam, pero también un gran perdedor.

Sin duda, eso ha contribuido a su encanto de hombre normal, ha ayudado a humanizarlo, y hay que decir a su favor que ha sabido encajar los golpes, tanto públicos como privados, y se ha recuperado de ellos poniendo siempre el acento en la energía positiva y el largo plazo.

Federer ha trascendido el tenis, no usándolo como plataforma para causas más elevadas o provocadoras, sino en gran medida dentro de los confines del juego, un logro nada menor para un deporte con una base de aficionados cada vez más pequeña y envejecida en Europa y América del Norte.

Este enfoque es propio de la vieja escuela: pocas polémicas y poca vida personal frente a mucha afabilidad y mucho espíritu deportivo.

¿Aburrido? Casi imposible. ¿Cómo va a ser fuente de hastío alguien que une en un mundo dividido? El juego de Federer siempre es bonito: como un *ballet*, a menudo aéreo, cuando salta en un saque o un golpe de fondo, con los ojos puestos en el punto de contacto durante un instante más que cualquier otro jugador que yo haya visto en los más de treinta años que llevo cubriendo el tenis. Esa capacidad para finalizar un golpe, finalizarlo de verdad, puede hacerlo parecer despreocupado, pero es otro elemento de eso que lo convierte en un ser magnético al observarlo: como cuando Michael Jordan flotaba un poco más que el resto en el aire de camino de la canasta; como cuando un bailarín aguanta una pose para darle énfasis.

El tenis profesional ha estado metido en un acelerador de partículas durante el último cuarto de siglo, con raquetas más potentes y cuerdas de poliéster, y con deportistas más altos y explosivos. La técnica del golpeo y el juego de piernas han tenido que ajustarse a la velocidad, pero en apariencia Federer sigue teniendo tiempo de dar una última capa de pintura a sus golpes. ¿Cómo puede jugar así y recuperarse antes de pulir el siguiente golpe? Porque tiene una visión, una movilidad y una agilidad extraordinarias, pero también por sus golpes relativamente compactos y por la confianza que da saber que, aunque otros necesiten planificar, machacarse y presionar, él puede idear soluciones sobre la marcha (la carrera, la embestida o el movimiento repentino) allí donde el resto carece de las herramientas, o la navaja suiza, necesarias para ello.

A Marc Rosset, el mejor jugador masculino suizo antes de que Federer subiera tanto el listón, le encanta hablar de la «velocidad de procesamiento» de Roger.

Rosset recuerda un ejercicio de entrenamiento en el que alguien lanza cinco pelotas de diferentes colores al aire y les pide a los jugadores que las cojan en orden según el color. «Lo máximo que acerté fueron cuatro. Me costaba muchísimo. A Rog le dabas cinco y cogía las cinco», dice Rosset.

«La gente se centra mucho en el talento de los deportistas con las manos o los pies —continúa—, pero hay un talento del que no hablamos lo suficiente: la capacidad de reacción, la capacidad de que el cerebro interprete lo que ven los ojos. Cuando miras a los grandes campeones, a futbolistas como Zidane o Maradona, o a Federer, Djokovic o Nadal en el tenis, a veces tienes la impresión de que están en Matrix, de que todo va rapidísimo, demasiado rápido para ti o para mí, pero ellos pillan las cosas a tal velocidad que parecen tener más tiempo para que sus cerebros lo procesen todo.

»Zidane, cuando regateaba, tenía a cuatro alrededor, pero mantenía la calma. Para él todo iba a cámara lenta. Estos grandes campeones van una fracción de segundo por delante del resto, y eso les permite estar más relajados. Cuando ves algunos de los golpes increíbles que Roger ha podido hacer en su carrera, sabes que no son golpes que puedas practicar.»

Observar a Federer en sus mejores días es dejarte llevar por el flujo de sus movimientos, pero también ponerte de los nervios porque sabes que habrá prestidigitación en algún momento (¿cuándo?). Es una dosis doble de embriaguez, intensificada por lo poco que este jugador se ha desviado del reto que tenía por delante en su carrera. Sin diatribas ni cháchara, y con su viaje interior pocas veces reflejado en unos ojos siempre clavados en la pista, el foco ha permanecido centrado en el acto físico de Federer ejerciendo su destreza.

«Juega la bola, pero también juega con la bola», me comentó una vez Severin Lüthi, su amigo y entrenador durante mucho tiempo.

Es una cualidad que atrae a gente del tenis y de fuera. «Seguramente Fed sea el tío que más sorprende a otros jugadores —dice Brad Stine, un entrenador veterano que trabajó con Kevin Anderson y con el n.º 1 Jim Courier—. Lo ven y les nace decir: "¿Cómo hace eso? En serio, ¿cómo se hace ese golpe?".»

John McEnroe también fue un artista con raqueta, pero atormentado. Si Johnny Mac es Jackson Pollock salpicando pintura en un intento por expresar su lucha interna, Federer se acerca mucho más a Pedro Pablo Rubens: prolífico, equilibrado, persistente y accesible para los gustos más generales, aunque capaz de provocar escalofríos en los expertos con sus pinceladas y su composición.

Es toda una escuela de arte en vivo, pero que al mismo tiempo deja mucho espacio en el lienzo para que otros encuentren significado al trabajo que hace Federer. Pese a que él prefiere no darle demasiadas vueltas a la fórmula. «Es bastante sencillo, de hecho», dice, pero asume que otros lo intentarán, como el escritor cuyas novelas se diseccionan en un seminario de posgrado.

Recuerdo hablar con Federer sobre esto antes de subir a su *jet* privado en el desierto de California en el 2018 (mi primer y seguramente último viaje en *jet* privado). Federer había jugado la final del BNP Paribas Open el día antes contra Del Potro y había desperdiciado tres puntos de partido en su servicio hasta perder en un *tiebreak*, en tres sets: su primera derrota esa temporada. Los márgenes habían sido muy escasos; el tiempo de reacción, muy reducido, incluso para él.

«¿Tácticas? La gente habla de tácticas, pero a este nivel muchísimas veces todo se reduce al instinto —me dijo—. Todo pasa tan rápido que tienes que golpear casi sin pensar. Y, por supuesto, hay cierto componente de suerte.»

La fortuna ha desempeñado su papel en el caso de Federer, sin duda. Quizá no se hubiese convertido en campeón, o al menos no en el tenis, si un profesional veterano de nombre Peter Carter no hubiera decidido aceptar un trabajo de entrenador, de entre todos los lugares posibles, en un pequeño club de Basilea, Suiza. Federer quizá no hubiese adquirido su constancia si no se hubiera topado con un entrenador físico, intelectual, sensible y dotado, llamado Pierre Paganini, o si su carrera no se hubiera cruzado con la de Mirka Vavrinec, una jugadora suiza mayor que él que terminó siendo su esposa, agente de prensa a tiempo parcial y organizadora en jefe. Federer nunca hubiese podido jugar durante tanto tiempo ni con tanta convicción sin el apoyo absoluto y la ambición personal de Mirka.

«Mirka desea el éxito casi tanto como Federer, o quizá más», asegura Paul Dorochenko, el entrenador físico francés que trabajó con Vavrinec y Federer en los primeros años de carrera de ambos en Suiza.

En todo caso, en la vida, y desde luego en el tenis profesional, todo depende de lo que hagas con tu buena fortuna, de cómo aproveches tus oportunidades; y Federer se sirvió de muchas de ellas más que desaprovecharlas.

El suizo no es tan caballero como lo hacen parecer quienes venden su imagen. Es inteligente e intuitivo, pero no es ningún maestro de los comentarios ingeniosos a lo James Bond. Después de todo, dejó los estudios a los 16 años y nunca fue un alumno muy serio. No obstante, enfocó la edad adulta y el circuito tenístico con mucho más rigor.

«Para mí esto es la escuela de la vida», me dijo en Argentina.

Pese a que Federer tenía unas dotes innegables, una de las

cosas que lo diferenciaban de otros grandes talentos de su generación era que sentía un amor duradero por el deporte y también el impulso de exigirse más a sí mismo. Creía que mantener un nivel inalterable en el tenis profesional equivalía a perder terreno: una convicción que recayó sobre sus rivales más jóvenes.

«El principal requisito para el éxito a este nivel es, creo, el deseo constante y la apertura de mente de cara a dominar el juego, a mejorar y evolucionar en todos los aspectos —me contaba Djokovic hace poco—. Sé que Roger ha hablado mucho de esto y creo que la mayoría de grandes atletas de todos los deportes coincidirían en lo mismo. El estancamiento es regresión.»

Federer conocía sus debilidades (o acabó por conocerlas) y las afrontaba: gestión de la ira, fortaleza mental, concentración, aguante, un dolor de espalda crónico y su revés a una mano. Cambió de tácticas para atacar más desde el fondo que en la red. Pasó a una raqueta de cabeza más grande para aumentar sus oportunidades de prosperar en peloteos largos y cambió de entrenador repetidas veces —aunque no de manera impulsiva— para adquirir nuevas perspectivas; en ocasiones estuvo incluso sin entrenador. A lo largo de su vida, ha buscado rodearse de personas que puedan servirle de mentoras, incluso modelos para sus siguientes fases: desde Sampras hasta el Tiger Woods preexilio o, más recientemente, Bill Gates, cuya actitud filantrópica Federer espera emular en sus últimos años.

Las habilidades tenísticas del suizo han sido el ingrediente principal de su éxito, aunque sus habilidades personales también están en la receta. Las superestrellas del tenis reciben un montón de zapatillas gratis, y sin embargo es raro que sepan ponerse en el lugar de otros, calzarse zapatillas ajenas. Federer es empático y nunca deja de registrar los sentimientos y las energías del estadio entero, de la calle, de la habitación, del asiento de atrás...

A mitad de camino entre Tigre y el centro de Buenos Aires, un coche se saltó la escolta y se puso un momento junto a nuestro vehículo, a toda velocidad. Un joven (excitadísimo por la persecución y quizá por algo más) sacó la mitad del cuerpo por la ventanilla abierta y agitó una gorra con el monograma RF delante de Federer.

—Bueno, al menos sabes que tu *merchandising* tiene salida —comenté.

Federer se rio y saludó desde el otro lado del cristal.

—Espero que no pierda la gorra —dijo—. Adiós, adiós.

Las bien sintonizadas antenas de Federer explican en parte sus lágrimas pospartido, mucho menos frecuentes ahora pero aún inseparables de su persona. Parecen no ser solo una expresión de alegría o decepción, sino una liberación después de todo lo que absorbe en la pista: no es solo lo que Federer invierte emocionalmente en un partido o torneo, sino lo que invierte todo el mundo.

—¿Pasado un tiempo empieza a parecer normal? —le pregunté mientras el coche con su fan y la gorra de RF aceleraba y desaparecía de nuestra vista.

—¿Esto? No, no, no —me dijo subiendo la voz a un tono más alto—. Esto es increíble. Es bonito ver a gente feliz en general, ¿no? Lo de aquí es otro mundo, y por eso me encanta jugar partidos de exhibición. Porque es distinto. Por fin vas a un país en el que quizá nunca hayas estado y haces cosas que normalmente no tienes tiempo de hacer. No tienes que preocuparte mucho de cómo vas a jugar, aunque hay un cierto nivel al que puedo llegar siempre. El tema en realidad es... no sé cómo decirlo... asegurarte de llegar al corazón de mucha gente en una exhibición, de hacerla feliz, no hacer que esa gente viaje para verte a ti, sino viajar tú para ver a esa gente.

En una rueda de prensa, Federer responderá a las preguntas con todo detalle y con cierta contención. Es raro que se salga del tema o dé información no solicitada, pero respetará lo que se le pregunte y a quien lo pregunte: todo un contraste respecto a algunos de sus antecesores (véase Jimmy Connors) y compañeros (véanse Lleyton Hewitt y, por desgracia en sus últimos años, Venus Williams). En espacios más íntimos, la exuberancia y la genialidad naturales de Federer a menudo lo llevan a saludar con ganas y a soltar parrafadas inconexas. Los pensamientos expresados en inglés —su primera lengua, pero no siempre la que mejor se le da— pueden conducirlo a direcciones insospechadas que le exijan retroceder y tomar algunos desvíos hasta llegar al destino deseado.

Sin cámaras se muestra menos pulido, incluso torpe a veces, aunque reserva sus bromas para amigos y colegas, no para periodistas compañeros de viaje.

He hecho unos cuantos viajes a lo largo de los años, y en este libro se analizará la carrera de Federer viéndola en parte con el prisma de esas experiencias. No será una enciclopedia sobre Federer; abusar de marcadores y resúmenes de partidos empantana cualquier narración sobre tenis, y Federer nos ha dado a sus biógrafos material de sobra, tras haber jugado más de mil setecientos partidos en el circuito y haber hecho ruedas de prensa después de la mayoría de ellos. Este libro aspira a ser episódico e interpretativo, a construirse con esmero en torno a los lugares, la gente y los duelos más importantes o simbólicos para Federer.

Solo hay un planeta, y Federer lo ha recorrido casi entero: persiguiendo trofeos, sueldos, novedades, satisfacción y, cada vez más, temporada tras temporada, comunión con la gente.

Argentina fue una parada inesperadamente relevante en el viaje. Cuando nos acercábamos a su hotel en el centro de Buenos Aires, Federer, ganador a esas alturas de una cifra récord de diecisiete títulos individuales de Grand Slam, subrayó cuánto quería seguir mejorando.

«Me voy a tomar unas vacaciones después de esto, para descansar y alejarme de todo, porque los últimos años han sido muy intensos. Tengo la sensación de que, si continúo forzando a este ritmo, podría perder el interés, como tú has dicho, quedarme "hastiado".»

Federer se echó a reír.

«Hastiado. Es una palabra nueva en mi vocabulario y la última cosa que quiero que me pase. Ojalá el año que viene sea una plataforma hacia muchos años más. Es la oportunidad que quiero darme a mí mismo.»

Capítulo 2

BASILEA, SUIZA

El tenis me ha salvado en muchos sentidos. Durante mi infancia, mi padre, como su padre antes que él, escalaba posiciones para convertirse en almirante de la Armada de Estados Unidos. Nos mudamos más de diez veces antes de que yo fuera a la universidad. De Virginia a Hawái y de Hawái a California, el tenis siempre fue uno de mis pasaportes para integrarme en la siguiente comunidad, la siguiente escuela, el siguiente equipo. Nunca perdí el interés o el gusto por el juego y he estado cubriéndolo con ojo crítico y un gran placer desde la década de los 80. He escrito también sobre otros deportes a lo largo de estos treinta y cinco años, pero el tenis ha atraído mi atención como ningún otro, en parte porque lo he jugado, lo he sufrido y se me ha atragantado lo suficiente como para saber lo difíciles que pueden ser los golpes que talentos privilegiados como Federer hacen parecer pura rutina bajo presión.

Tras finalizar mis estudios en el Williams College, donde jugué en el equipo de tenis, di clases de tenis en verano en East Hampton, Nueva York, en un modesto club con una clientela selecta. Dos de mis alumnos fueron Jann Wenner, fundador de la revista *Rolling Stone*, y la diseñadora de moda Gloria Sachs. Mi objetivo era dar las clases suficientes para viajar por el mundo a lo mochilero con mi compañero de habitación de la universidad, y lo conseguí con ayuda de Jann, Gloria y otros. Me sentía tan unido al tenis que até mi raqueta Yonex a la mochila y me la llevé de viaje, lo cual era más que incongruente en sitios como Birmania o la China rural, sin una sola pista de tenis a la vista. Pero la raqueta era mi amuleto para sentirme seguro entre lo desconocido, igual que lo había sido en mi niñez.

Ver jugar al tenis sigue siendo para mí algo más parecido a un acto físico que a uno pasivo: mi cuerpo se tensa, mi mano derecha a veces se cierra en un agarre reflejo. El primer torneo que cubrí quedaba muy lejos de Wimbledon. Fueron los campeonatos nacionales para niños de hasta 12 años de la Asociación de Tenis de Estados Unidos (USTA, por sus siglas en inglés) de 1987; un torneo para escolares con talento en la ciudad donde vivía, San Diego.

Era becario de verano en el periódico local en una época en la que la gente todavía se informaba con periódicos de papel. Y todo lo que recuerdo de aquel lejano campeonato es que Vincent Spadea, padre del futuro Top 20 Vince Spadea, cantaba arias en las gradas entre los partidos de su joven hijo, y que Alexandra Stevenson estaba ahí con su madre, Samantha, como espectadora de 6 añitos haciendo la rueda sobre el césped. Fue mucho antes de que llegara a las semifinales de Wimbledon en 1999 y mucho antes de que fuera de su círculo más íntimo se supiera que era hija de la estrella de la NBA Julius Erving.

Lo que recordamos y lo que olvidamos puede parecer aleatorio. Pero de una cosa estoy seguro: solo ha habido dos ocasiones en las que viendo jugar a un tenista joven he estado totalmente seguro de que estaba viendo a un futuro número uno.

La primera vez fue en el torneo de Roland Garros 1998, cuando un Marat Safin de 18 años dio un disgusto a Andre Agassi y al entonces vigente campeón, Gustavo Kuerten, en sus dos primeros partidos de Grand Slam. Safin era un ruso temperamental, telegénico y extraordinariamente atlético: un tártaro con arrogancia, sexapil y un explosivo revés a dos manos, a menudo saltando en el aire, que no tenía comparación con ningún otro golpe que yo hubiera visto.

La segunda vez fue en mi primer viaje a Basilea. Fui allí en febrero del 2001 para cubrir el debut de Patrick McEnroe como capitán del equipo estadounidense de la Copa Davis y el debut de Andy Roddick como jugador, que entonces tenía 18 años. Pero acabé escribiendo muchísimo más sobre un adolescente suizo.

Había visto a Federer jugar (y perder) su primer Grand Slam en 1999 en Roland Garros ante Patrick Rafter, y al año siguiente había visto algo más de Federer en los individuales de los Juegos Olímpicos de verano en Sídney, donde terminó cuarto, el puesto más amargo en una Olimpiada. Ahora tenía 19 años y estaba considerado un talento prometedor, pero yo no me di cuenta de lo prometedor que era hasta que lo vi esos tres días en su ciudad natal.

La Copa Davis, el gran evento por equipos del tenis, tenía entonces mucho más prestigio: era un detector de temple, porque generaba un tipo de presión distinto, a menudo más intensa que el circuito regular, a la vez que ponía a prueba el límite de la resistencia de los jugadores con partidos al mejor de cinco sets. Federer, que todavía estaba fuera de los veinte primeros puestos del *ranking*, ya había ofrecido momentos emocionantes y derrotas devastadoras a lo largo de la competición, que jugó por primera vez a los 17 años. Pero aquel fin de semana largo en Basilea se echó el equipo suizo a la espalda y lo lideró hacia la victoria ante los estadounidenses en primera ronda, ganando tanto sus partidos individuales como un partido de dobles con Lorenzo Manta de compañero.

El primer día venció al veterano Todd Martin, dos veces finalista de Grand Slam. Pese a que fue un partido disputado sobre superficie sintética y en pista cubierta, yo no dejaba de imaginar que los ágiles pies de Federer se movían sobre hierba mientras él asestaba reveses, anotaba golpes ganadores de derecha a la fuga, volaba de la línea de fondo a la red y clavaba voleas y remates victoriosos. Sus golpes y su movimiento tenían una calidad líquida parecida a la de Sampras y Edberg: una habilidad para cubrir grandes espacios deprisa con un aparente mínimo esfuerzo. Podía ir de un lado al otro y pasar del revés al golpe de derecha con una velocidad y una fluidez que yo no había visto jamás. Su servicio parecía impenetrable y era muy difícil de leer, teniendo en cuenta la de veces que Martin, un buen restador de 1,98 m y gran envergadura, no logró devolvérselo.

«Este chico va a ganar Wimbledon un montón de veces —dije a mis compañeros de asiento en la zona de prensa, en la época en que los cronistas deportivos charlaban en lugar de tuitear.»

Eso era impropio de mí. Por naturaleza soy más observador que adivino y aquella predicción podía sonar exagerada. Pete

Sampras todavía no había cumplido los 30 años y seguía siendo una fuerza irresistible en el All England Club. Pat Rafter, el australiano «suberredes», estaba en su mejor momento y era un jugador brillante sobre hierba. Pero cuando has visto mucho tenis de élite, reconoces los patrones y habilidades necesarios para triunfar, y en tu mente puedes trasladar el juego de un tenista joven a los grandes eventos. El estilo de ataque de Federer, su valía en toda la pista, su potencia engañosa y su increíble juego de pies se trasladaban de maravilla.

Su juego, repleto de opciones tácticas, había madurado, lo cual resultó maravilloso para el suizo y de lo más inoportuno para los estadounidenses.

«Nos hemos topado con un tipo que dominaba —nos explicó McEnroe tras la derrota por 3 a 2—. Federer es un gran jugador, y esta semana ha madurado y no hemos podido superarle. Pero el chaval tiene mucho juego. Está jugando a nivel Top 10, si no por encima.»

Federer había ganado su primer título ATP la semana anterior en Milán, en pista cubierta y con una superficie parecida: un punto de inflexión para un joven tenista. Pero ganar en Basilea jugando por su país era un triunfo emocional mucho mayor.

En esa misma pista cubierta suiza ganaría diez títulos individuales más. Pero por aquel entonces todavía se sentía inseguro de sus capacidades, indeciso en cuanto a echarse a la espalda la carga de liderar a su equipo, sobre todo porque no se llevaba muy bien con el capitán, Jakob Hlasek. Antigua estrella suiza del tenis, Hlasek se impuso como capitán el año anterior, desplazando a alguien a quien Federer y sus compañeros apreciaban: Claudio Mezzadri.

«Aquel partido contra Estados Unidos fue un momento importante de mi carrera —me dijo Federer años después—. Me ayudó a creer.»

Fue todo un presagio. Federer derramó lágrimas en la victoria y dio ruedas de prensa en tres idiomas. Llevaba el pelo largo; su complexión todavía era la de un adolescente; y su rostro, de rasgos marcados y nariz prominente, era más propio de un púgil. Llegó a una entrevista andando con agilidad felina, pero se le veía cohibido, como si todavía se estuviera acostumbrando a ser observado.

El equipo estadounidense también incluía dos futuras estrellas —Roddick y James Blake—, quienes sufrirían en las hábiles manos de Federer en años venideros.

Roddick, ingenioso y de golpes fuertes, debutó en la Copa Davis con un partido que fue mero trámite, derrotando a George Bastl en la final de individuales el domingo después de que Federer asegurara la victoria suiza venciendo a Jan-Michael Gambill.

Roddick y Federer mantuvieron su primera conversación aquella misma noche, cuando ambos equipos coincidieron en un bar de Basilea.

«Uno siente curiosidad por ver cómo un tipo así va a manejar la situación en su ciudad natal con la Copa Davis, y le vi desmantelar nuestro equipo entero —me explicó Roddick hace poco—. Creo que ya no nos preguntábamos si aquel chaval iba a ser bueno de verdad, creo que ya lo dábamos por hecho. La pregunta era: ¿el que será bueno va a ser Roger o Richard Gasquet (y no pretendo faltarle al respeto), que es un tipo muy muy bueno? Si en aquel momento alguien te asegura que ve la diferencia, te está mintiendo; porque probablemente la diferencia está en el interior. Creo que estaba claro que Roger iba a ser un jugador Top 10, Top 5, pero existe una gran diferencia entre eso y un número uno que gana un Slam y mantiene sus resultados a lo largo de diez años. Por aquel entonces no pensabas a veinte años vista.»

Blake, que abandonó Harvard en su segundo año universitario para dedicarse por completo a jugar en el circuito, era jugador reserva en Basilea, por lo cual pasaba tiempo con Kratochvil, el reserva del equipo suizo.

«Estábamos muy orgullosos de Andy —me dijo Blake—, en plan "Este chico es buenísimo, vais a ver, va a ser increíble, va a estar en nuestro equipo mucho tiempo"; y hablaba con Kratochvil y él me soltaba: "Bueno, echad un ojo a nuestro chico. Él también será bastante especial".»

Blake observó bien a Federer. Su primera impresión fue que, en cuanto Federer se hacía con el control de un punto, era todo un reto intentar que la bola le llegara por el lado menos peligroso de su revés. Así de rápido era.

«Se mueve tan bien que, si le llega un golpe de derecha, no puedes hacer que golpee otro revés —decía Blake—. Cuando arrea un derechazo, tiene el punto totalmente bajo control. Eso era increíble.»

Y tuvo una segunda impresión.

«Todos lo mirábamos y parecía que no sudaba —añadió Blake—. Parecía que su ritmo cardíaco iba a 30. Era como si nada lo afectara, como si supiera que no iba a tomar ninguna mala decisión porque tuviera un punto de rotura y estuviera nervioso porque la gente estaba alterada o algo así.»

Blake desconocía lo lejos que había llegado Federer en cuanto a comportamiento desde los episodios de lanzar raquetas y maldecirse a sí mismo de su juventud.

«Parecía que estaba preparado para todo y que podía controlar cualquier situación que le surgiera —aseguró Blake—. Y luego, después del partido, fue genial ver cómo se emocionaba y lo mucho que le importaba jugar la Copa Davis en su ciudad natal.»

Los estadounidenses regresaron pronto a casa y yo escribí mi columna para el *The International Herald Tribune.* No tuve las agallas para coronarle como campeón múltiple de Wimbledon sobre el papel.

«Federer es un jugador especial; precozmente sereno y completo, con una capacidad innata de subir de nivel bajo presión y de hacerlo todo con una gran fluidez.

»Puede servir a lo grande. Puede defender con rapidez y sacarse de la manga un globo ganador. Puede jugar al clásico tenis de devolver y atacar, y arrear voleas ganadoras. Puede mandar en el juego con su golpe de derecha y asestar su revés a una mano con truco que deja a los contrincantes menos ágiles jadeando, resoplando y buscando una pelota que ni han visto. Por todo eso resulta imposible saber si aprovechará sus múltiples dotes para convertirse en un sólido campeón mundial. El dinero, la adulación y las lesiones pueden hacer mella en la mayor de las ambiciones y en los golpes más potentes, pero después de las últimas dos semanas no cabe duda de que los suizos tienen otro campeón en potencia. Y, a diferencia de Martina Hingis, Federer pasa más tiempo en Suiza que en Florida.»

El tenis de Federer era auténtico tenis suizo. Roger nació en el Hospital Universitario de Basilea el 8 de agosto de 1981, el segundo hijo de Lynette y Robert Federer, dos atletas entusiastas de nivel modesto que empezaron a jugar al tenis cuando eran relativamente mayores.

Roger aprendió a jugar al tenis en Basilea y después perfeccionó su juego en otras ciudades suizas, pero en un país tan diverso y con cuatro lenguas oficiales también recibió mucha influencia extranjera durante su infancia y juventud.

Lynette nació en Sudáfrica y conoció a Robert a los 18 años cerca de Johannesburgo cuando ambos trabajaban para la empresa química suiza Ciba-Geigy. El idioma materno de Lynette era el afrikáans, pero por insistencia de su padre asistió a una escuela inglesa, y después de que ella y Robert se trasladaran a Suiza y formaran una familia, siempre habló en inglés con Roger y su hermana mayor, Diana.

«Eso fue en los primeros años —me precisó Lynette Federer en una entrevista al comienzo de la carrera de su hijo—. Luego pasé al alemán de Suiza. Al vivir tanto tiempo en Suiza lo asimilé con mucha facilidad. Roger y yo todavía hablamos mucho en inglés. Hablamos una especie de mezcla, según el tema que toquemos.»

Lynette y Robert decidieron llamar Roger a su hijo porque les gustaba la eufonía con Federer. También les gustaba porque era fácil de pronunciar en inglés, y su hijo, de pequeño, siempre recordaba a todo el mundo que su nombre no se pronunciaba como en francés.

Para Federer su primer entrenador de tenis importante fue Adolf Kacovsky, un inmigrante checo establecido en Suiza. Y el entrenador más influyente al inicio de su carrera fue Peter Carter, un australiano. A lo largo de los años Federer tuvo entrenadores suecos, estadounidenses y un croata cosmopolita y antiguo refugiado de guerra: Ivan Ljubicic.

Pero, por muy globalizados que sean sus gustos e intereses, Federer sigue considerándose un producto de la Federación Suiza de Tenis. No es ese el caso de otros grandes tenistas suizos recientes: Hingis, su predecesora en la cima tras alcanzar el n.º 1 en individuales y dobles del circuito femenino, y Stan Wawrinka, que siguió los pasos de Federer y se convirtió en el segundo mejor tenista suizo masculino de la historia.

«Solo Roger triunfó en la federación», declaró el suizo Marc Rosset, campeón olímpico de individuales en los Juegos de 1992.

Basilea es donde comienza la historia de Federer: una ciudad cosmopolita junto al Rin, con Alemania y Francia como países vecinos.

«Cuando Roger era pequeño, yo solía ir a comprar fuera del país», me explicó Lynette.

Para Rosset, Suiza tuvo suerte.

«Cinco kilómetros en cualquier dirección y podría haber nacido alemán o, todavía peor, francés —exclamó Rosset, que es de Ginebra, en la Suiza francófona—. ¿Te imaginas que hubiera sido francés? Eso habría sido insoportable.»

Federer era un niño muy activo —«casi hiperactivo», dice Federer— y creció en un hogar de clase media en una apacible calle del barrio de Münchenstein, en Basilea, donde mostró muchísimo más interés por el deporte que por los estudios.

«El colegio no me gustaba mucho —asegura—. Mis padres tenían que estar siempre encima de mí.»

Hay una foto suya sujetando una raqueta de pimpón, aunque es tan pequeño que apenas alcanza a ver por encima de la mesa. Su primera raqueta de tenis fue de madera, lo cual posiblemente lo convierte en el último gran tenista que empezó con una raqueta así. Comenzó a jugar a los 3 años y se pasaba el día peloteando contra muros, puertas de garaje, cómodas y armarios.

«¡Bum! ¡Bum! ¡Bum! —decía Robert Federer en el documental *Spirit of a Champion* (2008) para describir el sonido—. Podía pasarse horas jugando contra las paredes.»

«¡Bum!» es un efecto de sonido apropiado para aquella etapa. Los años ochenta fueron los años de la locura por el tenis en Alemania, iniciada por Boris 'Bum-Bum' Becker al ganar Wimbledon en 1985 con 17 años y por Steffi Graf completando el primer Golden Slam en 1988 al ganar los cuatro títulos Grand Slam y los Juegos Olímpicos. Al otro lado de la frontera, en la Basilea de habla alemana, el joven Federer y sus amigos tomaban buena nota, y Becker fue el primer ídolo tenístico de Federer.

Federer empezó a jugar sobre tierra batida en el club de sus padres, que era propiedad de Ciba-Geigy, la empresa donde trabajaban, y estaba en el barrio de Allschwil. Pero en aquella etapa tan temprana el tenis tan solo era una de las muchas actividades de Federer. También jugaba a bádminton, *squash*, baloncesto y fútbol.

«No soy muy aficionado a correr, nadar o montar en bici —declaró una vez—. Siempre tiene que haber una pelota de por medio.»

Eso no es del todo cierto si tenemos en cuenta su infancia. A Federer le gustaba el esquí alpino —al fin y al cabo, es suizo— pero debía limitar su tiempo en las pistas para reducir el riesgo de sufrir lesiones (más adelante volveré a hablar de esto). También le gustaba ir de excursión a la montaña con su familia.

Pero al final la carrera deportiva de Federer se decidió entre un deporte de equipo con pelota y un deporte individual con pelota. A los 12 años escogió el tenis por delante del fútbol; una edad tardía si se lo compara con algunos prodigios del tenis. Agassi, Sampras, las hermanas Williams y Maria Sharapova empezaron mucho antes. Pero no era tarde en comparación con algunos de los grandes rivales de Federer. Nadal, que se crio en Mallorca, también se decantó por el tenis en lugar del fútbol a los 12 años. Wawrinka, considerado un fruto tardío en el mundo del tenis, solo jugaba una vez por semana hasta que cumplió 11 años.

En los últimos años han surgido críticas comprensibles a la especialización tan temprana, porque puede provocar lesiones y quemar al jugador. Federer se ha convertido en uno de los referentes del movimiento que anima a niños y niñas a probar varios deportes por su bien a largo plazo. Su longevidad, durabilidad y entusiasmo continuado reconfortan en el mejor sentido. Con Nadal debería pasar lo mismo, pese a que ha tenido que lidiar con muchas más lesiones, pero la realidad es que, cuando se trata de producir grandes campeones, tanto la perspectiva más extrema como la más equilibrada pueden resultar efectivas.

Las hermanas Williams, al fin y al cabo, han superado toda expectativa pese al plan de formación ideado por su padre, Richard: un plan para llevarlas de la cuna al éxito, el cual, también hay que decirlo, incluía mucho tiempo para explorar otros intereses al margen del deporte.

Agassi, que tenía una pelota de tenis colgando sobre su cuna para trabajar desde muy temprana edad la coordinación mano-ojos, también jugó y brilló hasta pasada la treintena (pese a un dolor de espalda crónico) y fue uno de los que demostró a Federer que era posible tener una carrera larga y gratificante manteniéndose en lo más alto.

Como padre de tres hijos y entrenador de fútbol juvenil durante muchos años, sé cuál es la perspectiva que me parece más saludable, pero no tiene sentido negar que un chaval de ideas fijas —o con padres de ideas fijas— pueda convertirse en un campeón de Grand Slam. Es solo que la especialización temprana parece más próxima al trabajo infantil que al juego infantil. Duele pensar en el índice de abandono y en todos los jugadores júnior con talento programados para triunfar en el tenis siguiendo el modelo Agassi o el modelo Williams que perdieron interés por el deporte, si es que alguna vez de verdad lo tuvieron.

Federer, cuyos padres por lo general le dejaron buscar su propio camino, cita tres razones por las cuales prefirió el tenis al fútbol.

«Tenía más talento en las manos que en los pies», dice.

Pero también sintió algo en él que muchos de los grandes atletas que eligen el tenis sienten: un deseo de control, de acción.

«Quería tener la victoria o la derrota en mis propias manos sin depender de otros», explica Federer.

Tras años observándolo, resulta evidente que no es el típico individualista del tenis. Es gregario y extrovertido, acumula energía en los eventos sociales en lugar de permitir que se la agoten. Ha mostrado interés por el bien común, sirviendo largos períodos de tiempo en el consejo de jugadores de la ATP y creando una fundación benéfica centrada en la educación en la primera infancia. Cuando él y su agente decidieron usar el notable capital político de Federer para crear un nuevo torneo de tenis en el 2017, idearon un evento para equipos —la Copa Laver— pensado para recordar a las grandes figuras del tenis infravaloradas del pasado.

Cuesta imaginar a una estrella del tenis como Jimmy Connors sintiéndose realizado como atleta en un deporte de equipo, aunque no es difícil imaginar a Federer en este sentido. Pero también había algo en él que buscaba un control total, ese punto de perfeccionismo que le hizo ver que le iba a costar mucho aceptar los defectos de los demás cuando ya tenía tantas dificultades para aceptar los propios.

Sin embargo, si en el club de fútbol local, el Concordia Basel, hubiera tenido un entrenador con una mentalidad diferente, quizá habría esperado todavía más para tomar una decisión.

Federer era un delantero rápido y dotado, pero combinaba el entrenamiento de fútbol con el de tenis. Según él, su entrenador de fútbol le dijo que no era justo para sus compañeros de equipo convocarle a los partidos del fin de semana si no asistía a todos los entrenamientos durante la semana. Para Federer lo importante eran los partidos, pero no podía dejar el tenis. El fútbol iba a tener que quedarse fuera.

«No me arrepiento», dijo, lógicamente, muchos años después.

Con 8 años Federer empezó a jugar al tenis en el Old Boys Basel, un club destacado pero modesto en una zona boscosa de la ciudad que se encontraba a poca distancia en bicicleta de la casa de los Federer. Lynette jugaba en el equipo femenino del Old Boys y apuntó a sus hijos por la calidad del programa júnior que dirigía Madeleine Barlocher, una suiza que compitió en el torneo juvenil femenino de Wimbledon en 1959. En aquel programa había casi 130 jóvenes.

«Se veía que tenía talento, pero yo contaba con un buen grupo de chicos jóvenes con talento y nunca pensé que se convertiría en lo que es —confiesa Barlocher—. Aunque ya con 8 años bromeaba con sus amigos diciendo que sería el n.º 1.»

Al principio Federer tomó clases en grupo, pero pronto se pasó a las clases privadas de Adolf Kacovsky, un entrenador veterano al que apodaban Seppli, que enseguida vio que aquel chaval era extraordinario.

«Un día Seppli vino a verme y me dijo que nunca había tenido a un júnior capaz de aplicar sus enseñanzas tan rápido —comenta Barlocher—. Algunos alumnos lo intentan y a lo mejor tardan una semana o dos, pero Roger lo hacía sin más.»

Aquella fue una observación que muchos entrenadores de Federer repetirían a lo largo de las décadas.

«Roger es realmente bueno imitando cosas, increíblemente bueno», asegura Sven Groeneveld, el neerlandés que trabajó con él en el Swiss National Tennis Center.

Pero a veces Federer también tuvo que aprender las cosas por las malas. En uno de sus primeros partidos júnior, cuando tenía 10 años, perdió 6-0, 6-0 ante Reto Schmidli, un suizo tres años mayor que él y por ello mucho más fuerte. Schmidli nunca se convirtió en un profesional del circuito, pero 30 años después seguía concediendo entrevistas para hablar de aquel partido.

Sin embargo, los resultados de Federer en su etapa júnior mejoraron rápidamente cuando empezó a trabajar mano a mano en Old Boys con Peter Carter, un joven australiano con corte de pelo a la taza, una sólida ética de trabajo y un talante apacible, que combinaba su labor como entrenador con torneos del circuito satélite.

«Conectaron muy bien desde el principio», afirma Barlocher.

Fue ideal que Federer hablara inglés. El alemán de Suiza de Carter seguiría flojeando durante mucho tiempo, pese a casarse con una mujer de Basilea.

«Peter era buena persona y dio un gran impulso a Roger —dice Barlocher—. Le hizo sentirse un jugador especial, y no solo lo ayudó con la técnica, también le enseñó a ganar partidos.»

Carter tenía un juego de ataque clásico que incluía voleas acrobáticas, fluidez en el juego de pies y un revés a una mano.

Si a alguien le suena familiar, por algo es.

«Mucho de lo que ves en Federer es muy similar a lo que era Peter —afirma Darren Cahill, entrenador y analista de ESPN, uno de los mejores amigos de Carter—. Pero Federer tiene esa potencia tan explosiva y la capacidad de generar mucho giro, y se mueve mejor. Peter era muy bueno en todo. Era bueno moviéndose, pero no era excelente. Era bueno desde ambos lados, pero no excelente. Tenía un servicio bonito, pero no lo suficientemente potente como para ganar dos o tres puntos con él en cada juego.»

David McPherson, australiano de Tasmania, jugó en el circuito satélite en la misma época que Carter. McPherson acabó entrenando a los hermanos Bryan y a John Isner.

«Me sorprendió ver lo mucho que se parecían los golpes de Roger a los de Peter —me dijo McPherson—. Quizá Roger no termine de darse cuenta. Peter solía golpear de derecha como lo hace Roger. La pelota ya se ha separado del cordaje y él sigue mirando hacia el punto de contacto. Tengo una imagen muy precisa de Peter haciendo eso, y era algo único, y luego, de repente, ves que el mejor jugador del mundo hace lo mismo, como un golfista que mantiene la posición después de tirar. Está claro que no es mera coincidencia. Su servicio también es muy parecido, ese inicio relajado y fluido al sacar. Peter tenía el juego más bonito que jamás habrás visto, pero, a diferencia de Roger, no era capaz de darle mucha potencia a la bola.»

Carter, apodado Carts, fue uno de los mejores júniores de Australia. Lo entrenaba Peter Smith, quien también había trabajado con Cahill y muchas otras futuras estrellas en Adelaida. Entre los alumnos de Smith estaban Mark Woodforde y John Fitzgerald, dos excelentes jugadores de individuales que lograron sus mejores resultados en dobles. Fitzgerald ganó siete títulos Grand Slam; Woodforde ganó 12, todos con su compañero Todd Woodbridge, excepto uno.

Pero el alumno más destacado de Smith resultó ser Lleyton Hewitt, un veloz y agresivo jugador de fondo que llevaba la gorra al revés y despuntó pronto. Hewitt alcanzó el n.º 1 mundial a los 20 años y ganó los dos únicos títulos Grand Slam de su carrera —en Estados Unidos y en Wimbledon— antes de cumplir los 22.

Carter se crio en Nuriootpa, ciudad de la próspera región vinícola del valle de Barossa, cuna de Penfolds, Peter Lehmann y otras bodegas de fama mundial. Viajaba a Adelaida a menudo para entrenar al tenis y participar en torneos, y para que el viaje no se le hiciera tan largo solía pasar la noche con Cahill y su familia. El padre de Cahill, John, era un gran entrenador de fútbol australiano.

«Carts era un jugador muy elegante y a la vez un tipo muy honesto, muy sencillo, centrado y muy trabajador —asegura Cahill—. Mi padre, obviamente, al ser entrenador de fútbol y haber cosechado cierto éxito, es muy bueno captando a las personas. Y siempre me decía: "Al final acabas siendo como los amigos que eliges y la gente con la que te juntas, y ese Peter Carter es un buen tipo. Es una buena persona, así que sal con él todo lo que quieras".»

Con 15 años Carter acabó viviendo con la familia Smith hasta que él y Cahill se marcharon de Adelaida rumbo a la capital australiana, Canberra, a vivir en el Australian Institute of Sport, un centro de entrenamiento financiado por el Gobierno del que han salido grandes atletas australianos.

«Carts era un buen chaval —dice Smith—. Con los años, hemos tenido a bastante gente viviendo en casa y, por lo general, la relación se enrarece un poco pasado un tiempo, porque conoces mucho a las personas cuando viven contigo. Pero no recuerdo ni una sola salida de tono en todo el tiempo que Carts estuvo con nosotros.»

Carter tenía suficiente talento como para poner en un aprieto al futuro campeón de Wimbledon Pat Cash en los cuartos de final del torneo juvenil masculino del Open de Australia cuando Cash era el júnior mejor clasificado del mundo. Pero la actuación más memorable de Carter fue a los 17 años, cuando, todavía en el instituto, recibió una invitación para jugar en el Open de Australia del Sur de 1982 y se enfrentó al segundo cabeza de serie del torneo, el australiano John Alexander, en primera ronda. Alexander, figura imponente y futuro político, ocupaba el puesto n.º 34 del *ranking* mundial y acababa de ganar el torneo de Sídney. Carter jugaba su primer evento del circuito de la ATP, pero sorprendió a Alexander con un 7-5, 6-7, 7-6, con una exhibición refinada, y solo se le vio fuera de lugar en la entrevista de después del partido, con respuestas escuetas y unas ganas terribles de abandonar la pista y dejar de ser el foco de atención.

«Carts era un chico bastante tímido y callado —asegura Smith—. Pero, si lo conocías bien, se hacía respetar y sabía que jugaba bien.»

Pese a un comienzo prometedor, Carter nunca entró en el circuito y su mejor puesto fue el n.º 173 en individuales y el 117 en dobles. Su falta de fuerza bruta era parte de la explicación, pero también lo fueron las lesiones. Smith dijo que Carter, de complexión ligera, sufrió fracturas por estrés en el brazo derecho, con el que jugaba, que pasaron inadvertidas mucho tiempo. También tenía problemas de espalda y otros problemas más inusuales, incluido un tímpano perforado a causa de un accidente de esquí acuático que le obligó a pasar por quirófano y derivó en una infección.

Perdió muchas horas de juego, pero siguió intentando hacer carrera en el circuito. Es una lucha difícil para la mayoría de la gente, pero para los australianos puede ser aún más duro en el ámbito psicológico, ya que compiten muy lejos de su hogar porque casi todos los torneos del circuito se juegan en Europa y Norteamérica.

Para Cahill, que consiguió llegar a la élite y a las semifinales del Open de Estados Unidos, Carter carecía de una gran arma tenística y su tendencia a la procrastinación le dificultaba ser decisivo.

«Era una de sus perdiciones —afirma Cahill—. Le echábamos la bronca. Podía tratarse de la compra de un coche, de invertir en una propiedad o de una oferta para entrenar, cualquier cosa. La procrastinación llegaba con él a la pista de tenis y lo echaba para atrás, porque era incapaz de tomar una decisión y seguir adelante. Siempre estaba pensando en qué era lo correcto y eso se trasladaba a su elección de golpes.»

Los problemas financieros también fueron un factor a tener en cuenta. Como Carter, muchos profesionales de bajo nivel tenían que complementar sus magros ingresos del circuito jugando en competiciones entre clubes europeos. Y aunque podía haber ido a parar a cualquier club de cualquier país, la ruleta de la vida lo llevó a Basilea.

Dar clases de tenis en Suiza estaba bastante bien pagado y Carter se gastaba en viajes todo lo que ganaba. Pero al final tuvo claro que su futuro pasaba por dedicarse a entrenar y quedarse en Basilea.

«Creo que al final entró en razón —dice Smith, que siguió en contacto con él—. Pero supongo que lo bueno para todos es que entrenar te lleva a cosas mejores. Y creo que nunca lo sabremos, pero el Roger que conocemos quizá no existiría, quizá nunca habríamos oído hablar de él si no hubiera sido por Carts.»

Smith, maestro de escuela e instructor de tenis, tenía mano para producir excelentes entrenadores de tenis. Cahill entrenó a tres n.ºs 1: Hewitt, Agassi y Simona Halep. Roger Rasheed, otro discípulo de Smith, entrenó después a Hewitt y a destacados tenistas franceses como Gael Monfils y Jo-Wilfried Tsonga. Fitzgerald se convirtió en capitán del equipo australiano de la Copa Davis.

Por desgracia, a Carter le faltó tiempo para explorar sus dotes como entrenador. Murió demasiado joven, en el año 2002, en un absurdo accidente de *jeep* durante su luna de miel en Sudáfrica: un destino que escogió por consejo de la familia Federer. Solo tenía 37 años.

Pero Carter dejó un valioso legado en el deporte moldeando el juego y la mentalidad de Federer con esmero. Cuando se le pregunta quién ha ejercido mayor influencia en su tenis, Federer rara vez menciona a Kacovsky. Siempre habla de Carter.

«Peter me dio mucho, para empezar, en la parte humana y, por supuesto, en mi juego —dice Federer—. La gente habla mucho de mi técnica. Si es tan buena, tiene mucho que ver con Peter, aunque naturalmente otras personas también han tenido algo que ver.»

No hay nada excéntrico en la técnica de Federer: su empuñadura de derecha está cerca de la clásica empuñadura este. Muchos de sus rivales usan una empuñadura semieste con la palma de la mano mucho más cerca de la parte inferior de la empuñadura, lo cual puede facilitar los golpes con efecto, pero complica el manejo de las bolas que botan bajas y el cambio de empuñadura para volear de forma efectiva.

En cuanto al revés, el revés a dos manos ya era la opción más popular entre los júniores más destacados a nivel internacional en los años 80 y 90: les daba más fuerza desde la línea de fondo y aumentaba la estabilidad y la autoridad al restar. Pero no es casual que Federer optara por el revés a una mano.

Sus primeros referentes profesionales —Becker, Edberg y Sampras— tenían todos reveses a una mano. Tanto Kacovsky como Carter eran defensores del golpe y muchos de los chicos más mayores que entrenaban en el Old Boys también lo usaban; como también lo usaba Lynette Federer.

Una de las ventajas del revés a una mano es que puede hacer más fácil la subida a la red para asestar una volea de revés a una mano. A Carter le gustaba el tenis de ataque y no sorprende que quisiera lo mismo para su alumno, a pesar de que Federer necesitaba tiempo para sentirse cómodo en la red.

«Ese revés a una mano tan bonito se lo debo a Peter» —dice Federer en un tono entre altanero y respetuoso.

Pero en esos años de formación ese golpe resultaba más irresistible a la vista que para los contrarios. Cahill visitó a Carter en Basilea en 1995, cuando Federer tenía 13 años. Llegó al Old Boys Club para verlos pelotear juntos. Era la primera vez que veía a Federer en persona.

«En aquella época Roger tenía unos andares un poco como John Travolta en *Fiebre del sábado noche* cuando se movía por la pista —afirma Cahill—. Ahora ya no anda así, ya no tanto, pero iba un poco en plan "Eh, tío, soy el amo de esta pista y aquí es donde quiero estar". Lo mirabas y sonreías. No sé si me conocía, pero sabía que era amigo de Peter y por eso se hacía un poco el chulo delante de mí. Arreaba golpes de derecha en todas direcciones y se movía como alguien que ha crecido sobre tierra batida, porque se lo veía increíblemente cómodo.»

Cahill cuenta que Carter no dejaba de mirarlo, expectante, tras los intercambios de pelota a gran velocidad.

«Estaba impresionado, claro que sí, pero no tanto por el revés de Roger —afirma Cahill— como porque daba un paso grande. Como entrenadores, enseñamos a dar pasitos, a colocarte en una posición que te permita recibir la bola en el punto donde puedes golpearla. Todo empieza con el pie trasero. Trasladas el peso al pie delantero y golpeas con toda la fuerza posible. Es como dar un puñetazo. Cuanto mayor es el paso al dar el puñetazo, menos potencia va a tener el golpe. Y Roger daba ese paso enorme para el revés. Ya tenía un buen *slice* entonces, pero cada vez que intentaba superarlo fallaba la mitad de los reveses que golpeaba.»

Después de la sesión de entrenamiento, Carter le pidió la opinión a su amigo.

«Le solté: "Bueno, para empezar, creo que tengo a un chaval en Adelaida un poco mejor que este chico, se llama Lleyton Hewitt"», recuerda Cahill.

Cahill le dijo a Carter que el golpe de derecha y los movimientos de Federer eran impresionantes.

«Pero le dije: "Ese revés vas a tener que trabajárselo mucho porque podría ser un lastre"», recuerda Cahill.

Cahill admite que más adelante en su carrera como entrenador habría visto aquella sesión de entrenamiento con otros ojos.

«Es donde los entrenadores nos equivocamos mucho, porque pasamos mucho tiempo buscando defectos o lo mediocre —cuenta Cahill—. Y nos centramos demasiado en eso en lugar de trabajar los puntos fuertes. Así era yo cuando empecé a entrenar. Buscaba los lastres e ignoraba todo aquello que iba a convertirlo en un grande.»

La excelencia iba a estar en el golpe de derecha, el juego de pies, el servicio, la cadencia, el sentido de la pista, la planificación y las ganas de más. Pero existía otra debilidad innegable en aquellos primeros años: la mentalidad de Federer.

«Era un perdedor terrible, en serio», confiesa Federer.

Barlocher recuerda verlo perder un partido entre clubes en el Old Boys y sentarse a llorar bajo la silla del árbitro mucho tiempo después de que todo el mundo hubiera abandonado la pista.

«Cuando jugamos estos partidos por equipos solemos comer algo juntos; y ya estábamos con los sándwiches y él no venía —recuerda Barlocher—. Así que media hora después tuve que ir a buscarle bajo la silla del árbitro y aún seguía allí, llorando.»

Las lágrimas eran la respuesta refleja de Federer ante la derrota. También había arrojado más de un tablero de ajedrez al suelo tras perder contra su padre. Su competitividad era extrema y su sensibilidad lo convertía en alguien muy vulnerable ante sus propias expectativas y las de los demás.

Pero, pese a que le faltaba autocontrol, casi nunca estaba solo.

«No era un chico raro a esa edad —comenta Barlocher—. Un chaval lloraba. Otro gritaba. Pero Roger tenía un problema para darse cuenta de que otra gente también podía jugar muy bien al tenis. Teníamos que recordárselo.»

Sin embargo, sabía divertirse. Antes de un partido entre clubes, Barlocher recuerda haber estado buscándolo porque le tocaba jugar y no encontrarlo. Se escondía en un árbol al que había trepado.

«Le encantaba gastar ese tipo de bromas», cuenta.

Lynette y Robert no eran unos padres sobreprotectores y Robert viajaba por trabajo a menudo con Ciba-Geigy.

«Claro que iban a verle cuando jugaba un partido, pero cuando entrenaba todavía trabajaban, así que nunca se presentaban a los entrenamientos a decirme qué debía hacer, cómo debía jugar o cómo tenía que entrenar —sostiene Barlocher—. Recuerdo a padres que creían que sus hijos eran mucho mejores de lo que realmente eran. Sueles toparte con ese tipo de gente, pero con los Federer nunca tuve ningún problema.»

Aunque los Federer no eran de esos padres que dejaban a su hijo sin cenar cuando perdía un partido, sí se sentían obligados a actuar cuando perdía la calma.

Federer cuenta la anécdota de cuando su padre se hartó de él durante una de sus sesiones de peloteo. Robert expresó su disgusto, dejó una moneda de 5 francos suizos sobre el banco y le dijo a Roger que se buscara la vida para volver a casa.

Una de las mejores explicaciones de Federer sobre aquella época surgió en una entrevista para el *Times of London.*

«Yo sabía de lo que era capaz, y cometer errores me volvía loco —decía Federer sobre su juventud—. Había dos voces en mi interior, el ángel y el demonio, supongo, y uno no podía creer lo estúpido que era el otro. "¿Cómo has podido fallar eso?", decía uno. Y entonces yo estallaba. Mi padre se avergonzaba tanto en los campeonatos que me gritaba que me callara desde el lateral de la pista; y después, de vuelta a casa en el coche, era capaz de conducir durante una hora y media sin mediar palabra.»

Al menos lo llevaban a casa. Pero para aquellos que lo veían estallar, la combustibilidad de Federer era el principal motivo por el cual no era un ganador nato. Estaba claro que tenía el talento y parecía tener la ambición, pero el juego mental a menudo es lo que marca la diferencia entre lo mediocre y lo bueno; entre lo bueno y lo excelente.

«No creo que Roger fuera un autómata —sostiene Peter Smith, que a menudo comentaba el comportamiento de Federer con Carter—. Era temperamental y necesitaba a alguien con mano firme; muchos no creían que ese alguien fuera Peter Carter, pero pienso que sí era el Peter Carter que yo conocí. Creo que aprendió a entrenar de una manera muy disciplinada.»

Cambiar el comportamiento de Federer en la pista fue una tarea a largo plazo en lugar de un apaño rápido, pero pulirlo era crucial para el desarrollo de Federer y para la persona encantadora que sería en la pista.

Carter era un entrenador y un confidente con buen sentido del humor. También era un puente a la historia del tenis con su acento australiano. Hablaba a Federer de los grandes tenistas australianos del pasado; gente como Rod Laver, Ken Rosewall y John Newcombe. Mientras tanto, Federer tenía cada año la ocasión de ver de cerca a los mejores jugadores del presente.

Cada otoño se celebraba en Basilea un torneo masculino de tenis, el Swiss Indoors. Roger Brennwald, fundador y director del torneo, manejaba primas cuantiosas y fechas propicias en el calendario para atraer a tenistas famosos a un evento que entonces pertenecía a las categorías inferiores del circuito de la ATP. De 1987 a 1997 la nómina de ganadores del torneo incluyó a campeones Grand Slam como Yannick Noah, Edberg, Courier, John McEnroe, Becker, Michael Stich y Sampras.

Lynette, muy involucrada en la comunidad tenística de Basilea, se hizo voluntaria del departamento de acreditaciones del torneo. Su hijo empezó a colaborar como recogepelotas por primera vez en 1992, el mismo año en el que recibió un premio durante el torneo como deportista prometedor de la región. Jimmy Connors y el tenista iraní Mansour Bahrami pelotearon un poco con un joven pelopincho Federer y posaron con él en la red para una foto.

En 1993 Federer era el sexto recogepelotas en la fila para darle la mano a Stitch y recibir una medalla después de que este venciera a Edberg en la final. En 1994 Federer volvía a estar en la fila para saludar al campeón Wayne Ferreira, el cual, por ser sudafricano, tenía todo su apoyo.

Federer contemplaba la vida que un día tendría y los campeones con los que se cruzó fugazmente en Basilea cuando era chaval volverían a su órbita más adelante y con mayor intensidad: Edberg como su entrenador y Ferreira como su amigo y compañero ocasional de dobles.

Para Federer, crecer en la ciudad que acogía el torneo más relevante de Suiza fue un factor más de su éxito. La geografía no marca el destino, pero puede dar algunas pistas, y a lo largo de los años Federer compensaría al torneo que lo catapultó al tenis profesional.

Solo cuatro años después de su última etapa como recogepelotas, Federer participó en el Swiss Indoors perdiendo 6-3, 6-2 contra Andre Agassi en primera ronda y como invitado. Dos años después llegaba a la final del torneo, perdiendo en cinco sets ante Thomas Enqvist.

Aupado por la popularidad de Federer, el Swiss Indoors cambió de categoría dentro del circuito en el año 2009, doblando sus premios en metálico.

«Llevamos 35 o 36 años organizando nuestro torneo y más o menos sabemos qué esperar —declaraba Brennwald en una entrevista a los periodistas suizos Simon Graf y Marco Keller—. Y de repente sucede algo que cambia todo lo que creíamos que sabíamos por experiencia. El interés por Federer fue simplemente abrumador.»

Brennwald, antaño la figura más influyente del tenis suizo, tuvo que acostumbrarse a ceder protagonismo a Federer. Y no siempre salió bien. En el 2012 se hizo pública una disputa sobre futuras apariciones de Federer. Brennwald insinuó que Federer y su agente Tony Godsick eran unos avariciosos, pese a que Federer llevaba años jugando por una prima de 500 000 US$, por debajo de su caché habitual. A Federer las críticas lo dejaron atónito, pero no quiso forzar las cosas ni perderse el torneo. Jugó el Swiss Indoors en el 2013 sin cobrar ninguna prima por su aparición: una maniobra hábil en lo que equivalía a una batalla de relaciones públicas.

«Es mi ciudad natal, por eso me duele —me confesó poco después del torneo del 2012—. Fue raro ver la dinámica que tomó todo, porque la idea era firmar un trato a largo plazo antes del torneo justo por esos motivos: para no tener que hablar de estupideces como aquella. Y luego te enteras de que eso es lo que salta a la prensa durante un torneo en el que mucha gente trabaja un montón para que sea todo un éxito.»

Federer, que no es amigo de polémicas, estaba en medio de una muy jugosa, pero eligió dejar pasar el escándalo.

«Lo que importa es que con el tiempo quizá puedas dejar claras las cosas —exclamó—. Pienso que la gente confía en que lo que hago es lo correcto y que, cuando tomo decisiones, las reflexiono, y que lo último que quiero es este tipo de cosas. Ha habido baches por el camino, pero forman parte de ti. Te hacen madurar y te hacen más fuerte y, honestamente, tampoco puedes luchar contra todo.»

Federer firmó un nuevo acuerdo con Brennwald en el 2014 y ha seguido vinculado al torneo al cien por cien. Del 2006 al 2019 ha ganado el título diez veces y lo ha perdido las tres últimas. Aunque pequeño en escala, es un evento que le ha dado muchas alegrías y relevancia. Federer ha sido tan leal al Swiss Indoors como a Wimbledon.

Su aparición en Basilea ha sido su conexión anual más visible con Suiza, sobre todo desde que dejó de jugar la Copa Davis en el 2015. Pero Suiza es un lugar donde prima la discreción y donde la fiebre Federer se ha mantenido baja en comparación a lo que habría sucedido si Federer fuera brasileño o estadounidense.

Una reciente petición para renombrar el nombre de la sala St Jakobshalle Arena en su honor no logró reunir suficientes firmas para tener consideración formal por parte de las autoridades municipales. Eso podría cambiar, pero por ahora es difícil encontrar en Basilea algún indicio de su talla y sus logros. La única pista que lleva su nombre en su ciudad natal está en el Old Boys Club.

Y visitarla es fácil. Se puede franquear la entrada del club sin problema: no hay guardia de seguridad. A mano izquierda se ve una gran pizarra donde se anotan a mano las reservas del día para las nueve pistas del club. Solo dos de ellas llevan nombre de tenistas: la Roger Federer Center Court y la contigua Marco Chiudelli Court.

Para alguien de fuera parece algo muy suizo que Chiudinelli, que nunca entró en el Top 50 y ostenta un récord de individuales en el circuito de 52-98, esté en este sentido a la altura de Federer, uno de los más grandes tenistas de todas las épocas.

Pero estos también son el club y la ciudad natal de Chiudinelli: el lugar donde empezó su escalada, pese a que se detuvo lejos de las cimas nevadas que sí coronó Federer.

«Aparte de Roger, Marco fue el único jugador de nuestro club que jugó en el circuito de la ATP, así que ¿por qué no poner también su nombre a una pista?», se pregunta Barlocher.

Chiudinelli es un mes más joven que Federer. Ambos crecieron en Münchenstein y, aunque Chiudinelli jugó primero en otro club de Basilea, enseguida pasó al Old Boys.

«Esos dos siempre estaban juntos; jugaban juntos y lo hacían todo juntos —dice Barlocher—. Marco era el gran amigo de Roger cuando eran júniores.»

A los dos les encantaban el fútbol y el tenis, y primero se enfrentaron jugando a fútbol. Pero al final terminaron jugando uno contra otro, con 8 años, en un torneo llamado The Bambino Cup. Y Federer describió aquel partido en una entrevista para el documental *Strokes of Genius.*

«Era a nueve juegos —explicaba Federer—. Yo me puse 3-0 y él empezó a llorar, en plan "¡Juego fatal!"; y yo decía: "Está bien, Marco, te recuperarás, ya lo verás. Eres un buen jugador". Entonces él se puso por delante 5-3 y el que lloraba era yo; y él me decía: "No te preocupes, te irá bien. Solo es que estoy jugando muy bien estos últimos juegos, ya sabes". Luego yo me puse 7-5 y él empezó a llorar otra vez. Nos consolábamos el uno al otro durante el partido.»

Chiudinelli terminó ganando, lo cual no fue un augurio de lo que vendría después. Pero él y Federer jugaron mucho al tenis, y a las cartas, y gastaron muchas bromas juntos cuando eran chavales; y pese al gran éxito y la fama que tiene hoy Federer, siguen siendo buenos amigos.

«Los dos entramos en el circuito, fue como un cuento de hadas», dice Federer.

Ambos regresaron al Old Boys para enfrentarse en un partido benéfico en el 2005. Federer sigue siendo miembro del club, aunque no ha vuelto a jugar allí desde entonces, y ha financiado la construcción de instalaciones cubiertas para el club.

El día que visité el club, dos chicos de Basilea —Jonas Stein y Silvio Esposito— entrenaban bajo el sol en la pista n.º 1: la misma en la que Federer lloró bajo la silla del árbitro.

«Uno se espera más, ¿no? —me dijo Stein al finalizar su entrenamiento con Esposito—. Este es el sitio más «Federer» que puedes pisar en Basilea, pero no todos saben que está aquí. La gente que lo sabe es de Basilea, pero no es un club muy conocido. Creo que la dirección de hace diez años perdió la oportunidad de promocionarlo. Podrían haberlo convertido en una atracción turística y seguro que los turistas chinos vendrían a sacarse fotos aquí. Pero supongo que en Suiza no somos así.»

La única foto de Federer en el club es un mural en el interior del modesto restaurante en el que aparece saltando para golpear un servicio en Wimbledon, con el lema «Hogar de una leyenda» escrito bajo el logo del Tennis Club Old Boys. Lo más ostentoso que Suiza puede ofrecer.

Esposito tiene sus propios recuerdos de Federer. Dice que los padres de Federer regalaron una de las primeras raquetas de su hijo al abuelo de Esposito y que Silvio la recibió después como regalo.

«Empecé a jugar con ella, pero no tenía esa energía», confiesa entre risas.

Hace falta mucho más para canalizar a Federer. Hacen falta un talento y un empuje excepcionales, una estructura de apoyo sólida, mucha suerte y buenas decisiones.

Y una de las decisiones más inteligentes de Federer fue marcharse de Basilea, al menos por un tiempo.

CAPÍTULO 3

ÉCUBLENS, SUIZA

«*Arrête*, Roger. *Arrête!*»

La voz pertenecía a Christophe Freyss, un entrenador francés del centro nacional suizo de entrenamiento, y le decía a Roger Federer que dejase de golpear una pelota de tenis contra un contenedor de material.

«Hacía tanto ruido que nadie podía concentrarse bien», cuenta Freyss.

Federer, un adolescente impulsivo con mucha energía que quemar, acataría la orden, pero por poco tiempo.

«Se estuvo unos quince minutos quieto y luego agarró la raqueta y empezó otra vez. Le dije: "Roger, que pares ya"», añade Freyss.

Federer, con 14 años entonces, estaba en su primer curso como alumno interno en Écublens, un barrio a las afueras de Lausana, junto al lago Lemán. Pese a no haber salido de su país natal, parecía extranjero: un chaval de Basilea, zona de habla alemana. La lengua principal en Lausana es el francés y Federer llegó allí en agosto de 1995 con un problema.

«Sabía decir *bonjour*, *merci* y *au revoir*, pero por lo demás su francés era inexistente», explica Yves Allegro, compañero de Roger en el centro y futuro compañero también de equipo en la Copa Davis.

Federer vivía con una familia de la zona, los Christinet, que hablaba en francés y asistía a una escuela de secundaria, el Collège de la Planta, donde el idioma de enseñanza era el francés. Fue una curva de aprendizaje muy cerrada en una montaña rusa emocional.

Al ser uno de los estudiantes más jóvenes del centro suizo, Federer entrenaba por las tardes; los mayores tenían sesión de entrenamiento desde las 10.00 hasta el mediodía. Ese día, Federer había acabado las clases sobre las 11.00, así que llegó al centro tenístico mientras el grupo de mayores estaba jugando.

«Roger era pura energía, puro nervio y, como yo lo sabía, lo mandé a hacer los deberes —explica Freyss—. Era una causa perdida y, *voilà!*, se puso a golpear la bola.»

Después de advertirle dos veces, Freyss tramó un plan con sus jugadores. Si Federer volvía a la carga, le darían una lección.

«Estaba casi seguro de que iba a hacerlo. No podía estarse quieto», dice el entrenador.

Efectivamente, Federer volvió, y entonces Freyss y los jugadores bajaron a por él y lo subieron hasta el vestuario, con toda la pinta de que iban a meterlo bajo las duchas vestido.

«Queríamos que se lo creyese, aunque no tuviéramos intención de hacerlo. Llegué incluso a abrir la ducha y entonces paramos; en ningún momento pensamos en pasar de ahí. Pero seguro que se le quedó bien grabado», cuenta Freyss.

Federer lo recuerda, desde luego. Fue parte de una época turbulenta y complicada.

«Yo era el niño suizo-alemán del que todos se reían. No veía la hora de que llegase el fin de semana para volver en tren a Basilea», afirma Federer.

No obstante, el traslado a Écublens fue una decisión que tomó él libremente. Con ello dejaba atrás no solo a sus padres y a su hermana, sino también al entrenador Peter Carter, el Old Boys Club y su zona de confort, en un intento por llevar su tenis a otro nivel.

«Queríamos que fuese decisión de Roger —me contó Lynette Federer—. Nosotros asumimos un papel de apoyo. Creo que esa fue una de las razones por las que se mantuvo firme y perseveró: porque había sido decisión suya.»

Federer no se arrepiente al contarlo ahora. Muy al contrario. Considera los dos años en Écublens vitales para su maduración y cruciales en su éxito posterior.

«Diría que fueron los dos años más influyentes de mi vida», asegura.

Cuando aconseja a jugadores jóvenes, Federer suele recomendarles que aprovechen la oportunidad de irse de casa para afianzar su sensación de independencia, un rasgo clave para un deporte individual y brutalmente competitivo en el que confiar en ti mismo puede ser tan importante como confiar en tu golpe de derecha.

Federer no se enfrentó a los obstáculos de muchos grandes tenistas modernos. No tuvo que cruzar un océano con 6 años, como Maria Sharapova tras el triple que encestó desde tan lejos su padre en las academias de Florida; ni tampoco tuvo que buscar la manera de entrenar y mejorar en mitad de una guerra, como Novak Djokovic.

No obstante, desde el prisma de una cómoda existencia de clase media como la de Federer, Écublens fue una adversidad, autoimpuesta y menor, pero una adversidad. Y fue una parte importante de su crecimiento como persona y como jugador.

«En casa yo era el favorito, el campeón, pero en Écublens estaba rodeado de otros campeones y lo pasé mal con eso. Mi familia de acogida era muy buena, pero no era mi familia. Pasados tres meses dudé mucho si quedarme o no, pero acerté obligándome a hacerlo.»

Más de veinte años después, el centro de preparación de Écublens y el pequeño club que le servía de base llevaban mucho tiempo desaparecidos. El espacio de las ocho pistas, el diminuto gimnasio y la pista de atletismo contigua se reurbanizó y se convirtió en bloques de apartamentos.

No es esa la única piedra angular de la carrera de Federer que ha desaparecido. El club Ciba de Basilea, en el que empezó a jugar, acabó demolido y sustituido por una zona residencial para personas mayores y un parque público. A Federer le gusta mandar mensajes de vídeo y eso hizo con los miembros del club en el 2012 para la fiesta de despedida, poco antes de la demolición; en ese vídeo compartía sus recuerdos de partidos y barbacoas del pasado.

Pese a que Écublens suscita emociones encontradas en Federer, se percibe cierto sentido de pérdida cuando piensa en su desaparición.

«Es agridulce para mí. Fue un lugar muy importante en mi vida.»

Otros que entrenaron allí sienten una nostalgia similar.

«No quedó nada. Se me parte el alma», dice Manuela Maleeva, la estrella del tenis femenino que llegó al n.º 3 en el *ranking* mundial.

«Es duro —confirma Allegro—. Voy por allí una vez al año o así y trato de pasar por delante porque forma parte de nuestra juventud. Todavía duele ver que el centro tenístico ya no está.»

No obstante, incluso sin un rastro de cemento y ladrillo, a Federer le ha quedado un rico legado de sus años en Écublens. Ahí está su francés, fluido y a menudo suelto. Dominar ese idioma le ha ampliado las miras y el círculo social y ha aumentado su atractivo tanto a escala internacional como en su políglota país natal, donde consigue salvar la brecha cultural.

«Creo que los suizos francófonos le dan bastante importancia y lo agradecen, porque muchos suizos de habla alemana no hablan bien francés —me cuenta la escritora suiza Margaret Oertig-Davidson—. La gente de la zona de habla alemana por lo general aprende mucho mejor inglés que francés, así que se valora mucho que Roger sepa hablar un francés que no nos dañe los oídos.»

El legado de Écublens está también en las amistades que Federer forjó con jugadores como Allegro, Lorenzo Manta, Ivo Heuberger, Alexandre Strambini y Severin Lüthi, figura infravalorada que se convertiría en parte del círculo íntimo de Federer y de su equipo de entrenadores.

En Écublens, Federer desarrolló asimismo su afinidad por el juego rápido. Las cuatro pistas interiores del centro —las principales durante los meses más fríos— generaban golpes bajos y veloces. «A la velocidad del rayo», dice Federer.

El legado de Écublens está además en la profunda conexión de Federer con un hombre mucho mayor que nunca jugó al tenis de competición, pero que desempeñó un papel crucial, quizá decisivo, en el éxito a largo plazo del tenista.

Pierre Paganini es el preparador físico de Federer. Se conocieron en Écublens en 1995 y Paganini entró en el equipo personal de Roger en el 2000, por lo que es, de lejos, la persona que más tiempo lleva al servicio de Federer.

Ayudó a Roger a evitar lesiones importantes hasta muy tarde en su carrera y también a conservar la rapidez y la agilidad mediante un programa innovador. Pero Paganini —antiguo decatleta que gusta de hacer los ejercicios con sus deportistas y correr cuando ellos corren— ha sido mucho más que un supervisor inteligente e híper en forma: ha sido el orientador de Federer, su guía espiritual ocasional y quien tiene la última palabra sobre el calendario, con su defensa sutil pero convincente de los beneficios de la dedicación sumada a la moderación.

Desde el principio, Paganini tuvo una visión a largo plazo de la salud y la carrera de Federer y contó con la confianza y la credibilidad que le permitieron materializarla.

El mensaje central era que hacía falta un trabajo duro y constante, pero que Federer también tenía que descansar y evadirse si quería durar en un deporte cuyos ritmos y patrones repetitivos pueden acabar en un pispás con la alegría de vivir de un jugador. Era vital tener las piernas frescas, pero no más que tener fresca la cabeza.

«El tío más importante en la carrera de Federer es Paganini», dice Gunter Bresnik, un veterano entrenador austriaco.

Es una afirmación atrevida, y Bresnik no es el único que pone tanto énfasis en Paganini.

«Para mí, Mirka es la primera y Pierre va detrás —asegura Allegro—. Si hay que tomar una decisión importante, Pierre va a estar ahí, porque creo que siempre ha tenido una visión global de todo. Roger confía en él a muerte.»

Stan Wawrinka, la otra estrella suiza que ha entrenado con Paganini durante más de una década, dice que le debe más a él que a nadie en su carrera.

Pero Federer no está del todo preparado para dar ese salto públicamente. Ha recibido demasiadas influencias y es demasiado diplomático para colocar a alguien como puntal fundamental por encima del resto. Lo indudable es que Paganini está entre sus elegidos, sus grandes elegidos.

«Gran parte de la razón de que yo esté donde estoy es Pierre, por supuestísimo», me dijo Federer muy avanzada su carrera.

La suya ha sido una relación laboral estrecha que se ha ido enriqueciendo en vez de estancarse.

«Pierre ha hecho disfrutables los entrenamientos físicos, en la medida en que pueden serlo —siguió Federer—. Yo me limito a seguirle el ritmo. Hago todo lo que me dice porque confío en él. La gente me pregunta si sigo sometiéndome a pruebas físicas y cosas así, pero no necesito hacerme nada porque trabajo con Pierre y él sabe, y ve si me muevo bien o no, si voy lento o rápido, todo eso. Suya es una parte enorme de este éxito y me alegro de haber recurrido a él en su momento.»

Bresnik lleva de entrenador más de treinta años y es de los que piensan mucho dentro del mundo del tenis. Conoce a Federer desde mediados de la década de 1990 y a Paganini desde varios años antes, cuando Bresnik entrenaba al jugador suizo Jakob Hlasek.

Bresnik confía tanto en Paganini que, cuando su alumno estrella Dominic Thiem era aún un adolescente, invitó al preparador a Viena para que le dijera si veía en Thiem la velocidad y la capacidad física necesarias para triunfar en el circuito.

La respuesta fue que sí y Thiem acabó siendo campeón de Grand Slam, con múltiples victorias sobre Federer y los otros miembros de los Tres Grandes: Nadal y Novak Djokovic.

Bresnik admira el compromiso y la intuición de Paganini y, en un mundo darwiniano en el que los jugadores —Federer incluido— suelen ponerse tensos ante la idea de compartir sus métodos, Bresnik valora también la discreción de Pierre.

«Paganini es un tipo listo sin ganas de exhibirse, de ponerse en el candelero. Siempre estará en un segundo plano. Federer da la cara, pero el cerebro que hay detrás desde hace quizá veinte años es Paganini», dice Bresnik.

Federer aprecia la discreción —es medio suizo, al fin y al cabo— y Lüthi lo ve de manera similar.

«Pierre es muy modesto además, tiene un perfil bajo, nunca quiere figurar», añade Bresnik.

Paganini, con su brillante cabeza calva y sus gafas de montura metálica, tiene aires de académico y no procede de una familia de deportistas. Sus padres eran músicos y profesores, y pese a su apellido no guarda relación con el virtuoso italiano Niccolo Paganini, conocido en el siglo XIX como el «violinista del diablo» porque tuvo que haber vendido su alma para tocar de manera tan sublime.

Pierre nació en Zúrich en 1957 y también tocó el violín en su juventud, aunque desde muy temprano se vio atraído por los deportes.

«Solía bromear con él diciéndole que era el menos inteligente de la familia porque se había metido a deportista», cuenta Magdalena Maleeva, otra de las clientas veteranas de Paganini.

Pierre jugó al fútbol y compitió en atletismo, donde recaló en el decatlón, la disciplina deportiva más exigente en cuanto a trabajo, compuesta por diez pruebas.

No obstante, Paganini sintió muy pronto que, por encima de todo, lo que quería era tener un papel entre bambalinas. Viendo el Mundial de Fútbol de 1966 sentía menos interés por lo que hacían los jugadores sobre el campo que por saber qué harían fuera de él.

«Tenía 8 años y quería enterarme de lo que pasaba en los vestuarios, qué les decía el entrenador cuando no los veíamos por televisión —contó Paganini en una entrevista al periódico suizo *24 Heures* en el 2011—. Incluso a esa edad me fascinaba todo ese lado oculto. En mi trabajo solemos funcionar a la sombra y la verdad es que me encanta.»

Llevaba mucho tiempo queriendo ser preparador físico, pero la incertidumbre ante el mercado laboral lo hizo ir sobre seguro: se sacó una titulación empresarial e incluso asistió a clases en una escuela suiza de hostelería. Al final escuchó a su voz interior, que era casi un grito, y obtuvo una titulación de entrenador por el Swiss Federal Institute of Sport Magglingen, la única universidad suiza centrada exclusivamente en estudios deportivos. Tuvo de profesor a Jean-Pierre Egger, antiguo lanzador de peso suizo que entrenó a Werner Günthör y a Valerie Adams cuando ganaron sus títulos mundiales y medallas olímpicas en lanzamiento de peso, pero que también trabajaba en otros deportes, como lucha, vela y esquí alpino. En el 2020, eligieron a Egger mejor entrenador suizo de los setenta años anteriores en los premios nacionales del deporte. Egger enseñó a Paganini la importancia de combinar el trabajo físico con las necesidades específicas de un deporte.

Pierre se graduó en 1985 y su plan era entrenar a futbolistas, aunque en vez de eso le ofrecieron un trabajo en el centro tenístico de Écublens, a pesar de no tener experiencia en tenis. Al principio lo contrataron a tiempo parcial, lo que le impedía vivir sin un segundo trabajo como profesor en una escuela cercana, pero al final se convirtió en miembro pleno del equipo tenístico suizo.

Dos de los primeros jugadores en beneficiarse de ello fueron Marc Rosset y Manuela Maleeva.

Rosset era un jugador potente, un larguirucho de 2,01 m con un humor irónico y una personalidad compleja, a veces inconformista. Era el mejor jugador masculino en Suiza cuando apareció Federer, aunque saber moverse no estaba entre sus cualidades innatas.

«La primera vez que vi a Pierre venía del decatlón y no sabía nada de tenis, y empezó a jugarlo para conocer los detalles», cuenta Rosset.

Bresnik aseguraba que Paganini se sentía culpable por esos primeros años.

«Una vez me dijo que debían multarlo por lo que les hizo a los chavales hace veinticinco años, cuando no tenía ni idea de las necesidades del tenis —cuenta Bresnik riéndose entre dientes—. Decía que con lo que hoy sabe le daba vergüenza. Pero es una persona que nunca para de aprender y que se adapta a los jugadores.»

Cabe reflexionar aquí sobre el contraste entre Federer y Wawrinka. Federer es de complexión media, ligero de pies, rápido de reacción e inclinado a atacar. Wawrinka tiene un pecho prominente y lo apodaron el «diésel» porque se toma su tiempo para alcanzar la velocidad máxima; tiene la potencia y la resistencia de un toro.

«Trabajar con Federer y Wawrinka al mismo tiempo, que no tienen nada que ver como tenistas ni deportistas, ni físicamente, demuestra que Pierre entiende como nadie las necesidades físicas de un tenista —asegura Bresnik—. Todo lo que diga Pierre yo lo daría por sentado. Otros preparadores están todavía dando palos de ciego.»

Pese a su sentimiento de culpa, la falta de conocimiento tenístico de Paganini en sus primeros años fue también una ventaja. Como el viajero que llega a un país nuevo, se acostumbró a las incongruencias del sitio de un modo imposible para quien vive allí desde siempre. Aplicó sus conocimientos de atletismo al trabajo en el tenis, pero sin basarse demasiado en ellos. Al avanzar en su trabajo con Egger, se centró en crear ejercicios físicos específicos para el tenis. Eso significaba hacer mucho trabajo en la pista en vez de en el gimnasio y también que las pesas pesadas y las carreras de larga distancia servían de poco.

«En el tenis tienes que ser fuerte, rápido, tener coordinación y resistencia, y para eso hay que hacer entrenamientos —me explica Paganini—. Pero tampoco debes olvidar que eso tienes que usarlo en la pista de tenis, no en una carretera ni en una piscina. Así que siempre hay que crear un vínculo entre la velocidad y el elemento atlético usado en la pista. Nueve de cada diez veces en la pista, la velocidad se aplica en los primeros tres pasos y luego juegas la bola, así que tienes que entrenar para ser especialmente bueno en esos tres pasos.»

Con unos partidos individuales de Grand Slam que suelen alargarse más de tres horas, hay que entrenar para ser bueno en esos primeros tres pasos también en el quinto set, no solo en el primero.

Lo que se necesita es lo que Paganini llama «resistencia explosiva». De entrada puede parecer un oxímoron, pero sin duda es todo un desafío para un preparador físico.

«En el atletismo, quien tiene resistencia hace maratón y quien tiene velocidad explosiva corre pruebas de velocidad —dice Paganini—. Pero en el tenis debes tener resistencia y velocidad explosiva, y eso son dos cualidades antagonistas. Por eso el tenis es tan fascinante y también por eso pienso que es un deporte mucho más duro de lo que la gente suele imaginar.»

En tenis a veces se recorren trayectorias más largas: cuando vas a por una dejada, cuando te retiras de la red para recuperar un globo, cuando vas de esquina a esquina por la línea de fondo para llegar a un tiro cruzado a toda máquina.

Conviene recordar que la longitud de la línea de fondo en un partido individual es de solo ocho metros, y la distancia entre la red y la línea de fondo son unos doce. Aunque un jugador salga corriendo desde muy detrás de la línea de fondo, no cubrirá más de dieciséis metros en línea recta.

«En el tenis no esprintas como quien corre los cien metros —comenta Paganini—. Te pasas tres horas o más en marcha, parándote y siguiendo, y eso es muy duro, pero tienes veinticinco segundos o noventa para recuperar. Trabajes lo que trabajes, no puedes olvidarte de eso. No te pedimos que batas un récord de velocidad, sino que seas rápido repetidas veces durante mucho tiempo. Eso es lo interesante del tenis. No corres cuarenta kilómetros cuando un partido dura cinco horas. Quizá corras seis, como mucho.»

Lo básico de este deporte son las ráfagas cortas de movimiento, así que Paganini, lógicamente, decidió centrarse en entrenar esas ráfagas; a menudo pedía a Federer y a sus otros deportistas que, al mismo tiempo, hicieran alguna tarea compleja que requería coordinar mano y ojos.

Así, mientras hacían un intenso trabajo de pies con movimientos del tenis, debían atrapar y lanzar un balón medicinal, luego coger una raqueta y seguir con la secuencia de pies al tiempo que golpeaban una pelota de tenis.

Paganini colocaba palos numerados en las cuatro esquinas de un cuadrado y situaba a un jugador en el centro, con un balón medicinal. Entonces decía un número y el jugador debía correr al palo correspondiente y mantener en alto el balón.

Todo radicaba en la agilidad mental y física, aunque Pierre ponía a prueba también la capacidad de los jugadores para mantener la integridad de su técnica bajo presión, con sesiones rápidas e intensas de trabajo de cardio en la pista, a veces en una bicicleta estática, para de inmediato cambiar a un ejercicio de golpeo de dos contra uno, sin cuartel.

A Paganini le gustaba mucho el entrenamiento a intervalos (un método clásico entre los corredores), aunque a intervalos más cortos de lo normal: treinta segundos o menos de esfuerzo intenso seguidos por treinta segundos o menos de descanso. El objetivo era aumentar la rapidez del jugador, no solo el VO_2 máx., la medida tradicional de la resistencia.

«Para mí, Pierre es el mejor preparador físico del mundo en el tenis, porque fue el primero que de verdad hizo entrenamientos y ejercicios totalmente específicos, incluso un detallado trabajo de pies —dice Rosset—. También yo, con mi altura, logré moverme bastante bien sin sufrir grandes lesiones y, si te fijas en Paganini y en todos los jugadores a los que ha entrenado, verás que han tenido relativamente pocas lesiones.»

Eso es toda una hazaña, teniendo en cuenta que entrenar a deportistas para que tengan una velocidad explosiva conlleva un mayor riesgo de lesiones. No obstante, Paganini sorteaba esos obstáculos muy bien, incluso aunque Federer y Wawrinka acabasen pasando por sendas operaciones en la rodilla cumplidos ya los 30 años.

Rosset, que aunque se retiró hace mucho sigue en contacto con el deporte como comentarista, a menudo ve a los preparadores físicos actuales trabajar con jugadores, en torneos o en vídeos que suben a las redes sociales.

«*Putain* —suelta Rosset empleando un taco francés—. Es casi lo mismo que hacía yo con Pierre hace veinticinco años. Por supuesto, hay cosas que han mejorado, pero muchos preparadores físicos están influenciados por Pierre. Los resultados de Pierre hablan por sí solos. Si mañana alguien me pide que lo entrene, le diría que probase cuatro meses con Paganini y luego hablábamos.»

Manuela Maleeva es la mayor de tres hermanas de Bulgaria que aprendieron a jugar al tenis con su madre, Yulia Berberian. Las tres —Manuela, Katerina y Magdalena— llegaron al Top 10 pese a los medios limitados y a los importantes obstáculos a los que se enfrentaron mientras Bulgaria abandonaba el comunismo.

Las Maleeva, nombres poco famosos fuera de Bulgaria, vivieron una de las historias de éxito más notables del tenis, anticipándose a las hermanas Williams.

«Si fuésemos estadounidenses seríamos lo máximo», le dijo una vez Yulia a *The New Yorker*, con toda la razón.

Una de las hijas de Yulia acabó siendo suiza. Manuela se casó con el entrenador de tenis suizo François Fragniere en 1987, cuando tenía solo 20 años, y empezó a entrenar en Écublens, donde su camino se cruzó con el de Paganini.

«Soy la primera persona del tenis profesional a quien Paganini siguió en su trabajo —me cuenta Manuela—. Me puso al límite, mucho, muchísimo, pero logró que no lo odiase por ello y eso lo diferencia de un montón de entrenadores.»

Manuela y Fragniere, que era su entrenador además de su marido, habían decidido que la jugadora debía mejorar su condición física para aumentar sus opciones contra gente como Steffi

Graf, Martina Navratilova y Gabriela Sabatini a finales de la década de 1980.

Una de las prioridades de Paganini fue evaluar el nivel físico de Manuela.

«Quizá la única vez que pensé en reventarle la cabeza fue el primer día que salimos a correr —me dice Manuela entre risas—. Pierre quería ver mi estado de forma y saber por dónde empezar conmigo, así que salimos y empezamos a correr alrededor del club.»

Maleeva y Paganini se desviaron al poco hacia el bosque vecino para correr por los senderos. Maleeva estaba sufriendo, a punto de vomitar, después del trabajo de resistencia que ya habían hecho. Pero Paganini estaba mucho más animado: corría hacia atrás un poco por delante de ella para hablarle cara a cara.

«Y yo pensaba: "Es imposible, voy con la lengua fuera y este tío está corriendo para atrás y hablando conmigo". Nunca se me olvidará.»

Maleeva lo perdonó y siguió trabajando con Paganini siete años más hasta que se retiró en 1994, tras ganar su último torneo de la WTA en Osaka, Japón. Seguía en el Top 10.

«Mejoré muchísimo con él. La clave está en que me daban un montón de calambres cuando tenía que jugar un tercer set, y eso era una preocupación constante. En cuanto empecé a entrenar con Pierre, poco a poco adquirí tal forma física que sentía que podía pasar cinco horas en la pista, y dejé de tenerle miedo.»

Para cuando Manuela se retiró, Paganini ya estaba trabajando en Écublens con Magdalena, o Maggie, ocho años menor que Manuela.

«Lo importante con Pierre siempre ha sido la calidad del trabajo de pies —cuenta Magdalena—. Tenías que ser precisa con dónde ponías los pies.»

Manuela Maleeva, que se había hecho profesional a los 15 años, se retiró justo antes de cumplir los 27. Magdalena se hizo profesional a los 14 y se retiró a los 30. Las dos hermanas sentían que habían tenido carreras largas y estaban cansadas de viajar, pero ambas recuerdan que Paganini les decía que los jugadores de las siguientes generaciones jugarían mucho más tiempo.

«Nadie por entonces lo decía —sigue Magdalena—. La mayoría de la gente aseguraba lo contrario, que el tenis es muy duro, muy duro para el cuerpo, que los jugadores no tienen temporada de descanso y que cada vez se lesionarían más.»

Pero Paganini creía que un entrenamiento específico en tenis, un calendario mejor pensado, métodos mejores de recuperación y unos equipos de apoyo mejores y más grandes prolongarían las carreras. Y ha demostrado estar en lo cierto, a juzgar por la cantidad de jugadores de los circuitos masculino y femenino que juegan bien pasados los 30 años e incluso mejoran en el *ranking* a esas edades.

«Pierre no creía en el tópico de que cuando tienes más de treinta años tus capacidades atléticas disminuyen —dice Magdalena—. Estaba convencido de que si trabajas de la manera correcta puedes jugar mucho más tiempo.»

Magdalena, que empezó a trabajar con Paganini con 17 años, se quedaría con él hasta su retirada en el 2005. Así es como suelen funcionar las relaciones con Paganini. Inspira una lealtad que toca la fibra sensible, aunque algunos preparadores crean que tiene sus limitaciones.

Paul Dorochenko, el francés que luego trabajó con Federer y otros júniores para la Federación Suiza de Tenis, duda cuando se le pide que describa a Paganini y al final se decide por la palabra «inusual».

En parte influye que Paganini nunca se sintió obligado a sacarse el carné de conducir: depende de trenes, taxis, servicios de chófer y de su segunda esposa, Isabelle, que sí conduce.

«Diría que Pierre tiene ideas muy fijas, no es demasiado flexible, y no es fácil hablar con él —asegura Dorochenko—. Es muy introvertido, pero creo que trabaja muy bien en cuanto al desarrollo de la fuerza y la coordinación. Cuando haces una sesión con Pierre, llama tu atención y no la deja escapar. Sabe muy bien cómo hacerlo. Es alguien que trabaja sobre el terreno, más que un pensador conceptual.»

No obstante, la capacidad de Paganini de mantener la atención y la lealtad de sus jugadores va ligada a su creatividad y a su talento para idear programas extremadamente individualizados: poco propio de una persona inflexible.

Federer, que busca con ansias la variedad en muchos aspectos de su vida, desde luego que no se habría conformado con más de veinte años de rutina.

Pese a que Paganini huye de los focos y es tímido por naturaleza, a Federer y a otros les ha sido fácil comunicarse con él.

«Puedes imaginar el impacto que como preparador físico ha tenido en mi carrera, pero también, para ser sincero, un poco como mentor, porque hablamos muchísimo aparte de trabajar —dijo una vez Federer—. Siempre hay que contar con 45 minutos más que dedicamos a hablar de todo.»

Entrevistar a Paganini (cosa rara) implica entrar en profundidad muy rápido. Es una persona intensa, usa párrafos largos y fluctúa a la metáfora. Charlamos largo y tendido en el 2012 y 2017, las dos veces en francés: el idioma que usa cuando entrena a Federer.

Le pregunté a Paganini si la opinión extendida era cierta: si Federer tenía una estructura ósea y una gracia natural que le facilitaban su buen estado de salud.

«Siempre dicen eso —responde—. Tener potencial es una cosa, pero expresarlo durante setenta partidos al año es otra. Ese es el objetivo de Roger: ser constante en todos los partidos y sesiones de entrenamiento. Creo que subestimamos todo el trabajo que hace Roger; es un bonito problema que tiene. Lo subestimamos porque cuando vemos a Roger jugar vemos al artista que se expresa. Casi olvidamos que tiene que trabajar para llegar ahí, como cuando vemos a un bailarín de ballet. Ves la belleza, pero olvidas el trabajo que hay detrás. Hay que trabajar mucho, muy duro, para ser un bailarín tan hermoso.»

Lleva tiempo conseguir musculatura y memoria muscular, pero también lograr aplomo y un acabado pulido. Aunque Federer ha pasado décadas bajo el foco mundial haciendo que el tenis parezca fácil, en sus primeros años le recordó a un público mucho más limitado lo frustrante que podía ser ese deporte.

Basta fijarse en la primera impresión que se llevó Magdalena Maleeva en Écublens cuando Federer tenía 14 años.

«Por entonces era un chaval pequeño y daba la sensación de que se cabreaba mucho. Lanzaba la raqueta un montón.»

Maleeva, seis años mayor y afianzada en el Top 10 de la WTA, ganó un set contra Federer en una fase del entrenamiento.

«Parecía un poco niño mimado, porque se enfadaba mucho muy a menudo, pero supongo que no se sentía a gusto con cómo le iban las cosas», continúa Maleeva.

Freyss, director del centro Écublens y director técnico nacional del tenis masculino en Suiza, entendía la angustia de Federer. Él también había estado en una academia de joven: había entrado en el centro de entrenamiento de la federación francesa de tenis en Niza, en la década de 1970, junto a Yannick Noah, futuro campeón de Roland Garros.

Freyss llegó a jugar en el circuito y entró en el Top 100. No logró avanzar mucho en los grandes torneos, pero derrotó a cuatro antiguos o futuros grandes campeones: Arthur Ashe, Andrés Gómez, Manuel Orantes e Ivan Lendl.

Más adelante, Freyss se convirtió en un entrenador sensato y práctico, con una profunda conciencia del sacrificio y la autodisciplina necesarios para triunfar. Como muchos otros, Freyss vio el potencial de Federer: la derecha como una sacudida veloz, la rapidez, el sentido innato para anticiparse. Freyss, reacio por lo general a ensalzar demasiado la perspectiva futura de los jóvenes, le dijo a Georges Deniau, su mentor y predecesor en Écublens, que Federer era un talento especial. También le aconsejó a su amigo Régis Brunet, ahora agente de tenistas con IMG, que no le perdiese la pista a Roger, a quien Brunet incluyó en su primer contrato de representante.

No obstante, la lucha interna de Federer era flagrante.

«Desde un punto de vista emocional, Roger estaba al filo de la navaja —asegura Freyss—. En primer lugar, ser adolescente no es fácil, y dejar a su familia para ir a Écublens ya fue una transición dura para él. Tener que aprender francés e ir a la escuela en francés también era complicado, y luego estaba el tenis. Para él fue una época muy muy difícil en muchos niveles. Yo no le dejaba pasar ni una, porque eso no va conmigo. Lo trataba como a los demás. No me fijaba en quién era el número uno en su grupo de edad ni nada así. A esos jugadores jóvenes no los dejo ni respirar. Quería conseguir algo parecido a un buen tenista y ponía mi corazón y mi alma en ello.»

Freyss no trabajaba con Federer a diario. Alexis Bernard, un joven suizo que entrenaba a los jugadores jóvenes, desempeñaba ese papel. Pero Freyss supervisaba el proceso y a menudo trabajaba directamente con Federer en técnica, tácticas y actitud.

«No sé si con él hice las cosas bien —sigue Freyss—. Pero sí tenía claro que no íbamos a desviarnos mucho de lo que era un comportamiento aceptable. Nos peleábamos, aunque él aceptaba las cosas y se las tragaba. Tuvo que tragar mucho y seguro que no lo disfrutó.»

Federer, pese a su carácter social y empatía naturales, no era en esa fase una persona fácil con la que Freyss pudiera comunicarse, y Freyss no tenía ánimos para refrenarse.

«Roger tenía muy poca capacidad para la confrontación —afirma Freyss—. Necesitaba jugar, así era como se expresaba. Yo le decía: "Roger, oye, mírame a los ojos. Necesito saber si entiendes lo que intento decirte. Te estás paseando, dándole a la bola, botando la pelota entre las piernas. Para ya". Ni siquiera esa parte era fácil para él. Parecía que la emoción y la energía lo superasen. Tenía que jugar, tenía que moverse. Por encima de todo, Roger es un jugador.»

Si lo hubiesen analizado, quizá a Federer le habrían diagnosticado de adolescente algún déficit de atención.

Paganini recuerda a Federer liberar energía reprimida al principio de las sesiones físicas gritando repetidas veces.

«Era el más joven y me acuerdo de mirarlo y pensar lo espontáneo que era —me cuenta Paganini—. Pasaba de la risa al llanto en cuestión de minutos.»

Federer no fue el único futuro n.º 1 que luchó por controlar sus emociones y sus expectativas. En septiembre de 1996, Roger, con 15 años, jugó por Suiza en la Copa Mundial de Tenis Juvenil celebrada en Zúrich. El rival de Suiza el día de la inauguración era Australia, es decir, que Federer se enfrentaba a Lleyton Hewitt.

Darren Cahill era el capitán de Australia. Peter Lundgren, un antiguo jugador del Top 25 de Suecia, era el capitán de Suiza, y Peter Carter también estaba en el partido.

«Roger y Lleyton no se habían enfrentado antes, pero los dos conocían la reputación del otro, así que había mucho orgullo en juego —recuerda Cahill—. Se vio claro desde el primer juego. Intentaban entrar el uno en la mente del otro: la táctica de juego, los botes de las raquetas, las palabrotas, las discusiones con los jueces, todo. Yo no sabía bien lo que tenía ante mí porque era la primera vez que veía a Lleyton jugar un partido; desde luego, era la primera vez que me sentaba en la pista a verlo. Era como estar con McEnroe y Connors: dos quinceañeros en plena faena. Los dos acabaron el partido básicamente llorando. Creo que Lleyton tiró la raqueta contra la valla del fondo al final.»

Federer ganó en un *tiebreak*, en tres sets, y Cahill se marchó de la pista un poco aturdido y molesto, no por la derrota de Hewitt, sino por el comportamiento de los jóvenes combatientes. Cahill se acercó a Carter, que sonreía, no por la victoria de Federer, sino por el futuro.

«Colega, estos dos van a ser geniales», dijo Carter.

Respuesta de Cahill: «Estos dos niños necesitan una buena patada en el culo. Eso no es manera de comportarse».

Carter siguió sonriendo. «Bueno, vale, pero dásela tú. Van a ser jugadores muy especiales.»

Aquel fue el primero de muchos encuentros entre Federer y Hewitt. Ninguno sería así de fiero en el futuro, pero la rivalidad estaba servida y resultaría crucial para ambos en sus largas carreras.

En Zúrich, a Cahill le impresionó más el juego de Federer que anteriormente en Basilea. Había mejorado en el revés, aunque el paso largo siguiera ahí.

«Había dejado de devolverla mal y fallarla tanto —dice Cahill—. Pensé que tenía una coordinación mano-ojos increíble. Al final había conseguido que el golpe funcionara y ha terminado siendo el que usa hoy. Ha mejorado los pasos cortos, aunque a cada tanto da un paso enorme con la pierna derecha para ir al revés y golpear en la línea, y ahí te preguntas de dónde saca esa potencia y cómo se hace algo así».

En Écublens, la técnica de Federer era una fuente frecuente de discusión entre el personal de entrenamiento.

Roger había llegado con unos cimientos sólidos, cortesía de Kacovsky y Carter, pero había ciertas vías de preocupación. La derecha no era una de ellas.

«La manera que tenía de preparar el golpe y soltar la raqueta y acelerar con la muñeca era mágica —dice Freyss—. Eso es Federer. Nació así. Lo único que hacía era centrarse un poco en el final. Queríamos que mantuviese un poco más el contacto con la pelota mientras estaba en las cuerdas.»

En el revés, Federer aún necesitaba dominar el golpe con efecto.

«Para nosotros ese fue el principal punto en el que levantar cimientos», afirma Freyss.

A veces, Freyss le lanzaba las pelotas a mano. Paraba cuando el resultado era satisfactorio y le pedía a Federer que memorizase el recorrido que acababa de hacer en el aire con la raqueta.

En opinión de Freyss, Federer no era lo bastante estable en el golpe, porque llevaba el hombro izquierdo hacia delante demasiado rápido al acabar el movimiento. «Mantener los hombros alineados más tiempo es muy importante para tener constancia, así que trabajamos mucho con eso —dice Freyss—. Había sesiones en las que las pelotas acababan esparcidas por todas partes.»

El otro punto importante con el revés era conseguir que Federer se adelantase más para hacer el contacto. No obstante, también había que afinar el revés cortado a una mano, otro punto fuerte de Roger en su carrera.

«La cabeza se le iba un poco hacia atrás cuando daba un golpe cortado —dice Freyss—. Eso había que cambiarlo.»

Al servicio, las prioridades eran tener más rotación de hombros y que el lanzamiento fuera más constante, subrayando la importancia de disfrazar el golpe practicando saques distintos desde el mismo punto de golpeo.

«Sampras sabía hacer todos los saques distintos con un mismo movimiento y, cuando avanzas en tu carrera, intentas incorporar algunas de sus cosas y hacerlas tuyas —me cuenta Federer—. Yo estaba siempre jugando con mis lanzamientos, para ver si podía lanzar hacia el otro lado con un golpe inesperado o hacer un golpe con efecto en plano. Y al final me di cuenta de que podía hacerlo todo.»

Paganini, que estaba además al cargo de coordinar los estudios y el alojamiento de los jugadores, fue quien buscó una familia de la zona para Federer, los Christinet, formada por los padres, Cornelia y Jean-François, y tres hijos. Federer pasaba de lunes a viernes con los Christinet y volvía en tren a Basilea los fines de semana y los festivos para estar con sus padres y su hermana.

«Si ganaba era por los cereales —contó Cornelia Christinet en una entrevista a la revista suiza *L'Illustré* en 1999—. Comía cuencos enteros, todo el día. No le gustaban ni la carne ni el pescado, solo la pasta.»

A Federer tampoco le gustaba madrugar. «A veces se quedaba dormido aunque sonara el despertador y yo tenía que espabilarlo —contaba Cornelia Christinet—. Pero se levantaba en cinco minutos. No he visto a nadie más rápido.»

Las tareas de la escuela eran el mayor desafío, pero Federer aprendió rápido francés en parte porque se zambulló en el idioma y no le preocupaba mucho cometer errores gramaticales al hablar. Tampoco estuvo solo en esa lucha. Sven Swinnen, suizo de habla alemana como él, era otro novato con el francés y compartía clases y tutores con Federer. Swinnen, también un jugador muy prometedor, derrotó a menudo a Federer en sus primeros años de adolescencia y recibió una beca de tenis para ir a la Universidad de Oregón.

«El principio en Écublens fue duro para los dos —me dice Swinnen—. Nos quedábamos fuera por el idioma. Era un poco: "¿Qué haces aquí?". Aunque luego eso nos ayudó. Al final aprendimos un idioma, algo obviamente positivo y que desde luego ayudó a Roger a ser de esas personas que hablan muchos idiomas. Contribuyó a su popularidad.»

Philippe Vacheron, profesor y tutor de ambos en el Collège de la Planta, recuerda bien a Federer e incluso entrenó una vez con él.

«Tenía ese lado salvaje que yo llamaría instintivo —dijo Vacheron en una entrevista con el periódico suizo *Le Temps*—. De repente se ponía a gritar en clase: "¡Monsieur Vacheron! ¿Qué significa eso?" cuando no entendía algo. Algunos profesores no lo habrían aguantado; a mí me parecía adorable. Sven, su compañero suizo-alemán, se regía más por las normas, pero Roger decía lo que pensaba. Aunque tenía reacciones fuertes, nunca era irrespetuoso. También se mostraba de lo más sensible cuando tenía una dificultad real. Se le mezclaba la frustración de no entender nada con la dificultad de estar lejos de casa. Aunque no hubiese terminado siendo un campeón, me acordaría de él. De todos los jugadores que pasaron por nuestra escuela, Roger fue el único ante el que me dije: "Este niño tiene que llegar hasta el final". Podía terminar en éxito o en fracaso, pero Roger tenía talento.»

No había duda de eso, y en el segundo año que Federer pasó en Écublens sus resultados en los torneos empezaron a mejorar, al tiempo que encontraba su equilibrio y su confianza e integraba elementos nuevos a su juego.

Allegro recuerda que todos los jugadores del programa rellenaban un formulario en el que debían poner sus objetivos en el mundo del tenis; él escribió que esperaba entrar en el Top 100 mundial. «Roger fue el único que puso que quería ser el número uno —dice Allegro—. No estoy seguro de que lo creyese al cien por cien, pero lo escribió.»

Hay muchísimas cosas que se pueden torcer en el intento de un jugador joven por ascender a la cima de la pirámide tenística. Pero Freyss, que había jugado contra muchos talentos y también los había entrenado, veía con optimismo las posibilidades de triunfo de Federer cuando el muchacho dejó Écublens a la edad de 16 años. Para Freyss, el juego de Federer era excepcionalmente prometedor por su solidez y su fluidez.

«No le veía ninguna barrera cuando jugaba —dice Freyss—. Podía estar dos metros por detrás de la línea de fondo o estar en mitad de la pista. No había frenos que le impidiesen meter una marcha más. En mi opinión, su límite era el cielo.»

No obstante, tras ver a Federer de cerca durante dos años, Freyss sí detectó un obstáculo.

«Lo único capaz de detenerlo era su cabeza, sus nervios. Al final le dije (lo recuerdo muy bien): "Roger, oye, puedes conseguir los trofeos más grandes del mundo, pero intenta no ser tu propio enemigo, porque si no todo será más complicado".»

CAPÍTULO 4

BIENA, SUIZA

Durante un almuerzo en los Alpes, Roger Federer dejó caer su propio nombre.

Me sugería una serie de sitios para visitar en Suiza que habían sido importantes para él: Basilea, por supuesto; Écublens, Zúrich y su lago, Lenzerheide y sus espectaculares montañas y pistas de esquí, donde él y su esposa, Mirka, se construyeron una versión de la casa de sus sueños en Valbella.

Y entonces mencionó Biena.

«Ahora tengo allí una calle con mi nombre —dijo sin darse importancia—. La calle Roger Federer.»

Tras echarle un vistazo después de un trayecto panorámico en tren a Biena, no era la calle que muchos de nosotros habríamos imaginado. Es un tramo recto de asfalto cerca de una autovía en una zona moderna más parecida a un parque de negocios de finales del s. XX que a la típica imagen del encanto helvético y sus calles adoquinadas.

Y aún así en Suiza cuesta mucho salir en el mapa: a las autoridades no les gusta poner nombres de suizos vivos a los espacios públicos. A Federer, el suizo vivo más famoso, se le consideró digno de excepción en el 2016, pese a que ni él lo pidió. Aquel entorno anodino resulta adecuado en un sentido: la autovía pasa junto al centro de entrenamiento nacional, conocido como Swiss Tennis Academy, donde Federer pasó varios años de formación al poco tiempo de su inauguración.

«Mi vida adulta empezó en Biena, básicamente», me dijo Federer.

Su calle, en realidad, tiene dos nombres y los dos aparecen en la placa: Roger-Federer Allee y Allée Roger-Federer. Eso es porque Biena es bilingüe: un puente entre las regiones francófona y de habla alemana de Suiza.

Biel es el nombre alemán de Biena, Bienne es el nombre francés; y Biel/Bienne se convirtió en su nombre oficial en el 2005. La web municipal refleja esa dualidad: www.biel-bienne.ch, y Federer también: dice Biel cuando habla en alemán o inglés, y Bienne cuando habla en francés.

El bilingüismo es una de las razones por las que la Federación Suiza de Tenis escogió reubicar su centro nacional de entrenamiento de Écublens a Biena en septiembre de 1997.

«Una ubicación muy políticamente correcta», asegura Sven Groeneveld, el neerlandés contratado para supervisar el programa de entrenamiento en 1997.

A diferencia de la francófona Écublens, en Biena se permitía que las jóvenes promesas en edad escolar fueran educadas en la lengua que quisieran.

Federer, con un francés fluido, estaba preparado para todo lo que este nuevo centro de entrenamiento suponía, pero ya no debía preocuparse de los deberes. A los 16, tras cumplir con los años de escolarización obligatoria, decidió centrarse de lleno en convertirse en un profesional del tenis.

Fue una decisión muy osada en una sociedad tan conservadora y centrada en la educación como es la suiza, en la que el deporte, incluso a finales de los años noventa, no se consideraba una carrera profesional seria.

«Las mentalidades han evolucionado, pero yo diría que Suiza no es un país deportivo —apunta Marc Rosset, el mejor tenista suizo masculino cuando Federer empezaba a despuntar—. No es Estados Unidos. No es Australia. No es Italia. A veces, el camino es muy duro para un deportista en Suiza.»

Rosset recuerda que, cuando ganó el torneo júnior de tenis de Suiza a los 18 años, la Federación Suiza de Tenis no tenía intención alguna de enviarle a la Orange Bowl de 1988, uno de los grandes torneos júnior del mundo, en Florida.

«Pregunté "¿Por qué no? Lo normal es que el chaval que se convierte en campeón de Suiza a los 18 juegue la Orange Bowl" —recuerda Rosset—. Pero me dijeron que no era lo suficientemente bueno y que no tenía sentido enviarme allí.»

Rosset, dolido pero decidido, dijo a la federación que le inscribiera igualmente, que su familia costearía el viaje. Se convirtió en el primer suizo que ganaba la Orange Bowl Júnior para chicos de 18 años y menores (Federer sería el siguiente).

«Con eso te haces una idea de cómo funcionan las cosas en Suiza muy frecuentemente —concluye Rosset—. No estuvo bien lo que me hicieron, pero también me ayudó a nivel mental. Fue en plan: "Vale, no me queréis. Os vais a enterar".»

Federer se topó con el escepticismo casi enseguida tras decidir abandonar la escuela. Un día, de visita a su dentista habitual, en Basilea, comenzó una charla en medio de una limpieza dental, como suelen empezar las charlas con los dentistas.

«Yo con la boca abierta, el dentista limpiando, y va y me dice: "¿Y qué haces ahora?". Y le contesté: "Juego al tenis". Y me suelta: "Vale, ¿y qué más?". Y le digo: "Nada más". Y me miró, en plan: "¿Nada más? ¿Solo tenis?".»

Federer cambió de dentista.

«No volví porque sentí que no comprendía lo que yo quería hacer —me dijo Federer—. Yo perseguía un sueño, quería apuntar a las estrellas, y el tipo intentaba desalentarme. ¿Y sabes qué? No quiero gente así a mi alrededor.»

Y esa actitud fue la que Federer mantuvo mientras construía su entorno privado y profesional. Valoraba la energía positiva y la gente que lo empoderaba. Con una actitud así se corre el riesgo de atraer a aduladores que te dirán lo que quieras oír en lugar de lo que necesitas oír, sobre todo si les pagas un sueldo. El tenis profesional está lleno de camarillas así, a veces bajo el eufemismo de *equipos*. Los aduladores no escasean, precisamente, en un microcosmos donde muchas de las mejores personas que hay son —como es lógico— reticentes a ofrecer apoyo las veinticuatro horas los siete días de la semana y viajar los diez meses al año necesarios para que las estrellas del tenis sumen puntos para el *ranking*. Los entrenadores y los fisioterapeutas también quieren vivir sus vidas.

Federer, según la gente que ha trabajado mano a mano con él a lo largo de los años, aprendió a valorar el debate interno y la crítica constructiva. Pero con 16 años lo que quería eran golpecitos en la espalda y fe.

«Quería oír: "¡Eso es impresionante, Roger, es un gran plan!". Creo que a la gente joven realmente les ayuda que les digan: "¡De acuerdo, ve a por ello! Te apoyaré sea cual sea el camino que elijas". Pero está claro que también debes ser realista. Cuando no eres bueno tienes que darte cuenta de que dejarlo está bien, porque hay gente que va demasiado lejos y luego les pilla por sorpresa.

En aquella época la voz sensata con más influencia era la de sus padres. Ellos veían que su hijo tenía un potencial considerable y que había demostrado su compromiso con el tenis en Écublens. Pero los Federer también sabían bien que en esa etapa muchos júniores nunca llegaban al nivel más alto. Querían un plan alternativo.

Robert Federer le dijo a Roger que le ayudarían a financiar su carrera pero que, si a los 20 años no estaba en el Top 100, tendría que regresar al instituto y estudiar un grado.

«No tuve ningún problema en prometerle eso —me confiesa Roger—. Yo veía mis posibilidades, pero también era realista.»

El cronómetro se puso en marcha en serio en Biena, a poco más de una hora en coche de Basilea. Como es habitual en Federer, dentro y fuera de la pista, supo elegir el momento justo.

La nueva Swiss Tennis Academy pertenecía a la Federación Suiza de Tenis, a diferencia del centro de Écublens, donde la federación solo alquilaba las instalaciones y pagaba pistas por horas en un club privado. Aquel cambio también permitió a la federación centralizarse: por primera vez tenía su sede administrativa y su sede de entrenamiento en un mismo lugar.

El tenis suizo había alcanzado nuevas cotas más altas. Pocos meses antes Martina Hingis cimentaba su estatus como una de los grandes prodigios del deporte al llegar al n.º 1 en el *ranking* individual femenino con solo 16 años, lo cual la convirtió en la n.º 1 más joven de la historia. La temporada de 1997 sería la mejor para ella: ganó el Open de Australia, Wimbledon y el Open de Estados Unidos y podría haber completado el Grand Slam de no ser porque cayó en la final de Roland Garros ante otra joven tenista: Iva Majoli, de Croacia.

Hingis reinó durante una breve etapa hasta que las hermanas Williams llevaron el tenis a otro nivel. Era una amenaza sobre todas las superficies, con una técnica muy pulida y un sentido de la pista exquisito, con más astucia y confianza en sí misma que potencia. No sorprende que la apodaran The Swiss Miss («la señorita suiza»), y que en círculos periodísticos la llamasen Chucky, por el muñeco diabólico que aterroriza a los adultos en las películas.

En realidad, la sonrisa de Hingis era críptica: señal de satisfacción o de amenaza, según las circunstancias. Pero su talento para el tenis era innegable y, como Federer, tenía raíces internacionales. Sus padres eran de la parte eslovaca de la antigua Checoslovaquia. Hingis, entrenada con astucia por su madre, Melanie Molitor, surgió de una estructura independiente, como la mayoría de grandes tenistas suizos antes de Federer, pero demostró que era posible soñar a lo grande siendo muy joven y triunfar a lo grande siendo muy joven.

Federer, un adolescente sensible de 16 años lleno de ambición y energía nerviosa, que una vez había sido recogepelotas de Hingis en Basilea, tomó nota y se inspiró, pese a que los circuitos masculino y femenino eran y siguen siendo mundos muy diferentes.

«Es como si fueras alpinista y estuvieras frente a una pared, pensando: "¿Esto puede escalarse?" —dice Heinz Günthardt, excampeón de Wimbledon júnior y el mejor tenista suizo masculino de los años ochenta—. Y de repente alguien lo escala. Entonces, ¿no te sientes más capaz de escalar esa pared? Claro que sí. E incluso si fallas la segunda vez, la tercera, la cuarta, sabes que hay una forma de hacerlo porque alguien lo ha hecho. Martina abrió un camino, al menos en el plano mental. Estoy seguro de que a mí, en mi época, me habría ayudado tener a alguien que me demostrara que era posible hacerlo.»

Günthardt, que llegó a los cuartos de final de individuales en Wimbledon y el Open de Estados Unidos, pero que quizá sea más conocido por haber entrenado a Steffi Graf, eclosionó como jugador cuando se consideraba un éxito que un suizo compitiera en un torneo de Grand Slam, por no hablar de ganarlo.

Federer se situaría a otro nivel y, tras la estela de Hingis, definiría otro nivel.

«Sentía que era posible apuntar a las estrellas y, por suerte, allí estuvieron Martina y otros que hicieron grandes cosas por el deporte de este país», me dice Federer. «Creo que podemos creer más, como en Estados Unidos, creer que todo es posible; soñar a lo grande. A veces siento que no creemos lo suficiente porque nos han educado para tener un trabajo y una seguridad. Eso a veces nos bloquea a la hora de salir ahí fuera y decir "Vamos a probarlo, vamos a por ello, sigamos nuestros sueños dos o tres años y a ver qué pasa". Pero a medias no funciona. Si un chico en Rusia o América o Argentina o donde sea entrena cinco horas y tú solo puedes entrenar dos, ¿cómo va a salir bien? Así no es realista convertirse en el más grande o el mejor de la historia. Soñando no vas a entrar en el Top 250 ni a ganar Wimbledon.»

Tuvo la suerte de que el centro de Biena, tan bien equipado, se inauguró justo a tiempo para tener un papel crucial en su desarrollo, ofreciéndole una sólida base de entrenamiento y un grupo de expertos a un precio muy razonable, ya que la federación cubría la mayor parte de los costes.

Por aquel entonces sus padres se gastaban 30 000 francos suizos (casi 28 000 euros) al año en el tenis del niño: una cantidad significativa, pero para nada una fortuna comparada con lo que se gastaban otras familias en países donde no se contaba con el apoyo de la federación o del Gobierno.

En Biena, Federer estaba rodeado de influencias frescas y muy familiares. Una de las nuevas voces era Groeneveld, un neerlandés alto y bien parecido que ya había entrenado a Mary Pierce para ganar el Open de Australia 1995 y a Michael Stich para triunfar en la final de Roland Garros 1996. Y luego entrenaría a Ana Ivanovic y a Maria Sharapova, que también ganarían títulos de Grand Slam.

A Groeneveld lo contrató Stephane Oberer, que fue entrenador de Rosset muchos años y capitán del equipo suizo de la Copa Davis, y que supervisaba el nuevo centro de entrenamiento.

Uno de sus primeros fichajes en Biena fue Peter Lundgren, un afable sueco que antaño ocupó el n.º 25 del *ranking* y que como entrenador logró sobrevivir a la experiencia de guiar al beligerante y ultratalentoso Marcelo Ríos hasta el Top 10.

Lundgren me confesó haber aceptado el puesto en parte por lo que había oído sobre Federer.

«Me llamó mi agente y me dijo que había un trabajo en Suiza y un joven tenista prometedor, Roger Federer, del que querían que me ocupase —cuenta Lundgren—. Fue una decisión difícil. Mi familia vivía en Suecia. Acabábamos de tener una hija, así que primero me trasladé yo y, cuando llegué, todo fue muy duro.»

No le habían buscado alojamiento. Groeneveld era un amigo, pero la barrera del idioma a menudo era un problema.

«Al llegar tuve una sensación rara en el estómago —recuerda Lundgren—. Nunca lo olvidaré. Una sensación rarísima. En plan: "¿He hecho bien?".»

Al poco tiempo, el tenis suizo contrató a otro Peter: Peter Carter, que llegó de Basilea y del Old Boys Club atraído por la idea de volver a trabajar con Federer. Carter, que vivía bien en Basilea, no lo tuvo fácil para tomar la decisión.

«Peter tenía muchas dudas, pero le conté cómo veía yo las cosas y mi plan para que él dirigiera el desarrollo de Roger», afirma Groeneveld.

Lundgren se centró primero en tenistas más mayores como Ivo Heuberger, que ya entraban en el circuito profesional, Carter se dedicó a los más jóvenes en fase de transición. Allí estaban Federer, Allegro, Michael Lammer y Marco Chiudinelli, cómplice de travesuras infantiles de Federer en Basilea, al que reencontró en Biena.

Era un grupo prometedor y, aunque de todos ellos solo Federer se convirtió en un fenómeno global, el resto obtuvo cierto éxito profesional, como Michel Kratochvil, que también entrenaba en Biena.

En aquella etapa de formación todos se forzaban entre sí para mejorar, lo cual a menudo es la clave para ser fuertes en el tenis. Los jugadores no se vuelven grandes si están aislados. Desde la Academia Bollettieri en Brandenton, Florida, en los años ochenta, hasta las pistas de tierra batida de Barcelona en los noventa y los clubes de Moscú en la década del 2000, la capacidad de juntar a jóvenes talentosos para poner a prueba sus límites y sus mentes a diario ha demostrado ser una fórmula exitosa.

Lundgren lo sabía tan bien como cualquiera. Él era parte de la ola sueca que llegó tras Björn Borg, el ídolo adolescente de larga melena y cara de póker que se convirtió en un campeón en serie. Borg encarnaba el buen rollo nórdico pese a que de joven tenía un temperamento incendiario (¿a alguien le resulta familiar?) y se convirtió en una de las primeras superestrellas de la era Open.

Lundgren, nacido en 1965, es de la misma generación sueca que Mats Wilander y Stefan Edberg, dos tenistas que llegaron al n.o 1, junto con Anders Jarryd, Joakim Nystrom, Mikael Pernfors, Henrik Sundstrom, Jonas Svensson y Kent Carlsson, que entraron en el Top 10 (Jarryd fue n.º 1 en dobles).

En el torneo de Roland Garros 1987, con Borg ya retirado, en el cuadro individual masculino de 128 jugadores había 18 tenistas suecos: una cifra increíble para un país con tan solo 9 millones de habitantes, largos y oscuros inviernos y pocas pistas de tenis cubiertas.

«Mi mejor puesto en el *ranking* mundial fue el 25.º y en Suecia solo era el 7.º —explica Lundgren—. Eso dice mucho.»

Los suizos que se juntaron en Biena no rivalizarían con los logros colectivos de los suecos, pero también hallaron su fuerza en las cifras.

«Ese espíritu de colegas nuestro era muy importante —me dijo Michael Lammer—. Teníamos grandes entrenadores. El ambiente era muy relajado, pero para nosotros, que éramos jóvenes tenistas, era importante ver cada día a los grandes tenistas suizos de varias generaciones entrenando. Creo que eso nos motivaba mucho.»

Entonces Federer no vivía con una familia anfitriona. A los 16 años, y con el beneplácito y respaldo financiero de sus padres, se mudó a un pequeño apartamento cerca de la Swiss Tennis Academy que alquiló su amigo Allegro, casi tres años mayor que él.

El apartamento estaba en Henri-Dunant-Strasse (rue Henri-Dunant en el mapa bilingüe de Biena). Dunant fue el cofundador suizo de la Cruz Roja Internacional, coganador del primer Premio Nobel de la Paz, en 1901.

A Federer todavía le faltaban algunos años para convertirse en filántropo y todavía era inimaginable que un día fuera a tener una calle con su nombre en aquel mismo barrio. De momento se esforzaba por llegar puntual a los entrenamientos y mantener su habitación ordenada.

«No era su fuerte —admite Allegro entre risas—. Jugábamos mucho a la PlayStation.»

Allegro, que tiempo después se convertiría en entrenador de júniores en la federación, mantuvo una charla conmigo almorzando en el centro de entrenamiento en el 2019, más de veinte años después de que él y Federer llegaran allí.

A través del ventanal del Topspin Restaurant me señaló una de las seis pistas de tierra batida exteriores.

«Roger y yo fuimos los primeros en entrenar ahí —asegura Allegro—. Era el 15 de agosto de 1997 y estábamos en esa pista con Peter Lundgren.»

En la Swiss Tennis Academy de Biena han cambiado mucho las cosas desde la época de Federer. Ahora hay un edificio de cuatro plantas y una academia con dormitorios y balcones que dan a las pistas de tierra batida. Hay un estadio, que se terminó de construir en el 2017, con capacidad para 2500 espectadores, donde pueden disputarse partidos de la Copa Davis suiza y de la King Cup, además de otros eventos.

Se trata de una ampliación que el éxito y la visibilidad de Federer han ayudado a facilitar y, aunque él rara vez vuelve a este lugar, sigue estando muy presente. Hay grandes fotos suyas adornando las paredes, como también las hay de Stan Wawrinka, que siguió sus pasos como gran campeón suizo.

Una fotografía del tamaño de una valla publicitaria en la que aparecen Federer, Wawrinka y sus triunfantes compañeros de la Copa Davis del 2014 preside el exterior del vestíbulo, visible desde la Roger-Federer Allee.

Solo hay otra calle que lleva su nombre. Está en Halle, Alemania, en el torneo de hierba que él dominó durante más de una década.

«Es una calle muy pequeñita, apenas mide cien metros de largo —contó Federer el día de la inauguración en Biena, en el 2016—. Pero Alemania no es Suiza. Tener una calle aquí es una sensación mucho más intensa.

»Espero que aquí siempre haya mucha acción, con jóvenes tenistas conscientes de que no están de vacaciones y que no tengan miedo de soñar a lo grande: no solo convertirse en profesionales —para eso solo necesitas un punto de la ATP—, hablo de jóvenes tenistas que sueñen con ganar Wimbledon o la Copa Davis o, por qué no, con tener una calle que lleve su nombre.»

Sin embargo, en algún momento hay que partir de cero. Menos de dos semanas después de que Allegro y Federer llegaran a Biena, ya no eran solo compañeros de piso y entrenamiento, sino rivales, puesto que participaron en una serie de torneos satélite en Suiza: el peldaño más bajo del tenis profesional.

En aquellos años, los torneos satélite a menudo eran como minicircuitos con tres torneos sucesivos a lo largo de tres semanas, seguidos de un evento «masters» para los mejores jugadores.

La primera etapa de aquel torneo satélite del 23 de agosto al 21 de septiembre era en Biena, sobre tierra batida, en un pequeño club. Federer se anotó su primera victoria a nivel profesional al ganar 7-5, 7-5 contra Igor Tchelychev, un ruso que con 20 años ya estaba en el Top 400.

«Tchelychev era alto, atlético y muy ruso —dice Allegro—. Era un tipo con una voz grave y nos reíamos de eso. Al ganarle, Roger se puso en marcha y empezó a jugar realmente bien.»

Federer ganó dos rondas más en Biena antes de perder en semifinales contra Agustin Garizzio, un argentino de 27 años instalado en Suiza que era el terror de los torneos locales, en especial sobre tierra batida, y que en 1998 llegó al puesto n.º 171 del *ranking* de la ATP, el más alto que consiguió.

Garizzio, cabeza de serie n.º 1, venció a Federer en la segunda ronda la semana siguiente, en la segunda fase del satélite en Nyon. Quedó impresionado con aquel tenista tan joven. Ambos partidos fueron a tres sets y Garizzio tuvo que emplearse a fondo un par de veces para no perder el primero.

«En Nyon, en medio del partido, me acerqué a un amigo italiano que estaba entre el público y le dije: "Este chaval, el día que le dé bien al revés, va a ser el número uno".» Garizzio declaró al periódico suizo *Le Matin Dimanche*: «He jugado contra un tipo que bailaba al otro lado de la red».

Federer siguió jugando hasta llegar a las semifinales de la tercera fase del satélite en Noës. Uno de sus contrincantes fue Joël Spicher, un joven suizo que perdió ante él en tres sets 6-3, 0-6, 6-4 en la segunda ronda.

«Todo se redujo a uno o dos puntos del tercer set —declaró Spicher a *Le Matin Dimanche*—. Me sorprendió su capacidad para asumir riesgos increíbles en puntos importantes. Fue a por golpes que no me parecían razonables con una tasa de éxito que terminó por volverme loco.»

Con los años, Spicher no iba a ser el único en comentar algo así. Federer se calificó para el Masters, la fase final de la competición en Bossonnens, cerca de Lausana. Allegro también se clasificó y los dos compañeros de piso viajaron juntos desde Biena con Peter Lundgren en el Peugeot 306 azul de Lundgren.

«Lo llamábamos Llama Azul, porque ese coche no tenía potencia —cuenta Allegro—. También nos reíamos mucho con eso.»

Después de que Allegro y Federer ganaran sus rondas iniciales, se enfrentaron entre sí en cuartos de final. Calentaron juntos y salieron a la pista a jugar en serio. No había recogepelotas. Allegro y Federer hacían también el trabajo del juez de línea, y resultó un partido bastante disputado que Allegro ganó 7-6, 4-6, 6-3.

Allegro recuerda que a Federer se le metió algo en el ojo nada más empezar el tercer set y por culpa de eso fue perdiendo el ritmo y la calma.

«Al final del partido se puso a llorar —dice Allegro—. Pero lloró durante veinte minutos y luego se le pasó. Aquella noche nos fuimos a cenar juntos.»

Allegro recuerda que las únicas personas que fueron a verlos eran Lundgren, el padre de Federer, Robert, y Claudio Grether, el árbitro del torneo.

«Claudio era un supervisor veterano —cuenta Allegro—. Y al finalizar el partido vino hacia mí y me dijo: "Bien hecho, señor Allegro, pero esta es la última vez que va a ganar a Federer". ¿Y sabes qué? Tenía razón.»

Desde aquel día, Allegro tuvo que conformarse con alguna victoria suelta en los partidos de entrenamiento, donde Federer pocas veces era una fuerza inexpugnable.

«En los entrenamientos incluso vencía a Roger cuando él ya era número uno mundial —afirma Allegro—. Eso a veces no era muy difícil, pero en los partidos oficiales ya era otra historia.»

Clasificarse para el Masters en Bossonnens fue una recompensa a varios niveles. Sobre todo porque garantizaba puntos para el *ranking* de la ATP. Para cualquier jugador ganar esos primeros puntos es un momento clave.

«Es como cuando tienes tu primer coche me confesó una vez Jim Courier, la estrella estadounidense.»

Federer, con 16 años recién cumplidos, no tenía ni carné de conducir, pero el lunes 22 de septiembre ganó sus primeros puntos: 12, para ser exactos.

Aquello lo situó en la posición 803 del *ranking*, empatado con Daniel Fiala, de la República Checa; Clement N'Goran, de Costa de Marfil, y Talal Ouahabi, de Marruecos.

Federer recuerda que entró en la web de la ATP a buscar su propio nombre.

«Son un hito —me dijo Federer, muchos años después, sobre aquellos primeros puntos—. Como ser Top 100, Top 10, n.º 1 del mundo. Es uno de esos grandes momentos que ansías.»

Pero solo unos pocos afortunados logran esos hitos. Fiala, N'Goran y Ouahabi nunca pasaron del Top 250 en los *rankings*. Federer, sin embargo, estaba al comienzo de una extraordinaria travesía por el mundo del tenis. Y cuando aquella semana salieron los *rankings* de la ATP, él no era el único adolescente desconocido cuyo nombre aparecía en la página nueve.

Allí mismo, en el n.º 808, estaba Lleyton Hewitt, otro futuro n.º 1 y futuro campeón del Open de Estados Unidos y Wimbledon.

Hewitt consiguió sus primeros puntos a los 15 años, igual que lo hiciera Rafa Nadal varios años después, en el 2001. Pero Federer tiene ilustres acompañantes que consiguieron sus primeros puntos a los 16 años, incluidos Novak Djokovic, Andy Murray y Wawrinka.

Incluso antes de aquel torneo satélite Lundgren estaba seguro de que había llegado a Biena por un buen motivo.

«Cuando vi a Roger por primera vez tuve clarísimo que el chaval iba a ser una superestrella —aseguró Lundgren—. Era obvio, porque yo había trabajado con Ríos antes, que se le parecía un poco en el talento, pero no en la personalidad.»

Me reí al escuchar eso, y Lundgren también se echó a reír. «Intento ser diplomático», afirmó.

También cabe recordar que Lundgren echó a Federer de su primer entrenamiento juntos por mal comportamiento, no sin antes tomar buena nota de su elástico y explosivo golpe de derecha.

«Sí, era perezoso, pero tenía un golpe de derecha increíble —afirma Lundgren—. Y supe que aquel golpe de derecha iba a ser una monstruosidad cuando el chaval creciera y se hiciera más fuerte.»

Lundgren no estaba tan impresionado con otros aspectos del juego de aquel Federer de 16 años.

«Físicamente estaba flojo —sostiene— y su revés tenía un *swing* bonito, pero no tenía piernas, nada.»

Antes de aceptar el trabajo con la Federación Suiza de Tenis, Groeneveld visitó un campamento de entrenamiento de la federación y también observó con detenimiento a Federer. Enseguida le vio el lado bueno y los retos que planteaba.

«Vi que era muy tozudo y muy juguetón: muy muy muy juguetón», me cuenta Groeneveld.

Es un término que se usaba a menudo para describir a Federer en sus comienzos, y quienes lo conocen bien y han recibido algún susto suyo tras una puerta, todavía lo usan para definirlo.

Pero ¿qué significa *juguetón* exactamente para Groeneveld?

«Juguetón en el sentido competitivo, así es como lo definiría en aquella etapa —precisa—. Todo era un juego, tanto dentro como fuera de la pista o en una conversación. Y todavía hoy, si charlas con él en plan informal, siempre notas ese factor competitivo, tanto si se trata de un chiste como de algo más serio. Pero en aquella época, ese carácter juguetón le dificultaba mantener la concentración y centrarse de verdad en una sola cosa. Necesitaba mucha variedad y, si no le dabas variedad, se volvía un incordio.»

¿La solución? Variedad para todo el mundo.

«No digo que Roger determinara lo que hacíamos con el grupo, pero, como era un grupo en un centro nacional de tenis, Roger podía ser un elemento perturbador —afirma Groeneveld—. Así que tuvimos que adaptar al grupo a la variedad.»

Eso se tradujo en que PC y PL (así empezaron a ser conocidos Peter Carter y Peter Lundgren) a menudo optaban por entrenamientos creativos que cambiaban con rapidez y combinaban varios deportes. Así, incorporaron el *squash*, el bádminton, el fútbol, el pimpón, el *hockey* e incluso el críquet al entrenamiento para que todo fuera más animado y Federer no se distrajera.

Groeneveld conserva una Polaroid de aquella época con un Federer desanimado durante una sesión de entrenamiento. Federer se la firmó con la frase: «No estoy de humor».

«Se aburría —cuenta Groeneveld—. Prefería estar jugando a la PlayStation o haciendo otra cosa. Y, si se aburría o no estaba de humor, lo mejor era no sacarlo a la pista, porque le arruinaba el día a todo el mundo. Pero es tan buen tipo que no te podías enfadar de verdad con él.»

Sin embargo, podías disciplinarle. Durante aquel primer año en Biena se insistió mucho a los tenistas para que tuvieran cuidado con el nuevo telón de fondo de las pistas interiores, diseñado a medida: un telón antirruido, pesado y caro, que llevaba estampados los nombres de los patrocinadores de la Federación Suiza de Tenis.

Todo iba bien hasta que Federer, tras una frustrante primera media hora de entrenamiento, lanzó la raqueta por los aires y, para su sorpresa y horror, vio como rasgaba el telón y se estampaba en el muro de atrás, dejando una raja que parecía, al menos a ojos de Federer, cortada por un objeto mucho más contundente.

«Como un cuchillo caliente cortando mantequilla», recuerda Federer.

Lo primero que pensó fue «Pues vaya cortina más mala». Lo segundo, que se había metido en un buen lío.

Federer se fue hacia su silla, recogió sus cosas y se marchó dejando a Lundgren negando con la cabeza y recordándole que un trato era un trato.

«Pensé que me iban a echar porque nos habían advertido mucho lo del telón», recuerda Federer.

Groeneveld era reacio a expulsar o vetar a un joven tenista, pero creía en el castigo; y Federer, noctámbulo y poco amigo de madrugar, fue castigado a levantarse muy temprano durante una semana aquel invierno para limpiar las pistas y las instalaciones, lavabos incluidos.

Esta anécdota se ha convertido en una pieza central de la historia de Federer: una lección dura que le ayudó a tener claro que las normas, al menos en Suiza, también se aplican a los jóvenes genios del tenis.

«Así era yo de adolescente, siempre buscando los límites —diría Federer casi 20 años después en Biena—. Y es lo que están haciendo ahora mis hijos conmigo. Es lo que me toca.»

Llegados a este punto, conviene poner la actitud de Federer en perspectiva. No era un mal chico fuera de la pista y, siendo francos, en la pista no era peor que muchos chavales perfeccionistas que intentaban manejarse en un deporte que no admite la perfección. Casi todos sus arrebatos iban contra sí mismo, incluso si su disgusto por perder un punto se veía como un desprecio por las capacidades de su oponente.

Lammer, que conoce a Federer y ha jugado con él desde la infancia, reconoce que había un problema de autocontrol, pero también está convencido de que se ha magnificado por ser Federer hoy quien es.

«Claro que evolucionó mucho a lo largo de su carrera, pero es que hay un montón de chavales con mucho talento, muy metidos en el tenis y que quieren triunfar, que también son muy temperamentales —asegura—. Tampoco son capaces de aceptar cómo pierden o por qué pierden. Roger lanzaba raquetas, pero también lo hacían otros. No es que fuera el peor de todos, para nada. Yo diría que eso se ha exagerado para decir que estaba mal de la cabeza.»

Pero la preocupación existía: para Federer y para su familia, pero también para sus entrenadores. Groeneveld dijo que él, Carter, Lundgren y los padres de Federer llegaron a la conclusión de que al chaval le iría bien contar con el apoyo de un psicólogo deportivo.

«Se decidió que lo mejor sería alguien no muy mayor, de su misma región y con un interés compartido con Roger, como el fútbol —cuenta Groeneveld—. La idea era que tuvieran muchas, muchas cosas en común.»

En 1998 la búsqueda los llevó a Basilea y a Christian Marcolli, un tipo de 25 años que jugó al fútbol profesional en Suiza varias temporadas, tres de ellas con el equipo favorito de Federer, el F. C. Basilea, antes de sufrir una serie de lesiones y operaciones en la rodilla que pusieron fin a su carrera a los veintipocos años. Marcolli se vio obligado a, como él mismo dice, «reconsiderar su plan de vida entero».

Optó por la psicología del rendimiento: un campo relativamente nuevo en Suiza, pese a tratarse de un país donde la psicología cuenta con un profundo arraigo (véase Carl Jung o Jean Piaget).

Marcolli estudiaba un máster en la Universidad de Basilea cuando empezó a trabajar con Federer. Tiempo después se doctoró en Psicología Aplicada en la Universidad de Zúrich.

«De todos los jugadores, soy el único que se ha doctorado en toda la historia del F. C. Basilea, 190 años», me contó Marcolli entre risas hablando por Zoom en el 2021.

Se puso a trabajar con una serie de atletas destacados, incluidos el portero de la selección suiza de fútbol, Yann Sommer, y las esquiadoras alpinas Dominique y Michelle Gisin, ambas medallistas de oro olímpicas.

Federer y Carter descubrieron la nueva línea de trabajo de Marcolli leyendo un artículo sobre él en un periódico. Federer recordaba a Marcolli de su época como futbolista. Fue uno de sus primeros clientes y la idea, según Groeneveld, era dar a Federer una serie de herramientas para cambiar sus patrones de conducta y gestionar sus emociones de una forma más sistemática, sobre todo cuando un partido se le complicaba.

Pero Federer no estaba innovando en nada. *El juego interior del tenis*, un libro de Timothy Gallwey sobre combatir los demonios internos que ya es un clásico, se publicó casi un cuarto de siglo antes, en 1974.

Ivan Lendl, en su camino hacia el n.º 1 en los años ochenta, trabajó con Alexis Castorri, un psicólogo deportivo estadounidense al que conoció una noche en un restaurante Denny's en Boca Ratón, Florida, cuando Lendl estaba hundido tras perder contra Edberg. Lendl adoptaría técnicas muy avanzadas en aquella época: el uso de la visualización y el hablar consigo mismo durante los partidos para aumentar su capacidad de concentración y potenciar que todo fluyera («Ivan Lendl está agarrando la toalla. Ivan Lendl se está secando la cara. Ivan Lendl está sujetando la pelota con la mano y preparándose para servir»).

Marcolli es un interlocutor carismático y un buen narrador de historias, incluso en su segunda (o tercera) lengua, el inglés. Le pregunté qué es lo que separa al tenis de otros deportes desde la perspectiva de la psicología del rendimiento.

«Probablemente sea el deporte más duro en lo mental, quizá junto al golf —dice—. Cuando tienes seguridad en ti mismo, todos los deportes son fáciles. El tenis, cuando no te sientes seguro, es muy solitario. Es muy brutal, porque no acaba enseguida. En el esquí, en un minuto la carrera ha terminado y te puedes ir a casa, pero en cuanto a tiempo neto el tenis es brutal.»

Lo que también lo hace difícil es que oficialmente no está permitido que el entrenador dé indicaciones al tenista durante los partidos del circuito masculino, pese a que sucede mucho y a escondidas.

«En otros deportes puedes pedir tiempo muerto o gritar para que te den instrucciones —afirma Marcolli—. Por supuesto que en el tenis hay un gran trabajo de equipo en términos de preparación, estrategia y todo lo demás, pero durante el partido realmente tienes que hacerlo todo solo.»

También hay más descansos que acción. Un punto puede durar cinco o diez segundos, pero entre un punto y otro pasan veinte o veinticinco segundos. En un partido a cinco sets, eso da un montón de tiempo para entregarse a pensamientos oscuros.

«Los descansos son buenos si los sabes aprovechar —sostiene Marcolli—. Son una enorme, enorme oportunidad. Incluso me atrevería a decir que puedes marcar la diferencia en los descansos.»

Marcolli se centra en la intencionalidad entre puntos: en los jugadores que manejan patrones de respiración y controlan dónde miran para maximizar la concentración.

«Lo más importante para mí siempre es cómo usas los ojos —cuenta—. Pero a mi modo de ver también hay otro componente fundamental que va más allá, y es si estás en paz contigo mismo, si tu plan de vida en general está más o menos bajo control y estás ahí gozando el momento o si preferirías estar en otro sitio resolviendo otro problema.»

Federer decidió trabajar sus puntos débiles psicológicos siendo todavía muy joven. Aún no había cumplido los 17 años cuando empezó a trabajar con Marcolli.

De adolescente, Marcolli tuvo problemas para gestionar sus emociones en los partidos. «Todavía tenía que aprender aquel don bajo presión», escribió en su libro del 2015, *More Life, Please. The Performance Pathway to a Better You.* «A los 17 años, cuando las cosas se complicaron, me puse muy terco. Tenía la pasión por el deporte, pero no la usaba de forma controlada.»

Eso fue precisamente lo que vio en Federer.

«Roger siempre quería ganar —explicó en una ocasión Marcolli a *L'Équipe*, el periódico deportivo francés—. En un momento concreto de su carrera decidió aprender a usar su energía de forma constructiva para alcanzar su máximo potencial. Aquel fue el objetivo de nuestro trabajo juntos.»

Trabajaron juntos casi dos años y, aunque no resolvieron del todo los problemas de Federer, las herramientas que el tenista adquirió con Marcolli le permitieron dar un salto de calidad.

«Aquello le dio la clave —contaba Lynette Federer a *L'Équipe* en el 2005—. Creo que todavía usa esas herramientas en la pista. Nunca hemos hablado de ello. Es su mundo, no el mío, pero a mí me parece obvio.»

Groeneveld está de acuerdo:

«Fue algo muy potente, casi como una amistad profunda, como el hermano que nunca tuvo —comenta sobre la relación de Federer y Marcolli—. Se entregó de lleno.»

Federer nunca ha llegado tan lejos en público y a lo largo de los años ha hablado poco de Marcolli, pero en una de nuestras primeras entrevistas reconoció algunos beneficios de aquel proceso. Lundgren notó la diferencia, desde luego.

«Claro que ayudó —exclama Lundgren—. Aceptarlo también depende del jugador. Lo creas o no. En cuanto a Roger, para ser honesto, no creo que de verdad le gustara, pero lo hizo y creo que se quedó con lo mejor. Escuchar este tipo de cosas no es fácil, sobre todo cuando eres tan joven y tienes la personalidad que él tenía o tiene. Fue duro para él.»

En aquella época, acudir a un psicólogo del rendimiento se veía como una señal de vulnerabilidad. Tampoco encajaba con el robusto individualismo que Federer adoptó y que le gustaba proyectar en su madurez: recorrer tramos importantes sin entrenadores o agentes formales.

«Se veía más bien como una debilidad —dice Groeneveld sobre la psicología del rendimiento—. Como entrenadores nos dimos cuenta de que no podíamos ofrecer a Roger lo que él necesitaba. Sus padres tampoco. Necesitábamos una ayuda independiente, alguien que estuviera a su lado.»

Es sorprendente ver la evolución del deporte y del tenis en una jugadora como la campeona de Roland Garros 2020, Iga Swiatek, que cuenta con una psicóloga deportiva a tiempo completo, Daria Abramowicz, que se sienta en el palco de la tenista y discute sin tapujos algunos de sus métodos.

Marcolli ha escrito libros con las hermanas Gisin, otras dos de sus clientas estelares. Pero ni Marcolli ni Federer han explicado en público su trabajo porque ese es el deseo de Federer.

«Eso lo acordamos casi al principio y con el tiempo volvimos a hablarlo y lo reconfirmamos», explica Marcolli.

Lo que está claro es que Federer, que ya era un tenista júnior de éxito, pronto se convirtió en uno fenomenal.

Hasta entonces no había ganado los títulos más importantes, ni siquiera en Europa. Ni Les Petits As, el prestigioso torneo para menores de 14 años que se celebra en Tarbes, Francia, donde perdió en la ronda de 16 en 1995; ni los campeonatos júnior europeos, un evento para menores de 16, donde cayó en semifinales en 1997.

Pero la segunda mitad de 1998 fue su momento de alzar el vuelo. Tras perder en las semifinales de los campeonatos júnior del Open de Australia en enero y caer, contra todo pronóstico, en la primera ronda de los campeonatos júnior de Roland Garros en junio, llegó a Wimbledon para jugar el campeonato júnior por primera vez con la confianza renovada y más serenidad.

Jugando y sirviendo de lujo sobre hierba, no perdió ni un solo set de camino a la final, donde se enfrentó a Irakli Labadze, un dotado pero irregular tenista zurdo de Georgia.

La final se jugaba en la pista n.º 2, otra de las pistas de juventud de Federer que ya no existen. Antes de que fuera demolida y sustituida la apodaban «el cementerio», porque había sido escenario de más de un disgusto, incluida la derrota de John McEnroe ante Tim Gullikson en 1979.

Federer, a punto de cumplir 17 años, jugó a un ritmo endiablado bajo el sol, tomándose un pequeño y muy valioso tiempo entre puntos y arrasando en todos los juegos donde le tocaba servir. Ganó el primer set 6-4 en solo veintidós minutos tras mantener el servicio a cero menos de un minuto.

Entonces llevaba el pelo castaño corto sin bandana. Su ropa, de la marca Nike, con la que ya tenía un contrato, era holgada y parecida a la que usaba aquel año uno de sus ídolos: Pete Sampras.

Al servir, Federer a veces sacaba la lengua, como otro de sus ídolos: la estrella de la NBA Michael Jordan. Tenía otra costumbre que después abandonó: entre puntos y servicios, hacía botar la pelota entre sus piernas con un golpe de raqueta y después la atrapaba por la espalda para volver a botarla entre las piernas.

Era un truco llamativo, rápido, típico de la necesidad de Federer de jugar con la pelota, al margen del partido. Se habría convertido en uno de sus gestos emblemáticos si lo hubiera conservado a nivel profesional, pero no resultó ser más que un vicio de juventud.

También sorprendía que Federer no sirviera y voleara en la final, pese a que por entonces ese era el estilo de sus referentes sobre hierba. Federer y Labadze podrían haber jugado sobre pista dura. Aquello presagiaba cómo se iba a ganar Wimbledon en el futuro.

La velocidad lateral de Federer ya era excepcional: le permitía sorprender a Labadze en largos intercambios de pelota o terminándolos con un toque de muñeca. Y eso que estaba más erguido con el juego de pies de lo que lo estaría en su mejor momento. Su salto entre lanzamientos ya no era tan amplio; su flexibilidad se veía menos aparente; sus cambios de dirección, menos precisos.

Su servicio, ya de por sí un arma importante, también era diferente. El movimiento era más rápido: necesitaba casi un segundo menos desde el inicio hasta el contacto que en la final de Wimbledon 2019 contra Djokovic. El peso de Federer no descansaba sobre el pie delantero tanto tiempo; su recuperación no era tan baja ni tan alejada del cuerpo; no doblaba tanto la rodilla, y el salto hacia la pelota no era tan explosivo.

Como cabía esperar, a menudo hizo uso del corte de revés; pero la sorpresa, más de veinte años después, fue que incluso en aquella etapa tan temprana ya lanzaba muchos reveses planos o con golpes con efecto bajo presión.

La única rotura de servicio en el set inicial le llegó con un gesto clásico de Federer en el que el revés se le quedó corto y Labadze se abalanzó con un tiro de aproximación desde abajo. Federer aprovechó la oportunidad generada con un golpe pasado de revés ganador.

Aquel día se vieron otras florituras que pronto resultarían familiares, incluido el golpe más telegénico del día: un globo de derecha con efecto desde una posición defensiva que aterrizó en la línea de fondo.

Una lástima que no hubiera nadie allí para disfrutarlo. No había más de doscientos aficionados y un espectador de mediana edad estaba tumbado en las gradas con los pies apoyados sobre el respaldo de un asiento cercano: no es la imagen que la mayoría de nosotros tenemos del All England Club. Todo un contraste en comparación con la pista central, con el aforo a reventar, donde Sampras se labraba una victoria en cinco sets contra Goran Ivanisevic e igualaba el récord masculino moderno de Björn Borg con su quinto título de individuales en Wimbledon.

Pese a su volatilidad, frente a Labadze el temperamento de Federer se mantenía a raya, aunque no del todo. Pellizcaba el cordaje a menudo —un método clásico para estar en el presente— pero también salía de la burbuja a ratos gesticulando y hablando consigo mismo en alemán de Suiza.

El amago de explosión llegó al empezar el segundo set, cuando iban 1-1 y Federer falló un revés en iguales mientras servía Labadze, dejando volar la raqueta y gritándose a sí mismo. Iba un set por delante, servía y tenía el control. ¿Para qué ponerse negativo y arriesgarlo todo en una trampa que ya le era demasiado familiar?

Pero Federer fue capaz de tomar las riendas y sobreponerse. Fue Labadze, y no Federer, quien después recibió una advertencia por violación del código de conducta al lanzar la raqueta al suelo en el quinto juego del segundo set al ver que iba a perder el servicio.

Federer tenía el título casi en la mano y se lo adjudicó sirviendo para ganar 6-4, 6-4 sin tener que hacer frente ni a un punto de rotura.

Pese a que su actuación fue impresionante, hubo gente escéptica, pero entonces pocos podían atisbar lo que llegaba al tenis sobre hierba.

«¿Es Federer un futuro campeón de Wimbledon?», se preguntaba Guy Hodgson en el periódico británico *The Independent*. «Probablemente no, a menos que aprenda a variar su táctica. Se ha criado sobre tierra batida y eso se nota; sube a la red de uvas a peras.»

Aún así, el partido más importante de la juventud de Federer solo había requerido cincuenta minutos de su tiempo. Quizá la mayor sorpresa, sabiendo lo que ahora sabemos, fue la ausencia de lágrimas en la pista. En lugar de eso, alzó ambos brazos y lució una enorme sonrisa, que luego repitió al recibir su trofeo de manos de la duquesa de Kent en el palco real de la pista central.

Bill Threlfall, comentarista de la BBC, observó la escena y les dijo a sus telespectadores con total seguridad: «Volveremos a verle».

Eso sin duda fue profético, pero también arriesgado. Los campeones júnior de Grand Slam no tienen asegurada la grandeza. Hasta el 2020 ha habido 69 campeones júnior masculinos distintos en Wimbledon. Solo seis de ellos han ganado un título de individuales Grand Slam y solo cuatro han ganado Wimbledon: Borg, Pat Cash, Stefan Edberg y Federer, que es el único campeón júnior masculino de Wimbledon que ha ganado un *major* en los últimos 35 años.

Eso son muy pocas probabilidades. Es un deporte tremendamente competitivo en el que la pirámide se estrecha mucho por la punta y en el que los talentos más brillantes no siempre priorizan la competición júnior. Pero Federer, que también ganó el título júnior de dobles en Wimbledon junto a Olivier Rochus en 1998, regresó a Suiza finalmente con más caché y más fe en sus capacidades.

Se marchó de Londres sin unirse a Sampras y el resto de ganadores en la cena oficial de campeones de Wimbledon —algo de lo que después se arrepintió— para concentrarse enseguida en su siguiente reto.

Y ese reto era en Gstaad, el selecto resort alpino, donde fue oportunamente invitado en el cuadro principal como su debut en el circuito de la ATP. Fue una transición rápida de vuelta a la tierra batida y a la altitud, después de la hierba y de jugar al nivel del mar en Wimbledon, y se enfrentó a Lucas Arnold, un veterano argentino, en primera ronda, el 7 de julio.

Arnold, en el puesto n.º 88 del *ranking,* accedió al cuadro principal como *lucky loser* después de que la estrella alemana Tommy Haas se retirara por indisposición.

«Me dijeron que iba a jugar contra un júnior local —declaró Arnold al periódico argentino *La Nación* veinte años después—. Eso era tener mucha suerte. En aquella época, Suiza tenía a Marc Rosset y poco más. Si la invitación hubiera sido para un español, me habría puesto en guardia; pero un chaval suizo no me preocupaba.»

Arnold, un buen jugador de dobles que voleaba bien, se aprovechó del punto flaco de Federer: arrearle servicios rápidos a su revés y subir a la red cada dos por tres. Ganó 6-4, 6-4 en 1 hora y 20 minutos.

«El partido estuvo igualado, pero al terminar nunca pensé algo como: "Este chaval va a ser grande" —dice Arnold—. Nunca pensé que aquel júnior iba a ser leyenda.»

Federer tenía muchas ganas de jugar contra Haas, una estrella al alza que luego sería uno de sus mejores amigos. Pero el partido contra Arnold se jugó en la segunda pista de mayor capacidad, lo cual era importante para los aficionados y los medios de comunicación suizos.

David Law, un joven británico que trabajaba aquel año en Gstaad como director de comunicaciones del circuito de la ATP, ayudaba a Federer con la prensa.

Law, que ahora es uno de los responsables de *The Tennis Podcast*, era nuevo, igual que Federer, pero enseguida vio que el debut de Federer era la gran noticia de la semana.

«Querían una rueda de prensa desde el momento en el que llegó —recuerda Law—. Así que fui a buscarlo antes de que empezara su partido y se lo comenté, y recuerdo lo perdido que estaba con el tema. No tenía ni idea de quién era yo, de qué hacía yo allí, y recuerdo como le divertía todo. Le divertía que la gente tuviera tanto interés por él. Eso enseguida me gustó de él: esa jovialidad, que no se tomaba nada demasiado en serio. Nada le estresaba.»

Con la prensa, cambiaba del alemán de Suiza al francés; igual que haría en décadas venideras.

«Todo parecía muy fácil —dice Law—. No había pretensión, teatralidad ni incomodidad. No parecía un adolescente, como muchos otros que sí lo parecen.»

Marc Rosset destacó esa misma cualidad cuando invitó a aquel Federer de 16 años a entrenar con él en Ginebra.

Rosset, que entonces tenía 27 años, esperaba que Federer estuviera nervioso; dispuesto a lo que fuera para impresionar a un tenista mayor que él, igual que el mismo Rosset cuando la estrella del tenis francés, Henri Leconte, lo invitó a ser su *sparring* cuando Rosset era joven.

«Roger estaba muy tranquilo, se le veía muy cómodo, despreocupado —recuerda Rosset—. Creo que se debe un poco a su lado sudafricano, el de su madre. Eso no tiene nada de suizo. Lo que me fascinó de Roger entonces y me sigue fascinando ahora es que consigue vivir en el presente. Tiene una gran capacidad para asimilar todo lo que le llega. Vive el momento, lo experimenta al completo, lo disfruta, lo termina y pasa página. Por eso parece que con él todo sea tan natural. Es un talento y, siendo honestos, es un talento que incluso a día de hoy me fascina más que su tenis.»

Marcolli cree que eso también se resume en la confianza.

«Puedes entrenar lo de vivir el momento, existen técnicas para eso —afirma—, pero el otro componente es confiar en que la vida va en la dirección correcta, confiar en que la gente de tu entorno está haciendo un gran trabajo y no tienes que preocuparte ni pensar en nada más. Y creo que Roger tiene la capacidad de rodearse de gente fiable y en la que confía de lleno. Uno tarda un poco en ganarse esa confianza, pero cuando la tiene ya nada se cuestiona.

»"¿Estás seguro de lo que haces? ¿Es la técnica correcta?". Nunca me preguntó nada así.»

No obstante, Federer aún era un adolescente. Poco después de Gstaad se unió a Rosset y al equipo suizo de la Copa Davis para jugar contra España en La Coruña, en julio, como jugador reserva. Fue su primera vez en el equipo y una recompensa por su victoria júnior en Wimbledon.

Rosset, que sabía bien que Federer tenía potencial para ser un fijo en el equipo durante muchos años, pidió que en el hotel lo pusieran en una habitación junto a la suya, intercomunicada. «Quería protegerlo, que sintiera que formaba parte del equipo», asegura.

Rosset se había traído su PlayStation, un caramelo para Federer. Enseguida fue difícil saber qué habitación era la de cada uno.

«Un día me marché a entrenar —cuenta Rosset— y al volver me lo encontré en mi habitación, jugando otra vez, y le dije: "¿Te importaría dejarme en paz un ratito?". Y Roger salió de su trance y contestó: "Perdona", y regresó a su habitación. Podía ser muy distraído, pero también era majo y divertido. Después de esa semana siempre lo consideré una especie de hermano pequeño.»

Paul Dorochenko, preparador físico y fisioterapeuta francés, llegó a Biena en agosto de 1998. Como muchas otras personas de la Swiss Tennis Academy, viajó a Suiza en parte atraído por la oportunidad de trabajar con Federer.

Dorochenko, nacido en Argelia cuando el país todavía pertenecía a Francia, tenía entonces 44 años y había entrenado a varios tenistas importantes, incluido Rosset. Hacía poco que había estado de gira por España con Sergi Bruguera, dos veces ganador de Roland Garros, y su padre y entrenador, Luis.

Dorochenko tiene una personalidad fuerte: egocéntrica, según algunos que lo conocen. También tiene un talante científico. Recientemente se ha centrado en ayudar a atletas a cambiar viejos hábitos, como el lanzamiento de la pelota o el movimiento previo a un golpe de derecha, usando sonidos de baja frecuencia.

Gracias a su trabajo con los Bruguera en los años noventa, conocía muy bien el mundo del tenis profesional.

Federer necesitaba trabajar. Trabajar mucho.

«Las cosas como son —advierte Dorochenko—. Roger era frágil emocionalmente. No era capaz de aceptar la derrota y entrenando era mediocre. No era un gran trabajador. Tonteaba la mayor parte del tiempo. En cuanto a forma física, le exigí mucho y lo obligaba a correr durante una hora, algo que, francamente, no tiene ninguna utilidad para el tenis, pero era bueno para el plano mental, para endurecerle.»

Como el resto de entrenadores en Biena, Dorochenko se las ingenió para mantener a Federer concentrado y entretenido.

«Contratamos a un tipo de una escuela de circo para hacer malabares con los tenistas —cuenta Dorochenko—. Federer era espontáneo y muy talentoso, pero inconsistente. A veces tenía que ir a buscarle para hacer ejercicio, porque se le olvidaba ir. Era un tormento y su piso estaba hecho un desastre. No te lo puedes imaginar. Por la mañana, cuando iba a buscarle, no sabía si estaba allí o no de lo desordenado que estaba todo.»

Mientras tanto, Peter Carter y los otros entrenadores se centraban en estructurar el juego de Federer a largo plazo: en refinar una técnica y un estilo de juego que le permitieran sacar el máximo partido a sus dones.

Groeneveld, preocupado por el bajo margen de error de Federer en sus golpes desde el fondo de la pista, probó a atar una cuerda a un metro por encima de la red y a pedirle a Federer que la evitara manteniendo la bola en juego. Hacía falta un golpe con efecto tremendo para eso, y aunque Federer captó el mensaje, también, como era típico en él, elevó el ejercicio al siguiente nivel, encontrando una forma de combinar mucho giro y mucha velocidad. Al golpe de derecha que aprendió a lanzar con toda su fuerza lo llamaron *the cliffhanger*.

«Una bola a tantas revoluciones por minuto que parecía que iba fuera pero que en el último minuto caía justo sobre la línea de fondo —explica Groeneveld—. Siempre hablamos de la velocidad de Rafa Nadal, pero Roger tiene un brazo increíblemente veloz. Rafa la ha desarrollado gracias a la raqueta que usa y a la técnica que ha desarrollado con ella. Roger jugó mucho tiempo con un marco tradicional y físicamente nunca habría podido aguantar las revoluciones por minuto necesarias para generar el *cliffhanger*, porque se habría lesionado.»

Entonces Federer usaba una Wilson ProStaff Original con una cabeza de 85 pulgadas cuadradas, la misma que usaban dos de sus ídolos: Pete Sampras y Stefan Edberg. Comparativamente, el marco, de 340 gramos, era pesado, fino en los laterales y pequeño en la cabeza, lo cual podía volverla implacable en los golpes descentrados.

Pero a Federer le encantaba la sensación de esa raqueta cuando le daba bien. El punto óptimo de la raqueta era muy óptimo, por así decirlo, y Federer en el fondo no contaba con largas batallas de desgaste desde la línea de fondo. Quería atacar desde toda la pista y que los puntos fueran relativamente cortos.

Dorochenko cuenta que a menudo hablaba con Peter Carter sobre el juego de Federer. Una de las áreas de interés de Dorochenko es la lateralidad, el dominio de un lado del cerebro en el control de las funciones del cuerpo. Él se centra, en concreto, en el ojo dominante y en el impacto que tiene sobre un jugador.

Dorochenko concluyó que el ojo dominante de Federer, que es diestro, era el izquierdo, lo cual significa que su ojo izquierdo transmite información al cerebro con más rapidez que el derecho. Por lo general, el ojo dominante de una persona se corresponde con su mano dominante. Federer tenía la dominancia cruzada: un caso que solo se da en el 30% de la población.

Para Dorochenko eso significaba que el golpe más natural de Federer era el de derecha, porque con los hombros girando, su ojo dominante podía seguir la pelota desde una posición avanzada.

«Cuando tu ojo dominante es el derecho y tu brazo dominante también es el derecho, el revés es tu golpe natural, como sucede con Richard Gasquet o Stan Wawrinka», asegura Dorochenko.

Dorochenko, un buen tenista aficionado en Francia, recuerda jugar al tenis con Federer en el centro de entrenamiento de Biena los fines de semana y hacer que los partidos fueran más interesantes para ambos obligándolo a jugar con la izquierda.

«Con él trabajé mucho la mano izquierda, mejora la coordinación en general y tu cerebro se vuelve más simétrico —afirma Dorochenko—. Federer era muy creativo, un tipo con poca concentración y muchos altibajos. Rompía raquetas y echaba a perder partidos. En el plano mental no era bueno, así que decidimos construirle un tenis que encajase con él, y Peter Carter fue el gran constructor. No creo que Federer supiera todo lo que hacíamos por él, pero trabajar así nos permitió desarrollar una técnica totalmente a su medida. Nadie hizo que Federer se amoldara a nada. Se hizo un molde que se amoldara a Federer.»

El tenis de ataque, de golpes de derecha, requiere una excelente movilidad y piernas potentes para evitar el revés cuando sea posible y tirar de *drive.* Ahora que Federer se acercaba a los

20 años trabajaron su dieta y su fuerza, y cuando Dorochenko abandonó la Federación Suiza de Tenis a principios del año 2000 para volver con Bruguera, Federer levantaba pesas de más de cien kilos pese a su constitución poco imponente.

Además, siendo un tenista joven, tenía un VO_2 máx., o consumo máximo de oxígeno, excelente; lo cual era bueno para sus futuros partidos a cinco sets.

«El error que mucha gente cometía al verle era pensar que era frágil —cuenta Dorochenko—. Pero era fuerte, bastante fuerte, y tenía un VO_2 máx. de 62, que para un tenista atacante es un nivel aeróbico alto. Por comparar, Marc Rosset rondaba el 50. Un buen ciclista tiene entre 75 y 80. Bruguera, jugador de fondo, tenía 72, pero Federer estaba por encima del típico tenista atacante. Y por eso no tendría problemas para resistir un partido largo. Ahora podemos ver cuántos partidos a cinco sets ha ganado a lo largo de su carrera. Nunca se ha hundido.»

Pero para Dorochenko lo más sorprendente de Federer como atleta era lo dinámico y rápido de pies que era. Federer era excepcional en pliometría, un entrenamiento a base de ejercicios explosivos y repetitivos con saltos.

«Pulverizaba récords —recuerda Dorochenko—. Mientras otros quizá conseguían 55 saltos en 30 segundos, Federer hacía 70. Era un atleta excepcional, de verdad, pero como mentalmente era frágil y el revés solía fallarle, Peter Carter pensó que debíamos centrarnos en acortar la duración de los intercambios. Todo radica en encontrar el número de golpes que mejor le va a cada uno. Para un tipo como Bruguera lo ideal era que un intercambio durase once golpes o incluso más. Para Federer eran tres, cuatro o cinco golpes.»

Puede que suene a fórmula matemática, pero no lo era. Federer, con su combustibilidad mental y sus múltiples opciones tácticas, iba a necesitar más tiempo que otros para aprender a elegir bien los golpes y obtener un éxito consistente.

Peter Carter lo sabía bien y defendía a Federer en las reuniones de la Federación Suiza de Tenis ante aquellos que decían que progresaba demasiado lentamente y que a los 20 años otros grandes tenistas ya habían ganado grandes títulos (Sampras, Borg, McEnroe y otros). Pero Carter sostenía que Federer evolucionaba de otra forma, que no quería centrarse en dos o tres grandes golpes, sino en todos.

Andre Agassi, uno de los mejores y más intuitivos tenistas de la era moderna, percibió lo mismo. De vuelta al Top 10 en octubre de 1998 tras un año de resurgimiento, se enfrentó a Federer en la primera ronda del Swiss Indoors en Basilea. Fue la semana después de que Federer se clasificara para el cuadro principal en el torneo de la ATP en Toulouse y ganara dos rondas contra dos tenistas del circuito, Guillaume Raoux, francés, y Richard Fromberg, australiano, antes de perder ante el neerlandés Jan Siemerink.

Agassi, primer oponente Top 10 de la carrera de Federer, lo derrotó 6-3, 6-2. Al terminar, Brad Gilbert, entrenador de Agassi, entró en el vestuario después de lo que parecía una victoria rutinaria.

«André decía: "Joder, este chaval, Federer, sabe jugar muy bien y va a ser bueno enseguida"», recuerda Gilbert.

En la siguiente ronda Agassi derrotó al compatriota de Federer, Ivo Heuberger, de 22 años, 6-2, 6-2. David Law, que cubría el evento para la ATP, escoltó a Agassi hasta la sala de prensa y de camino le preguntó cuál de los dos suizos creía él que ganaría si se enfrentaban entre ellos, Federer o Heuberger.

«Agassi contestó: "Bueno, si jugasen ahora mismo ganaría Heuberger —cuenta Law—, pero el chaval que hará carrera es Federer".»

Y sería una carrera incomparable, mucho más grande de lo que Agassi imaginaba, pero al comienzo hubo muchas curvas de aprendizaje, como la vivida en Küblis, un pintoresco pueblo de montaña suizo en la frontera con Austria.

Era la semana después del evento de Basilea y, aunque Federer seguía en su país, estaba en otro mundo e intentaba resituarse. En lugar de enfrentarse a Agassi, una de las celebridades del deporte global, en el circuito principal, se las iba a ver con Armando Brunold, un suizo desconocido de 21 años del puesto 768.º, en la primera ronda de un torneo satélite en una localidad con menos de mil habitantes. La presión era toda para Federer.

Peter Lundgren, uno de los pocos asistentes al partido, se enfurecía al ver a Federer desperdiciar el partido tras perder el *tiebreak* del set inicial: fallaba muchos golpes desde el fondo de la pista.

«Estaba tirando la toalla y a mí me hervía la sangre», cuenta Lundgren.

Llegó el árbitro del torneo: Claudio Grether, el mismo que unos meses antes le había dicho a Allegro que no iba a volver a ganar a Federer. Esta vez, Grether le dijo a Lundgren que estaba por lanzarle una advertencia a Federer por falta de interés.

«Exclamé: "¡Adelante! ¡Hágalo!"», dice Lundgren.

Grether entró en la pista con decisión, paró el partido y lanzó la advertencia. Federer, humillado pero descentrado, siguió jugando y perdió en dos sets.

Lundgren, que tuvo que lidiar con una llamada telefónica de los padres de Federer, preocupados, cuenta que a Federer le cayó una multa de 100 dólares: una miseria teniendo en cuenta los más de 100 millones de dólares en premios en metálico que ganaría en el futuro. Pero en aquella época 100 dólares eran más de lo que se llevaba el perdedor de primera ronda. Y sobre todo era un bochorno; uno que no pasó inadvertido en Suiza y que generó titulares y artículos críticos en la prensa que había cubierto la actuación de Federer en Toulouse y el duelo contra Agassi en Basilea.

Lundgren y Carter le dijeron a Federer que, si volvía a hacer algo así en el siguiente torneo, dejaban de trabajar con él.

Federer procesó aquel ultimátum y ganó dos de los tres torneos siguientes de la series satélite, además de llegar a la final del que no ganó. Y por el camino superó a su compañero de piso y de dobles, Allegro, dos veces.

«Eso es típico de Roger —afirma Lundgren riéndose—. Se vio acorralado y entonces ganó el satélite.»

Es difícil no ver estos momentos como grandes aciertos para el hombre y el tenista en el que Federer se convertiría.

¿Que se carga el telón de entrenamiento en un gesto de soberbia? A limpiar las pistas y los lavabos a primera hora de la mañana.

¿Que falta al respeto a un torneo y al deporte por no querer esforzarse? A pagar la multa y sufrir el bochorno.

Son momentos clave, como el de Robert diciéndole a su temperamental hijo que se busque la vida para volver a casa en Basilea o, en un gesto que causaría estupor en otras culturas, parando el coche y metiendo la cabeza de un jovencito Roger en la nieve para enfriarle los ánimos tras una bronca en un torneo.

Pese a contar con un entorno familiar sólido y un carácter empático, Federer podía haber sido muy diferente si en su juventud se le hubiera tolerado todo, si le hubieran consentido en vistas de su potencial.

También hubo excepciones. Un ejemplo son los artistas circenses de Biena y las concesiones a su escasa capacidad de concentración. No hay duda de que no siempre estaba en contacto con la realidad; firmar un contrato con Nike cuando eres adolescente y que te repitan que tienes el talento para ser el n.º 1 hace no lo facilita.

«La gente me lo decía siempre», afirma Federer.

Pero a Federer también le pusieron en su sitio, al estilo suizo y al estilo australiano y sueco de sus entrenadores. Tres países con una vena neutral que quizá ha perdido fervor en los últimos años, pero que sigue siendo un rasgo de su identidad nacional. Los australianos todavía usan el término *tall poppy syndrome*, que dice que, a la amapola que destaca, se le bajan los humos. Los suecos, como otros escandinavos, hacen referencia a menudo a la Ley de Jante, un ideal social democrático de igualdad.

Federer, una antena humana, seguro que captó alguna de esas señales.

Pero en el tenis la igualdad tiene sus límites. Solo un jugador emerge como campeón en un torneo de individuales y solo un chico termina el año como el mejor júnior del mundo.

Federer lo logró en 1998: se aseguró el puesto tras ganar la Orange Bowl pese a estar a punto de caer eliminado en primera vuelta ante un letón llamado Raimonds Sproga. Y no porque Sproga fuera brillante. Antes del torneo, Federer saltaba a la comba y se torció un tobillo.

«Como de costumbre, estaba haciendo el tonto —cuenta Dorochenko, que lo acompañó en el viaje—. En pocos segundos se le puso el tobillo como una patata. Lo traté durante tres días y en primera ronda jugó con una pierna, pero ganó. A partir de entonces mejoró cada día un poco.»

Y mejor que fuera así, porque tuvo que vencer a Jurgen Melzer, de Austria, en segunda ronda y después enfrentarse a David

Nalbandian, de Argentina, en semifinales. Nalbandian había ganado a Federer en la final juvenil del US Open de aquel año, pero Federer lo superó en este duelo y después venció a otro argentino con talento, Guillermo Coria, en la final.

Fue un buen torneo y todavía supo mejor unos años después, cuando Melzer llegó al n.º 8 del *ranking* individual de la ATP y Nabaldian y Coria alcanzaron el n.º 3 y jugaron finales de Grand Slam.

Pero Federer terminó por delante de aquella clase excepcional como júnior, asegurándose el puesto después de que Andy Roddick, otro de sus futuros rivales, venciera a Julien Jeanpierre, de Francia, en el último torneo ITF del año en México, eliminando a Jeanpierre de la lucha por el n.º 1.

Federer ya estaba de vuelta en Suiza: su carrera como júnior había terminado y su carrera como profesional estaba a punto de empezar de verdad. Coria, que se retiró joven, a los 27 años, seguía maravillado muchos años después con Federer.

«Con la mano en el corazón digo que nunca imaginé que Federer sería quien es —dijo Coria en el programa radiofónico argentino *Cambio de lado* en el 2019—. El trabajo que hizo la gente de su entorno, sobre todo quien trabajó la cabeza de Federer, merece el Premio Nobel. Estaba loco. Escuchaba música *heavy metal* a todo volumen con los auriculares. Llevaba el pelo teñido de rubio. Era todo un personaje. Nada que ver con la persona en la que se ha convertido.»

Muchos de nosotros tuvimos de adolescentes unas pintas que preferiríamos enterrar. Seguro que Federer también. Tenía acné. Carecía de sentido de la moda y, como bien recordaba Coria, durante la Orange Bowl llevaba el pelo teñido de rubio. También tenía la nariz grande, como su padre, y Dorochenko recuerda haberle oído decir en esa época: «Es grande, pero cuando sea el n.º 1 la gente ya no se dará cuenta».

Veinte años después Federer colgaba una foto suya de la época en Instagram con las etiquetas #teen, #premirka y un pie de foto que decía: «Recordando a todo el mundo que siempre vienen tiempos mejores».

En su caso era cierto, pero también se debe a que se centró en aceptarse a sí mismo y mejorar: con Carter, con Marcolli y, sobre todo, en sus momentos de calma, consigo mismo.

Fue un proyecto a largo plazo. A día de hoy, no ha merecido ningún Premio Nobel, pero eso no quita que fuera un esfuerzo honorable.

«Hoy, cuando veo a Roger, siempre le digo: "Lo que haces en la pista es extraordinario, pero la forma en la que manejas tu vida me resulta increíble" —comenta Marcolli—. Vive rodeado de lujo por todas partes todo el tiempo, de gente que le mira a los ojos y le trae cosas incluso sin que las pida, pero luego sale a la pista y juega como si nada. Al tenis no le importa donde duermes, lo que haces o cuanta gente conoces. El tenis es puro, y durante veinte años él ha conseguido salir a jugar con humildad y la misma conexión para seguir ganando partidos. Su forma de afrontar el trabajo, y sí, podemos llamarlo trabajo: la dignidad, el nivel de concentración. Visto desde esta perspectiva, para mí es un referente.»

Capítulo 5

SÍDNEY

Al margen de todo el talento y el compromiso, alcanzar la grandeza y conservarla puede ser también cuestión de suerte.

Marc Rosset aún tiembla al pensar en la excursión de esquí que hizo con Federer en enero del 2000. Federer acababa de volver a Suiza después de perder en tres sets con el francés Arnaud Clément en el Open de Australia. Luego le esperaba la Copa Davis contra Australia en casa, en Zúrich, pero antes de afrontar ese reto Federer decidió disfrutar del invierno suizo, así que se reunió con Rosset y su hermano en el resort de montaña de Crans-Montana.

Empezaba a hacerse tarde ya mientras esquiaban en la pista donde todos los años se celebra el descenso femenino de la Copa del Mundo.

«Es de esos recorridos en los que haces lo mismo un montón de veces —recuerda Rosset—. Al principio tienes cuidado y luego empiezas a ir cada vez más rápido, y hay un momento en el que aceleras demasiado.»

Había unos pocos saltos consecutivos. Federer llegó bastante bien al primero, pero calculó mal y encaró con demasiada velocidad el segundo. Entró en algo similar a una órbita terrestre baja. Rosset vio con horror cómo el futuro del tenis desaparecía de su vista.

«Perdió el control y cogió mucha altura, y no lo vi aterrizar. Pintaba mal. Lo encontré montaña abajo: se le habían caído los esquís y todo. En aquella época nadie llevaba casco. Me asusté, pero de verdad.»

En momentos así puede truncarse una carrera profesional; o seguir inalterada. Federer podría haberse roto la rodilla o algo peor; podría haberse perdido meses del circuito, o peor. En vez de eso, se sacudió la nieve y el susto y le aseguró a un Rosset ojiplático que estaba bien.

Y salió camino de Zúrich, donde Federer ganó dos de sus tres partidos, pero no pudo evitar que Suiza perdiese 3-2 frente a un equipo australiano en el que estaban Mark Philippoussis y Lleyton Hewitt (otra vez él), que derrotó a Federer en cuatro sets en la última jornada.

En la otra punta del mundo, en Adelaida, Darren Cahill agarraba una silla en la víspera de su boda para ver el partido con Peter Carter, que había hecho el largo viaje a Australia para ser uno de los testigos del enlace.

«Nos sentamos a tomarnos unas cervezas y ver a los muchachos jugar —dice Cahill—. Nos daba igual quién ganase. Era como ver a nuestros hijos jugar y lo disfrutamos mucho.»

Carter y Cahill imaginaron el futuro y previeron que sus adolescentes protegidos se cruzarían algún día en una final de Grand Slam. No pasaría mucho tiempo hasta que eso se hizo realidad, pero por entonces las probabilidades eran pocas y las curvas de aprendizaje, muy cerradas.

Federer puso rumbo al sur, a Marsella, donde alcanzó su primera final individual de la ATP, frente a ni más ni menos que Rosset, a quien acababa de superar como jugador masculino suizo en mejor puesto del *ranking*.

«Marc es un amigo de verdad —dijo Federer en la víspera de la final—. Me da consejos valiosos para los partidos porque conoce a todos los jugadores del circuito. Pero esta vez tendré que apañármelas solo.»

La primera final individual de la ATP entre dos suizos fue una contienda intergeneracional, pero también un contraste estilístico: Federer, con sus delicados pasos de baile ya a los 18 años, un collar de cuentas y el pelo largo y oscuro recogido en un moño tipo samurái; Rosset, de 29 años, con una barba rala y un juego áspero más parecido al trabajo forzado que a poesía en movimiento.

En cualquier caso, ambos jugaron un tenis potente, ansiosos por disparar sus derechazos y atacar en la red sobre aquella superficie cubierta y rápida. Federer salvó tres puntos de partido en el tercer set —dos de ellos con unos atrevidos pasados de revés— cuando Rosset sacaba para ganar con un 5-4. La cosa terminó en un *tiebreak*, y con un 5-6 Federer reculó en su revés y pegó un *drive* al revés de Rosset que dio en la cinta y aterrizó en su campo.

El título fue para Rosset: 2-6, 6-3, 7-6 (7-5).

Los dos amigos se encontraron en la red y Rosset, con algo más de 2 m —el hombre más alto en el tenis de élite antes de que llegaran auténticos gigantes como Ivo Karlovic y John Isner—, se agachó y le dio a Federer un fraternal toque en la coronilla.

Federer, fiel a sí mismo, no tardó en echarse a llorar.

«Pensaba que aquella podía haber sido su única oportunidad de ganar un torneo de la ATP —cuenta Rosset—. Y yo le dije: "Tranquilo".»

Rosset, que entonces tenía catorce títulos individuales del circuito, estaba convencido de que Federer iba a ganar muchos, y eso dijo más o menos en la ceremonia pospartido, cuando agradeció a Roger que le hubiese dejado ganar aquel, aunque se abstuvo de comentar su firme convicción de que Federer ganaría un Grand Slam.

«En ese momento no podía decirlo; todo el mundo me habría tomado por loco. Estaba seguro de que lo conseguiría, aunque también es cierto que puedes tener todo el talento del mundo y aun así implica muchísimo trabajo.»

El debate existe desde hace mucho: ¿el campeón nace o se hace, o (posibilidad más lógica) un poco de las dos cosas?

Para el tenis, yo prefiero la fórmula híbrida de Martina Navratilova: «El campeón nace y luego debe contar con el entorno adecuado para hacerse».

Da igual lo sólido que sea tu plan, cuánto trabajes o el dinero que tengan tus padres: un jugador con una altura modesta y una rapidez y coordinación mano-ojos por debajo de la media no va a levantar ningún trofeo de Grand Slam.

No importa cuánta velocidad, destreza y motivación tengas: un jugador que no reciba cierta formación de calidad y ciertas oportunidades no hará realidad el que parecía ser su destino.

«Hace falta todo un ejército y tienen que pasar muchas cosas buenas —me dijo Navratilova—. Es una combinación de todo, y luego ellos ya se adaptan. Mira a Roger y a Björn —siguió en referencia a Federer y a Borg—. De jóvenes eran unos polvorillas y luego tuvieron una especie de epifanía y se convirtieron en absolutos maniáticos del control emocional para el resto de sus carreras.»

¿Cuántos campeones de tenis en potencia, con las capacidades y el aguante necesarios, nunca tienen ni siquiera la oportunidad de jugar? ¿Cuántos se ven arrastrados a otro deporte, a otra pasión?

Durante años he oído a entrenadores del tenis profesional preguntarse abiertamente cómo habrían transformado Michael Jordan o LeBron James el tenis masculino de haberse dedicado a él.

Federer desde luego podría haber elegido otro camino. El fútbol fue su primera pasión y durante mucho tiempo su plan B. Quizá si hubiese sido adolescente ahora habría aspirado a convertirse en estrella de los deportes electrónicos.

«Es un maestro —afirma Peter Lundgren—. Nunca olvidaré cuando se compró el juego de James Bond de la Nintendo. Fuimos a un torneo y en ese juego tenía que atravesar una puerta, y me llamó y me dijo: "¡Peter, no puedo cruzar la puerta esa!". Le respondí: "¿Y a mí por qué me llamas? Yo no tengo ni idea". Pasada una hora vuelve a llamarme. "¡Lo he conseguido!". Se acabó el juego en un día, cuando a una persona normal le habría llevado quizá un mes. Con los juegos es para temerle, y eso es algo con lo que naces: con esa capacidad de solucionar problemas. Muy a menudo, cuando Roger jugaba un partido bajo presión, cuando él era el ratón y el otro era el gato, encontraba el agujero por el que escapar y sobrevivir.»

Por suerte para el tenis, un deporte del siglo XIX con cada vez menos tirón entre la juventud europea del siglo XXI, Federer fue capaz de encontrar lo que buscaba con una raqueta en la mano en vez de en otro sitio. Persiguió sus objetivos con pasión y con una sensación cada vez más evidente de tener una meta en su día a día, aunque hubo momentos en los que la suerte fue decisiva.

Su accidente en Crans-Montana fue un ejemplo de ello, aunque lo que ocurrió luego ese año en Sídney, en sus primeros Juegos Olímpicos, quizá acabara siendo lo más relevante para su capacidad de permanecer en lo más alto del tenis.

Fueron unos Juegos memorables, los mejores de los muchos que he cubierto. A los australianos les encantan sus deportes y Sídney, con su puerto resplandeciente, ofrecía un telón de fondo magnífico a finales de septiembre.

El tenis, por lo general un imán en Australia, no era de lo que más interesaba. El foco del país estaba en la piscina, donde un nadador australiano de 17 años, Ian Thorpe, batió un récord del mundo en su prueba inaugural. De todos modos, los australianos tenían la mirada puesta sobre todo en la pista de atletismo y en Cathy Freeman, una velocista australiana indígena. Freeman se había convertido en todo un icono nacional y era la favorita para el oro en los 400 metros.

Le hice dos entrevistas a Freeman en los años previos a los Juegos para *The New York Times*, una de ellas en una cafetería de Melbourne. Freeman tenía los pies tan en la tierra como elevadas estaban las expectativas: un alma cándida en una posición extraordinaria. La corredora entendía por qué se había convertido en símbolo y ella misma había puesto su grano de arena al celebrar las victorias con la bandera australiana y la aborigen. No obstante, al acercarse los Juegos, se mostraba reacia a que se politizaran sus logros, aunque fuese demasiado tarde para sofocar el fuego.

«Me muero de ganas por pasarlo bien y sacarle el máximo partido a esto —me dijo—. Llegará el momento en el que pueda ser más activa en política y en asuntos aborígenes, pero ahora creo que desempeño un gran papel haciendo lo que hago.»

Freeman encendió el pebetero olímpico en la ceremonia inaugural. La noche de la final de los 400 metros lucía un mono enterizo verde y dorado con capucha, diseñado para hacerla más aerodinámica, aunque parecía servir además como barrera frente a la electricidad y a la expectación en aquel estadio olímpico gigante.

Desde mi sitio en las gradas, en alto, Freeman parecía diminuta en mitad de toda aquella humanidad, pero mantuvo la firmeza entre las 112 524 personas que la jaleaban, cifra récord. Fueron los 49,11 segundos más estruendosos de mi vida, un escándalo capaz de llevarla en volandas o caerle como una losa. O quizá ambas cosas. Cuando cruzó la línea de meta y se derrumbó en la pista tras ganar la medalla de oro, Freeman parecía más desorientada que exultante, como una buceadora a pulmón que saliera a la superficie, parpadeando en el aire fresco tras sondear las profundidades y los límites.

Aunque nada de lo que ocurriese en el cercano complejo tenístico de la bahía de Homebush podía competir con eso, el torneo era una oportunidad para Federer de vivir los Juegos Olímpicos estando aún fuera del candelero.

Después de eso ocuparía la primera línea y el centro de todo: fue el abanderado de Suiza en las ceremonias inaugurales del 2004 en Atenas y del 2008 en Pekín. Volvería a estar bajo el microscopio en Londres en el 2012, en la hierba del All England Club que le era tan familiar. En Sídney tuvo su momento para ser un habitante anónimo de la Villa Olímpica, de los que admiraban a las estrellas en vez de recibir esa admiración.

Mientras Venus y Serena Williams se veían obligadas a buscar refugio en un hotel del centro de Sídney en sus primeros Juegos Olímpicos para escapar de la atención de sus colegas, Federer y el resto de los jugadores y representantes del tenis suizo, Lundgren incluido, compartían casa en la Villa de la bahía de Homebush con otros olímpicos suizos.

«Por suerte estaba en la segunda planta y los luchadores en la primera, así que permanecí a salvo —bromeaba Federer en una entrevista con *L'Équipe*—. Lo pasamos bomba. Cuesta explicar bien cuánto me divertí en los Juegos.»

Federer, gran fan de la NBA que había crecido viendo los Juegos, no consiguió asistir a ningún partido, pero sí fue a las pruebas de natación y a encuentros de bádminton. También pasó bastante tiempo con sus compañeros de equipo, incluida otra suiza novata en los Juegos: Miroslava Vavrinec, de 22 años.

Vavrinec, a quien llamaban Mirka, había entrado en el Top 100 ese mismo año, aunque solo había ido a los Juegos porque las mejores jugadoras suizas, Martina Hingis y Patty Schnyder, habían decidido no acudir. Su puesto en el *ranking* no la clasificaba automáticamente, así que necesitó además una invitación oficial de la Federación de Tenis Internacional para competir allí.

La suiza perdió 6-1, 6-1 en la primera ronda de individuales frente a Elena Dementieva, futura medalla de plata, y también en la primera ronda de dobles junto a su compañera Emmanuelle Gagliardi. Pero al menos Vavrinec pudo jugar en dobles. Federer, que tenía planeado unir fuerzas con Rosset, se quedó sin compañero cuando Rosset se retiró del equipo en el último momento.

Roger se vio desprovisto de su mayor posibilidad de conseguir medalla; además, por lo tardío de la decisión, fue imposible sustituir a Rosset por otro jugador, como Lorenzo Manta o Michel Kratochvil.

«No lo vi venir», dijo Federer al llegar a Sídney con tono de mosqueo, pese a su amistad con Rosset, por haberse quedado en la estacada.

Como bien sabía Federer, los Juegos habían desempeñado un papel crucial en la carrera de Rosset, que ganó el oro individual en 1992. No obstante, su ausencia y la de Hingis servían para recordar que los Juegos seguían sin ser un objetivo primordial para muchos tenistas en un deporte con un calendario atiborrado y sin escasez de eventos grandes y días de sueldo.

Pete Sampras y Andre Agassi, figuras dominantes durante mucho tiempo en el tenis masculino, tampoco acudieron a los Juegos de Sídney: Agassi por motivos familiares y Sampras porque prefería centrarse en el circuito regular y nunca había tenido la medalla olímpica como objetivo profesional.

El tenis formaba parte de los Juegos Olímpicos modernos desde el principio, en Atenas en 1896, aunque estuvo fuera de 1928 a 1984, cuando regresó en Los Ángeles como deporte de exhibición antes de reintegrarse por completo en 1988. Ese regreso fue resultado de la exitosa presión de la Federación Internacional de Tenis y de su presidente francés, Philippe Chatrier, un astuto periodista y administrador que también desempeñaría un papel crucial en el renacimiento de Roland Garros.

Era innegable que el tenis no pasaba el corte en la cúspide. Un oro en los Juegos no era el logro definitivo en un deporte en el que los torneos de Grand Slam siguen siendo los mayores premios; aunque también es cierto que ganar el oro olímpico nunca ha sido la cúspide para los mejores jugadores de la NBA y aun así volvieron a los Juegos en 1992.

Los Juegos estaban cambiando, se hacían más comerciales y cada vez se centraban más en reunir a cuantas más estrellas deportivas mundiales mejor. Al final, el rugbi, el golf y el surf también se unirían al circo cuadrienal del verano.

Federer, nacido en 1981, nunca había conocido los Juegos sin su deporte integrado, al contrario que Sampras y su generación.

«Desde mi infancia el tenis estaba en los Juegos —decía Federer—. Para mí siempre fueron un objetivo. Es un acontecimiento que siempre me ha fascinado.»

En especial dada su afinidad con Australia y Sídney, lugar que visitó con su familia en 1995, poco antes de entrar en el centro de entrenamiento suizo de Écublens. Su padre, Robert, había sopesado la posibilidad de aceptar un empleo en Australia, pero finalmente la descartó.

La cultura australiana encajaba con la personalidad extrovertida de Federer: su amor por la playa, el sol y el aire libre, una combinación que también había abrazado en sus visitas de niño a Sudáfrica.

No obstante, nada de eso significaba que Federer fuese a Sídney sin ambiciones tenísticas.

«Me encantaría volver con una medalla, a poder ser de oro», afirmó antes de marcharse a Australia, unas palabras imponentes para un chaval de 19 años en el n.º 43 del *ranking* y sin un solo título de la ATP.

Pese a que suele decirse que Federer y Vavrinec se conocieron en los Juegos, sus caminos ya se habían cruzado en algunos torneos y en Biena, en el centro tenístico nacional, donde Vavrinec asistía a veces a campamentos o practicaba con sus entrenadores privados.

Vavrinec, equilibrada y más de tres años mayor que Federer, no pareció quedar especialmente impresionada por el adolescente en un principio.

«Yo era más bien calmada y disciplinada. Roger armaba mucho ruido —le contó al periódico suizo *Le Matin* en una de sus escasas entrevistas—. Cantaba canciones de los Backstreet Boys a voz en grito.»

No obstante, le resultaba divertido, pese al contraste de sus personalidades.

«Era gracioso, estaba lleno de vida, me hacía reír. Los entrenadores a veces tenían que echarlo de las pistas para tener algo de paz.»

En esa fase, los dos tenían enfoques opuestos respecto al entrenamiento: Vavrinec nunca hacía el payaso, nunca se descontrolaba. No obstante, ambos tenían grandes sueños y raíces inmigrantes: la madre de Federer era de Sudáfrica; los padres de Vavrinec, de Checoslovaquia.

Vavrinec, hija única, nació el 1 de abril (el Día de los Inocentes anglosajón) de 1978 en Bojnice, una ciudad pequeña, conocida por su castillo histórico y situada en la actual Eslovaquia independiente, que para ser una ciudad de solo cinco mil habitantes ha tenido una influencia desproporcionada en el tenis. Miloslav Mecir, uno de los mejores jugadores de finales de la década de 1980, nació allí, y luego llegó a las finales del US Open y del Open de Australia y ganó el oro olímpico en individuales en 1988 en Seúl. Apodado el Gato por su gracia felina, era un jugador cautivador con un toque hábil, unos pies ligeros y una capacidad insólita para leer el curso del juego y evitar esfuerzos inútiles. Ante la pregunta de cuál era su marca en los 100 metros, Mecir bromeó diciendo que no lo sabía porque nunca había llegado a correr esa distancia. Karina Habsudova, que ocupó el n.º 10 del circuito femenino en 1997, también nació en Bojnice.

Vavrinec, sin embargo, no pasó mucho tiempo en esa ciudad. Sus padres emigraron a Suiza cuando ella tenía 2 años y se asentaron en Kreuzlingen, un pequeño municipio a orillas del lago de Constanza, donde el padre siguió trabajando de orfebre y joyero y fundó una empresa llamada Mir'Or.

Mirka se tomó en serio lo de ser tenista cuando su padre fue en busca de la superestrella checa Martina Navratilova y de su padrastro, Miroslav Navratil, para pedirles consejo a finales de la década de 1980. Navratilova era también expatriada checoslovaca y había huido del régimen comunista hacia Estados Unidos.

A menudo se cuenta que Vavrinec, con 9 años, y su padre se presentaron sin avisar en la competición de la WTA de Filderstadt, Alemania, en 1987 y lograron cerrar una cita con Navratilova después de que el padre, fan de la tenista, convenciese al guarda de seguridad y consiguiera que Mirka le regalase a Navratilova por su cumpleaños un par de pendientes hechos a mano.

Supuestamente, Navratilova les dijo a los Vavrinec que Mirka tenía buena constitución atlética y podría ser buena tenista. Los puso en contacto con Jiri Granat, entrenador checo afincado en Suiza, con el que Navratilova había jugado al tenis de júnior.

Y así empezó todo. Se supone.

Sin embargo, esta notable historia sobre los orígenes de Mirka quizá fuera demasiado notable. Pese a que Vavrinec (que no ha concedido una entrevista oficial en más de una década) no lo ha confirmado, Navratilova me cuenta que el padre ya le había pedido antes a su padrastro en Checoslovaquia una opinión experta sobre el potencial de su hija.

«Mi padre tuvo una sesión con ella y dijo que sí, que tenía potencial para jugar en el circuito —afirma Navratilova—. Sé que mi padre le dio luz verde y dijo que le iría bien. Eso lo sé. De eso estoy segura. Eso fue lo que pasó, y luego yo conocí a la familia cuando vinieron al torneo. Mis padres estaban allí porque en ese momento podían viajar, así que nos fuimos todos a comer o a cenar y a pasar el rato, y eso sucedió como un año después.»

Los padres de Navratilova se divorciaron cuando ella tenía solo 4 años y su padre biológico, que luego se suicidó, no desempeñó un papel tan importante en su vida como Navratil, su padrastro. Navratil conoció a la madre de Navratilova gracias al tenis e introdujo en este deporte a la joven Martina. Se convirtió en su primer entrenador y en una potente figura paterna hasta que murió en el 2001.

«Lo considero de mi sangre —dice Navratilova—. Creo que el padre de Mirka sabía que mi padre decía las cosas como las veía, y eso es más o menos lo que yo hago, aunque no tenga su ADN. Lo heredé de él. No se andaba con tonterías. Mi padre les habría dicho que estaban perdiendo el tiempo o que sí era posible, y eso pasó. Mi padre iba a tiro fijo, y el talento es algo que se ve. Sabes cuándo un niño tiene algo, y lo sabes pronto. Pero es imposible decir hasta dónde llegará.»

Navratilova asegura que se puede distinguir si una persona es buena deportista con solo verla caminar. Vavrinec, bailarina en sus primeros años, tenía la forma correcta de caminar —la gracia natural y rítmica— y no tardó en ser una jugadora júnior formidable: con 15 años ganó el título suizo femenino sub-18.

El listón en Suiza estaba notablemente alto. Hingis, que también emigró de Eslovaquia de niña, era dos años menor que Vavrinec y ya había llegado al n.º 1 del mundo y había ganado varios grandes títulos individuales. Vavrinec tenía la edad de Schnyder, futura jugadora del Top 10 cuyo hermano fue uno de los primeros rivales júniores de Federer.

En todo caso, Vavrinec estaba muy implicada y consiguió asegurarse el pasaporte suizo y el preciado apoyo privado de Walter Ruf, un empresario suizo que invirtió en su carrera (un acuerdo bastante común entre los júniores con talento y sus familias para conseguir fondos con los que financiar entrenamientos y viajes).

Vavrinec se convirtió en una sólida jugadora profesional, aunque su juego era limitado.

«No tenía la calidad para ser una grandísima jugadora, pero desde luego podría haber llegado al Top 50», asegura Eric Van Harpen, que entrenó a las campeonas de Grand Slam Arantxa Sánchez Vicario y Conchita Martínez.

«Jugaba bien desde el fondo, era muy atlética, con mucha potencia, muy fuerte, pero algo mecánica —recuerda Groeneveld—. No tenía grandes armas, aunque lo compensaba con su capacidad de mantener la bola en juego y correr todo el rato. Mordía en los partidos, y peleaba.»

El primer contacto de Navratilova con Vavrinec no sería la última vez que la campeona influyese en el ascenso de una joven jugadora. En 1993, Navratilova supo ver el talento de Maria Sharapova, con 6 años entonces, en una clínica de Moscú, y le dijo al padre de Sharapova, Yuri, que buscase la manera de entrenar en el extranjero. Los Sharapova se mudaron a Florida con menos de mil dólares y lo apostaron todo a que Maria se convertiría en profesional. Lo consiguió, eso y mucho más: ganó Wimbledon con 17 años, llegó al n.º 1 y durante muchos años fue la deportista mejor pagada del mundo.

¿Le pasaba eso a menudo a Navratilova, lo de cambiar los caminos y la historia del tenis en breves encuentros?

«No —responde entre risas—. Creo que Maria y Mirka fueron las únicas.»

Vavrinec nunca llegó ni a rozar las alturas de Sharapova como jugadora. Se retiró en el 2002 por problemas crónicos en los pies. Pero dos años antes, en Sídney, mientras Federer y ella se divertían en sus primeros Juegos, parecía que ambos podrían tener largas carreras por delante.

Para Federer, el año 2000 había acabado siendo una temporada complicada, llena de contratiempos y derrotas en primeras rondas, y con algunas decisiones de peso.

A principios de año había tomado la determinación de separarse de la Federación Suiza de Tenis y crear su equipo privado tras los Juegos. El problema era elegir entrenador. ¿Sería Carter, su mentor desde hacía mucho, o Lundgren, que, al contrario que Carter, había jugado con regularidad en el circuito y había entrado en el Top 30?

«El problema es que me gusta trabajar con los dos», explicó Federer.

Y los dos pudieron haberse quedado fuera de la elección.

Groeneveld explica que Federer y su familia se pusieron en contacto con él para que asumiera el puesto en el 2000. Se negó.

«Robbie, el padre de Roger, siempre se ríe de mí y me dice que soy el único tío que ha rechazado trabajar con Roger», asegura.

En 1998, Groeneveld había dejado su puesto de director en el centro nacional de entrenamiento de Biena después de un año para irse a entrenar a la estrella británica Greg Rusedski. Según él, les dijo a los Federer que esa oportunidad debía ser para Carter o Lundgren.

«Los dos Peter habían invertido mucho tiempo en Roger y yo tenía muy buena relación con ambos. Sentía que no podía aceptar el trabajo porque se lo merecían ellos.»

Los Federer preguntaron a Groeneveld qué Peter debían elegir.

«Para mí estaba claro que Roger iba a enfrentarse a muchas críticas en sus primeros años, y me parecía que Peter Lundgren tenía cierta reputación internacional y que los medios suizos no podrían hundirlo. A Peter Carter podían machacarlo fácilmente porque no había llegado al Top 50. Nunca ganó un torneo de la

ATP. Venía de una ciudad pequeña de Australia. No tenía el estatus de Lundgren. Por ese pasado y por la experiencia de Lundgren con Marcelo Ríos, y también por su experiencia propia como jugador y todos sus contactos con el grupo de jugadores suizos, elegí a Lundgren, porque sabía que aquello iba a ser muy duro. Esos tres años resultaron ser duros, pero de verdad.»

Groeneveld no fue la única persona consultada. También hablaron con Paul Dorochenko, el preparador físico y fisioterapeuta francés, sincero y sin complejos, que había trabajado y viajado con Federer a menudo antes de dejar la Federación Suiza de Tenis a principios del 2000.

«Roger vino a verme un día y me dijo: "¿Qué opinas, Paul? ¿Con quién debería seguir viajando?" —recuerda Dorochenko—. Y yo le respondí: "Mira, creo sinceramente que viajarías mucho mejor con Lundgren que con Carter". Para mí, Lundgren tenía experiencia de alto nivel y es un tío que siempre está de buen humor, jovial, muy agradable. No es un técnico como Peter Carter, pero sí un entrenador que sabe motivarte.»

Federer anunció su elección en un comunicado que su padre envió por fax a la prensa suiza el domingo de Pascua, el 23 de abril. Después de mucho pensarlo, sería Lundgren.

«Era un 50% —explicaría luego Federer—. Conocía a Peter Carter desde los 8 años. Fue la decisión más dura de mi vida y al final se basó en una corazonada.»

Carter, el arquitecto jefe del juego de Federer, expresó cierta consternación, pero en público mostró su respaldo a la decisión. Según quienes lo conocían bien, estaba devastado.

Peter Smith, entrenador de la infancia de Carter y amigo cercano, cuenta que Carter lo llamó a Australia después de que Federer, muy conmovido, le comunicase la decisión en marzo, mucho antes del anuncio. «Tuvimos una conversación muy larga y estaba destrozado —dice Peter Smith sobre Carter—. Había pasado buena parte de su vida trabajando con Roger. Lo quería mucho, creo yo.»

Carter estaba convencido de ser una mejor influencia para Federer, pero el tenista veía claramente una faceta distinta y más tranquilizadora en Lundgren, con quien había pasado mucho tiempo durante sus casi tres años en Biel/Bienne.

Lundgren cuenta que la decisión no le creó tensiones con Carter, quien se había hecho amigo suyo. No obstante, sí supo percibir la decepción de Carter y le agradeció mucho su manera de llevar el asunto. Igual que Federer.

«Cuando Roger decidió seguir conmigo, Peter me dijo: "Si necesitas mi ayuda, aquí estoy. Estoy contigo. Al cien por cien"», explica Lundgren.

De todos modos, Smith cuenta que Carter sentía amargura, y Dorochenko, que entonces trabajaba codo a codo con Carter, lo confirma.

«Nunca fue el mismo Peter Carter después de aquello —dice Dorochenko—. Le costó bastante procesar la decisión.»

No era la primera vez que Federer dejaba la órbita de Carter: se había trasladado de Basilea a Écublens con 14 años. Sin embargo, a Carter le fue mucho más difícil aceptar esa segunda decisión, con Federer a punto de convertirse en uno de los mejores jugadores del mundo.

Carter hizo lo que pudo para seguir adelante. Le pidió al tenis suizo un aumento y un ascenso y siguió entrenando a jugadores jóvenes del centro tenístico nacional. Entretanto, Federer montó su equipo, en el que estaría Pierre Paganini, el preparador físico suizo cuya extraña mezcla de rigor, creatividad y compasión había impresionado a Roger en Écublens.

El plan era empezar a trabajar como grupo tras los Juegos. Mientras tanto, se amontonaban las derrotas. Federer reconoció estar luchando contra la presión de sus expectativas, magnificadas por la decisión de separarse de la federación.

Además, había dejado de trabajar con el psicólogo Christian Marcolli a principios del 2000.

«Lo que yo hago es centrarme en la idea de que llegará un día en el que no me necesites —me explica Marcolli—. No pretendo crear dependencia, crear una relación en la que la gente solo se vea capaz de estar bien cuando te tenga ahí. Mi mantra (y soy muy transparente en esto) es que un día quiero que me digas: "Gracias, ya lo tengo. Puedo seguir sin ti". Ese día es muy emocionante, claro, pero lo considero mi responsabilidad última.»

Federer, no obstante, no prosperaba mucho. Empezando por abril, perdió en primera ronda sobre tierra batida en cinco torneos seguidos, incluida una derrota 6-1, 6-1 contra Sergi Bruguera en Barcelona. Dorochenko acababa de volver con Bruguera unas dos semanas antes, tras dejar la Federación Suiza de Tenis.

«Le dije a Sergi: "Mira, tú lanza alto y con efecto al revés de Roger y no te preocupes por nada" —cuenta Dorochenko—. Bruguera volvía de una cirugía en el hombro y era su primer partido, pero si juegas en tierra y sabes dar golpes altos con efecto al revés de Federer, lo ganas. No hay muchos jugadores que sepan hacer eso bien, la verdad, porque los golpes de Federer van tan rápido que no te da tiempo de organizarte.»

Rafa Nadal, todavía un adolescente entonces, atacaría el revés de Federer con un efecto devastador en los siguientes años y finales de Roland Garros.

Pero, de momento, Federer tenía otras preocupaciones.

«La cosa no iba bien —asegura David Law, director de comunicaciones de la ATP—. Perdió contra Jiri Novak en Montecarlo, 7-5, en el tercer set, y recuerdo subir a la rueda de prensa y, de camino, oír a Roger decir: "¿Por qué pierdo todos los partidos igualados?".»

Hizo un buen papel en Roland Garros en el año 2000; ganó tres rondas antes de perder frente a Àlex Corretja, otro excelente español sobre tierra batida, con mucho juego de efecto. Sin embargo, Federer volvió a caer rápido en el bache, con otras seis derrotas en primera ronda en Nottingham, Wimbledon, Gstaad, Canadá, Cincinnati e Indianápolis.

Law veía que Federer estaba en una encrucijada, en la que se arriesgaba a no lograr sacar todo su potencial tenístico.

«Tengo que admitir que podría haber salido de otra manera, porque a Federer le gustaba mucho la vida de tenista profesional, con sus viajes y todas las risas —afirma Law—. En los vestuarios se ponía a gastar bromas pesadas muy graciosas, sí, pero había mucha energía acumulada ahí. Y la cuestión de base es decidir en qué invertir esa energía, decidir cómo aprovecharla.»

John Skelly, un estadounidense que entrenó a Vince Spadea y a Bob y Mike Bryan, entre otros, recuerda cruzarse con Federer y Lundgren en ambientes sociales en aquella época.

«Federer estaba bastante relajado —cuenta Skelly—. Desde luego, salía de fiesta y le gustaba la cerveza, como a su entrenador. Recuerdo el Wimbledon 2000, con Federer borracho como una cuba en un bar de la zona. Era un borracho feliz, sin duda. Le encantaban las fiestas de jugadores en su juventud.»

En un momento dado, Federer influyó sin querer en el despido de Skelly. Spadea había derrotado con claridad a Federer en Montecarlo en 1999, pero luego, esa misma temporada, perdió frente a él en un pispás en Viena. Skelly contaba que el padre de Spadea, Vincent Sr., se molestó hasta el punto de hacer una de las peores predicciones en la historia del tenis.

«Tras el partido, Spadea padre me dijo: "¡Estás despedido! ¡Ese niño es una porquería! ¡Nunca va a llegar a nada!"», cuenta Skelly.

Skelly, que volvería a reunirse con Spadea, no le guardaba ningún rencor a Federer.

«Es un tipo con clase. Nunca ha cambiado un ápice pese a todo lo que ha logrado. Siempre me ha tratado bien y con respeto, siempre con una sonrisa enorme cuando nos hemos cruzado.»

En los Juegos Olímpicos, la sonrisa volvió a Federer al llegar a semifinales tras ganar cuatro partidos seguidos en tres sets frente a David Prinosil, Karol Kucera, Mikael Tillstrom y Karim Alami.

Era una lista sin grandes del tenis, si bien Kucera, un eslovaco de movimientos suaves, había entrado una vez en el Top 10. Aun así, fue una racha de reafirmación: Federer llegó a la ronda de medallas con una confianza renovada para enfrentarse a Tommy Haas, un alemán con revés a una mano y juego propio en todas las superficies. Haas, al contrario que Federer, se había marchado de Europa de joven para entrenar en Estados Unidos, en la Bollettieri Academy de Bradenton, Florida; allí había estrechado lazos con el fundador de la academia, Nick Bollettieri, una fuerza de la naturaleza, sociable y siempre bronceado, que se casó ocho veces, pese a estar casado en realidad con su trabajo. Bollettieri tenía una necesidad inagotable de promocionarse, aunque también sentía auténtico amor por el tenis, que sabía entrenar mucho mejor que jugar.

Haas, con 22 años, ya había llegado a una semifinal de Grand Slam en el Open de Australia 1999 y alcanzaría el n.º 2 del mundo en el 2002, antes de que unas lesiones importantes detuvieran su ascenso. Pero el alemán, como Federer, había tenido una temporada decepcionante en el 2000 hasta que llegaron los Juegos.

Haas despachó a Federer con relativa facilidad: 6-3, 6-2 ante un Federer que luchó con constancia e incluso lanzó la raqueta al aire frustrado en el último juego, cuando Haas sacó para obtener la victoria, llegar a la final olímpica y asegurarse una medalla.

Resultaba fácil remitirse a algo que Lundgren dijo en las fases previas del torneo: «Cuando va por detrás, a Roger a veces le cuesta todavía plantar batalla».

De todos modos, a Federer le quedaba una opción de medalla, dado el inusual formato del tenis olímpico. En el partido por el bronce se enfrentó a otro jugador sorpresa, el francés Arnaud Di Pasquale, de 21 años.

Federer y Di Pasquale, n.º 62 del *ranking*, estaban en términos amistosos, pero su inesperado duelo en Sídney fue tenso desde el principio. El francés se impuso 7-6 (7-5), 6-7 (7-9), 6-3, tras no lograr convertir un punto de partido en el *tiebreak* del segundo set, pero recuperarse de una temprana rotura en su servicio para ganar el tercero.

«Tenía miedo, mucho, pero me dije que no podía salir de esa pista como perdedor —dice Di Pasquale—. Es el momento más importante de mi carrera.»

Entonces nadie lo predijo, pero seguiría siendo el mejor momento de su carrera: Di Pasquale se retiró en el 2007 con un récord de derrotas en partidos individuales del circuito.

Federer tuvo que conformarse con acabar fuera del podio, en cuarto lugar, el más frustrante de unos Juegos. Había luchado mucho por recuperarse emocionalmente de la derrota ante Haas y tenía mucho de lo que arrepentirse del partido contra Di Pasquale.

«Para ser sincero, es muy frustrante —dijo, con la gorra tapándole los ojos en la entrevista tras el partido—. Jugué muy mal en la semifinal contra Tommy Haas. Hoy he tenido mejor tenis. Ha sido cuestión de detalles, de minucias. Perder una medalla así, teniéndola tan cerca, duele mucho.»

En cualquier caso, los primeros Juegos de Federer acabarían teniendo un final más feliz. En su última noche en Sídney, Roger besó a Vavrinec por primera vez.

Esa amplia oportunidad de pasar tanto tiempo juntos les había llegado contra todo pronóstico: Vavrinec podría no haber ido siquiera a los Juegos.

Pese a mantener contacto telefónico, no volverían a verse hasta diciembre, pero habían encontrado algo especial el uno en el otro. Nadie influiría más que Mirka en que Federer explotase al máximo sus trascendentales dotes tenísticas durante tanto tiempo.

«Vavrinec tenía una misión», afirma Groeneveld.

La suerte desde luego fue un factor al principio, pero iban a hacer falta muchísimo trabajo duro y muchísimas decisiones acertadas para que Roger se convirtiese en Federer, tal y como supo expresarlo con inteligencia el periodista suizo Laurent Favre.

«Mirka creía mucho en mí, en que no desperdiciase un talento así —me contó Federer muchos años después—. Porque ella misma era consciente de sus propias limitaciones. Trabajaba una barbaridad, pero sabía que con mi talento yo podía conseguir muchas cosas más, y esa convicción tuvo una influencia enorme.»

CAPÍTULO 6

WIMBLEDON

«¿Conoce usted las tradiciones de la pista central?» —preguntó un oficial a Roger Federer cuando se preparaba para entrar en el templo del tenis de Wimbledon.

Federer respondió que había visto muchos partidos en la pista central por televisión, pero que nunca había jugado allí, y el oficial repasó las normas no escritas, incluida la costumbre de que los jugadores entren y salgan juntos, y hagan una reverencia ante el palco real (algo aún vigente en el 2001).

Aquel joven Federer de 19 años no tenía problema alguno en seguir el protocolo, pero estaba a punto de romper de forma espectacular con la tradición.

Su partido de cuarta ronda lo enfrentaba a Pete Sampras, el reservado y portentoso californiano que en Wimbledon solo había perdido una vez en ocho años, en 1996, contra Richard Krajicek.

En aquella época la pista central pertenecía tanto a Sampras como al All England Club. Pero Federer, tras años de verlo todo desde la distancia, estaba listo para transgredir: listo para mostrar a una incauta audiencia global su amplio repertorio de habilidades tenísticas y un nuevo talante bajo presión.

Quienes seguíamos el deporte todo el año conocíamos la amenaza. Vimos a Sampras pelear toda la temporada 2001, incapaz de ganar un título.

«Me pregunto si está llegando a esa fase de la vida en la que todavía lo intentas con todas tus fuerzas y no terminas de conseguirlo —dijo Martina Navratilova que, con nueve títulos individuales, era una de las pocas personas que podían compararse con Sampras en su prolongado éxito en Wimbledon.»

También vimos a Federer convertirse en una potencia más fiable: ganó su primer título de la ATP en Milán, brilló en la Copa Davis, llegó a cuartos de final sobre tierra batida de Roland Garros y a semifinales sobre hierba de Bolduque. En Wimbledon, donde no había ganado un solo partido desde 1998, cuando ganó el campeonato juvenil en individuales y dobles, estaba en racha: superó a Xavier Malisse en cinco sets en segunda ronda y después dio un golpe de efecto al no ceder ni un set ante Jonas Bjorkman, un veterano sueco con un resto formidable que adoraba jugar sobre hierba.

Los aficionados británicos esperaban un partido de cuartos entre Sampras y Tim Henman, el eterno luchador inglés. Pero los entendidos observaban de cerca a Federer mientras entraba en la pista donde los buenos se diferencian de los grandes.

«He llegado adónde quería llegar: a enfrentarme con Pete por primera vez, y en la pista central de Wimbledon —declaró Federer a la prensa suiza—. No voy a salir ahí a llevarme solo un set. Voy a salir a ganar.»

Wimbledon debería perder lustre. Es un anacronismo. ¿Quién juega al tenis sobre hierba hoy en día? Antaño fue la superficie por excelencia de este deporte; el Open de Australia y el US Open también se competían sobre hierba, pero en la actualidad el tenis sobre hierba solo ocupa cinco semanas del calendario del circuito. Ahora lo que se lleva son las superficies sintéticas, pero aún así Wimbledon sigue siendo un esencial, el torneo en el que los tenistas reconectan con el pasado de este deporte y visten de blanco convirtiéndose en las estrellas del presente.

Es el único de los cuatro *majors* que se juega en un club privado, pero el All England Lawn Tennis and Croquet Club no tiene nada de privado durante un torneo de Wimbledon normal, igual que el Augusta National no tiene nada de privado durante un Masters normal. Los pasillos y los puestos de comida de Wimbledon se abarrotan, pero el torneo rara vez decepciona. El club está más arriba de lo que la mayoría de la gente cree, y es más moderno de lo que se imagina, pero la pista central sí encaja más con la idea mental que todos tenemos de ella. Parece más un teatro que un estadio, por su acústica y la ausencia de publicidad.

Ha perdido parte de su simetría con la instalación de un imponente techo retráctil en el 2009, pero cuando Federer pisó aquella hierba por vez primera la pista aún conservaba su aspecto tradicional.

Sampras y él se conocían. Federer fue recogepelotas de Sampras en el torneo de la ATP en Brasil. Después se juntaron para pelotear en el circuito cuando Sampras tomó nota de la actuación de Federer en la Copa Davis, la vez que aniquiló al equipo estadounidense prácticamente él solo.

Pero Sampras seguía siendo el cabeza de serie n.º 1, el mejor tenista masculino sobre hierba de la era Open, y seguía motivado para convertirse en el primero que ganaba por octava vez el título de individuales en Wimbledon. Sin embargo, en segunda ronda se le encendió la luz de alarma al tener que jugar a cinco sets contra Barry Cowan, un afable inglés en el puesto 265.º del *ranking.*

«Un Pete Sampras normal le habría vencido en tres sets», asegura Federer.

Normal o no, Sampras se recuperó enseguida, arrolló a Sargis Sargsian en tercera ronda y se sentía muy seguro para jugar contra Federer.

«Me sentía bien —me contó Sampras veinte años después—. Conocía un poco a Roger y sabía que era un jugador emergente, por lo que no podía confiarme. Pero sentía que aquel partido lo iba ganar yo y me pilló con la guardia un poco baja.»

Federer estaba a gusto con su juego, pero su cuerpo le recordaba que aquel no era un partido normal. Dijo tener las manos «heladas» en la sesión de calentamiento en la pista central. Pero empezó el partido jugando con estilo, clavando un *ace* en el punto inicial y otro con el partido ya más adelantado.

A medida que el partido avanzaba, en lugar de machacarse por sus propios errores, pellizcaba las cuerdas entre un punto y otro, como Sampras, y apenas se le notaba que la procesión iba por dentro.

Aquello indicaba un progreso: era el resultado de años de trabajo consigo mismo y de crítica constructiva por parte de quienes lo rodeaban, desde sus padres hasta el psicólogo Christian Marcolli, sus entrenadores y su novia, Mirka Vavrinec, sentada en el palco de la pista central.

Peter Lundgren le advirtió una vez: «Todo el mundo sabe que eres el mejor tenista, pero luchan porque, si pierdes la cabeza, te ganan».

La cara de póker de Federer también era producto de saber que, si se dejaba llevar por las excentricidades y la negatividad en la pista, se arriesgaba a definir su imagen.

En el Masters de Roma en mayo venció a Marat Safin, la volcánica estrella rusa, en un ajustado partido a tres sets con gritos, escenas incómodas y raquetas arrojadas al suelo: muchas de aquellas imágenes se emitieron en varias televisiones europeas. A Federer no le gustó nada lo que vio.

Una semana después de jugar contra Safin, Federer se enfrentó al argentino Franco Squillari, un veterano, en la primera ronda del torneo de Hamburgo en lo que resultó otro despliegue de mal carácter. Ante un punto de partido y sirviendo, calculó mal una volea y rompió la raqueta del enfado.

«La golpeé con todas mis fuerzas», confiesa.

Pero esa vez Federer se marchó de la pista enfadado con su comportamiento, no solo decepcionado por otra derrota temprana. Se dijo a sí mismo que era el momento de cambiar de verdad, de cerrar la boca de una vez; sobre todo por su propio bien. Pese a la insistencia de su entorno más cercano, la decisión tuvo que salir de él.

«Aquel fue un momento decisivo en mi carrera —me admitió años después—. Al cabo de un tiempo, empezó a ser incómodo verme de aquella guisa en televisión. Da muy mala imagen cuando te ves arrojando la raqueta a un rincón, mirando a tu alrededor, tan frustrado y decepcionado. Y me dije a mí mismo: "Esto es de idiotas. Compórtate un poco". Me llevó mucho tiempo, ya lo sabes. Fue interesante. Me llevó mucho tiempo.»

Federer sentía veneración por los escenarios cada vez más majestuosos donde jugaba, pero también reconocía que sus arrebatos afectaban a su juego a medida que avanzaba en el cuadro.

«Sabía que mi comportamiento me lastraba, porque llegaba a cuartos de un torneo agotado —reconoce Federer—. Y no era por los partidos, sino por cómo me sentía en los partidos. Todo era muy emocional. Lo curioso es que, cuando tenía 12 o 13 años, todo el mundo se comportaba igual que yo. Marco Chiudinelli y Michael Lammer, todos nos comportábamos así. Refunfuñábamos e intentábamos tocar las narices al otro y, sinceramente, ni recuerdo todo lo que hacíamos. Era normal comportarse así; y de repente una cosa lleva a la otra y llegas arriba, y ya no puedes comportarte así, porque ahora juegas contra Pat Rafter o Pete Sampras o alguien a quien admiras. ¿Sabes a lo que me refiero? No puede ser lo mismo.»

De hecho, sí puede serlo. El recorrido hasta arriba no siempre ha impedido que algunas estrellas sigan teniendo arrebatos y lancen raquetas o sillas al suelo: pensemos en John McEnroe, Safin y Nick Kyrgios.

Pero fue suficiente para por fin serenar a Federer, al menos por fuera.

Por dentro la sangre seguía hirviendo.

«Sí, se podría decir así», confirma Federer.

Se trataba de aprender a controlar el incendio en lugar de apagarlo, convertirlo en un combustible de consumo lento en vez de una fogata o una distracción.

Demostró mucho aguante contra Sampras, incluso si en algún momento se sintió como si viviera una experiencia extracorpórea.

Federer nunca jugaría contra sus otros ídolos de infancia, Boris Becker y Stefan Edberg, y todavía no se había enfrentado a Marcelo Ríos. Pero ahí estaba Sampras, la estrella estadounidense a la que Federer solía animar de lejos, apuntando su temible saque en dirección a Federer en medio del silencio de la pista central.

«Al principio es así —me dice Federer—, juegas contra tus héroes televisivos. Tienes que trabajártelo.»

Sampras se lo trabajó con rapidez a los 19 años, derrotando a Ivan Lendl y a John McEnroe uno tras otro para ganar el US Open 1990, donde también venció a Peter Lundgren, futuro entrenador de Federer, en segunda ronda.

Aquel fue el primer US Open que cubrí, y siempre recordaré el gesto cohibido de Sampras en las últimas fases de aquel torneo, como un niño al que le han avanzado las preguntas del examen y sabe bien que va a triunfar.

Ahora Sampras era el campeón veterano, casi diez años mayor que Federer, cuyo juego era, en muchos sentidos, un tributo al éxito de Sampras; desde el revés a una mano hasta el devastador golpe de derecha y los gestos acrobáticos improvisados (solo hay que ver el remate de revés con salto de ambos).

Los dos tenían un movimiento de saque «sin paso» en el que mantenían los pies separados mientras lanzaban la pelota al aire y luego doblaban las rodillas y saltaban para golpear la pelota. Muchos otros tenistas, incluidos Rafa Nadal y Andy Murray, dan un paso con el pie trasero tras lanzar la pelota al aire.

Sampras y Federer son de la misma altura (1,85 m) y entonces pesaban lo mismo (80 kg). Incluso usaban la misma raqueta: la Wilson Pro Staff 85, con una cabeza comparativamente pequeña de 85 pulgadas cuadradas, con mucho toque en los golpes puntuales. Yo mismo la usé muchos años como aficionado y siempre he pensado que la palabra que mejor describe la volea con esa raqueta es *untuosa*.

Tom Gullikson, hermano gemelo del fallecido Tim Gullikson, exentrenador de Sampras, fue uno de los que se maravillaron ante el parecido observando a Sampras y Federer desde las gradas.

«Lo veo y no me lo creo», me dijo aquel día.

No eran clones. El porte erguido de Federer contrastaba con la postura algo más encorvada de Sampras. Federer tenía un movimiento más fluido. Sampras, una presencia más intimidante, un servicio con una potencia superior, movimientos más explosivos cerca de la red y ningún tipo de problema en golpear segundos servicios con el ritmo y la fuerza de un primero. Pero el parecido era incuestionable y, aunque los contrastes de estilo suelen dar lugar a los partidos de tenis más memorables, aquel duelo de iguales en Wimbledon fue toda una excepción por la locura en calidad y variedad de golpes que ofreció, por puro atletismo, por el ritmo intenso y por lo equilibrado que fue.

Antes y durante la época de Sampras hubo muchas quejas en cuanto al tenis explosivo sobre hierba, porque las jugadas eran demasiado cortas. Pero ver un partido Sampras-Federer muchos años después, en medio de una larga era de dominio del tenis de fondo, era un recuerdo agridulce de que el tenis puro de ataque, con sus puntos rápidos y su ritmo *staccato*, todavía tenía su encanto cuando dos tenistas excelsos intercambiaban *aces* y golpes rapidísimos.

«Era como el tenis a la antigua usanza —me decía hace poco el entrenador de Federer, Peter Lundgren—. Eso ya no se ve. Ahora la pista de Wimbledon está pelada por la zona de la línea de fondo. Aquel partido fue como los de antes: de la línea de fondo a la red. Muy divertido de ver, y todavía es divertido. Cuando lo veo, lo disfruto.»

Sampras tuvo que salvar tres puntos de rotura desde 0-40 en el cuarto juego para conservar el servicio. Solía ser un portento bajo presión, pero a medida que el partido avanzaba también cometió fallos impropios de él: algunos *passing shot* de revés se le estrellaron contra la red; voleas a las que parecía reaccionar lento; incluso un toque fallido en uno de sus golpes estrella: el mate de derecha.

Por desgracia, aquel fue su único partido oficial. Pero al menos fue un duelo clásico que se decidió en unos pocos golpes, como el primer servicio de Federer cuando iban 5-6 en el primer set del *tiebreak*, que parecía que se iba a ir largo y en cambio entró, para desgracia de Sampras, que expresó su incredulidad tras fallar el resto en su único punto de set; como la volea alta de derecha que Federer falló, nervioso, perdiendo el servicio y el segundo set; como el cortante saque al cuerpo que un sorprendido Federer acertó a restar mágicamente con la cabeza de la raqueta apuntando a la hierba, haciendo fallar a Sampras otro golpe por encima de la cabeza y perder el tercer set.

Pero Sampras forzó un quinto set al dominar en el *tiebreak* del cuarto antes de pedir una pausa para ir al baño. Federer lo esperó sentado en la silla, con tiempo suficiente para evaluar la situación mientras se cambiaba la bandana por otra nueva.

Desde mi posición privilegiada en los asientos de prensa de la pista central, pensé que Sampras iba a poder con él. El estadounidense no estaba en su mejor momento, pero seguía siendo un portento, marcaba el ritmo del partido y tenía la fe de los que han visto a muchos rivales hundirse ante su presión en Wimbledon.

Pero ya sabíamos de lo que era capaz Sampras. No necesitábamos imaginarlo o pensar en plan creativo. Llevaba años demostrándolo. Federer era el desconocido.

Sampras nunca había perdido un quinto set en Wimbledon. Federer, quizá para bien, desconocía aquel dato. Pese a una molesta tirantez en el aductor izquierdo, se sentía fresco y calmado, lo cual era muy importante.

Al reanudarse el partido, conservó el servicio y ninguno de los dos jugadores tuvo a mano un punto de rotura en el último set hasta que Federer sirvió con 4 iguales.

Sampras, que no era un restador sólido, solía jugar sin esfuerzo la mayor parte de los puntos en los que servía el contrario para luego subir de nivel y golpear restos de calidad en ráfagas para conseguir el *break*, que a menudo era lo único que necesitaba para ganar un set con su devastador servicio.

Aquel juego a 4 iguales seguía ese patrón, y Sampras obtuvo dos puntos de rotura que ponían la victoria a su alcance. Pero, de forma inusual, los desaprovechó. Con el marcador 30-40, Sampras asestó un revés poco inspirado desde dentro de la pista que Federer voleó rápidamente para ganar el punto. Con ventaja al resto, Sampras falló un tiro a la red que no era fácil, pero sí era un golpe del que, en su mejor momento, habría salido airoso.

«Sentí que iba a conseguirlo, como suelo hacer en ese tipo de situaciones en esa pista —me dijo Sampras—. Para mí, en mi cabeza, un punto de rotura es un punto de partido. Si tengo uno, el partido es mío, pero aquel día no fue así.»

Federer mantuvo el servicio hasta ponerse 5-4, volvió a conservarlo hasta 6-5 y luego enseguida tomó el mando del siguiente juego en el que servía Sampras, con un resto de revés en el segundo servicio que le valió el punto.

En el siguiente punto, Sampras, un poco tenso, lanzó una volea baja de derecha que se le fue, 0-30. Se puso 15-30 y perdió el siguiente punto al fallar otra volea de derecha.

Iban 15-40. Punto de partido para el adolescente. Sampras, fiel a sus tics de la pista central, se secó el sudor de la frente con el índice y puso en juego un potente primer servicio. Entró ancho, pero no lo suficiente para que se le escapase a Federer.

«Lo que tiene Pete es que es capaz de enviar su servicio a cualquier sitio, y eso es lo que lo ha hecho tan bueno en los momentos cruciales —comenta Paul Annacone, que en aquel entonces era el entrenador de Sampras—. Recuerdo que al sacar pensé que había fallado por unos 20 cm, y eso no es propio de Pete en un momento crucial.»

Federer dio un paso a su derecha y restó con un derechazo ganador que se clavó en la línea y que Sampras no tuvo opción a devolver. La racha de 31 victorias seguidas en Wimbledon de Sampras acababa de terminar, Federer se arrodilló y se dejó caer bocarriba, cubriéndose la cara con las manos, se levantó y fue a saludar a Sampras mientras le empezaban a caer las lágrimas.

«Tenía el convencimiento de que podía ganarle —declaró Federer a la prensa—. No he dejado de tenerlo. Por eso he ganado.»

Había jugado como un habitual de la pista central.

«Creí que a Roger un momento así le afectaría, a Pete no —dijo Annacone—. Es raro, pero creo que en realidad no afectó a ninguno de los dos. Roger solo jugó un poco mejor, lo cual fue sorprendente. Fue un momento de "bienvenido al éxito".»

Solo cuando el partido terminó Federer volvía a parecer un novato: siguió andando hacia la salida mientras Sampras se detenía para la tradicional reverencia. Federer, avergonzado y sonriendo, dio la vuelta enseguida para unirse al siete veces campeón y ofrecer una reverencia apresurada.

Dedicó la victoria a Björn Borg, el referente sueco y buen amigo de Lundgren, al cual el propio Lundgren imitaba tan bien que entonces, cuando los teléfonos no identificaban las llamadas, engatusaba a sus compañeros tenistas suecos fingiendo que era él. Una vez incluso hizo creer a Jonas Bjorkman que Borg lo había invitado a cenar. Bjorkman no lo descubrió hasta que llegó al elegante restaurante de Montecarlo donde Lundgren había reservado mesa.

«Imitando a Borg es mejor que el propio Borg», asegura Bjorkman.

Aquella voz era tan familiar para Federer que incluso le costó mantener la seriedad cuando al fin conoció al auténtico Borg en Montecarlo a principios del 2001.

Borg ha sido uno de los grandes del tenis. Ganó 41 partidos de individuales seguidos en Wimbledon y cinco títulos consecutivos. Sampras iba tras esos récords.

Federer lo había parado en seco, y ahora quería hablar con Borg directamente. Le llamaron enseguida. Bill Ryan, el agente de Federer, también había sido agente de Borg muchos años. «Mientras hablaba con Borg, Roger era como un niño pequeño en una tienda de golosinas —me cuenta Ryan—. Tenía los ojos como platos.»

Y Federer venció a Sampras anotando el mismo número de aces (25), restando con más consistencia, lanzando segundos servicios arriesgados una y otra vez y golpeando la pelota con más autoridad: sorprendió a menudo a Sampras con el ritmo de sus *passing shots*.

«Es verdad —me contó Sampras—. No quiero decir que me viera superado, pero ahí detrás había un plus de potencia al que supongo que yo no estaba acostumbrado. Era la primera vez que jugaba contra él. Si hubiéramos vuelto a jugar al día siguiente, me habría preparado mejor, pero me sentía un poco incómodo. En aquel momento él era muy bueno. Un par de años después se convirtió en un grande. Yo sabía que tenía talento y que iba a estar en la cima un tiempo, pero nadie podría haber vaticinado que dominaría el deporte los veinte años siguientes y que lograría todo lo que ha logrado. No es como Tiger Woods o LeBron James, que desde los 12 años ya se sabía que iban a ser superestrellas. En mi caso y en el de Roger no se podía saber. En el tenis no está tan claro, necesitas tiempo para evolucionar.»

Un aviso llegó dos días después, cuando Federer perdió ante Henman en cuatro sets en cuartos de final: 7-5, 7-6 (6), 2-6, 7-6 (6).

Federer no pudo emular del todo a Sampras ganando su primer título *major* a los 19 años. Le dolía la pierna y tuvo que tomar analgésicos para seguir jugando en el torneo. Su margen ante los contrincantes, incluso sobre hierba, no estaba aún claro, pero había causado impresión. Nada eleva a un joven tenista como vencer a una superestrella en uno de los grandes escenarios del tenis; algo también aplicable a Naomi Osaka en la agitada final del US Open 2018, en la que venció a Serena Williams. Lo mismo ocurrió con Federer en Wimbledon.

«Creo que el partido contra Sampras lo cambió todo —asegura Lundgren—, porque todo el mundo sabía quién era él. Si ganas a Pete Sampras en la pista central de Wimbledon sabes que eres bueno y después ya estás en el mapa. Antes ya tenía buenos resultados, pero los mánagers y la gente de alrededor siempre decían: "¿Qué problema hay? ¿Por qué no gana más?".

Yo respondía que aún no estaba preparado. Tiene un juego genial. Tiene un juego increíblemente genial, y se tarda un tiempo en elegir el arma correcta para el golpe correcto. Él tenía un montón de herramientas en el saco; quizá tenía quince para cada golpe.»

La victoria ante Sampras justificó la fe de Lundgren y la de Peter Carter, y calmó a agentes y patrocinadores. Sin duda fue un momento crucial, pero no era un relevo.

«No nos precipitemos —dijo Sampras el día de su derrota—. Solo he perdido. Planeo volver por muchos años. Por esto es por lo que juego: por estos torneos. Y no creo que deje de hacerlo por mis capacidades; cuando lo deje será porque no quiera seguir jugando. No hay razón para que cunda el pánico y creo que puedo volver y ganar de nuevo. Siento que siempre puedo ganar aquí.»

Sampras nunca más volvió a ganar otro Wimbledon, pero calló a los escépticos al ganar su 14.º Grand Slam individual en el US Open 2002 en el que resultó ser su último partido. En cuanto a Federer, no subió a la cima de inmediato. Pese a la sangre fría y el dominio exhibidos en el All England Club en el 2001, aún no estaba listo para imponerse ni para sentirse cómodo con la expectativa que generó al vencer a Sampras. Estaba lesionado y, tras una breve aparición en Gstaad, donde perdió en primera ronda ante su futuro entrenador, Ivan Ljubicic, se tomó un descanso obligado de seis semanas en Biena para recuperarse.

Durante aquel paréntesis, hizo de chófer. Michael Lammer era su nuevo compañero de piso después de la marcha de Yves Allegro primero y Sven Swinnen después. Lammer se recuperaba de una lesión en el tobillo, pero debía seguir asistiendo a clases en el instituto.

Federer, que ya tenía el carné de conducir, se ofreció a echar una mano.

«Roger me dijo: "Iré a recogerte al instituto y te llevaré al instituto, porque también estoy lesionado y tengo un horario muy flexible. Seré tu taxista"», recuerda Lammer.

Mirka Vavrinec, que estaba en Biena intentando recuperarse de sus lesiones, también pasaba mucho tiempo con Lammer y Federer.

«Por suerte, Mirka empezó a ocuparse del apartamento por nosotros —dice Federer con una risita—. Michael y yo todavía nos reímos de eso. Michael vino a visitarme y se quedó a cenar, y hablamos de lo bien que nos iba a tener a Mirka en nuestras vidas. Por fin encontrábamos las cosas, y por fin podíamos respirar con normalidad porque ya no había polvo por todas partes.»

Sin embargo, la excelencia constante seguía siendo esquiva y Federer terminó el año en el puesto n.º 13; lo cual era una mejora significativa respecto al año 2000, pero no suficiente para clasificarse en las finales de la ATP en Sídney, Australia, donde ganó Lleyton Hewitt.

La temporada 2002 comenzó con buenos auspicios para Federer: ganó un título en Sídney, brilló en la Copa Davis en Moscú y en las finales de Milán y Miami, y después ganó otro título sobre tierra batida en Hamburgo tras vencer en pista de tierra batida a un maestro como Gustavo Kuerten y a Safin. Pero perdió en primera ronda de Roland Garros ante Hicham Arazi antes de regresar a Wimbledon como cabeza de serie n.º 7 y uno de los favoritos en las apuestas tras su actuación del año anterior.

John McEnroe, agresivo en su época de jugador y osado en sus vaticinios, dijo que Federer ganaría el título. El All England Club, decidido valedor del estilo y las posibilidades de Federer, volvió a ubicarlo en la pista central para jugar contra un tenista croata: Mario Ancic, alto, flaco y cerebral, como Goran Ivanisevic, de la bella ciudad costera de Split. Con 18 años, Ancic era dos años más joven que Federer y jugaba por primera vez un Grand Slam. Atacando con convicción y superando a Federer en efectividad, lo derrotó 6-3, 7-6 (2), 6-3, probando que tener experiencia en la pista central no garantiza la excelencia en esa misma pista central.

Fue la derrota más desmoralizante de Federer hasta la fecha. Llegó en un momento delicado: su acuerdo con Nike estaba pendiente de renovación y su relación de *management* con IMG se resentía por desacuerdos en algunas partes del contrato.

Para las grandes estrellas, el tenis es un deporte en el que las ganancias fuera de pista eclipsan a los premios en metálico, y en el mundo de los negocios del deporte, que suele ser un mercado de futuros, había serias dudas sobre si Federer iba a ser el próximo n.º 1 o un joven aspirante más con talento.

Lleyton Hewitt, de su misma edad, ya casi era el tenista mejor clasificado a nivel mundial, y ganaría Wimbledon en el 2002 al vencer a otro de los rivales júniores de Federer, el argentino David Nalbandian, en una final radicalmente distinta, sin juego de saque y volea (los más puristas al menos se consolaron con el clásico retraso por lluvia). También estaba Andy Roddick, el adolescente estadounidense de servicio veloz y mente rápida, procedente de un mercado comercialmente mucho más importante que el de Federer, que aspiraba a entrar en el Top 10.

Aquella fue una época tensa e incierta para Federer; y todavía iba a ser peor, mucho peor.

A principios de agosto Federer y Lundgren viajaron a Toronto para el Masters y el inicio de la temporada de pista dura de verano.

Aquella misma noche del 1 de agosto sonó el teléfono de Lundgren. Era Darren Cahill, entrenador de Andre Agassi.

«Pensé que Darren me llamaba porque Agassi quería pelotear con Roger —cuenta Lundgren—. Y me dijo "Siéntate".»

Cahill le contó que Peter Carter había muerto en un accidente de coche en Sudáfrica durante su luna de miel, mientras iba en dirección al Parque Nacional Kruger. Solo tenía 37 años.

La madre de Federer, Lynette, lo había ayudado a organizar el viaje, y Federer a menudo animaba a Carter y Silvia, su esposa suiza, a hacer aquel viaje. Pero Sudáfrica, pese a todos sus encantos y belleza natural, sigue siendo uno de los lugares más peligrosos del mundo para conducir. Aquel 1 de agosto Carter viajaba en un Land Rover conducido por un amigo que se vio obligado a virar para esquivar a otro vehículo que venía de frente. Justo delante había un puente, y el conductor no pudo recuperar el control del vehículo a tiempo. El Land Rover cayó por el lateral del puente y aterrizó sobre el techo, aplastándose. Carter y su amigo murieron.

Silvia viajaba en otro vehículo y salió ilesa. Aquella luna de miel también era para celebrar su recuperación. Poco después de la boda, en el 2001, a ella le diagnosticaron un linfoma de Hodgkin, pero en verano del 2020 se vio que el tratamiento había sido un éxito y por fin pudieron emprender su aplazado viaje a Sudáfrica.

Aquel viaje ahora tenía un final trágico. Y Lundgren tenía que comunicárselo a Federer.

Le dejó varios mensajes en el teléfono y, al fin, Federer lo llamó. Eliminado de individuales, había salido a dar una vuelta por la ciudad y al conocer la noticia comenzó a correr por aquellas calles desconocidas llorando a lágrima viva, intentando procesar lo que Lundgren le acababa de contar.

«Hizo lo que hacen los niños cuando se enfrentan a algo enorme y oscuro: echó a correr», escribió S. L. Price, el intuitivo periodista deportivo estadounidense, en un artículo para *Sports Illustrated.*

Federer llegó a la habitación de hotel de Lundgren.

«Entró, me miraba y yo estaba hecho polvo, lo normal en una situación así —cuenta Lundgren—. Me sentía vacío. Fue muy duro para Roger y para mí. Peter y yo estábamos muy unidos. Pasábamos mucho tiempo juntos. Roger perdía a su exentrenador, su amigo, su todo. Sé lo mucho que Peter significaba para él. Fue la primera vez para los dos, la primera vez que tuvimos que afrontar algo parecido.»

Sven Groeneveld, que estaba en Toronto entrenando a Greg Rusedski, también recibió una llamada de Lundgren para que acudiera a la habitación de hotel.

Fue Lundgren, y no Federer, quien le contó lo de Carter.

«Roger estaba destrozado —recuerda Groeneveld—. No podía hablar. Estaba totalmente ido.»

Para Federer, a menos de una semana de cumplir los 21 años, el dolor de la situación se mezclaba con el papel de su familia al animar a Carter a viajar a Sudáfrica. Culpa y dolor se mezclaban.

«Creo que eso fue lo que le dolió más», afirma Groeneveld.

Aquella noche Federer apenas durmió, pero de algún modo logró jugar el partido de cuartos de final de dobles al día siguiente con su compañero, el sudafricano Wayne Ferreira. Perdieron en el *tiebreak* del tercer set ante Sandon Stolle y Joshua Eagle, australianos, otra cosa que le recordaba a Carter.

En una triste coincidencia, el padre de Federer, Robert, estaba en Sudáfrica por negocios cuando ocurrió el accidente.

«Peter ocupaba un lugar especial en nuestras vidas —declaró al periódico de Basilea *Basler Zeitung* la semana que murió Carter—. En un momento así te das cuenta de lo cercano que era para todos nosotros.»

Federer y Carter conservaron la amistad pese a la decisión sorpresa de Federer de contratar a Lundgren como entrenador en los desplazamientos. Federer presionó con éxito en verano del 2001 para que Carter liderara al equipo suizo de la Copa Davis después de que el propio Federer liderara una insurrección que forzó el despido del anterior capitán, Jakob Hlasek. Carter, que todavía no era ciudadano suizo, no podía asumir formalmente el rol de capitán según la Federación Suiza de Tenis, pero dirigió al equipo suizo en Moscú en febrero en el enfrentamiento contra Rusia en la primera ronda de la Copa Davis del 2002.

«Me encanta la Copa Davis, pero en Australia yo no habría podido optar a este cargo —declaró a la prensa suiza—. Creo de verdad que Suiza puede ganar la Copa Davis en los siguientes cinco años si sus principales jugadores aguantan sin lesionarse.»

En Moscú y en pista dura cubierta, un inspirado Federer derrotó a los ex n.º 1 Marat Safin y Yevgeny Kafelnikov en individuales sin ceder un solo set, pero Federer y Marc Rosset no pudieron ganar en dobles a las dos estrellas rusas, y Suiza perdió 3-2.

Gracias a la Copa Davis, Carter viajaba más que nunca a torneos del circuito y tuvo ocasión de ver a Federer en Wimbledon y Gstaad antes de viajar a Sudáfrica.

«Siempre recordaré lo que Peter me dio —dijo Federer poco después de la muerte de Carter—. Me enseñó tanto que todavía lo llevo dentro de mí.»

Federer decidió jugar en Cincinnati, pero perdió en primera ronda contra Ivan Ljubicic. «Nunca lo olvidaré —dice Bill Ryan, que entonces era el agente de Federer—. Hacía muchísimo calor. Lundgren y yo fuimos a sentarnos con Roger fuera de la sala de jugadores, bajo la sombra de un árbol porque hacía un calor horrible, y Roger dijo: "No tengo ganas de jugar a tenis".

Se retiró del torneo de Washington D. C. y voló de vuelta a Suiza para el funeral: el primero al que asistía en su vida.

«Sabía que tenía que volver —explicó después—. Entonces América quedaba demasiado lejos. Quería estar con mis amigos, aunque tampoco podía ayudar mucho. Siempre echaré de menos a Peter Carter, pero él estará conmigo en la pista de tenis toda mi vida.»

Las emociones todavía estaban a flor de piel cuando se unió a los doscientos asistentes al funeral en la iglesia de Sankt Leonhard, en el centro de Basilea, junto a muchos de los principales tenistas suizos, incluido Yves Allegro.

«Roger estaba totalmente hundido —recuerda Allegro—. Se le notaba en el lenguaje corporal, y no dejaba de llorar. Creo que lloró todo el funeral, una hora y media sin parar. Fue duro ver tanto dolor. Pero creo que Roger maduró con la muerte de Peter. Fue la primera vez que tuvo que enfrentarse a algo duro o terrible. Entró en el Top 100 enseguida y empezó a ganar dinero. Su familia era rica. Sus padres estaban juntos. Claro que él y su hermana se peleaban porque él tenía dinero y ella no, o algo así, pero eso no era un gran problema. Conoció a Mirka y era feliz con ella. Todo le iba bien. Y entonces perdió a una de las personas más importantes de su vida.»

Cahill, muy amigo de Carter desde la infancia, viajó también a Basilea. Cuando el funeral terminó y Silvia Carter y otros ya habían hablado, Cahill se fue hacia Federer, que tenía los ojos rojos de tanto llorar, y le dijo: «Amigo, Peter estaría muy orgulloso de todo lo que has logrado». Y añadió: «Y tu único trabajo ahora es que siga estando orgulloso de ti».

«Eso fue todo lo que le dije —me contó Cahill muchos años después—, y vaya si me hizo caso. Peter estará allá arriba sonriendo a diario por todo lo que Roger ha logrado, y los que fuimos amigos de Peter también estamos orgullosos de ver a Roger y de lo que es capaz, porque para nosotros también significa algo.»

Para Federer el funeral fue una epifanía. Su evolución de futura promesa a uno de los más grandes tenistas de todas las épocas se debe a muchos elementos, pero la muerte de Carter fue un factor diferencial, quizá decisivo. A partir de aquel día, comprendió que su éxito validaba el trabajo de Carter y honraba su memoria. La vida de Carter había sido demasiado corta, pero si Federer podía conseguir lo que Carter había imaginado en las pistas, en ese aspecto su vida también había servido a ese propósito.

«Encontré una nueva motivación», asegura Federer.

En Carter halló una causa mayor que él mismo: una sin una meta clara.

«Fue el punto de inflexión —dice Allegro—. Es duro lo que voy a decir, pero de verdad no sé si Federer habría tenido la misma carrera si Peter aún viviera. Aunque también existe la posibilidad de que se hubiera convertido en un tenista aún mejor, porque yo tengo claro que tarde o temprano habría recuperado a Peter como entrenador.»

Allegro cree que, tras escoger a Lundgren, que tenía más experiencia, para guiarle en los primeros años de su carrera profesional, Federer habría vuelto a entrenar con Carter tras afianzarse como tenista.

Federer nunca lo ha confirmado, pero en realidad abrió una ventana para ver más de Carter al ayudarlo con el cargo en el equipo de la Copa Davis.

Nadie conocía mejor su juego, de los cimientos a la superestructura. Ahora Federer iba a tener que seguir adelante sin aquel vínculo tan reconfortante con su pasado. Muchas de las pistas de tenis de su infancia habían desaparecido y ahora su entrenador de la infancia tampoco estaba.

«Todavía me afecta —declaró Federer a la prensa suiza al regresar a la competición tras el funeral, en el torneo de la ATP en Long Island, en Commack, Nueva York—. Es la primera vez que muere un amigo tan cercano y me han quedado muchas cosas por decirle. Ya no puedo decirle nada. Lo siento sobre todo por su esposa, Silvia, a la que también conozco bien, y por su familia y amigos.»

Federer perdió en la ronda inicial en Commack ante Nicolás Massú. Pero logró salir del agujero la semana siguiente en el US Open al superar tres rondas antes de perder contra Max Mirnyi en dos sets. Tras vencer a Michael Chang, la estrella estadounidense de 30 años, en segunda ronda, le propusieron volver a trabajar con un terapeuta para que lo ayudara a superar la etapa emocional tan dura que vivía. Era una idea razonable. Además, Marcolli, el psicólogo deportivo que lo ayudó en la adolescencia, conocía bien a Peter Carter.

«Ya no lo necesito —dijo Federer en Nueva York—. Debo lidiar con los altibajos yo solo.»

En Casablanca le esperaban más emociones contradictorias. El equipo suizo de la Copa Davis viajó hasta allí para enfrentarse a un robusto equipo marroquí en un partido clasificatorio del

Grupo Mundial sobre tierra batida que decidiría qué país formaría parte de la división de honor en el 2003.

Antes de su muerte, Carter ayudó a planificar los detalles de aquel partido. Lundgren aceptó sustituirlo como líder del equipo a petición de los tenistas y de los responsables de la federación. Al ser sueco tampoco podía convertirse en el capitán oficial, y llegó a Casablanca después de los tenistas, tras un viaje a Suecia para ver a su hija Julia, entonces recién diagnosticada de diabetes.

El equipo suizo lo formaban Federer, Marc Rosset, Michel Kratochvil y George Bastl, que venció a Sampras en segunda ronda en Wimbledon aquel mismo año, en el que terminó siendo el último partido de Sampras en Wimbledon. Lundgren nombró capitán a Rosset, el más veterano, y dejó muy claro el objetivo:

«Podemos hacerlo —exclamó Lundgren—. Por Peter Carter.»

Federer no perdió un solo set en tres partidos: superó a Hicham Arazi en individuales tras haber perdido contra él sobre tierra batida en Roland Garros de aquel año, se alió con Bastl para vencer en dobles y luego ganó a Younes el-Aynaoui el último día para asegurar la victoria suiza por 3-1.

Federer dedicó el triunfo a Carter.

«Pensé en él todo el rato —aseguró—. Estaba ahí, incluso en el punto de partido.»

Rosset percibió un cambio en Federer, que describió usando la palabra francesa *déclic*, que se traduce más o menos como "hacer clic".

«Creo que la muerte de Peter lo hizo madurar muy rápidamente —afirma Rosset—. Hizo que sintiera que tenía una misión.»

Menos de un mes más tarde Federer dedicaba, entre lágrimas, otra victoria a su exentrenador: en esta ocasión en el torneo de la ATP en Viena, donde venció a Carlos Moyá en semifinales y a Jiri Novak en la final.

Tanto Moyá como Novak eran jugadores del Top 10, y ganarles fue crucial para que Federer se clasificara para su primer campeonato de final de año de la ATP, reservado a los ocho mejores jugadores de individuales. Entonces era conocido como la

Copa Masters y se celebraba en China por primera vez, en un pabellón de Shanghái. Existía la preocupación de que los aficionados chinos, no muy familiarizados con el tenis, no conocieran el juego, así que se repartió un folleto entre los espectadores explicando las normas básicas.

Pero no hizo falta ningún folleto para vivir la extraordinaria intensidad de la semifinal entre Lleyton Hewitt y Federer.

Hewitt era el campeón de la edición anterior, celebrada en Sídney en el 2001. Federer le había ganado en Miami unos meses antes esa misma temporada, pero este era su duelo más importante.

Hewitt ya era n.º 1 al final del año por segunda temporada consecutiva antes de enfrentarse a Federer, pero lo daba todo en cada punto largo. La cobertura de la pista por parte de aquellos dos tenistas de 21 años era excepcional; la extensión de los golpes, espectacular. En el tenis existe un sesgo de inmediatez. Es tentador considerar lo nuevo como lo mejor, pero algunos de los puntos que ofrecieron Federer y Hewitt por toda la pista en aquel clásico partido a tres sets fueron tan buenos como los que jugarían el resto de su carrera.

Federer no pudo sentenciar el primer set. Hewitt fue incapaz de convertir un punto de partido antes de perder el segundo, y después no logró sentenciar el partido yendo 5-4 en el tercero. Pero Federer, todavía irregular en aquel momento de su carrera, volvió a perder el servicio cometiendo dobles faltas en los últimos dos puntos.

Hewitt, tenaz y consistente desde la línea de fondo, se adjudicó la victoria 7-5, 5-7, 7-5 en el siguiente juego y ganó el título. En su cómputo personal superaba a Federer 6-2 en los partidos de la ATP. Cahill, que entrenó a Hewitt hasta finales del 2001, ayudó a cimentar aquel dominio tan temprano. ¿Qué tenía el joven Hewitt que Federer no tuviera?

«Los dos tenían muchas cosas —afirma Cahill—, pero Lleyton tenía la capacidad de jugar con el marcador mucho mejor que Federer. Percibía las oportunidades, las aseguraba y no fallaba. Tanto si era un punto de rotura o la oportunidad de lograr un *double break* o un punto 15-30 cuando vas 3-2 sirviendo en el primer set. Algunos tenistas jóvenes juegan un par de puntos abúlicos y lucen un servicio veloz. Lleyton sabía que el de 15-30 es un punto importantísimo en el partido; procuraba meter el primer servicio, no fallaba aquel punto, se ponía 30 iguales, conseguía un punto "gratis" para ponerse 40-30 y problema resuelto.»

La insistencia de Federer por atacar desde la red también dio ventaja a Hewitt, en parte gracias a la revolución en la tecnología de cordaje, que permitía generar más *spin* y precisión en golpes muy potentes.

«A Lleyton le encantaba tener un objetivo —cuenta Cahill—, pero también tenía, sobre todo entonces, un deseo ardiente por competir y ser grande. Era implacable y creo que eso era toda una rareza. Creo que el único tenista con el que se le puede comparar es Rafa. Lleyton era así antes de que llegara Rafa, y nada le hacía salirse del plan; incluso cuanto tenía 17, 18, 19 años: podía estallar la Tercera Guerra Mundial ahí fuera, que Lleyton seguiría concentrado en la pista. Podía tener problemas con la ATP o en casa o con una novia, pero la pista de tenis era su zona de confort. Su hogar. Era el sitio donde podía olvidarse del resto del mundo. Todo lo que quería era ganar. Y creo que esa es una cualidad muy poco común, porque hay un montón de tenistas que, si no son felices con su vida o si tienen problemas, no son capaces de concentrarse cuando compiten. Lleyton nunca tuvo ese problema.»

Hewitt, con su empuje, precisión y precocidad, fue el primer gran rival de Federer en su carrera profesional: el primer igual que sistemáticamente subrayaba sus deficiencias. Ambos habían previsto el auge del otro: a través de los ojos de sus entrenadores y de los suyos propios, empezando por aquel feroz duelo júnior que mantuvieron en Zúrich.

Hewitt llegó el primero a la cima, pero sabía que Federer le seguía de cerca y a toda prisa entre la niebla, y así lo expresó en Shanghái, dejando claro que creía que Federer ganaría un título de Grand Slam.

Hewitt, unos meses mayor que él, ya tenía dos; y Federer cada vez estaba más impaciente. Demasiado impaciente, a tenor de cómo se desarrolló la temporada 2003.

Federer estuvo como nunca en la Copa Davis con sus compañeros y en los torneos regulares del circuito al mejor de tres sets. Ganó títulos en pista cubierta en Marsella, al aire libre en Dubái sobre pista dura y en Múnich sobre tierra batida antes de llegar a la final de Roma y perder contra Félix Mantilla. Pero, cuando regresó a París y a Roland Garros como quinto cabeza de serie y con grandes planes, volvió a hundirse por la presión de un Grand Slam.

En lugar de convertirse en el primer tenista atacante que ganaba Roland Garros desde Yannick Noah, perdió en primera ronda en tres sets 7-6 (6), 6-2, 7-6 (3) ante el peruano Luis Horna en la pista central Philippe-Chatrier.

Fue otro momento desmoralizante para Federer en uno de los grandes escenarios del tenis, y su segunda derrota consecutiva en una ronda inicial en Roland Garros tras perder contra Arazi en el 2002.

Horna era un tenista de tierra batida consolidado, fue campeón júnior de Roland Garros, pero también era el n.º 88 del *ranking* mundial y nunca había ganado un partido individual de Grand Slam.

Federer, con una forma física razonable, debía de haberse impuesto. Pero estaba descolocado: confuso con la táctica, fallaba reveses y lanzaba miradas agónicas a Lundgren, en las gradas.

Despachó cinco juegos seguidos tras perder los tres primeros. Pero no pudo ganar el primer set y falló un *drive* en el único punto de set que tuvo cuando iban 6-5 en el *tiebreak*. Aquel gafe resumió su tarde y terminó con 88 errores no forzados en solo tres sets.

El titular de *L'Équipe*, el periódico deportivo francés, lo resumía poéticamente: «*Naufrage en eaux calmes*» («naufragio en aguas tranquilas»).

Y Federer parecía extrañamente calmado tras el naufragio.

«Quizá tenía que haber gritado o destrozado una raqueta para sacarlo todo —apuntó Lundgren.»

Un consejo curioso, teniendo en cuenta el gran esfuerzo invertido para calmar y concentrar a Federer. Pero él seguía luchando para mantener el aplomo.

«Creo que durante un tiempo estuve demasiado calmado en las pistas —me confesaría Federer varios años después—. Me di cuenta de que necesitaba fuego y hielo. Cuando era joven no sabía qué significaba tener la energía adecuada, la intensidad adecuada. ¿Qué significaba eso? ¿Era algo de actitud? ¿La forma de moverse? ¿Qué era? Pero se trata del foco, de la mentalidad punto por punto, porque lo que ocurre cuando eres joven es que empiezas a ensimismarte. Esa es la lucha.»

Federer hizo lo que pudo para describir esa lucha durante nuestra entrevista.

«Cuando eres joven, vas en plan: "¿Qué hay de comer? ¿Qué vamos a hacer luego?" —explicaba—. A veces estás de humor. A veces no lo estás, y el problema es que, cuando no estás de humor, empiezas a perder puntos a raudales: 15-0, 30-0, 40-0, 0-15, 0-30, y entonces reaccionas, "Dios mío, tengo que concentrarme y es demasiado tarde".»

Lundgren sentía esa misma lucha.

«Roger sabía que gritar y enfadarse no estaba bien —apunta—. Los demás jugadores no son tontos. ¿Cómo van a ganarte? No será jugando al tenis. Te van a ganar en el plano mental, así que aprendió eso. Pero entonces se volvió demasiado blando, y aquello tampoco era bueno; y de repente, halló la manera.»

Para Federer no fue de repente. Para él fue un proceso de dos años: un proceso que comenzó en Hamburgo en el 2001 y culminó en Wimbledon en el 2003, justo cuando un montón de sabelotodos del tenis ya dudaban abiertamente sobre si de verdad tenía mentalidad de campeón.

Había competido en dieciséis torneos *major* y todavía tenía que superar los cuartos de final, perdiendo en primera ronda en seis ocasiones.

No solo Hewitt había asumido el liderato de su generación tenística. Marat Safin y Juan Carlos Ferrero, ambos con 23 años, también eran campeones de Grand Slam (Ferrero acababa de ganar Roland Garros). Nalbandian, de 21, había llegado a una final de Wimbledon. Roddick, de 20, llegó a las semifinales del Open de Australia 2003 tras salvar un punto de partido y vencer a Younes el-Aynaoui en un partido de cuartos de final épico que se alargó hasta 21-19 en el quinto set, en aquel momento el más largo de la historia del Grand Slam. Roddick, además, venció a Andre Agassi de camino al título sobre hierba del Queen's Club antes de plantarse en Wimbledon.

Federer era un tenista espectacular, gustaba al público y era un colega apreciado en los vestuarios, pero tenía que saber que estaba perdiendo terreno pese a haber ganado el primero de sus múltiples títulos en Halle, Alemania, sobre hierba.

«La gente es muy rápida construyendo relatos —me advierte Roddick—. Cuando Roger no pasaba de cuartos de final en un Slam, yo veía cómo se iba construyendo ese relato, sobre todo porque él era muy tranquilo, y era fácil, y no le veías gruñir y sudar. Parecía distinto al resto de nosotros.»

El contraste con Roddick, todo músculo y brío, sudando a raudales, con una energía nerviosa y una potencia abrupta, estaba claro.

«A todo el mundo le pegan una etiqueta —cuenta Roddick—. Si Roger hubiera obtenido los mismos resultados pero midiera 1,55 m y jugara un poco peor, nadie le hubiera colgado la etiqueta de blando. Fue porque era muy bueno, porque caminaba y se comportaba de una forma muy suya, por eso "blando"era la etiqueta fácil. Creo que era la etiqueta más facilona que todo el mundo aceptaba.»

Es el punto de vista de un tenista; un punto de vista comprensible. A la prensa deportiva le van los análisis rápidos: no le interesa tanto ver las cosas a largo plazo y dar cancha a los jugadores para que evolucionen con comodidad a su propio ritmo. Pero las etiquetas rara vez carecen de una base, y la duda en aquellos momentos era legítima.

¿Tenía Federer el valor necesario?

Sampras estaba convencido de que sí. Ya casi retirado, aunque no de forma oficial, vaticinó que Federer ganaría Wimbledon en el 2003. Al fin y al cabo, Sampras sabía lo que era triunfar en Wimbledon después de pasarlo mal en París. Lo hizo muchas veces. Y para demostrar lo difícil que era el doblete, el año en el que Sampras logró su mejor resultado en Roland Garros —llegar a semifinales en 1996— fue también el único en el que no ganó Wimbledon entre 1993 y el 2000.

Pero Federer se sentía más cómodo sobre hierba en aquella etapa pese a haber llegado tarde a la superficie, ya que aprendió a jugar sobre tierra batida en Basilea.

Disgustado con la cobertura que una parte de la prensa dio a su temprana eliminación en París, redujo las entrevistas al mínimo en el All England Club y pasó más tiempo en la casa que alquiló en la localidad de Wimbledon con Vavrinec y Lundgren.

«Entonces aún no destacaba mucho —me dice—. No relacionarme con la prensa para mí era muy raro, pero llegué a Wimbledon pensando "Muy bien, voy a concentrarme. No puedo perder otra primera ronda aquí". Había mucha presión por todas esas situaciones.»

Barrió a sus dos primeros contrincantes, Hyung-taik Lee y Stefan Koubek, y luego cedió un set al ganar al joven estadounidense Mardy Fish.

Pero en cuarta ronda llegaron los problemas. Mientras Federer calentaba contra Feliciano López, otro rival júnior convertido en rival profesional, notó un agarrotamiento en la zona lumbar. Llamó al preparador físico cuando iban 1-1 en el primer set y no obtuvo una respuesta clara sobre aquel dolor, que Lundgren después describió como un pinzamiento en un nervio debido a que la espalda de Federer estaba desalineada.

«Me di dos juegos para ver cómo iba la cosa», recuerda Federer.

Incapaz de asestar golpes potentes y de moverse con normalidad, deseó que se pusiera a llover para que el partido se retrasara, algo que solía pasar en la pista central antes de que tuviera techo retráctil.

«Miraba hacia el cielo esperando un milagro, unos nubarrones de tormenta, algo que me salvara —cuenta—. Cambié de táctica. Esperé a que él cometiera errores, intenté presionarlo en los golpes más importantes, porque sé que jugar contra un jugador lesionado no es fácil.»

López servía para el primer set yendo 5-4 y falló; y Federer, con la espalda algo mejor, aguantó y se impuso 7-6 (5), 6-4, 6-4, recuperándose de un 0-3 en el tercer set.

«No sé cómo he ganado hoy», declaró Federer reconociendo que por primera vez en su carrera como profesional había pensado en abandonar.

«Teniendo en cuenta mi clasificación, habría sido exasperante», continuó.

Después de varias sorpresas, no quedaba ni un campeón de Grand Slam en el torneo. Un casi desconocido Ivo Karlovic había eliminado a Hewitt en primera ronda en la pista central y Mark Philippoussis, que no era cabeza de serie, se deshizo de Agassi en cuarta ronda.

Federer, en el n.º 4, era el principal cabeza de serie que quedaba, pero no era un claro favorito. Roddick era una amenaza clara, algo que reafirmó venciendo a Jonas Bjorkman en los cuartos de final sin ceder un solo set, mientras Federer arrollaba a Sjeng Schalken con un notable alivio después de que la lluvia del miércoles le regalara un día extra para recuperarse de la espalda.

En semifinales Federer se enfrentaría a Roddick: un duelo de la nueva generación, el primero de los muchos que iban a compartir ambos y también el primero sobre hierba.

Roddick era puro carácter y puro fuego competitivo. El hermano pequeño gracioso que creció decidido a seguirle el ritmo a su hermano mayor, John, el cual se convirtió en un júnior destacado y un All-American en la Universidad de Georgia, pero no llegó a entrar en el circuito.

De jovencito Andy era un jugador de fondo peleón y con poca potencia, pero maduró y se convirtió en una fuerza de la naturaleza, con un servicio y un golpe de derecha explosivos, y muy arrogante. Tras su derrota en primera ronda en Roland Garros, despidió por sorpresa a su entrenador y mentor de toda la vida, el francés residente en Florida Tarik Benhabiles, y contrató a Brad Gilbert, un locuaz mago táctico que llegó a n.º 4 del mundo antes de coescribir *Winning Ugly* y entrenar a Andre Agassi para triunfar.

Roddick y Gilbert decidieron que, pese al saque intimidante de Roddick, no jugaría al clásico tenis sobre hierba. En lugar de servir y volear, intentaría lanzarse a por las pelotas atacables con la derecha y, solo entonces, subiría a la red.

La táctica le funcionó hasta que se topó con Federer, que no tenía por qué pillar desprevenido a Roddick: Federer había perdido los últimos tres partidos en los que se habían enfrentado, incluido uno de cuartos de final en Basilea en el 2002, cuando Federer lanzó uno de los golpes de su carrera (o de la carrera de cualquiera): un remate colosal increíble sobre otro remate de

Roddick que dejó al estadounidense anonadado y sin opción de devolver la pelota.

«Parecía que él jugaba a videojuegos mientras los demás intentábamos jugar al tenis», dice Roddick de aquel momento.

Bromeando, Roddick tiró la raqueta hacia un Federer sonriente y luego dio la vuelta a la red para recogerla. Pero aquella escena resultó premonitoria: un sólido esfuerzo de Roddick superado por una genialidad de Federer, y a continuación un gesto de Roddick desviando una parte del dolor, no todo, con su gracia natural.

En Wimbledon Roddick tenía motivos para la esperanza. Era su segunda semifinal de un Grand Slam y la primera de Federer. También tenía la ventaja de contar con Gilbert, que había entrenado a Agassi en victorias sobre Federer.

«En pleno partido, y siendo honesto, sentí que las posibilidades de Roddick eran 50-50 o incluso 55-45 —me confiesa Gilbert—. La forma en la que Andy servía me daba tranquilidad. Y nadie en las semis de Wimbledon de aquel año había jugado unas semis de Wimbledon antes.»

Quizá todo habría sido distinto si Roddick hubiera ganado el punto de set que tuvo cuando servía con el marcador 6-5 en el *tiebreak* del primer set. Pero, en lugar de eso, evitó el revés y optó por un golpe de derecha suelto desde media pista —uno de sus golpes básicos— que se estrelló en la red.

Federer le pilló el truco tras aquel error no forzado y ganó los dos puntos siguientes y el set. Evitó un punto de rotura en el juego inicial del segundo set con una volea de revés perfecta que llevaba tanto giro que casi se detuvo después del bote.

El espectáculo acababa de empezar.

«Es del tenis más bonito que jamás he visto», decía Mary Carillo, la veterana comentarista estadounidense que retransmitía el partido para la NBC.

Muy a su pesar, Gilbert se refería al final del *tiebreak* del primer set y del comienzo del segundo como «aquellos siete minutos».

«Estoy seguro de que Andy diría lo mismo: que ojalá le devolvieran esos siete minutos», decía Gilbert.

Pero Gilbert reconocía lo lejos que había llegado Federer desde el día en el que lo vio jugar contra Agassi en Basilea en 1998.

«Su revés había mejorado de forma espectacular y su servicio era muy preciso comparado con antes —comenta Gilbert—. Saltaba mucho más en el saque. Mejoró muchísimo en esos dos golpes.»

Federer tampoco estaba jugando al tenis clásico sobre hierba, quedándose sobre la línea de fondo después de muchos de sus segundos saques, contento de intercambiar golpes de fondo con Roddick y preparado para atacar. Muchos de sus golpes ganadores más memorables fueron *passing shots* que golpeaba con la misma precisión y estilo desde ambos lados.

Roddick lo hizo lo mejor que pudo: incluso se lanzó a por una volea de revés en el segundo juego del segundo set, pero Federer la siguió y se la devolvió con un golpe de derecha ganador. Estaba cómodo, bloqueaba la potencia de Roddick con un juego avanzado, colocando la bola donde quería. Permaneció concentrado en su burbuja salvo por la sonrisa que se permitió esbozar al cerrar el segundo set con un punto largo de alto nivel que sentenció con una semivolea de derecha muy ajustada.

«Increíble —dice Roddick—. No sé si alguien más es capaz de hacer ese golpe. Fue como si quisiera hacer un truco. Pero le salió bien y solo pude decir: "Demasiado bueno".»

Roddick quedó relegado al rol de ayudante del mago. Federer terminó el partido con 61 golpes ganadores y solo 12 errores no forzados. Casi veinte años después, Roddick no ve motivos para considerar su derrota por 7-6 (6), 6-3, 6-3 algo negativo.

«Recuerdo el golpe de derecha que fallé en el *tiebreak*, porque podría haberlo cambiado todo, pero creo que jugué bien, solo es que me vi superado —afirma Roddick—. No sé si esto es bueno o malo, pero yo duermo más tranquilo si siento que al menos lo he dado todo por mi parte. Estaba claro que él tenía un juego muy natural sobre hierba, y lo que no se comenta lo suficiente es su capacidad para combinar golpes sobre hierba. Ha ganado Wimbledon manteniéndose atrás el 95% de las veces. Lo ha ganado sirviendo y voleando el 80% del tiempo, así que era capaz de adaptarse según las condiciones.»

La variedad táctica sitúa a Federer a otro nivel comparado con sus referentes. No se ciñó al mismo plan de juego en Wimbledon año tras año, como sí hicieron Becker, Edberg o Sampras.

Con un alcance y una zona de confort tan amplios se adaptó a sus oponentes; a la tecnología de raquetas y cordajes; a la hierba, que Wimbledon modificó a principios de la década del 2000, creando una superficie más firme que procuraba un bote algo más elevado que favorecía a los jugadores de fondo.

Pero la primera de las muchas victorias que Federer celebraría en Wimbledon todavía guardaba un gran parecido al tenis de Wimbledon con el que había crecido. Su contrincante en la final del 2003 fue Philippoussis, un fornido australiano de 1,95 m de altura que jugaba al saque y volea puros sobre hierba, pero que aquel año apenas necesitó volear gracias a todos los *aces* que anotaba, incluidos los 46 que le arreó a Agassi en cinco sets.

Como Federer, Philippoussis había destacado por primera vez a los 19 años, complicándole la vida a Sampras en un torneo de Grand Slam: lo venció en tercera ronda del Open de Australia 1996 en pista cubierta y sin perder un set. De padre griego y madre italiana, lo apodaban Scud por los «misiles» que lanzaba con su raqueta, pero era mucho más que pura fuerza. Sus habilidades con la raqueta, que incluían un revés a una mano, eran extraordinarias, y en mi opinión es uno de los tenistas con más talento que han ganado un título de Grand Slam.

Se convirtió en una estrella en Australia la noche que venció a Sampras y los años siguientes se dedicó a gozar de la vida nocturna australiana a lo grande. La regularidad no era su fuerte, y luego llegaron las lesiones. Alcanzó la final del US Open 1998, que perdió ante su compatriota Patrick Rafter, y luego, en cuartos de final de Wimbledon 1999, sintió un crujido atroz en la rodilla izquierda cuando iba ganando por un set a Sampras. Se retiró del partido y se sometió a tres operaciones de rodilla, pasando más de dos meses en silla de ruedas en el 2001. En Wimbledon 2003 ya había regresado al tenis, aunque solo de forma temporal, y con 26 años ya se tomaba su carrera y sus oportunidades con más seriedad.

Tenía las aptitudes y el talento para ganar Wimbledon, pero Federer estaba entrando en una nueva dimensión, capaz de infligir daño de forma muy rápida desde cualquier punto de la pista. La final siguió un patrón muy parecido al de la semifinal contra Roddick. No hubo roturas de servicio tempranas, pero Federer se anotó un ajustado primer set en el *tiebreak* y luego enseguida asumió el control del segundo set al romperle el servicio a Philippoussis por primera vez con una serie de *passing shots* brillantes.

En el *tiebreak* del tercer set se puso 6-1, con cinco puntos de partido. Su primer Grand Slam estaba muy cerca y la mente se le disparó. Parecía tranquilo, pero todo era pura fachada. Tuvo que reprimirse las lágrimas antes de su primer punto de partido y lidiar con el ruido de su cabeza, que todavía recuerda años después.

«Me decía a mí mismo: "Está a punto de ocurrir. Voy a ganar Wimbledon", y luego: "No, no, concéntrate" —cuenta en el documental *Spirit of a Champion*—. "Comete un solo error, falla solo una bola, Mark. Solo fállala, ¿vale? Así no tengo que anotar un tanto ganador".»

Federer había anotado muchos tantos ganadores en aquel torneo y no se enfrentó a un solo punto de rotura en la final, pero su deseo le fue concedido cuando Philippoussis, tras salvar dos puntos de partido, en el tercero arreó un resto de revés que se estrelló contra la red. Federer, que subía hacia la red, ya no necesitaba un tanto ganador. Dio un paso más hacia delante y se dejó caer de rodillas, con los brazos en alto, mirando a Vavrinec, Lundgren y al fisioterapeuta Pavel Kovac, en el palco.

El potencial y la hazaña se fusionaron en el marcador: 7-6 (5), 6-2, 7-6 (3) y, pese a que Federer hizo que todo pareciera muy fácil ante una audiencia internacional que contemplaba su tenis fluido por primera vez, él sabía la verdad:

«Cuando gano, todo parece muy fácil; y, cuando pierdo, es: "Este chico no lo está dando todo" —declaró a la prensa—. Pero siempre lucho, y estas dos últimas semanas lo he dado todo.»

Quienes conocían bien a Federer no tenían ninguna duda de lo que sucedería a continuación: se echó a llorar en la pista, sentado en su silla, y volvió a llorar en la entrega de premios.

«Somos una familia de lágrima fácil», dijo Lynette en una ocasión.

«Roger Blubberer» (Roger «Llorerer»), rezaba el titular de un tabloide británico, el *Daily Mirror*, a la mañana siguiente.

Federer, que aquella vez sí asistió a la cena de campeones de Wimbledon a la que faltó en 1998, reconoció tras revisar la prensa que habría preferido ver menos fotos suyas llorando.

«Quizá habría estado bien que pusieran más fotos con el trofeo», exclamó.

De esas iban a verse muchas más en las siguientes ediciones de Wimbledon. El relevo había tardado dos años, pero ahora ya era definitivo; y, como Sampras, Federer había ganado su primer Wimbledon a los 21 años. Se quitó un peso de encima, corrigió varios puntos débiles y estaba listo para aspirar a más.

Christian Marcolli, el psicólogo suizo que asesoró a Federer en su adolescencia, lo observaba de lejos. Marcolli y Peter Carter acordaron que, cuando (y no «si») Federer ganase su primer título de Grand Slam, se fumarían un puro cada uno. Triste y dolorosamente, Marcolli tuvo que fumárselo solo.

«Lo teníamos muy claro» —me asegura Marcolli con un hilo de voz al pensar en Carter.

Christophe Freyss, el rígido entrenador francés que también ayudó a domesticar el comportamiento de Federer en Écublens, lo vio jugar en directo aquel 2003 en el All England Club.

«Llegué a la pista central; no estaba en el palco, me sentaba en un rincón —me cuenta—. Y allí estaba yo, en aquel lugar tan espléndido, viéndolo jugar sobre hierba y diciéndome a mí mismo: "¡*Mon dieu,* qué lejos ha llegado!". —Freyss hace una pausa antes de continuar—: Y ahora pienso en lo lejos que llegó después de aquello.»

CAPÍTULO 7

MELBOURNE

Justo después de que Federer ganara Wimbledon en julio del 2003, Peter Smith recibió con sorpresa un correo electrónico del flamante nuevo campeón.

Era sobre Peter Carter, discípulo y confidente de Smith durante muchos años.

«Roger decía: "Cada vez que juego bien o lanzo un buen tiro pienso en Carts ahí arriba. Miro al cielo y sé que me estará viendo y que estará orgulloso de mí" —cuenta Smith—. Creo que Roger quería decirme que una parte de su mérito se la debía a Carter, y que a partir de entonces estaba decidido a convertirse en el mejor tenista que podía ser.»

Casi veinte años después Smith todavía se emociona al recordar aquel mensaje. Le diagnosticaron la enfermedad de Parkinson en el 2011 y ya no puede trabajar o dar clases al mismo ritmo que antes.

«Es a muy largo plazo, y todavía me queda mucho», dice Smith.

Smith saborea sus recuerdos de Carter, aún muy vívidos, y sabe lo mucho que el éxito de Federer hubiera significado para su amigo.

«Roger decidió que iba a ser lo que Carter le dijo que podía ser: el mejor tenista del planeta, no solo más talentoso o el más dotado; el mejor», cuenta Smith.

La paradoja fue que, dada la nueva madurez y la misión de Federer, el pupilo más prometedor de Smith, aquel tenista local al que ayudó a convertirse en un campeón precoz, iba a perder fuelle sí o sí. Pero Lleyton Hewitt, luchador nato, no iba a rendirse sin pelear. Cuando Federer y el equipo suizo de la Copa Davis llegaron a Melbourne para jugar las semifinales en septiembre del 2003, Hewitt no solo estaba preparado; estaba inspirado.

Hewitt bajó del n.º 1 al n.º 7 del *ranking* al no llegar a ninguna semifinal de Grand Slam en la temporada 2003. Cayó en primera ronda en Wimbledon, donde defendía el título, ante un croata de perfil bajo y mucha altura (1,86 m), Ivo Karlovic; y perdió en cuartos de final del US Open ante Juan Carlos Ferrero, en parte por culpa de un problema en la cadera. Pero estaba decidido a salvar la temporada, y la Copa Davis era a la vez su oportunidad y su pasión.

En Australia la Copa Davis ha sido desde siempre más que un mero torneo deportivo. Antaño desempeñó un papel en la construcción de la nación: demostrar el espíritu entusiasta de la remota Australia a un mundo que, en los años cincuenta y sesenta del siglo XX, quedaba muy lejos; y lo hizo con un elenco aparentemente inagotable de talento tenístico en constante evolución a las órdenes de su obsesivo y territorial capitán, Harry Hopman, tenista y experiodista deportivo.

Por aquel entonces la Copa Davis tenía casi tanto prestigio como los torneos individuales, incluidos los de Grand Slam; y de 1950 a 1967 los australianos ganaron la copa en quince ocasiones, nueve de ellas derrotando a Estados Unidos en la final.

Entonces el dominio era más fácil. El campeón vigente no tenía que empezar de cero cada temporada: recibía un pase a la final mientras los demás países se disputaban la otra plaza a lo largo de la temporada.

El campeón vigente también contaba con la ventaja de acoger la final, conocida como Challenge Round. En aquellos años viajar de Europa o Estados Unidos a Australia era agotador, pero los seleccionados se enfrentaban a grandes jugadores como Frank Sedgman, Lew Hoad, Ken Rosewall, Rod Laver, Roy Emerson o John Newcombe y a una multitud que los animaba con fervor.

Era una baraja trucada y así continuó hasta 1981, cuando se abolió la Challenge Round y se estableció el Grupo Mundial, con dieciséis equipos y cuatro rondas.

Pese a que las victorias australianas menguaron, el valor cultural de la Copa Davis siguió muy arraigado en el país. Federer lo sabía por sus charlas con Carter, que de niño soñaba con jugar la Copa Davis con Australia. Tuvo que conformarse con ser el capitán no oficial del equipo suizo, aunque por poco tiempo.

Carter le presentó a Federer muchos de los grandes extenistas y exentrenadores australianos de la época, que se cruzaron en su camino cuando Federer empezaba a jugar. Por lo general, era gente extrovertida a la que le gustaba bromear, y muy rápida a la hora de pinchar los egos demasiado hinchados. Fuera de la pista resultaban muy majos, pero dentro eran unos competidores implacables.

Federer, con su habilidad para pivotar entre aquellos dos dominios, se sentía identificado y admiraba el legado tenístico de Australia. Pese a que en sus años escolares los estudios le inspiraban indiferencia, mostraba interés por la historia del deporte que había elegido: un interés que fue en aumento a medida que él mismo iba haciendo historia en el tenis.

«Preguntaba mucho y, cuando entré en el circuito, contaba con un grupo excelente de gente a mi alrededor que también me educó —explicaba Federer en una entrevista para el documental *Strokes of Genius* (2018)—. Me decían: "Mira, ese tipo jugó las semis de Wimbledon en 1968 y ese otro ganó los dobles en 1954", y yo exclamaba: "¡Uau! ¡Contádmelo todo, por favor!".»

A Federer le cautivaban las personas que habían colaborado en la transición del tenis de la época *amateur* a la era Open en 1968, cuando a los profesionales se les permitió competir en grandes torneos como Wimbledon. Sabía que gracias a aquellos pioneros, que por lo general ganaron muy poco dinero a lo largo de sus carreras, él y otras estrellas contemporáneas habían hecho fortuna.

«Siempre he pensado que debemos respeto a la gente mayor, pero puede que a los tenistas mayores tengamos que respetarlos aún más, son mi gran inspiración y motivación cuando juego al tenis —afirma—. Hicieron algo muy especial de lo cual yo saco provecho hoy en día. Ojalá todos los chavales jóvenes que despuntan en el circuito tengan mucha, mucha curiosidad por saberlo todo sobre el tenis. Sobre los récords de Arthur Ashe. Sobre Jimmy Connors, Martina Navratilova, Gabriela Sabatini... Quién sea. Que quieran saber por qué son personas tan interesantes, porque todo el mundo tiene una historia superinteresante, cada jugador y cada jugadora. No hace falta que sean exnúmeros uno del mundo.»

Ese discurso es Federer en estado puro: entusiasta y disperso, ávido por recrear diálogos pasados, incluso sus diálogos internos.

Pero pese a sus anhelos, la mayoría de sus coetáneos del mundo del tenis no sentían ni la mitad de curiosidad que él por los grandes del pasado. Hewitt, como Federer, era una excepción. Aunque podía mostrarse quisquilloso y evasivo con los periodistas australianos, nadie dudaba de su entusiasmo por representar a su país.

Con cinco años vio cómo la estrella australiana Pat Cash remontaba dos sets en contra en el Estadio Kooyong, en Melbourne, para vencer a Mikael Pernfors y a Suecia en cinco sets en la final de la Copa Davis de 1986. Lo recordaba casi punto por punto porque lo grabó en vídeo en su momento.

«Es el partido que siempre rememoro —me confesó una vez—. Uno de los partidos más grandes de la historia de la Copa Davis.»

Convertirse en deportista profesional no era un objetivo borroso y lejano en la familia Hewitt. Glyn, el padre, y Darryl, el tío, jugaron al fútbol australiano como profesionales. Cherilyn, la madre, fue una de las mejores jugadoras australianas de *netball*, un popular deporte femenino, y se convirtió en profesora de educación física.

Hewitt jugó al fútbol australiano y al tenis hasta los 13 años, cuando, casi a la misma edad que Federer, sintió la necesidad de centrarse en un solo deporte. El chico, de constitución modesta pero con un ánimo férreo, eligió bien. A los 15 años fue el tenista más joven en clasificarse para el cuadro principal de individuales del Open de Australia y, como Federer, fue invitado a formar parte del equipo de la Copa Davis de su país como jugador reserva. A los jugadores reserva los australianos los llaman *orange boys* porque antaño se encargaban de llevar la fruta a los tenistas de la Copa Davis. Hewitt fue *orange boy* en 1997, en el partido de primera ronda contra Francia en el White City Stadium de Sídney. John Newcombe era el capitán australiano;

Tony Roche, el entrenador, y Patrick Rafter, el jugador clave que, mientras Newcombe maldecía y lo animaba en los cambios de lado, remontó dos sets y derrotó a la estrella francesa Cedric Pioline en otro emocionante partido a cinco sets. Australia ganó aquella ronda.

«Pasé una semana genial con aquellos tipos a los que admiraba e idolatraba; era imposible disfrutar de un ambiente mejor que ese —recuerda Hewitt—. Newk me dijo que, si todo iba bien, en tres o cuatro años yo iba a estar jugando en la pista.»

Pero no tardaría tanto.

Al año siguiente, con tan solo 16 añitos, Hewitt sorprendió al mundo del tenis superando a Andre Agassi en el torneo de la ATP en Adelaida, su ciudad natal.

La primera persona a la que Smith llamó tras la victoria fue Peter Carter. En el pasado, Peter llamaba a Smith para tomarle el pelo diciéndole que Hewitt quizá era un tenista muy prometedor, pero que Federer era mejor.

«Aquel día Carts me dijo: "He visto a tu chico jugar. Parece que va por delante"», recuerda Smith entre risas.

Hewitt y Federer tuvieron que abandonar su plan de jugar a dobles juntos en el torneo júnior del Open de Australia porque la victoria por sorpresa de Hewitt le valió una invitación para el cuadro principal del Open de Australia.

Mientras Federer se convertía en el mejor tenista júnior del mundo, Hewitt se convertía en profesional. En 1999 irrumpió en el Top 25 del *ranking* de la ATP y fue el pilar para que Australia ganara la Copa Davis en 1999 en Niza, contra Francia.

Mientras estuvo en la cima, Hewitt fue un oponente implacable e impredecible; y, tras alcanzar el n.º 1 dos años seguidos y ganar Wimbledon y el US Open, su objetivo era ganar la Copa Davis en casa. Pero, para poder albergar la final, los australianos primero debían superar a un Federer en auge y a los suizos.

Ambos equipos querían honrar la memoria de Carter. John Fitzgerald, el capitán australiano, también era de Adelaida, donde Carter entrenó y vivió de joven. Las federaciones australiana y suiza acordaron crear el Trofeo Memorial Peter Carter, que se concedería al equipo ganador cada vez que Australia y Suiza se enfrentaran en la Copa Davis. Ambos equipos también rindieron homenaje a Carter con un minuto de silencio en la jornada inaugural de individuales en Melbourne Park, el escenario del Open de Australia.

Los australianos podrían haber conseguido una pista de hierba temporal para la semifinal, pero parecía imprudente a tenor de la actuación de Federer en Wimbledon. En lugar de eso escogieron la misma superficie de pista dura del Open de Australia. Conocida como Rebound Ace, era una superficie de goma bastante propicia al rebote y que en el plano físico no pasaba tanta factura en según qué entornos, pero que bajo calor extremo resultaba más peligrosa porque la base se volvía pegajosa.

Sin embargo, el clima en septiembre en Melbourne era fresco, incluso frío, y el partido inaugural se jugó bajo el techo cerrado del Rod Laver Arena por culpa de la lluvia. Hewitt venció a Michel Kratochvil en tres sets y Federer hizo lo propio con Mark Philippoussis en lo que casi fue una repetición de su final de Wimbledon.

Al día siguiente, Federer y Rosset, capitán del equipo suizo, se enfrentaban a Wayne Arthurs y Todd Woodbridge, el gran especialista de dobles australiano que jugó muchos años con Mark Woodforde antes de que este se retirara.

El partido fue tenso y Arthurs y Woodbridge se impusieron 4-6, 7-6 (5), 5-7, 6-4, 6-4; Federer perdió el servicio en el quinto set cuando iban 3-3 y cometió dos dobles faltas en el juego.

Australia se adelantó 2-1 y Federer y Hewitt iban a jugar el primer partido de individuales el domingo.

La pista del Rod Laver Arena estaba llena y entre los espectadores se hallaba Kim Clijsters, la popular estrella del tenis belga que entonces era pareja de Hewitt y como tal estaba considerada australiana «honorífica». Los padres de Peter Carter, Bob y Diana, también estaban allí, procedentes de su hogar, al norte de Adelaida.

Los australianos solo necesitaban una victoria más para adjudicarse la semifinal, pero parecía muy improbable porque, poco a poco, Federer fue imponiendo su voluntad y su juego.

En aquella ocasión no lucía su cara de póker. El afán por ganar era evidente y, tras fallar un *drive* cuando intentaba cerrar el tercer set, gritó «¡Joder!» varias veces. Hewitt hizo lo propio al perder el siguiente punto. Fue como un fugaz *flashback* de aquel duelo suyo de adolescentes en Zúrich, pero esta vez ninguno de los dos perdió la concentración.

Federer ganó el primer set 7-5 y el segundo 6-2, arreando golpes ganadores. En el tercer set se puso por delante 5-3 tras romper el servicio de Hewitt con un *drive* triunfal, cerrando el puño y rugiendo en dirección a sus compañeros. Luego servía para ganar el partido.

Iban 30 iguales, estaba a dos puntos de la victoria.

«En aquel momento lo habrías apostado todo por Roger —asegura Roger Rasheed, entrenador de Hewitt, que estaba sentado en las gradas del Laver Arena entre los fans suizos que sacudían cencerros y los australianos que animaban a Hewitt sin mucha convicción.»

Pero en el siguiente punto Hewitt restó con un golpe de derecha increíble el primer servicio de Federer y lo clavó en la línea de fondo. Federer, que por error pensó que la bola iba fuera, reaccionó tarde y falló un revés. Cedió un punto de rotura en 30-40 que Hewitt aprovechó con otro resto profundo que Federer estrelló contra la red.

Iban 5-4 y, en el cambio de lados, Rosset, el capitán suizo, estaba de los nervios. Se agachó delante de Federer, le puso la mano en la pierna y le aconsejó y dio ánimos en francés.

Pero no sirvió de nada. Hewitt mantuvo el servicio, pese a que Federer se puso en otras dos ocasiones a dos puntos de la victoria, y el enérgico australiano, con un vigor increíble, forzó el *tiebreak* para alargar el partido hasta un cuarto set.

«Para Lleyton era importante pelear contra los mejores —afirma Rasheed—, porque, cuando sentía que peleaba como un Rocky Balboa, se mentalizaba de una forma que solo él comprendía. Empezaba a creer que todo era posible: "Puedo darle la vuelta a esto. Vuelvo a estar fuerte", era como Popeye engullendo una lata de espinacas.»

La comparación con Rocky Balboa tenía mucho sentido para Hewitt. En los partidos solía gritarse a sí mismo: «¡Vamos, Balboa!».

El cuarto set estuvo muy disputado: Hewitt rompió el servicio a Federer y ganó 7-5 con una volea de revés a dos manos mientras ambos tenistas subían a la red. Pero el quinto set fue un paseo, porque Federer tuvo un bajón físico (y mental) y Hewitt firmó la remontada y la victoria de la semifinal 5-7, 2-6, 7-6 (4), 7-5, 6-2 con un golpe por encima de la cabeza muy bien colocado.

«Esto es mejor que ganar Wimbledon o el US Open», declaró Hewitt.

Federer conservó la compostura en la pista. En privado fue otra historia. Incidieron muchos factores. Se había convertido en el líder del equipo suizo, usando su influencia para despedir al capitán Jakob Hlasek en el 2001. Ganar con Rosset y sus compañeros era una gran meta que se frustraba incluso si los suizos hubieran perdido, como era previsible, la semifinal contra Philippoussis, el gran favorito en la final individual que nunca llegó a jugarse.

Pero el recuerdo de Carter era, por encima de todo, lo que hacía aquella derrota tan dolorosa. Carter hizo de Hewitt un punto de referencia para Federer: el jugador al que debía vencer, el tenista que no tenía ni su fuerza ni su potencial a largo plazo. Cuando después del partido Federer se encontró con los padres de Carter, le embargó la emoción.

«Fue un momento muy duro para Roger, parecido al del funeral en Basilea —recuerda Rosset—. Es imposible permanecer indiferente cuando ves sufrir así a alguien a quien aprecias tanto. Te rompe el corazón.»

Georges Deniau, el veterano entrenador francés que se unió al equipo suizo a petición de Rosset, dijo que Federer buscó refugio en la pequeña sala donde trabajaba el encordador.

«Nunca había visto a nadie llorar así —relató Deniau a la revista francesa *Tennis Magazine*—. Nadie se atrevía a decirle nada. Al cabo de un rato me acerqué a él. Se tapaba la cara con las manos.»

Muchos años después Federer me contó que aquella sigue siendo una de sus «derrotas más duras», pero que también lo ayudó a saber, en lo más hondo de su ser, que tenía la capacidad para vencer a los grandes jugadores. Había dominado a Hewitt, su gran rival, durante casi tres sets en aquel partido. Sí, le faltó la sangre fría para rematar la faena, pero estaba alcanzando otro nivel. Podía sentirlo.

La sorpresa fue que aquella Copa Davis no lastró el resto de su temporada 2003, y se tradujo en una de las señas de identidad de Federer a lo largo de los años: la capacidad para recuperarse con rapidez de una decepción, aunque fuera una decepción brutal.

«Se recupera muy rápidamente —me dice Paul Annacone, uno de sus entrenadores de toda la vida—. Se desmoraliza, pero esa misma noche o a la mañana siguiente ya se ha recuperado. Nunca he conocido a nadie con esa capacidad para el equilibrio entre valorar las victorias y a la vez ser capaz de seguir adelante cuando las cosas van mal.»

En su siguiente torneo tras la derrota de la Copa Davis, Federer defendió con acierto su título en pista cubierta en Viena. Pese a flaquear en otros torneos europeos de pista cubierta, en parte por problemas de espalda, se reservó la última gran actuación de la temporada para la Copa Masters, los campeonatos de final de año que se habían trasladado de Shanghái a Houston durante dos años.

Aquel torneo de élite que reunía a los ocho mejores tenistas del mundo y que antaño, en la época dorada de Jimmy Connors y John McEnroe, fue un evento fijo del Madison Square Garden en Nueva York, no se celebraba en Estados Unidos desde 1989. El motor de aquella iniciativa era el propietario del Westside Tennis Club de Houston: Jim McIngvale, un magnate de los muebles incontrolable y a veces irascible al que apodaban Mattress Mack.

McIngvale era y sigue siendo el típico estadounidense hecho a sí mismo que soñó a lo grande, trabajó duro, consumió y donó notablemente, y siempre dijo lo que pensaba, aunque la diplomacia no fuera su fuerte. Él y su esposa Linda eran grandes aficionados al tenis y, aunque su club estaba a años luz de Wimbledon y Roland Garros sobre el mapa, hicieron lo posible por reducir la distancia instalando las cuatro superficies de Grand Slam en su recinto de 46 pistas, incluidas hierba y tierra batida, dos rarezas en Norteamérica.

McIngvale se gastó unos 7 millones de dólares para adquirir los derechos de la Copa Masters, que alguna gente del tenis pasó a llamar la Mattress Cup, y luego se gastó otros 20 millones en el nuevo estadio al aire libre y otras construcciones. Gastó mucho más de lo que él esperaba, y con razón se sentía un poco tenso y el dueño de todo. Por eso se ofendió cuando Federer, en una rueda de prensa previa al torneo, dijo que aquel estadio de 7500 asientos le parecía pequeño para un torneo de semejante magnitud, y señaló que la superficie de juego tenía pendiente y en algunos tramos era irregular.

McIngvale se encaró con Federer en el vestuario antes del partido inaugural del suizo contra Agassi. Los responsables de la ATP intentaron mediar, desesperados por preservar el orgullo y entusiasmo de uno de los pocos empresarios estadounidenses dispuestos a invertir mucho dinero en el tenis.

Al final Federer se disculpó. McIngvale aceptó las disculpas y después declaró que Federer era «un buen chico y un gran jugador».

La transcripción oficial de los comentarios de Federer sobre el estadio se eliminó de la web del torneo, al más puro estilo soviético, y dar con ella a día de hoy sigue siendo todo un reto.

«No entiendo por qué la gente dijo que lo criticaba —diría Federer luego—. Aquello fue solo mi primera impresión. También hablo de otra manera cuando llego y digo que todo está genial. Pero aquello fue una sensación. Si ya no puedo decir lo que pienso, no voy a ir a más ruedas de prensa.»

Aquella fue una primera lección sobre las consecuencias de hablar sin reservas y un recordatorio de que, al ser cada vez más conocido, sus comentarios enseguida iban a ser diseccionados y amplificados, sobre todo si generaban polémica.

Aprendió bien la lección; demasiado bien, desde un punto de vista periodístico. Desde entonces ha dado más de mil ruedas de prensa en varios idiomas y pocas veces ha generado polémica alguna. Evita hablar de política, de roces culturales y de ajustes de cuentas (al menos, sin una raqueta en mano).

Sin embargo, aquella bronca en Houston no afectó a su rendimiento en el torneo. Más bien al contrario. En lugar de eso, derribó barreras.

Salió a pista tras la discusión con McIngvale y jugó con audacia bajo presión para vencer a Agassi por primera vez, consiguiendo dos puntos de partido en el último set antes de imponerse 6-7 (3), 6-3, 7-6 (7).

Ahora Federer ya había vencido a Sampras y a Agassi, dos de los grandes del tenis de los años noventa, dos compatriotas con estilos y personalidades muy diferentes, pero con una mentalidad de ataque parecida: Sampras en primera línea de pista, Agassi desde la línea de fondo.

«Sienta bien ganar a dos jugadores así una vez en tu carrera», declaró después.

En el siguiente partido venció a otra de sus bestias negras. Nalbandian, el rudo argentino con un juego muy completo y un revés a dos manos, había vencido a un Federer júnior y también al profesional en los cinco primeros partidos que ambos disputaron, incluidos los cuartos de final del US Open de aquel 2003. Pero esta vez Federer ganó a Nalbandian 6-3, 6-0, jugando casi siempre desde la línea de fondo: un cambio táctico respecto a sus anteriores partidos.

Acto seguido barrió al entonces vigente campeón de Roland Garros, Juan Carlos Ferrero, 6-3, 6-1 para terminar la ronda invicto y clasificado para la semifinal contra Andy Roddick.

McIngvale no solo ondeaba la bandera estadounidense. La lucía en sus camisetas y animaba sin disimulo a Agassi y Roddick, a quienes llamaba «mis chicos».

Tanto patriotismo por parte del jefe de todo aquello no era del agrado de los otros seis jugadores del cuadro, todos ellos europeos o sudamericanos. Al fin y al cabo, aquello era la Copa Masters y no la Davis.

«Es una falta de respeto», decía Nalbandian.

Pero McIngvale tenía lo que quería: un estadio lleno para las sesiones de noche con Roddick y Agassi en semifinales. Sin embargo, Federer tenía otros planes para el fin de semana, y vivía la misma sensación experimentada en Wimbledon.

Su primera víctima fue Roddick, que también ganó su primer *major* en el 2003, además de mantenerse en el US Open tras salvar un punto de partido contra Nalbandian en semifinales. Roddick llegó a Houston después de participar en *Saturday Night Live*, en Nueva York, y parodiar a dos tenistas estadounidenses más veteranos: Agassi y McEnroe.

«Mi vida se ha convertido en este circo», dijo.

En agosto Federer se quedó a una victoria de asegurarse el n.º 1 del *ranking* cuando se enfrentó a Roddick en semifinales del Masters Series en Montreal. Aunque Federer servía para ganar, los nervios pudieron con él y perdió ante Roddick por primera vez, 6-4, 3-6, 7-6 (3).

«Recuerdo que pensé que aquello era lo que necesitaba, ganar un partido difícil contra él —me cuenta Roddick—. Pero entonces piensas semana a semana, ni te planteas la relevancia histórica que puede tener esa persona. Para mí lo importante no era tanto el hecho de jugar contra él, sino jugar yo de maravilla. Cuando perdí ante él en Basilea o en alguna ocasión anterior pensé que probablemente era mejor jugador que yo entonces, que estaba más desarrollado, quizá iba dos años por delante. Y por eso sentí que aquel Wimbledon y aquel partido en Canadá fueron la primera vez en la que ambos competíamos por ser el mejor del mundo.»

Roddick llegó al n.º 1 tras ganar en Nueva York y se aseguró el primer puesto del *ranking* al final del año por delante de Federer gracias a la liguilla en Houston.

Pero en semifinales Federer le ganó en dos sets 7-6 (2), 6-2 y después arrolló a Agassi 6-3, 6-0, 6-4 en la final al mejor de cinco sets. Agassi, uno de los mejores restadores del circuito, no tuvo ni un solo punto de rotura ante Federer aquel día.

Agassi no competía desde el US Open tras el nacimiento de Jaz Elle, la hija que tuvo con Steffi Graf; y no habría competido en Houston de no ser por su lealtad para con McIngvale. Apreciaba sus iniciativas benéficas, su espíritu emprendedor y el apoyo que brindaba al tenis estadounidense. Teniendo en cuenta lo poco que Agassi jugaba en aquella época, llegar a la final ya fue un gran logro. Darren Cahill, su entrenador, estaba satisfecho y al entrar al vestuario le sorprendió encontrarse a Agassi con la cabeza gacha.

«No dijo nada —comenta Cahill—. Nunca lo había visto así. Normalmente acepta las derrotas sin problema, en dos o tres minutos ya lo ha superado; pero esa vez estuvo así, con la cabeza gacha, veinte o treinta minutos.»

Cahill se le acercó, le puso la mano en el hombro y le dijo lo orgulloso que se sentía de cómo había competido en Houston y que había tenido la mala suerte de toparse con un gran jugador como Federer.

—Sigamos —dijo Cahill.

—Colega, nuestro deporte ha cambiado para siempre. Nunca volverá a ser lo mismo. Este chico está llevando el tenis a otro nivel. No hemos visto nada así anteriormente.

Cahill estaba anonadado.

«André siempre suele ser muy optimista, pase lo que pase —apuntó—. Estos grandes campeones siempre piensan: "Si me concentro y juego mi mejor tenis, puedo ganar". Creo que aquella fue la primera vez que una leyenda del deporte que yo conocía se decía a sí mismo: "Dios, no soy capaz de ganar a este chico si juega así".»

Agassi, que entonces tenía 33 años, sabía exactamente de lo que hablaba. Nunca volvería a ganar a Federer y aquella rotunda victoria en Houston presagiaba una de las temporadas más dominantes de la historia del tenis.

Pero primero llegó una sorpresa en diciembre. Al final de aquella temporada decisiva y con el primer puesto del *ranking* a su alcance, Federer anunció que dejaba de trabajar con Lundgren.

Aquello fue un bombazo. La prensa suiza acababa de publicar reportajes sobre la relación especial de Federer y Lundgren, y en ellos Lundgren hablaba sobre el programa de pretemporada de diciembre y de los grandes objetivos que tenían por delante. Incluso Robert Federer intervino: «Peter está con Roger a todas horas».

Pero igual que Federer tomó una decisión difícil cuando decidió viajar con Lundgren en lugar de Carter, ahora tomaba otra que cambiaba un equipo ganador.

Aquello se convertiría en un patrón a lo largo de su carrera. Federer, pese a su cordialidad y su lealtad para con los amigos de la infancia como Yves Allegro y Marco Chiudinelli, no era muy dado a sentimentalismos a la hora de romper vínculos si su voz interior le reclamaba un cambio.

Pese al momento elegido, aseguró no haber tomado la decisión a la ligera, sino que llevaba meditándola desde el comienzo de la temporada 2003 y que en los últimos meses le había dado muchas vueltas.

«Ha sido un proceso largo —declaró Federer en una rueda de prensa improvisada en Ginebra, después de que el *Neue Zürcher*

Zeitung diera la noticia—. Nos separamos en un momento álgido para mí, lo cual también ha dificultado la toma de la decisión. Pero estoy convencido de que es lo correcto.»

Federer dijo que sentía haber caído en una rutina.

«Al final de la temporada los dos vimos que ya no era como antes —aseguró Federer—. Le comuniqué mi decisión la semana pasada. Le supo mal, pero entendió mi punto de vista. Siempre hemos firmado contratos por un año. Hemos llegado al final de un ciclo.»

Pese a que algunas personas que conocían a Lundgren y a Federer mantuvieron que Vavrinec tuvo un papel decisivo en la ruptura, Federer siempre lo ha negado.

«Está claro que hay debate interno en el equipo sobre una decisión así —aclaró—, pero la decisión es solo mía. Soy yo quien tiene que estar satisfecho. Nadie más.»

Lundgren todavía alberga cierta melancolía por cómo terminó todo, pero me confesó que la decisión, pese a no tomarse de mutuo acuerdo, resultó un alivio en varios sentidos. Su pareja y sus dos hijos pequeños seguían viviendo en Suecia, donde la familia se construía una casa. Su contrato con Federer era por cuarenta semanas laborables al año, e incluía muchos viajes. Vio que, sin darse cuenta, estaba a punto de quemarse. Como tenista cosechó éxitos en el circuito y pasó a entrenar enseguida.

«Básicamente sentí que no había tenido vida propia. Y esto no es un reproche a Roger —aclara—. Cuando Roger me anunció que lo dejábamos, supe que yo había terminado. Está claro que me sentí vacío después de lo que me dijo. Tantos años trabajando y pasando tanto tiempo juntos y, de repente, en un día, todo termina. Pero también sentí que se lo había dado todo y que había llegado el momento de que él escuchase a otra persona. Así es como lo sentí. Cuando lo dejamos, casi me alegré de que tomara aquella decisión.»

Lundgren se tomó varios meses libres, alejado del circuito, antes de aceptar entrenar a uno de los rivales de Federer: el ex-n.º 1 Marat Safin, otro talento fenomenal con problemas de autocontrol.

Federer preparó la temporada 2004 en Biena con el entrenador físico Pierre Paganini y después viajó a Austria con Vavrinec, el fisioterapeuta Pavel Kovac y Reto Staubli, amigo íntimo de Federer y excampeón de tenis suizo que formó parte de la celebración del título de Wimbledon 2003.

Entonces Federer no tenía un entrenador oficial, algo muy inusual para un gran joven jugador que podría permitirse las exigencias salariales del entrenador que se le antojara. Pero Federer no tenía prisa por sustituir a Lundgren, y Staubli, once años mayor, accedió a dedicar unos días de sus vacaciones —trabajaba en un banco suizo— para asesorar a Federer y pelotear con él. También reservó pistas para entrenar y se dedicó a observar a algunos de los próximos contrincantes de Federer.

Staubli no parecía un entrenador, pero en el 2004 asumió un montón de las labores que suele hacer un entrenador, aunque evitó dar consejos técnicos a Federer sobre sus golpes o su técnica.

El plan de Federer era evitar la competición intensa hasta el comienzo del Open de Australia. En el 2003 había jugado más de noventa partidos individuales —una cifra enorme en el circuito— y sabía, por Paganini y por su propio instinto, que lo mejor era prepararse más despacio para el Open. Jugó torneos de exhibición sobre pista dura en Hong Kong y en el Kooyong Lawn Tennis Club de Melbourne, perdiendo ante Agassi en un partido amistoso. Pero parecía relajado, ya no era un gran talento carente de grandes logros. Cuando empezó el Open de Australia estaba preparado: barrió a sus oponentes en las tres primeras rondas sin ceder más de cuatro juegos en un set.

En cuarta ronda le aguardaba un nuevo enfrentamiento contra Hewitt, en el mismo estadio donde Federer se había hundido cuatro meses antes. Esta vez fue Hewitt quien se puso por delante enseguida, llevándose el set inicial mientras Federer luchaba para ganar profundidad con sus golpes de fondo y su habitual precisión en el servicio. Pero con Hewitt sirviendo 2-3 en el segundo set y por delante del marcador 40-15, el australiano cometió una doble falta y en el siguiente servicio le señalaron una falta de pie que anuló un *ace.* Nervioso, Hewitt perdió el punto y el servicio.

En el tenis un partido puede dar un giro en cualquier momento. Federer pisó a fondo el acelerador y ya no levantó el pie. Ganó ocho de los siguientes nueve juegos pese a la interrupción provocada por los fuegos artificiales que empezaron a estallar cerca del Rod Laver Arena a mitad del desigual tercer set. Era el Día de Australia, fiesta nacional, pero no el mejor día para celebrar el tenis australiano, porque Federer se imponía con claridad antes de que el partido se volviera a tensar. En el cuarto set rompió el servicio de Hewitt cuando iban 2-2: una rotura que incluyó uno de los puntos de la carrera de Federer, que corrió hasta una esquina, captó perfectamente la dirección del golpe por encima de la cabeza de Hewitt y le asestó un *drive* ganador.

Tras aquel golpe, Rasheed permanecía boquiabierto en el palco de jugadores, y no era el único. Pero Hewitt todavía iba a tener otra oportunidad cuando Federer ya servía para ganar, igual que cuando él sirvió para ganar en septiembre.

Tras una doble falta al principio del juego, Federer falló un revés cortado rutinario en iguales y cedió un punto de rotura al australiano.

«Allí afloraron los recuerdos de la Copa Davis —recuerda Federer—. Él gana el juego y el público lo celebra. Quién sabe.»

Pero Federer reaccionó con un primer servicio muy cerrado que Hewitt no pudo controlar. El australiano gritó mientras restaba, como si ya supiera que el tiro se le iba a ir fuera. Punto de rotura salvado y, aunque Hewitt lo dio todo —lanzándose a por la pelota en el siguiente punto y rodando por el suelo como un portero de fútbol—, no pudo impedir que Federer pusiera fin al partido como Hewitt hiciera en la Copa Davis: con un golpe ganador por encima de la cabeza.

«Estoy muy muy feliz de haberme tomado la revancha —dijo Federer sobre su victoria 4-6, 6-3, 6-0, 6-4—. Tenía muchas cosas en la mente, pero no quería revivir aquella pesadilla.»

El resultado fue otro gran indicio de que los tenistas que antaño tenían calado a Federer rápidamente empezaban a perder la capacidad de seguirle el ritmo. Cayó Nalbandian en cuatro sets en cuartos de final. Cayó Ferrero en tres sets en semifinales, lo cual, por primera vez, aseguraba el ascenso de Federer al n.º 1 del *ranking* tras el torneo.

«Ser n.º 1 del mundo es algo que llega de forma natural cuando ganas grandes torneos», declaró Federer, que estaba más interesado en el torneo en sí.

El último obstáculo para ganar el Open de Australia era Safin, el primer tenista de la generación de Federer que fue campeón de Grand Slam. Con solo 17 meses más que el suizo, irrumpió venciendo a Sampras en la final del US Open del año 2000 con una actuación que, en conjunto, resultó más extraordinaria que el triunfo de Federer sobre Sampras en Wimbledon menos de un año después.

Federer superó a Sampras en un quinto set que podía haberse decidido a favor de cualquiera de los dos jugadores. Safin, que entonces tenía 20 años, arrolló a Sampras 6-4, 6-3, 6-3 haciéndole parecer un campeón del pasado que intentaba seguir el imponente ritmo de los golpes y contragolpes de Safin.

Unas semanas después Safin llegó al n.º 1, pero su logro no recibió el reconocimiento que merecía, porque el circuito de la ATP en el año 2000 experimentaba con un nuevo método llamado The Race, una «carrera» por la disputa de puntos durante toda la temporada en lugar del tradicional sistema de *ranking* de 52 semanas que llevaba funcionando desde 1973.

Aquel experimento de *marketing* no duró mucho, y Safin pronto ocupó su justo lugar en la lista de los nº. 1. Él es, en muchos sentidos, la comparación más reveladora que puede hacerse con Federer, aunque incluso Nadal y Djokovic ocuparían ese lugar.

Pese a que golpeaba el revés a dos manos en lugar de una, Safin tenía muchos ingredientes en común con su colega suizo: una forma atlética increíble, un gran talento para golpear la pelota, voleas fáciles y efectivas, una potencia elástica y un gran domino del *spin*.

Federer era más fluido y seguramente un poco más rápido, pero Safin, de 1,93 m de altura, 7 cm más que Federer, si estaba en forma corría como una gacela. De una belleza ruda, también tenía un sexapil innegable. Andaba como un leñador feliz de ir de camino al bosque y, aunque su satisfacción por su «oficio» fluctuaba mucho, era imposible apartar la vista de él cuando patrullaba por la pista, moviendo los hombros y con las cadenas de oro bailando mientras se preparaba para rematar un *ace* o una raqueta (quién podía saberlo).

Federer era el tipo que quieres que salga con tu hija. Safin, el tipo con el que tu hija quiere salir.

Posiblemente Safin tenía más carisma fuera de la pista gracias a su espontaneidad, su ingenio natural y su habilidad para ofrecer buenas respuestas rápidas. También hablaba tres idiomas: ruso, español y un original aunque imperfecto inglés. En la pista tenía otro tipo de carisma con su expresividad, su temperamento incendiario y su afición por los tantos ganadores (y por los errores) en momentos insospechados.

Esta última frase también podía aplicarse a Federer antes: ambos tenistas compartían el dudoso honor de haber sido multados por falta de esfuerzo en un torneo profesional. Pero mientras el suizo logró canalizar sus demonios interiores, Safin nunca logró mantener el equilibrio mucho tiempo.

«Me aburro demasiado rápido —confesó una vez—. Y también me enfado demasiado rápido.»

Más de una raqueta sufrió su cólera y, a diferencia de Federer, Safin también tuvo que lidiar con lesiones graves a lo largo de su carrera profesional, en parte porque jugaba por dinero pese al dolor.

Es difícil no preguntarse cómo le habrían ido las cosas si en su adolescencia hubiera conocido a un gurú del *fitness* como Paganini, contado con el apoyo de un psicólogo del rendimiento como Marcolli o encontrado a una compañera de vida como Vavrinec que lo comprendiera y apoyara en todo lo necesario para seguir siendo un campeón del tenis, y no tuviera pelos en la lengua para expresar su opinión.

Safin era un talento novedoso y estoy convencido de que él, Federer y Nadal podrían haber reinado en los años 2000 en un triunvirato de rivalidad admirable.

Pero no fue así. Mientras Federer iba encaminado a maximizar su talento y aprovechar sus oportunidades, Safin recorría otro camino.

Eso no lo hace menos interesante, solo menos exitoso, pese a que entró en el International Tennis Hall of Fame siendo el primer tenista ruso digno de semejante honor, tres años antes que su compañero de la Copa Davis, Yevgeny Kafelnikov.

«Cuanto más arriba estoy, más me pesa en la cabeza —me confiesa en el 2021 durante una entrevista por Zoom desde Moscú, durante la pandemia del coronavirus—. A veces sentía destellos de felicidad, lo cual es muy agradable, pero la mayoría del tiempo todo era mucha mucha mucha presión. Así lo viví durante todo el tiempo y acabé quemándome.»

Safin nació en Moscú en 1980. Sus padres son tártaros: musulmanes y descendientes de los pueblos túrquicos que dominaron Asia central hace siglos. Ambos eran tenistas. La madre, Rauza Islanova, llegó a ser la segunda mejor tenista rusa de la Unión Soviética y, de haber vivido en otra época, habría sido profesional en el circuito internacional. En lugar de eso se convirtió en entrenadora del Spartak Tennis Club, uno de los principales clubes deportivos de Moscú. El padre, Misha, era el director del club y, pese a que su hijo quería ser una estrella del fútbol, este se convirtió en estrella del tenis por defecto y creció en las mismas pistas que otros dos futuros astros: Anastasia Myskina y Anna Kournikova, entrenadas ambas en su juventud por la madre de Safin.

Islanova también entrenó a sus propios hijos: Marat y su hermana pequeña, Dinara, que también llegó a n.º 1 mundial. Ninguna otra pareja de hermano y hermana han alcanzado esa posición en individuales. Está claro que Islanova sabía lo que hacía y, cuando su amado y talentoso hijo cumplió los 12 años, ella y Marat decidieron que el chico debía abandonar el país para encontrar un lugar donde entrenar al aire libre con un clima más favorable.

Viajó a Florida, a la academia de Nick Bollettieri, y Bollettieri recuerda que tuvo que enfrentarse a una decisión difícil: elegir si concedía una beca a Safin o a Marcelo Ríos, que era algo mayor. Al final optó por Ríos, un chileno que también llegó al n.º 1 aunque con mucho menos encanto que Safin. «Es el tipo de decisión que nunca quieres tener que hacer», me confesó Bollettieri.

Rechazado, Safin regresó a Moscú y al cabo de poco tiempo se trasladó a España, otro de los grandes destinos para los tenistas rusos con ambición. Tenía 13 años y solo veía a sus padres y su hermana pequeña dos veces al año durante dos semanas. Nunca volvió a vivir en casa con ellos, en Rusia, aunque su madre y su hermana le visitaban a menudo en Valencia. Como él mismo dice con alegría: «Lo que no nos mata nos vuelve más fuertes», si bien también admite que una separación tan temprana tuvo su impacto en su estabilidad y crecimiento emocionales.

«Cuando estás solo siendo tan joven te pasan muchas cosas en la vida y no tienes cómo expresarlas ni comprenderlas —me dice Safin—. Te las guardas dentro y no sabes qué hacer con ellas. Acabas cargándolas en la mochila.»

Tras cuatro años en España trabajando con el entrenador Rafa Mensua en Valencia, debutó ante el mundo del tenis en el Roland Garros 1998 derrotando a Andre Agassi y, después, a Gustavo *Guga* Kuerten, que defendía el título.

En el plano físico y en el técnico Safin era prácticamente inexpugnable, pero en el Open de Australia 2004 no estaba en su mejor forma, ya que un problema en los ligamentos de la muñeca izquierda le había arruinado la temporada 2003, hundiéndolo en el *ranking* hasta la posición n.º 86.

Pero llegó a Melbourne recuperado, aunque sin ser cabeza de serie, y se abrió camino con partidos maratonianos, incluidos dos seguidos a cinco sets; contra Roddick en cuartos de final y contra Agassi en semifinales.

En cambio, nadie había obligado a Federer a jugar cinco sets en Melbourne. La fatiga acumulada de Safin preocupaba, pero había tenido dos días de descanso antes de la final, y Federer solo uno.

«Me alegro de verlo de vuelta —dijo Federer—. Todos nos alegramos, pero también estamos asustados.»

Federer y Safin se llevaban bien desde hacía tiempo. En las Finales ATP en Copenhague de febrero del 2000 salieron juntos por la ciudad. Safin tenía 20 años; Federer, 18. Safin contó que no los dejaron entrar en una discoteca porque nadie los reconoció y nadie creyó que jugaran las semifinales del torneo de individuales.

«Ahora me hace gracia cuando lo pienso», comenta Safin.

Incluso ganaron el título de dobles juntos en Gstaad en el 2001.

«Es un tipo muy sensible, diría que muy intuitivo y emocional», dice Safin de Federer.

Pero entonces iban a enfrentarse por un título de Grand Slam y en la final el ritmo desde la línea de fondo fue intenso desde el principio, ninguno de los dos quería ceder terreno y ambos embestían los poderosos golpes del otro desde las esquinas. Intercambiaron golpes y roturas de servicio antes de que Federer se impusiera en el *tiebreak* del primer set. Siendo uno de los grandes líderes del deporte, fue drenando el suspense del partido sin restarle interés a la final. Los puntos, muchos de los cuales se ganaban o perdían en la red, cautivaban al público. El golpe dominante era el *drive* de Federer y, aunque al comienzo del tercer set un agotado Safin se dirigió al público gritando «¡Estoy bien!», era pura pose. Federer se hizo con la victoria 7-6 (3), 6-4, 6-2 y, tras un instante de duda, se arrodilló y alzó ambos brazos hacia el cielo.

Su segundo título *major* no generaría titulares del tipo «Roger "Llorerer"». Aquella vez la serenidad se impuso y reflejó, en parte, a un jugador que ahora esperaba un logro como aquel. Pero Federer tuvo también su momento emotivo. Pensó en Peter Carter y en lo que habría significado para él formar parte de aquella victoria en el torneo que más le importaba. Carter estaba convencido de que Federer sería «el mejor tenista del mundo» y así se lo había dicho a Brett, su hijo, muchos años antes cuando le presentó a Federer.

Federer todavía no lo era, pero ocupaba el n.º 1 del *ranking* y, con dos títulos *major* consecutivos, puso fin a una racha de ocho torneos Grand Slam ganados por ocho jugadores distintos. El auge de Federer puso fin a la paridad.

«Mi objetivo es mantenerme en el n.º 1 todo el tiempo que pueda», declaró.

A lo largo del 2004 consolidó su posición en la cima del *ranking:* llegó a once finales de individuales y las ganó todas. Ganó en las tres superficies principales: siete veces sobre pista dura, dos sobre tierra batida y dos sobre hierba. Ganó en cuatro continentes: Australia, Asia, Norteamérica y Europa. Recabó un récord total de 74-6.

También hubo alguna decepción, empezando por una derrota sorpresa 6-3, 6-3 en la tercera ronda del Open de Miami ante un adolescente español prometedor, pero entonces poco conocido, llamado Rafa Nadal.

Suiza perdió ante Francia en cuartos de final de la Copa Davis en abril pese a las dos victorias de Federer en individuales, sobre Nicolas Escudé y Arnaud Clément. Federer volvió a fallar en Roland Garros al perder un partido en tres sets en tercera ronda ante el tres veces campeón del torneo, Gustavo Kuerten, que todavía arrastraba problemas de cadera. Y todavía hubo otra participación sin medalla en los Juegos Olímpicos, donde Federer e Yves Allegro perdieron en segunda ronda de dobles, y Federer en la tercera de individuales ante un joven checo con una potencia sin igual: Tomas Berdych.

Pero la temporada tuvo más alegrías que decepciones, y las mayores alegrías fueron el Open de Australia, Wimbledon y el US Open. En Wimbledon Federer arrasó en el cuadro, anotándose sets por 6-0 ante Alex Bogdanovic en primera ronda, Alejandro Falla en segunda ronda y ante Hewitt en cuartos de final de camino a una victoria por 6-7 (1), 6-0, 6-4. Tras vencer al francés Sébastien Grosjean en solo tres sets en un partido que se jugó en dos días por culpa de la lluvia, Federer volvería a jugar en Wimbledon contra Andy Roddick, esta vez en la final.

Roddick estaba jugando otra temporada brillante sobre hierba. Decidió no afeitarse hasta que perdiera, y llegó a la final con un aspecto algo desaliñado tras defender su título en el Queen's Club y ceder solo un set en Wimbledon.

Roddick y su entrenador, Brad Gilbert, estaban decididos a no dar tiempo ni espacio a Federer para que desplegara su magia tenística. La idea era usar la fuerza bruta de Roddick al máximo para acortar los puntos, a menudo desde la línea de fondo; y, durante la mayor parte del partido, el plan funcionó.

A pie de pista se percibían la sorpresa de Federer y la determinación de Roddick. El estadounidense empezó el partido como un toro que acaba de salir al ruedo.

«Tienes que ser duro con Roger, no hay otra —explicaba Roddick—. No me metía en intercambios largos de puntos, donde él podía hacer lo que quisiera, esas cosas espectaculares que hace él.»

Roddick le rompió el servicio en el tercer juego para ponerse por delante y mantuvo la ventaja tras una breve interrupción por la lluvia hasta ganar el primer set.

«Me pilló por sorpresa —admitió Federer—. Aunque todo el mundo sabe la potencia que tiene.»

Federer respondió poniéndose por delante 4-0 en el segundo set, pero Roddick remontó 4-4; aunque acabó perdiendo el set cuando Federer le rompió el servicio por tercera vez con un *drive* ganador.

Roddick no se hundió. Volvió a adelantarse 4-2 en el tercer set, pero entonces hubo que volver a abandonar la pista a causa de la lluvia. Esta vez, tras hablar con Staubli y Vavrinec, Federer regresó con tácticas nuevas y más agresivas. Empezó a servir y volear más a menudo: a restar y a subir a la red, a atacar.

Fue la decisión correcta y ganó el tercer set en el *tiebreak*.

«Mucha gente se habría quedado en "Joder, Roddick me está aplastando", pero él se mantuvo en la pista y apretó —cuenta Roddick—. Allí se pudo ver su coeficiente intelectual tenístico.»

Federer todavía tuvo que salvar seis puntos de rotura con su servicio yendo 2-3 en el cuarto set, pero aquel fue el último set, porque con él ganó su segundo Wimbledon 4-6, 7-5, 7-6 (3), 6-4.

«Le lancé toda mi munición, pero él echó mano de un arsenal entero», dijo Roddick, de forma memorable, en la pista.

Hace poco le pregunté a Roddick si realmente creía haber lanzado toda su munición contra Federer aquella tarde lluviosa o si solo era una forma de hablar.

«Ambas cosas —respondió—. Pero era lo único que podía hacer. ¿Cuál era mi ventaja sobre él? Ser capaz de darle fuerte y aguantar. No iba a pasarme de listo y lanzarle vaselinas, porque eso podía acabar muy mal, ¿sabes? Pude haber hecho algún cambio, pero jugué como tenía que jugar. Contra Roger tuve que ejecutar muy bien un plan de juego muy arriesgado durante mucho tiempo.»

Le pregunté a Roddick si alguna vez había jugado tan bien pero había perdido.

Se lo pensó un rato largo antes de contestar, algo atípico en él, que es de respuestas rápidas. Cuando contestó, lo hizo con mucha calma.

«Me ha pasado un par de veces —dijo—. Siempre contra Roger —se rio más nostálgico que divertido—. Nunca he perdido contra nadie más jugando así de bien.»

Pero Roddick, que sufriría grandes decepciones por la cruel belleza del tenis de Federer, todavía piensa que aquella final de Wimbledon 2004 fue una oportunidad que se le escapó de las manos, y no un partido que Federer estuviera destinado a ganar. Gilbert piensa igual.

«Lo considero uno de los tres o cuatro partidos de mi carrera como entrenador en los que más me ha costado asumir la derrota —asegura—. El chico tuvo ocasiones, vaya si las tuvo. Andy pegaba unos castañazos increíbles a la pelota aquel día, y normalmente tenía problemas con el servicio de Fed, pero aquel día le rompió el servicio cuatro veces. Era un nivel muy alto, una intensidad muy alta, pero yo creía que Andy iba a ganar. Aunque también pienso que, cuando Fed ganó, subió a otro nivel de forma instantánea. Fue la primera vez que repetía título en un torneo Grand Slam e iba de camino a la excelencia. Hasta aquel día creía que no había tanta diferencia entre ellos.»

¿Y cómo de grande iba a ser esa diferencia en los meses y años venideros?

Gilbert, uno de los mejores tácticos del tenis, notó que el servicio de Federer había mejorado, que era más preciso y difícil de leer. Vio que sus restos eran más consistentes, aunque su postura quedaba muy pegada a la línea de fondo en lugar de más entrada en la pista, como algunos de sus rivales.

«Devolvió muchas pelotas desde allí, como un Andre —cuenta Gilbert, refiriéndose a Agassi—. Pero Fed no las machacaba, las volvía a poner en juego.»

Devolver pelotas flotantes no habría funcionado en la época del saque-volea, cuando los tenistas que subían corriendo a la red habrían replicado con golpes ganadores, pero ahora cada vez quedaban menos tenistas que optaran por el saque-volea, Federer incluido. Era cuestión de captar las tendencias y adaptarse.

Pero donde Federer realmente brillaba, en opinión de Gilbert, era en su capacidad de ser letal en los juegos donde servía, lanzándose a por el resto, casi siempre con un golpe de derecha. Como era tan rápido, podía usar ese golpe de derecha en zonas de la pista donde otros eran incapaces.

«Hacia el 2005, 2006, era el mejor tenista que jamás he visto sirviendo, y luego, cuando la pelota regresaba a él, podía darte por cualquier parte —cuenta Gilbert—. Eso, para mí, es lo que mejoró de forma espectacular; esa habilidad para conseguir tantos puntos directos. Aquello lo elevó a otro nivel y le dio a Roddick más problemas que cualquier otra cosa.»

Federer me explicó que el golpe de derecha a media pista era, en cierto sentido, una versión contemporánea del saque y volea. «Antes se trataba de subir a la red, pero hoy, cuando te llega esa bola a mitad de pista tras el saque, mejor que la aproveches; porque si no lo haces vas a pagarlo caro».

Le pedí a Roddick que describiera qué se sentía al enfrentarse a Federer en esa etapa y después; en qué se diferenciaba de la forma de jugar de otros grandes del tenis. De entrada, Roddick no mencionó el golpe de derecha. Habló del revés cortado.

«Era como si cuando la pelota llegaba a ti estuviera rotando hacia atrás, de modo que, si no le dabas bien, podía quedársete muerta ahí —explica Roddick—. Era un corte diferente. No podías abordarlo por las buenas. Tenías que currártelo. Tim Henman tenía su corte, y era difícil. Lo mismo pasaba con Pete. Llegaba muy firme. El de Roger podía llegar muy lento y después detenerse de una forma muy rara, y no podías ir a por él.»

Entonces Roddick mencionó el servicio de Federer, que aún era el elemento más infravalorado de su juego, incluso cuando su carrera ya estaba muy consolidada.

«Podía ir a 122 sin parecer que iba a 122 —asegura Roddick hablando en millas por hora—. No salía así de la raqueta. Era como si saliese suave y llegase rápido, si es que eso tiene sentido.»

¿Era una cuestión de física?

«No soy científico —contesta Roddick—. Suficiente trabajo tenía yo intentando resolver esos problemas.»

Para Agassi, Federer es uno de los mejores sirviendo: tiene una formidable habilidad para colocar la pelota en las esquinas o sobre la línea, incluso en los puntos más importantes.

Muchos tenistas hablan del gran efecto que tiene el *topspin* de derecha de Federer cuando se aproxima a la línea de fondo: no es como el *cliffhanger* de su juventud, pero es del mismo estilo. Lo que sorprendió a Roddick fue que Federer tuviera la capacidad de conseguir ese *topspin* extremo de impacto retardado sin, aparentemente, gestos extremos.

«Otros tenistas están a la defensiva; Rafa termina con la raqueta tras la oreja —apunta Roddick, refiriéndose a Nadal—. Normalmente hace falta un gesto pronunciado para conseguir un resultado así, mientras que Roger lo conseguía sin necesitar ningún extra para que la pelota reaccionara de aquella manera.»

En los restos, Roddick admiraba y sufría el control corporal de Federer.

«Podía lanzarle una pelota a 225 km/h que exigía un gran esfuerzo y él era capaz de neutralizarla con 15 cm de *swing*, solo golpeándola», se lamenta Roddick.

Federer marcaba la diferencia con su manejo de la velocidad.

«Dice mucho que cuando tú sirves a 225 km/h el tipo no tenga ni prisa —concluye Roddick—. Eso no lo haces si no tienes un control total sobre tus manos. Si yo sirvo a 225 km/h contra otros jugadores, hacen un movimiento exagerado. Apartan el cuerpo de en medio. Él tenía el control absoluto incluso cuando estaba incómodo. Y eso quizá me molestaba más que muchas otras cosas.»

Para Roddick, aquel control corporal tan extremo explica en gran parte la longevidad de Federer en el circuito.

«Solo tienes que pensar en todos esos movimientos extra que el resto desperdiciamos a lo largo de nuestras carreras y que él no hace —apunta Roddick—. Se ahorra mucho kilometraje y mucho estrés. La raqueta es como una extensión de su mano, y eso es lo que uno siente cuando se enfrenta a él.»

El nuevo y controlado Federer ofreció pocas alternativas a un oponente como Roddick. No era fácil de leer ni de provocar.

«Es que no te da nada que odiar, y eso es un fastidio —exclama Roddick riéndose a carcajadas—. Fíjate, Lleyton y yo somos dos tontainas, y generamos un ambiente donde es fácil decirse "¡Voy a joder a ese tío!", buscamos pelea. Quizá lo necesitas contra ciertas personas, y a mí me sirve contra la mayoría. Lo pasé mal con Pete y Andre, porque eran mis héroes. Con Roger, es que él no te va a mirar mal, ni de arriba abajo, antes de un partido, ni va a levantar el puño en el momento menos adecuado. No te da nada, lo cual es raro en alguien que va en tu contra, por así decirlo, en lo que a tu profesión se refiere. Probablemente eso lo ayudó un montón. En una década llena de tíos que lo único que queríamos era un motivo para entrar al trapo, él nunca entraba al trapo. No podías armar bronca con él.»

En el fondo esto encaja con la personalidad de Federer, que prefiere el consenso al conflicto y que, quizá en un guiño a su parte suiza, quiere que sus planes fluyan con la misma suavidad que los esquís de un esquiador bajando por la montaña. Es consciente de su imagen, lo cual fue uno de los incentivos para cambiar su actitud. Ahora que había aprendido a manejar sus emociones, no volvería a oír más ruido de fondo, nada de interferencias. Su trabajo podía hablar por él, y a menudo era magnífico.

También podía ser devastador. Hewitt lo vivió en sus carnes en la final del US Open 2004, cuando Federer lo humilló 6-0, 7-6 (3), 6-0 en solo 1 hora y 51 minutos. Costaba dar crédito a semejante marcador contra un luchador nato como Hewitt, un tenista que antaño dominaba la rivalidad entre ambos, que era tenaz y que acumulaba una racha de dieciséis partidos ganados antes de llegar a la final. Hewitt no había cedido ni un solo set en todo el torneo, pero Federer sentenció el primer set en tan solo dieciocho minutos, con un *drive* ganador en el punto inicial y un *ace* en su primer servicio. Hewitt, aparentemente demasiado consciente de cómo iba todo, no mejoró las cosas al cometer dos dobles faltas en puntos de rotura.

Se recuperó en el segundo set, cuando Federer empezó a cometer errores, y falló cuando pudo sentenciar el partido yendo 5-4. Pero el suizo dominó el *tiebreak* y, en el tercer set, volvió a flirtear con el tenis perfecto con el que soñaba de jovencito.

El fondo de la pista. La parte central. El saque. El resto. El ataque. La defensa. Todo daba igual, porque lo controlaba todo. En el tenis, ver una derrota te hace sufrir; sufres tanto como viendo a un niño actuando nervioso en un recital de piano. Un contrincante superado no tiene donde esconderse en aquel rectángulo enorme, no tiene sustituto; pero al menos Federer derrotó a Hewitt con estilo.

«Demasiado bueno, colega», exclamó Hewitt al cruzar la pista para felicitar al que fuera su compañero de dobles en Wimbledon, ahora ganador de tres títulos de Grand Slam en una temporada y una estrella global.

«Creo que nunca en la vida he visto a nadie jugar así de bien», declaró Hewitt después.

Las cifras de las estadísticas no eran tan sublimes. Federer solo puso en juego el 56% de sus primeros servicios. Su balance de golpes ganadores y errores no forzados (40 a 26) era excelente, pero nada del otro mundo. Y aún así la impresión que dejaron el primer y el último set fue extraordinaria. Ningún jugador había ganado dos sets a cero en la final del US Open desde Richard Sears en 1884.

Alan Schwartz, presidente de la Asociación de Tenis de Estados Unidos, tomó el micrófono en la ceremonia de entrega de premios y, con su voz de barítono, se dirigió al público.

«Aquellos de vosotros que os preguntéis qué significa "estar en la zona", hoy habéis visto la respuesta —exclamó, antes de dirigirse a Federer—. Roger, eres la prueba viviente de que este deporte es fácil. Haces que parezca fácil. Nunca he visto a nadie jugar con tanta fluidez.»

El flamante campeón del US Open sonrió, pero ese tipo de comentarios, que Federer ya oía a los 23 años, halagaban y subestimaban a la vez. Su juego era cautivador, no cabía duda, pero dada su fluidez era tentador ignorar la gran cantidad de trabajo que había ahí detrás para que pareciera tan fácil.

Sampras, con un movimiento casi igual de fluido, se enfrentó a una dinámica similar durante su carrera.

«Solo porque parezca fácil no significa que no sea difícil —me dice Sampras—. Puede parecer que Roger y yo no nos esforzamos lo suficiente. Solo es que somos muy eficientes: en nuestro movimiento, nuestro juego, nuestros golpes. Un *swing* de la raqueta, un golpe de derecha, un servicio y ¡bum!, ¡listo!, mientras otros tenistas todavía están ahí picando piedra, picando piedra.»

Esta idea equivocada ha preocupado a Federer, pese a que entiende de dónde viene.

«Creo que jugar un tenis fluido fue un problema muy grande al comienzo de mi carrera, porque alguien puede verte jugar y decir: "Sí, vale, tiene mucho talento" —comentaba Federer durante el rodaje de *Strokes of Genius*—. Cuando perdía, todo el mundo me decía: "¿Por qué no te esfuerzas más?". Y cuando ganas todos dicen: "¡Ohhh, dios mío, qué juego tan bonito!".»

Federer sentía que en aquel análisis no había término medio. Sabía que, por tranquilo y relajado que pareciera, él lo estaba dando todo. El virtuosismo se convirtió en su marca personal, pero en los últimos años de su carrera se siente más orgulloso de los partidos en los que ha desafinado un par de veces y ha tenido que ir probando diversas teclas antes de encontrar la forma de salir airoso.

«Quizá esas sean las victorias más gratificantes para mí hoy en día, porque no siempre puedo mostrar mi capacidad de lucha y de aguante, que a mi modo de ver también es una de mis grandes cualidades —comentaba—. Si no, no habría ganado más de mil partidos a lo largo de toda mi carrera; pero siempre ha sido un arma de doble filo. Siento que ha sido algo bastante complicado durante casi toda mi carrera.»

Ya les gustaría a muchos tenistas tener que enfrentarse a un problema así. A Federer no le ha faltado el *feedback* positivo, y hacer que su juego pareciera fácil también resultaba intimidante para todos aquellos que hacían todo lo que podían para seguirle el ritmo. Tenistas como Roddick, con su gesto de retorcerse la camiseta, tocándose la gorra, con sus movimientos bruscos. Jugadores como Hewitt, que ganó casi 5 kg de músculo entrenando con Roger Rasheed en un intento por dar más potencia a su juego.

A principios del 2004 Hewitt iba por delante en su cuenta personal de enfrentamientos contra Federer, 7 a 2. Tras seis derrotas consecutivas, incluidas otras dos en la Copa Masters en Houston, donde Federer defendió su título, Hewitt terminó el año por detrás, 7 a 8. Y es que, simplemente, no tenía las armas para atacarlo. Federer podía superar a Hewitt jugando a su propio juego desde la línea de fondo y, cuando decidía apretar, podía hacerlo desde una posición de superioridad, porque tenía la habilidad con la raqueta y la anticipación necesarias para lidiar con uno de los puntos fuertes del juego de Hewitt: sus *passing shots*.

En la final del US Open Federer ganó 31 de los 35 puntos en la red, lo cual sí que podía considerarse la única estadística realmente extraordinaria del día.

¿Qué podía hacer Hewitt?

Peter Smith recuerda estar sentado junto a él en el torneo y darse cuenta de que Hewitt hablaba solo.

«No recuerdo donde fue —cuenta Smith—. Estábamos sentados en algún muro y escuché murmurar a Lleyton. Me di cuenta de que decía: “Es demasiado rápido”, y le pregunté: “¿Quién es demasiado rápido?”. Y Lleyton dijo: “Roger es demasiado rápido”.

»En aquella época todo el mundo creía que Lleyton era lo más veloz que jamás había pasado por una pista de tenis —apunta Smith—. Pero él me miró y me dijo: “Él es así de rápido. Nadie lo sabe, pero él es así de rápido”.»

Aquellas poses descompuestas —Agassi en el vestuario, Hewitt en aquel muro— eran la prueba de lo que Federer representaba.

Sampras lo expresó en un comentario a *Sports Illustrated* antes de que empezara la temporada 2005:

«Nadie puede jugar contra él —dijo—. En los próximos cuatro o cinco años su juego va a estar en los libros de récords.»

Pese a que Federer había ganado cuatro *majors*, el foco ya estaba en el récord de Sampras: catorce. Al regresar a Melbourne para defender su título de campeón del Open de Australia también se hablaba muy en serio sobre ganar el primer Grand Slam completo desde Rod Laver en 1969, que ganó los cuatro grandes torneos del año.

No es fácil conseguir el Grand Slam, pero para Federer no parecía un disparate. Él, a diferencia de Sampras, era un ganador consistente sobre tierra batida. Dominaba todas las superficies y tenía ventaja sobre los demás para soñar algo así. También tenía un nuevo entrenador: Tony Roche, el reservado australiano de mandíbula prominente nacido en Wagga Wagga y que, en su época de jugador, había ganado Roland Garros, el único título que le faltaba a Federer.

Roche era asesor a tiempo parcial sin contrato formal, no era entrenador a tiempo completo, pero despertaba admiración por su pericia técnica y táctica, y había entrenado a dos ex n.º 1: Ivan Lendl y Patrick Rafter.

La decisión de Federer de incorporarlo a su reducido y cohesionado equipo, que incluía a Vavrinec y a sus padres, era señal de que no temía el cambio, incluso después de una extraordinaria temporada 2004.

Empezó la temporada 2005 arrollando en cinco partidos del torneo de la ATP en Doha y ganando el título en Melbourne, donde tumbó a cinco oponentes sin ceder ni un solo set.

Andre Agassi, ya con 34 años y 8.º cabeza de serie, se había preparado a conciencia para volver a estar en la cima: perdió 6 kg en un intento por ganar velocidad y aliviar algo de presión sobre su frágil cadera. Cuatro veces campeón del Open de Australia, regresó a Melbourne con energías y un optimismo renovado, acompañado de su pareja, Steffi Graf, y sus dos hijos pequeños.

Federer lo barrió en cuartos de final: 6-3, 6-4, 6-4.

«Sugiero que sus próximos contrincantes no me pidan consejo», dijo Agassi.

El siguiente contrincante de Federer, Safin, estaba en condiciones de recibir consejos de un experto. Había contratado a un nuevo entrenador en abril del 2004: Peter Lundgren.

Después de la estrecha relación que mantuvo con Federer, Lundgren sabía bien lo que Federer pensaba sobre el juego de Safin. Sabía que la cara sensible de Federer aparecía ante ese tipo de jugadores de una forma en la que ya no aparecía contra el vulgo.

«Hay pocos jugadores contra los que no le gusta jugar, y eso se le nota en la cara —afirmó Lundgren—. Por la cara que pone yo sé que ahora está bajo presión.»

Federer y Safin habían jugado por primera vez con Lundgren en el bando de Safin en las Finales ATP de Houston. Federer ganó aquella semifinal en dos sets —6-3, 7-6 (18)— pero tuvo que resolver un épico *tiebreak* de 18 puntos antes de sentenciar la victoria con su octavo punto de partido.

«Ha sido difícil estar ahí, una sensación extraña —me confesó Lundgren en Houston, sobre entrenar contra Federer—. Pero creo que Marat ha demostrado que puede competir con el mejor tenista del mundo, así que para el año que viene vamos a mejorar algunas cosas y con suerte podrá ganar a Roger unas cuantas veces.»

En aquella época fue el *tiebreak* más largo en un partido masculino de primer nivel. El de John McEnroe y Björn Borg en el cuarto set de Wimbledon en 1980, mucho más famoso, solo se alargó hasta 18-16.

Lo más extraordinario de ambos *tiebreaks* maratonianos fue la calidad del juego bajo presión: más golpes ganadores que errores.

«Nos poníamos al límite el uno al otro», dijo Federer.

Pero al final una doble falta de Safin cuando iban 18-18 —la primera que cometía en el set— resultó crítica.

«Probablemente apuré demasiado, porque sabía que tenía a Roger Federer al otro lado, así que tenía que ir a por algo extra», declaró Safin.

Tenía a Federer en la cabeza, un lugar turbulento para empezar, pero antes de volver a enfrentarse en Melbourne, Lundgren quería dejar meridianamente claro que Safin también estaba en la cabeza de Federer.

Cuando se sentaron a planificar el partido, Lundgren le preguntó por sus expectativas:

«Espero ganar un par de juegos», contestó Safin.

Lundgren volvió a preguntarle, recibió la misma respuesta y subió la voz:

«Déjame decirte algo —le espetó Lundgren—. Yo he entrenado a Roger y puedo asegurarte que tú eres uno de los pocos tenistas que respeta.»

Y Lundgren se marchó.

«Solo le dije eso. No le hablé de tácticas ni de nada más —me confesó Lundgren—. Marat se me quedó mirando un par de segundos sin decir nada, pero sé que me entendió.»

Lo que pasó a continuación fue uno de los mejores partidos de tenis de toda la historia: una lucha titánica en *prime time* hasta bien entrada la noche que bullía de potencia, inspiración y resiliencia, y que tuvo a los dos tenistas —no solo a Safin— gritando de pura tensión.

Safin, tal y como era, mantuvo sus emociones a raya.

«Sabía que si me dejaba llevar por las emociones estaba perdido», declaró.

Es raro ver sudar a Federer. A medida que el partido se alargaba y ganaba en épica, empezó a vérsele un poco desaliñado: el pelo largo apelmazado y algo despeinado; la cremallera frontal de la camiseta azul, empapada, medio torcida...

Fue como si Federer y Safin retomaran su duelo allí donde lo habían dejado en aquel *tiebreak* de Houston. Para los que estábamos aquel día en el Rod Laver Arena bien entrada ya la medianoche, fue un partido de lo más memorable.

«He visto mucho tenis, pero aquel partido está en mi Top 10; incluso en mi Top 5», asegura Lundgren.

Cada set era muy ajustado. Muchos puntos fueron cortos y explosivos, pero lo mejor era ver a aquellas dos grandes potencias enfrentadas: la derecha pura de Federer contra el revés a dos manos puro de Safin; el delicado toque de Federer en la red contra los *passing shots* perfectamente equilibrados de Safin.

Había que estar allí para vivirlo, pero verlo ahora, después de todos estos años, no decepciona. Fue un partido con muchos picos y algunos valles, y Federer, pese al firme compromiso de Safin, fue el primero en optar a un punto de partido.

Llegó en el *tiebreak* del cuarto set, con Federer sirviendo y el marcador 6-5. Intentó un ataque por sorpresa, sirviendo y voleando en el segundo saque. Safin restó con un buen revés. Federer se lanzó a por la volea de revés y volvió a lanzarse a por el siguiente *passing shot* con una dejada exquisita de revés desde una posición apta para muy pocos. La pelota cayó muerta al otro lado de la red, pero Safin la cazó y la devolvió con un audaz globo por encima de la cabeza de Federer.

El suizo retrocedió y, con el tiempo justo, hizo algo atípico. En lugar de arrear un golpe fuerte que pareciera fácil, optó por un golpe directo mucho más complicado. Intentó un tiro entre las piernas, conocido como *tweener*, en lugar de correr tras la pelota y golpearla de lleno. El golpe de Federer se estrelló contra la red, y el suizo miró al cielo y aulló hacia la luna.

«Un tipo con las manos de piedra no podría acertar ese golpe ni en mil años, pero Roger sí —dijo Safin—. Así que subí a la red y cerré los ojos, y falló por muy poco.»

Safin tenía una nueva vida en su 25.º cumpleaños y la aprovechó: ganó los dos puntos siguientes para forzar un quinto set. Después de más de tres horas iban igualados y nadie del público se despegaba del asiento.

«Sentí un clic en la cabeza cuando falló el tiro entre las piernas, y me dije que aquella era mi oportunidad —cuenta Safin, liándose un cigarrillo mientras rememora el momento—. Pensaba: "Es mi oportunidad. ¡Mi oportunidaaaaaaaad!". A partir de aquel momento supe que iba a ganar. Fue el primer momento en mi vida en el que tuve fe en mí mismo.»

Federer daba señales de agotamiento. Ya jugaba con una ampolla en la planta del pie izquierdo. Tras el cuarto set recibió tratamiento en el índice derecho por un problema en un nervio.

Pero el quinto set mereció la espera, ya que ambos contendientes lo dieron todo para asestar el golpe final.

Federer salvó los primeros dos puntos de partido de Safin cuando el ruso servía con el marcador 5-3. Faltaba media hora para terminar el partido.

Lundgren, en el palco de Safin, comentaba el partido con el agente de Safin, Gerard Tsobanian.

«Él sabía los golpes que iba a dar Roger, cuándo se iba a arriesgar —cuenta Tsobanian—. Sabía dónde iba a servir cuando se enfrentaba a un punto de rotura.»

Federer salvó otros dos puntos de partido con 6-7 y otro más con 7-8.

Safin no habría conservado la calma en otro momento temporal y mental, pero en su séptimo punto de partido se arriesgó con un revés sobre la línea desde una posición abierta. Sorprendido, Federer se lanzó hacia la derecha y se cayó, pero logró poner la pelota en juego antes de perder el agarre de la raqueta.

Tras más de cuatro horas costaba cubrir toda la pista, y Safin envió un golpe de derecha al espacio vacío mientras Federer, de rodillas, veía botar la bola dos veces.

Safin no levantó el puño ni se rasgó la camiseta ni rugió como un leñador que acaba de derribar una secuoya. En lugar de eso agitó ambos brazos, como si dijera «¡Por fin!», y se apoyó en la red, esperando a que Federer se levantara y recogiera sus cosas para darle la mano.

«Aquel partido fue demasiado —recuerda Safin—. Yo solo quería terminar, terminar, terminar.»

El marcador quedó en 5-7, 6-4, 5-7, 7-6 (6), 9-7, pero es mejor recordar otros detalles, como los gritos de asombro del público en medio de los interminables intercambios de golpes; como la raqueta que Federer arrojó al final del cuarto set, cuando su fachada de calma y tranquilidad se resquebrajaba bajo la presión de Safin; como la imagen de Federer descalzo y cojeando con la cabeza gacha mientras se alejaba por el pasillo del Laver Arena tras la derrota.

Aunque mermado, hizo falta un esfuerzo supremo para detener su ritmo. Mientras, en la pista, Safin concedía una entrevista a Jim Courier, el extenista australiano dos veces campeón del Open de Australia. Pese a que era muy tarde, el estadio seguía lleno de gente y, aunque oficialmente ya no era el cumpleaños de Safin, el público le cantó el *Cumpleaños feliz.*

Safin venció a Hewitt en la final y sumó su segundo *major.* Más que un presagio de futuras victorias, aquel fue su último triunfo.

«Me enredé completamente en mis conflictos internos y no pude pensar con claridad en mi vida y en mi carrera», me confiesa Safin.

Las lesiones no ayudaron. Se retiró a los 29 años.

Pero el Open de Australia 2005 sí fue un presagio para Federer. Era el mejor tenista del mundo, no cabía duda, pero también empezaba a inspirar a otros tenistas. Mientras él y Safin mantenían su duelo en la templada noche australiana, sus rivales y sus futuros rivales tomaban buena nota desde lejos.

Capítulo 8

PALMA DE MALLORCA

Era uno de los partidos más raros de la historia y siete mil espectadores llenaban el Palma Arena para ver a Roger Federer y Rafa Nadal jugarlo.

«Si hubiésemos tenido quince mil asientos, los habríamos vendido igual de rápido», afirma el director del evento, Alberto Tous.

La pista cubierta y temporal tenía el campo tapado por dos lonas cuando llegaron los aficionados, el 2 de mayo del 2007. Igual que al comienzo de una fiesta, poco a poco se levantaron las lonas para destapar el truco: a un lado de la red había tierra batida y al otro, césped recién plantado.

El concepto fue una loca ocurrencia del ejecutivo publicitario argentino Pablo del Campo. Nadal había ganado 72 partidos consecutivos sobre tierra y varios Roland Garros seguidos; Federer había ganado 48 seguidos sobre hierba y cuatro Wimbledon consecutivos. La idea era que en Palma se enfrentaran sobre sus mejores superficies al mismo tiempo.

Era algo original, lo admito. El partido, llamado la Batalla de las Superficies, sirvió sobre todo como indicador del interés que despertaba ver a Federer y Nadal jugar sobre cualquier superficie en esos momentos.

Su rivalidad había superado al tenis. La sorpresa para mí fue que Federer y Nadal aceptaran interrumpir su temporada de primavera y se arriesgasen a una lesión por jugar una exhibición sobre unos cimientos poco sólidos (vale, a cambio de 400 000 euros por cabeza).

Pero Mallorca, la isla española del Mediterráneo, era el hogar de Nadal, y las dos jóvenes estrellas tenían el mismo patrocinador de ropa, Nike, y la misma agencia de representación, IMG. Del Campo, que llevaba intentando convencer a Federer de aceptar la idea desde el 2005, al fin lo consiguió.

Delirio febril o no, estaba pasando.

«Es un poco locura, y la gente dirá que por qué ahora, que no es buen momento —comentó Federer antes de llegar—. Pero también nos gusta jugar al tenis por diversión, para variar. No hay que estar siempre serio como un palo en las pistas.»

Eso no puede discutirse. Los partidos de exhibición suelen ser cosa de bolas y risas, llenos de golpes con truco y mucha charla, aunque al poco de empezar este quedó claro que no iba a ser una exhibición al uso. Era evidente que a Federer y Nadal les costaba tomarse a la ligera entre sí: se lanzaban a devolver los *passings* y siguieron muchos de los patrones que usaban en los partidos que sí contaban.

El concepto mismo era un disparate. Les exigía ponerse otras zapatillas en todos los cambios para ajustarse a la superficie. Las zapatillas de hierba, con suelas más rugosas, no van bien en tierra, y Federer confesó que incluso con las zapatillas de tierra calzadas a veces se olvidaba de deslizarse.

Federer y Nadal tuvieron suerte de que finalmente hubiese hierba. Una plaga de gusanos y la falta de luz natural habían hecho impracticable el primer lote de hierba, así que la víspera del partido los organizadores tuvieron que salir corriendo a por bloques de césped de un campo de golf de la zona.

Los botes, como podría esperarse, no eran ideales; tampoco lo fue el bote del punto de partido del *tiebreak* del tercer set, en el que Federer casi ni tocó el *drive* y dejó así a Nadal finiquitar la victoria con 7-5, 4-6, 7-6 (12-10).

Al ver el partido ahora, la pista híbrida parece tan rara como entonces: un contraste de dos tonos, como si la pantalla estuviese dividida y no fuera un mismo partido. Pese a programarse una revancha en la misma ubicación para el año siguiente, el experimento nunca se ha repetido.

El nombre Batalla de las Superficies era un guiño a la Batalla de los Sexos, el partido de 1973 que se celebró como reflejo de su época en el Houston Astrodome; lo ganó la campeona de Wimbledon Billie Jean King frente a un supuesto machista Bobby

Riggs. En términos absolutos, la Batalla de los Sexos fue más extraña, con la entrada en pista de Riggs, de 55 años, en un *rickshaw* tirado por mujeres modelos y la de King, de 29 años, en plan Cleopatra, sobre una litera engalanada de flores y llevada por porteadores a pecho descubierto.

Al menos King y Riggs jugaron en la misma superficie a ambos lados de la red.

«Debo admitir que fue raro —dice Nadal con un resoplido cuando hablamos al respecto en el 2020—. En realidad, fue bastante complicado para los dos, pero yo me divertí, la verdad. Es algo que recordaremos el resto de nuestra vida. No vamos a volver a hacerlo.»

Han creado muchísimos recuerdos juntos.

Nadal, un prodigio de la derecha y los «¡Vamos!», entrenó desde el principio en Mallorca con su tío Toni Nadal.

Al igual que Federer, que fue recogepelotas en el evento de la ATP de Basilea, Nadal estuvo expuesto muy pronto a la élite. De 1998 al 2002, en su isla se celebró un evento de la ATP sobre tierra, que ganarían futuros campeones de Grand Slam como Juan Carlos Ferrero, Marat Safin y Gastón Gaudio.

Nadal y su familia asistían a ese torneo. En el año 2000, cuando Nadal tenía 14 años, sus excelentes resultados como júnior le valieron el honor de portar la bandera española en la ceremonia inaugural de la final de la Copa Davis, celebrada en el Palau Sant Jordi de Barcelona. Con el pelo oscuro recortado y aspecto de estar algo cohibido, Nadal se colocó junto a las estrellas españolas Àlex Corretja, Albert Costa y Ferrero en la pista de tierra cubierta mientras sonaban los himnos. ¿Quién iba a saber entonces que Nadal sería la mayor estrella del tenis español entre todos ellos?

En aquel tiempo, España era de lejos el país de mayor tradición tenística que no había ganado la Copa Davis, fundada en 1900. Fueron tres días de emociones y mucho ruido en los que España acabó con una espera de un siglo cuando Ferrero derrotó a Lleyton Hewitt en cuatro sets en el partido decisivo, ante las más de 14000 personas que llenaban el estadio.

Juan Carlos I, entonces rey de España, observaba desde primera fila. Nadal también se empapó de todo y diecisiete meses después ganó su primer partido del circuito tras recibir una invitación para el Torneo de Mallorca; venció a Ramón Delgado, un paraguayo del Top 100.

Nadal solo tenía 15 años y no era la primera vez que tendía una emboscada a un visitante mayor que él en su isla natal. Un año antes, la estrella australiana Pat Cash había ido a Mallorca para jugar un partido de exhibición con la estrella alemana Boris Becker en el Santa Ponsa Country Club.

Cuando Becker, algo envejecido, tuvo que retirarse por una lesión poco antes del partido, Cash creyó que el espectáculo debía continuar y aceptó jugar contra el joven más prometedor de la isla, para que los clientes tuviesen algo de tenis que ver. Cash, con 36 años, nunca había oído hablar de Nadal, claro, y no podía imaginar con qué clase de chaval de 14 años iba a tener ese enfrentamiento o, para ser más exactos, esa experiencia.

«Nadal apareció dando saltos como si aquella fuese su gran oportunidad, y el público respondió de inmediato ante la exuberancia de la juventud —escribió Cash en *The Times*—. Quien piense que Lleyton Hewitt arma mucho alboroto en la pista tendría que ver a Nadal: puños en alto, posturitas, celebraciones a gritos. Si no oí el grito de "vamos" cien veces, no lo oí ninguna.»

Cash ganó el primer set, Nadal se llevó el segundo y luego ganó el *tiebreak* decisivo para quedarse con la victoria.

«Ahí estaba, en la red, lanzándose a hacer voleas aparentemente imposibles y saltando para lucir otro puño de celebración más —recordaba Cash—. Parte de mí lo veía irrespetuoso, pero cuando superé mi enfado inicial por verme machacado por un niño, entendí que acababa de toparme con un talento que podría ganar los más grandes premios del tenis. Al día siguiente, llamé a varios de mis patrocinadores y les dije que invirtieran en él. Seguro que ahora se arrepienten de haber dudado.»

Algunos patrocinadores no necesitaron esa llamada. Nike ya había firmado con Nadal cuando el español tenía 12 años.

«El momento óptimo para nosotros eran los 11, 12, 13 —cuenta Mike Nakajima, antiguo responsable de tenis en Nike—. Firmamos con Maria Sharapova cuando tenía 11 años; solo sabía seis palabras en inglés y lo primero que me dijo fue: "No me gustan vuestros calcetines".»

Rafa no hablaba inglés mucho mejor, pero fue más educado.

El primer Nadal al que yo cubrí como periodista deportivo no fue Rafa, sino su tío paterno, Miguel Ángel, un defensa central duro de la selección española de fútbol, en el Mundial de 1994 de Estados Unidos.

Rafa tenía 8 años entonces y amaba el fútbol casi tanto como a su tío. A veces iba a los partidos que Miguel Ángel jugaba con su club, el F. C. Barcelona, aunque Rafa era fan del Real Madrid como su padre, Sebastián. Está claro de dónde le viene a Rafa el deseo de ser deportista profesional. Echar una mirada a Miguel Ángel, una figura imponente, también ayuda a entender de dónde sacó Rafa su recia constitución. Que Miguel Ángel no se retirara hasta los 38 años debía de haber sido una pista de la resistencia de su sobrino, por mucho dolor que tuviese que soportar.

Los Nadal se remontan generaciones en Mallorca. Su feudo es Manacor: una ciudad de interior, acogedora y atractiva, que tenía menos de 40 000 habitantes durante la infancia de Nadal. Rafa vivía con sus padres, abuelos y más familia en un edificio de cinco plantas en la plaza principal, con vistas a la iglesia del siglo XVIII y fácil acceso al club de tenis y a sus pistas de tierra. Manacor está a unos kilómetros de Porto Cristo, un pueblo pesquero y resort donde los Nadal, una familia rica con numerosos intereses empresariales, tenían otra propiedad sobre el mar que también compartían.

Era un lugar idílico para ser niño: otra prueba de que los campeones no tienen que surgir de las penurias. Rafa creció yendo y viniendo entre Manacor y Porto Cristo y entre el fútbol y el tenis, deporte al que Toni lo introdujo con 3 años.

El fútbol se impuso hasta que Nadal tenía 12 años. Era un extremo izquierdo rápido que marcaba una y otra vez, a menudo de cabeza, pero para entonces también era el campeón de tenis júnior español y europeo de su edad. Su padre, Sebastián, creyó que era momento de elegir.

Al igual que Federer a esa edad, Nadal basó la decisión en su claro potencial para el éxito tenístico, su preferencia por tener plena potestad sobre sus resultados en un deporte individual y —en el paralelismo más notable con Federer— en el nuevo entrenador de fútbol que lo dejó en el banquillo un partido por faltar a un entrenamiento debido a compromisos tenísticos.

«Si no hubiese sido por ese entrenador, a lo mejor me hubiera hecho futbolista», asegura Nadal.

Una gran rivalidad depende de estos momentos clave.

Al igual que Federer, Nadal también empezó de adolescente a pasar la semana lejos de su familia, muy unida. Dada la falta de compañeros de entrenamiento de calidad en Manacor, tenía que ir en tren con frecuencia a un centro regional de entrenamiento en Palma, la ciudad más grande de la isla, unos 55 km al oeste. Para ahorrar tiempo, Nadal empezó a asistir al mismo internado al que habían ido su padre y su tío Toni, pero echaba de menos su hogar y al final regresó a Manacor.

Como en el caso de Federer, los estudios no eran la pasión de Nadal. Una vez le pregunté cuál era su asignatura preferida; se lo pensó y dijo: «Educación Física».

Muy conscientes de las excepcionales perspectivas de Nadal, los responsables del tenis español en la península trataron de convencer a la familia de que mandaran al niño al otro lado del mar Balear, a Barcelona, núcleo del tenis en España.

Ese fue el camino que siguió el mejor jugador que saldría de Mallorca: Carlos Moyá, alto, reservado y absurdamente guapo (él fue la primera estrella mallorquina del tenis en usar camiseta de tirantes en el circuito).

Moyá, con su pelo largo al viento y sus derechazos, ganó Roland Garros en 1998. Recibió el trofeo de manos de Pelé en la víspera del Mundial de Fútbol de Francia. Moyá alcanzó brevemente el n.º 1 al año siguiente y le servía a Nadal como recordatorio cercano de que la grandeza en el tenis no era una quimera. Moyá golpeó una bola por primera vez junto a Nadal cuando este tenía 12 años, y empezaron a entrenar con regularidad juntos cuando Nadal tenía 14. Fue un gesto magnánimo de Moyá y un impulso enorme para Nadal. ¿Cuántos adolescentes con talento pueden entrenar con un campeón de Grand Slam en activo?

La familia Nadal estaba convencida de que para el bienestar de Rafa era mejor que su juego se desarrollara en Mallorca, aunque eso les costase el apoyo financiero de la federación española.

«A su padre le parecía que lo mejor para Rafa era quedarse en casa, con su familia, con gente que lo apoyase —me cuenta Toni—. Cuando eres joven y te vas de casa, el tenis puede ir bien, pero como persona no siempre va tan bien. Tuvimos problemas a veces con el entrenamiento, para encontrar jugadores del nivel de Rafa, pero trabajando mucho salimos adelante.»

Habían recibido algunos consejos de Jofre Porta, un entrenador nacional afincado en Palma. Toni hizo grandes cambios: modificó la derecha a dos manos de Rafa por una derecha a una mano cuando el chaval tenía 9 años, porque Porta y él sabían que los jugadores que golpean a dos manos en derecha y revés eran rarezas en el tenis masculino. Ninguno había llegado al n.º 1, aunque Monica Seles lo consiguiera en el femenino.

En esa época, Rafa empezó también a jugar el *drive* con la mano izquierda, aunque comía, escribía, tiraba canastas y jugaba al golf con la derecha. En fútbol, Rafa tenía el pie izquierdo más fuerte. Ser zurdo, como sabe cualquiera que juegue al tenis con frecuencia, suele ser una ventaja, por la novedad y los efectos contrarios, y por la posibilidad de hacer saques cortados en el lado izquierdo de la pista, con lo que tu oponente se esquina mucho y tus posibiliades de ataque se amplían.

Toni se percató de que, cuando su sobrino daba golpes de fondo a dos manos, alcanzaba su máxima potencia y mejores resultados desde el lado izquierdo.

«Parecía su lado más natural. Ese lado tenía que ser el del *drive*», me explicó.

La decisión última era de Rafa, y también de momentos así depende una gran rivalidad. Seguramente Nadal hubiese podido ser campeón también como diestro, dados su talento, su personalidad y su mentalidad tan consciente. Sin embargo, no habría supuesto un enigma táctico tan grande para Federer, que podría haber usado sus armas más fiables —la derecha de revés y el revés corto cruzado— de manera mucho más eficaz.

El lado malo de esa decisión fue que Nadal sufriría dolores en el hombro izquierdo, una incomodidad que alivió desarrollando su característico estilo de derecha, con esa continuación sobre la cabeza tras disparar la bola con una velocidad tremenda en la cabeza de la raqueta.

Porta y los otros entrenadores apodaron esa derecha «la nadalada», un término que nunca se popularizó. Una pena.

Conocí a los Nadal en el 2003 en Wimbledon, cuando Rafa hizo su debut en un Grand Slam con 17 años. Aún no lo había visto jugar en persona ni en televisión. Eso fue antes de que existieran el *streaming*, YouTube, Twitter e Instagram. Muchos partidos no se retransmitían en todas partes. El escrutinio del público general sobre los talentos tenísticos emergentes no empezaba tan pronto, aunque un mayor escrutinio me habría ayudado con mi evaluación. En el primer artículo que escribí sobre Nadal en el 2002 para el *The International Herald Tribune* tras su victoria sobre Delgado, mencioné que Nadal, como la joven promesa francesa Richard Gasquet, tenía un buen revés «a una mano» (el periodismo da lecciones de humildad sin cesar).

En todo caso, fue reconfortante sentarse en las gradas de una pista exterior del All England Club y verlo correr por la hierba con un evidente regocijo en su partido de segunda ronda contra Lee Childs, un británico invitado al torneo de nivel inferior a él. Los artículos de la prensa española sobre el potencial de Nadal no exageraban.

De lejos, parecía un hombre hecho y derecho. Solo al acercarte veías lo joven que era. Sus facciones angulares no parecían del todo definidas. Tenía unas mejillas rollizas. El afeitado era sin duda opcional.

Lo más destacable entonces es lo mismo que más impacta ahora: su manera siempre concentrada y positiva de enfocar la competición. Quizá la decepción le asomase en la cara, incluso se le metiera en la cabeza, pero al instante desaparecía: expulsada para concentrarse en el desafío y el punto que tenía por delante.

Federer había entrenado años para controlar su mente y, sobre todo, sus expectativas. Nadal parecía saber el truco desde el principio: ni un psicólogo deportivo ni una raqueta rota.

«Nunca —dice Nadal—. Si hubiese tirado una raqueta, mi tío me habría echado de la pista.»

Nadal no solo recibía las cosas como venían: les daba un abrazo de oso y las levantaba del suelo, y se mantuvo fiel a ese espíritu cuando se enfrentó a Federer en un partido nocturno en la tercera ronda del torneo de Miami, en marzo del 2004.

Pese a que suele decirse que fue su primer encuentro, era el segundo. Nadal y Tommy Robredo habían derrotado a Federer y a su amigo Yves Allegro 5-7, 6-4, 6-3 en un dobles la semana anterior en Indian Wells, en la ronda de 16.

Pero Federer aún debía experimentar a Nadal en todo su esplendor, liándola y cubriendo la pista él solo.

Quienes pensaran que Nadal se sentiría intimidado deberían haber visto el resultado de su primer partido del circuito contra Moyá el año anterior: Nadal ganó 7-5, 6-4 en Hamburgo.

Ni siquiera las figuras de su infancia, queridas y benévolas, estaban a salvo del *drive* y el talento de Nadal. Aunque en contra de la percepción que se tiene, Federer no fue un ídolo para Nadal. La diferencia de edad era notable —casi cinco años—, pero Federer acababa de destacar entre el grupo de jugadores con talento cerca de la cima del tenis masculino. Durante la infancia de Nadal, Federer no era el jugador al que había que derrotar. La situación era muy distinta a cuando Federer se enfrentó a Sampras en Wimbledon o cuando Naomi Osaka jugó con Serena Williams en el US Open.

Federer se había plantado (bien plantado) en el n.º 1 hacía muy poco. Se había llevado el Open de Australia, Dubái e Indian Wells y había ganado 55 sets de 62 cuando llegó al partido de Miami. Estaba algo enfermo, aunque no tanto como para no entrar en la pista; la noche antes se había abierto camino en tres sets contra Nikolay Davydenko.

«¿Hay una posibilidad real de que Nadal derrote a Federer hoy?», preguntó John Barrett, el venerable comentarista británico y exjugador que cubría el partido para la televisión.

Con Nadal preparándose para sacar con un 1-2 en el primer set, el compañero de retransmisión de Barrett, Doug Adler, respondió que no y dijo: «Lo último que uno quiere es perder contra un jugador nuevo de 17 años».

Barrett coincidió y añadió: «Creo que si Federer está de humor va a ser...».

Se paró en mitad de la frase mientras Nadal lanzaba la bola al aire. Lo que siguió fue el primer punto que le mostró a Federer el calibre del desafío. El suizo dio un golpe cortado, profundo, a lo que se suponía que era la esquina de revés de Nadal. Nadal fue lo bastante rápido para pasarlo y lanzar un derechazo. Federer disparó a la otra esquina un revés que podría haber considerado ganador. Nadal esprintó por el fondo en un pispás y devolvió otro derechazo a toda máquina para mantener el peloteo en marcha, antes de ganarlo con una ráfaga de puñetazos disfrazados de golpes de fondo.

Fue un increíble anticipo de los peloteos entre Federer y Nadal que llegarían con los años. Barrett, sensatamente, no se molestó en acabar su idea sobre lo poco reales que eran las opciones de una derrota sorpresa.

Incluso entonces, Nadal era ya, en ciertos aspectos, el Nadal que conocemos ahora. Estaba obsesionado con la colocación precisa de sus botellas de agua en los cambios y, sí, se pellizcaba el trasero de los pantalones. Pero algunos tics aún no habían aparecido, como el de tocarse compulsivamente los hombros, la nariz y las orejas antes de sacar.

Su caminar entre los puntos era deliberado, pero no tan agotador. En general, Nadal supo afrontar la cuestión y hacerlo con brillantez, mientras Federer luchaba por ajustarse a los giros que Nadal daba a la bola, a su fuerza y energía.

Federer no tuvo su mejor momento ni por asomo. Falló derechas de rutina y jugó voleas mal, aunque eso también se debió a la presión de Nadal.

Golpes que acababan con otros no acababan con Nadal, por su velocidad y su capacidad para generar restos penetrantes desde lo que parecían ser posiciones vulnerables. Sus golpes de fondo estaban a otro nivel: Federer no ganó un solo punto en sus primeras seis incursiones a la red.

El joven no fue del todo inmune a la ocasión: en sus primeros puntos de rotura, devolvió la bola tembloroso. Pero se adaptó rápidamente, una señal de la claridad mental que podía conseguir encontrándose bajo presión. A medida que avanzaba el partido, Nadal fue dictando los términos desde la línea de fondo, incluso cuando Federer se acercaba más al fondo y redoblaba la cadencia. Nadal puso en juego el 81% de sus primeros saques y no se enfrentó a un solo punto de rotura, tampoco cuando sirvió con sangre fría para sellar la derrota sorpresa, atacando la red en el último punto después de romper el revés de Federer (otro anticipo de los partidos que vendrían).

Marcador final: 6-3, 6-3 para Nadal en solo 69 minutos.

«Uno se pregunta qué le aguarda en el futuro a este zurdo asombrosamente talentoso de Mallorca», dijo Barrett.

Al verlo desmantelar a Federer con entusiasmo en Miami, quedó claro que Nadal ya era un campeón. Solo era cuestión de cuándo estaría en plena forma para hacerlo oficial.

Eso no ocurriría en el 2004. Nadal se perdió el grueso de la temporada sobre tierra y Wimbledon a causa de una fractura por estrés en el pie izquierdo. En lo que pareció más bien una lotería, el ganador de Roland Garros fue el argentino Gastón Gaudio, que no ganaría más Grand Slam y que salvó dos puntos de partido contra Guillermo Coria, su compatriota y favorito, en una emotiva final que pareció quitarles todo el fuelle a las carreras de ambos.

Para mí, cualquier duda sobre el potencial de Nadal y su aplomo bajo presión quedó borrada ese mismo año, cuando se enfrentó a Andy Roddick en la final de la Copa Davis en Sevilla, España.

La final se jugó delante de 27 200 espectadores, una cifra récord entonces para un partido de tenis oficial, y con el frío suficiente a principios de diciembre para que el aliento se hiciese visible en aquel estadio descubierto.

Pese a que Nadal solo iba a jugar dobles, los capitanes no eran tontos. Sabían lo que tenían y decidieron arriesgarse a un desacuerdo interno en pos de un bien mayor: designaron a Nadal reemplazo de Ferrero (en horas bajas) para uno de los partidos individuales de la jornada inaugural.

Roddick, patriota del tenis al que le encantaba la Copa Davis en detrimento de sus resultados del circuito regular, estaba inspirado. Pero Nadal resultó trascendente: ganó 6-7 (6), 6-2, 7-6 (6), 6-2.

Yo vivía entonces en Sevilla y escribí lo siguiente desde la grada (con un jersey y una bufanda): «El mundo del tenis está lleno de jóvenes que parecen espectaculares desde la línea de fondo en la práctica, pero lo que crea grandeza es la capacidad para aprovechar una gran ocasión. Pese a la merecida reputación de España de afrontar la vida con exuberancia, sus mejores jugadores por lo general han sido reservados sobre la pista: Sergi Bruguera, Àlex Corretja, Albert Costa, Moyá y Ferrero. Sin embargo, Nadal no esconde sus emociones bajo la manga, una metáfora que sería más apropiada si no hubiese jugado hoy en tirantes. Hay puños en alto, tijeretas y aullidos, emociones al viento.

»Resumiendo, Nadal levanta al público (como Jimmy Connors o Lleyton Hewitt), algo que quizá no le evite quedarse sin fuelle durante una temporada larga ni le granjee el cariño de sus colegas, pero sí el de los españoles. Al final del intrépido recital de hoy, estaban todos bajo su hechizo.»

Nadal seguía en el n.º 51 del *ranking*, pero eso no podía durar ni duraría. Explotó con once títulos en el 2005, incluido Roland Garros en su debut, con 19 años. En julio había subido al n.º 2 en los *rankings*.

Federer lo frenó, un poco, en una final a cinco sets en Miami, en abril, tras remontar después de perder los primeros dos sets y estar 1-4 en el tercero.

La intensidad del combate bastó para que Federer perdiese por un momento su calma, como le había ocurrido contra Safin en el Open de Australia unos meses antes. Tras contraatacar en el tercer set, Federer no supo convertir un punto de rotura con un 4-4. Nadal conservó su saque y Federer tiró la raqueta a la pista.

«Perdía una oportunidad tras otra. Me sentía como subiendo constantemente una cuesta —asegura Federer—. Estaba harto. Así que la lancé fuerte. Quizá me sirviera de algo, quizá me despertase. ¿Quién sabe?»

Nadal, inteligente, se tomó esa rara expresión como un cumplido, y en los años siguientes se acostumbraría a los cambios en el microclima de Federer.

«Claro que sorprende ver a Federer tirar la raqueta. Pero te hace pensar que estás más cerca de la victoria», dice.

Nadal estaba acercándose, sí: a dos puntos del título, tras ponerse 5-3 en el *tiebreak* del tercer set. Pero Federer se levantó a tiempo, arrasó en los cuatro puntos siguientes, se llevó el set y luego mostró aún más aguante hasta ganar: 2-6, 6-7 (4), 7-6 (5), 6-3, 6-1.

«Para mí ha sido un gran partido, porque sé lo gran jugador que va a ser Nadal algún día», comentó Federer.

Y no tuvo que esperar mucho. Dos meses después, sobre tierra, en París, Federer no encontró escapatoria y perdió contra Nadal en cuatro sets, el día que el español cumplía 19 años, en unas semifinales que fueron el primer cruce de ambos en un Grand Slam. Dos días después, Nadal derrotó a Mariano Puerta en la final y se unió al grupo de Björn Borg, Mats Wilander, Boris Becker, Michael Chang y Pete Sampras: ganadores individuales masculinos de un Grand Slam antes de los 20 años.

Con el título en la mano, Nadal lloró por primera vez tras una victoria (los paralelismos con Federer tienen sus límites).

«Va a ser una leyenda», dijo Puerta.

Los jugadores que acaban siendo lo bastante buenos para ganar un grande son todos notables, todos dignos de atención. Basta pensar en los millones de personas que agarran una raqueta. Las opciones de llegar a la cumbre son ridículamente bajas. Pero los prodigios, para bien o para mal, tienen un atractivo especial. Su éxito huele a destino: fascina su capacidad para saltarse los escalones que llevan a la cima y fascina ver hasta dónde los llevará la ventaja con la que parten.

El tenis español ha dado muchas estrellas desde que Manolo Santana ganara cuatro grandes en la década de 1960. Pero Nadal era su primera superestrella: un auténtico prodigio con una combinación irresistible de carisma voluntarioso y valores a la antigua usanza, como humildad y familia; tampoco perjudicaba que fuese guapo. El tenis seguía teniendo tintes elitistas en España: evocaba clubes privados y distinciones de clase. Pero Nadal lo popularizó a fuerza de «Vamos».

El interés no se limitó a España: mi artículo sobre su victoria en Roland Garros y la celebración que siguió salió en la portada del *The New York Times*.

El inglés era entonces un reto para Nadal, pero yo tenía un nivel práctico de español (tampoco una maravilla melódica) tras años viviendo en Sevilla. Tuvimos una entrevista cerca de medianoche, mientras Nadal celebraba su primera y exitosa victoria en el Café de l'Homme, un restaurante en la plaza del Trocadero con vistas a la torre Eiffel. Fue una fiesta sorprendentemente tranquila; según sabríamos con los años, los Nadal pretendían mantener las grandes victorias en perspectiva, incluso minimizarlas.

El nuevo campeón estaba rodeado de familia y amigos. Llevaba un traje negro y una corbata modesta: todo un contraste con los pantalones capri y la camiseta de tirantes verde fluorescente que había usado en el torneo.

«Espero que esto no me cambie —dijo—. Quiero seguir siendo el mismo de siempre. Espero seguir adelante y creo que seré capaz de hacerlo.»

Desde luego, ayudaba ser sobrino de Miguel Ángel. La familia Nadal llevaba décadas lidiando con el culto a la fama y estaba mucho mejor equipada que muchas familias para separar las esferas pública y privada.

Había hablado de Nadal con Federer por primera vez poco antes del Roland Garros 2005, cuando Roger me concedió una entrevista para el *The New York Times* y el *The International Herald Tribune* en la *suite* ático del Hotel Crillon, su principesco refugio con vistas a la place de la Concorde y la Assemblée Nationale.

Federer llevaba ya una vida muy buena. Su segundo año en el n.º 1 estaba avanzado. Para Vavrinec todo iba muy bien también. Federer no tenía representante a tiempo completo y había roto con IMG. Sus padres lo ayudaban a gestionar muchos de sus asuntos empresariales y Vavrinec, que había abandonado el tenis por problemas crónicos en los pies, era su ayudante personal y su enlace con los medios, además de su novia.

Se trataba de una figura poco definida, en la que aún estaban trabajando. Mientras hablábamos, Vavrinec se probaba ropa de diseño para una sesión de fotos con una revista. Nos interrumpía a cada tanto para que Federer le diese su opinión sobre el modelo chic informal que acababa de probarse. Roger le prestaba toda su atención, respondía que sí, que no, que más o menos y luego, con mucha educación, reanudaba la entrevista: «¿Qué me decías?».

—Te hablaba de Nadal.

—Es impresionante, ¿eh? Ya me ha superado y tiene cinco años menos. ¡Imagínate cómo será dentro de cinco años! Es bueno para el tenis tener a chavales y jugadores tan distintos, pero a los 18 o 19 yo no era así ni por asomo.

—Desde luego, te evitará caer en la autocomplacencia.

—Creo que también es bueno que sea zurdo. Ya no quedan muchos zurdos con calidad.

Habló sobre la retirada de Thomas Muster, Goran Ivanisevic, Petr Korda y Marcelo Ríos, todos grandes zurdos; y podría haber mencionado a su propio entrenador, Tony Roche, otro zurdo.

«Estamos faltos de zurdos —siguió Federer—. Creo que está bien tener a Nadal, porque eso cambia además las dimensiones de la pista, la manera en la que juegas. La bola gira hacia el otro lado, así que va a ser interesante. El plan de juego es totalmente distinto.»

La respuesta era curiosa en varios niveles, y no menos porque Federer ha tendido durante mucho tiempo a hablar de Nadal como si fuera un fenómeno natural, como una marea de perigeo o una tormenta tropical («Es impresionante, ¿eh?»).

De todos modos, lo que me impactó ese día (cuando Vavrinec no nos estaba distrayendo con otra blusa de inspiración campesina) fue cómo Federer había entrado en modo «guardián del deporte». Aquel joven emergía, listo para machacarlos a todos (desde el respeto), y Federer veía buena para el deporte su variedad estilística. Quizá fuera su modo de alejarse del impacto directo que Nadal podría tener en su sustento y en él mismo, aunque estoy convencido de que también era pura curiosidad. Federer ve mucho tenis, sus propios partidos incluidos.

«Es decir, no hemos visto a Marat, a Lleyton, a Andy ni a Coria jugar ya con la zurda, solo con la diestra», dijo.

En ese momento pensé que era una pena que los Nadal, para quienes la zurda fue una elección, no estuviesen escuchando aquello, porque les habría parecido divertido... Y toda una reafirmación.

Federer también dejó claro que sabía a lo que él y todos los demás se enfrentaban.

«Hace tiempo ya que me di cuenta de que iba a llegar —dijo de Nadal—. La cuestión era cuándo. Y cuando el equipo español lo eligió para la final de la Copa Davis el año pasado, pensé: "¡Buena suerte, Andy!".»

No obstante, al menos el resto del 2005, Nadal no se adentró más en los dominios de Federer. No volvieron a jugar ese año. Tras Roland Garros, Nadal ganó cinco títulos más, todos en torneos que Federer se saltó, pero perdió pronto en Wimbledon y el US Open.

Federer ganó esos dos grandes tras derrotar a Roddick en tres sets en el All England Club y a Agassi en cuatro sets en Nueva York.

Agassi, el finalista masculino individual de Grand Slam con más edad desde Ken Rosewall en 1974, fue notablemente competitivo en la derrota con 35 años, aunque en la sala de prensa quedó imbatido cuando hubo que poner en perspectiva las virtudes tenísticas de Federer.

Agassi antes de la final: «Es un reto muy sencillo. La mayoría de la gente tiene debilidades y solamente un buen golpe. Federer no tiene debilidades y tiene unos cuantos buenos golpes. Así que ahí hay un problema».

Agassi después de la final: «Pete era genial, no hay ninguna duda, pero había algún sitio por el que entrarle. Sabías lo que tenías que hacer, y si lo hacías podías imponer tus reglas. Con Roger no hay ningún sitio. Creo que es el mejor jugador contra el que me he enfrentado».

Las cifras en ese punto eran vertiginosas. Federer iba 6-0 en finales individuales de Grand Slam y había ganado veintitrés finales de torneos seguidas. Hasta entonces, el récord masculino en la era Open había sido de doce y lo compartían Björn Borg y John McEnroe. Las victorias de Federer fueron en todas las grandes superficies: dieciséis en pista dura, cuatro en hierba y tres en tierra.

Al día siguiente nos vimos en un bar deportivo de Times Square, como parte de su gira mediática después de la victoria. Federer estaba más moderado de lo habitual tras haberse acostado a las tres de la mañana. Parecía más satisfecho que eufórico cuando se sentó en una silla tapizada y estiró las piernas. Los movimientos de Federer dentro y fuera de la pista tienen un toque felino; en el *The New York Times* escribí que me recordaba a «un gato bien acicalado y feliz».

Mencioné su racha de veintitrés finales ganadas. «Es algo de lo que me siento realmente orgulloso. Cuando llegué no tenía fama de constante y le he dado la vuelta. Me siento bien conmigo mismo sabiendo que en los momentos importantes soy capaz de encontrar la manera de jugar siempre al máximo y salir adelante, aunque sé que esa racha puede acabar muy rápido.»

Cada vez había más expectación sobre cuánto tardaría en machacar el récord de Sampras de catorce títulos de Grand Slam, que ya no parecía inaccesible solo dos años después de la retirada oficial del estadounidense.

«No quiero fijarme en los Slam como si fuesen lo único importante —dijo Federer—. Eso equivale a decir que los otros torneos, en los que compito con los mejores jugadores o juego delante de miles de personas, no importan. Tengo 32 títulos, y seis de ellos son Grand Slam. Está claro que la mayoría son de otros torneos.»

Muy bien visto. En un paisaje mediático atestado, solo los números más llamativos destacan en la marabunta. El recuento de Grand Slam era lo que más brillaba entonces, pero no eran una referencia histórica fiable, teniendo en cuenta que un grande de siempre como Borg jugó el Open de Australia solo una vez y un talento incluso más duradero como Jimmy Connors, cuya carrera duró veinte años, lo jugó solo en dos ocasiones.

La comparación entre épocas era engañosa, a veces sin sentido. Incluso Agassi se había saltado el Open de Australia los primeros ocho años de su carrera profesional y luego dos veces más por lesiones. Aunque quizá por eso Agassi se mantuvo fresco hasta bien entrada la treintena.

«No me sorprende que Andre quiera seguir, incluso con 35 años —me dijo Federer—. Si no tiene dolores al jugar y es feliz con unos pocos torneos al año, ¿por qué no?»

Para quien quiera pistas sobre los planes a largo plazo de Federer, aquí hay una buena. Roger había estado observando de cerca a Agassi y pronto observaría a Nadal mucho más de cerca.

El español era lo máximo, cierto, aunque tuvo que apartarse del circuito otra vez a finales del 2005 y principios del 2006 cuando regresó su problema en el pie izquierdo. Sus médicos de siempre estaban desconcertados y un especialista de España le dijo que era un problema congénito en un huesecillo, el escafoides tarsiano, y que quizá no pudiese volver a jugar al tenis de competición. Nadal estaba devastado, pero su padre era tercamente optimista y al final encontraron la manera de reducir el estrés sobre el hueso con plantillas y zapatos personalizados, diseñados en un viaje a la sede de Nike en Oregón.

Nadal logró reanudar su viaje hacia la cima, aunque con la nueva certeza de que las carreras tenísticas eran efímeras. Si bien ya de antes jugaba todos los puntos como si fuesen el último, desde entonces sentía que podía ser así de verdad.

Tras perderse el Open de Australia 2006, regresó al circuito con una venganza y derrotó a Federer en pista dura en la final de Dubái, que para entonces era la segunda casa de Roger y su base de entrenamientos con clima cálido.

Ese fue el año en el que se hicieron archienemigos. Jugaron en total seis veces, el máximo de su historia. Nadal ganó cuatro partidos: tres sobre tierra. Todos menos uno de esos partidos del 2006 fueron finales, entre ellas, un ultramaratón: una prueba de agallas en cinco sets en el Masters de Roma que ganó Nadal tras 5 horas y 5 minutos con un marcador largo de 6-7 (0), 7-6 (5), 6-4, 2-6, 7-6 (5).

Incluso pasados todos estos años, sigo pensando que ese partido fue el segundo mejor que jugaron en términos tenísticos, y sin duda fue el más tenso. Federer acusó a Toni Nadal de dar instrucciones ilegales a Rafa desde el palco de jugadores.

Nadal remontó desde el 1-4 del último set y salvó dos puntos de campeonato en su último juego al saque, mientras Federer cometía dos errores no forzados con su golpe distintivo, la derecha. Esas pifias y las que siguieron en el *tiebreak* dejaron más que claro hasta dónde había logrado adentrarse Nadal en la cabeza de Federer.

Contra otros jugadores, Federer dejaba que la cosa fluyera. Contra Nadal, presionaba. Federer seguía en el n.º 1 y seguía siendo el campeón en serie de Wimbledon y del US Open, los dos torneos de perfil más alto del mundo. Pero Nadal lo había redefinido, lo había hecho vulnerable.

Quizá parezca una exageración, teniendo en cuenta que Federer ganó tres de los cuatro grandes títulos individuales en el 2006 y el 2007 y siguió en la cima del *ranking* durante un récord de 237 semanas consecutivas. Sin embargo, incluso en esas temporadas de grandes logros, costaba quitarse la imagen de Nadal derrotándolo una y otra vez sobre tierra, de la barbilla de Federer y su confianza cayendo en picado mientras el patrón se repetía.

Si hubiese perdido los mismos partidos contra jugadores distintos, el impacto habría sido menor. Pero perderlos frente al mismo hombre, cinco años más joven, magnificaba el efecto y el interés público.

El momento de Federer de rugir en libertad, sin trabas y muy por delante de sus perseguidores, fue más breve de lo que muchos recuerdan: una temporada en el 2004 (si no se cuenta la derrota en Miami) y buena parte de otra temporada en el 2005. No obstante, la rivalidad que surgió rápido con Nadal —y no a favor de Federer— también humanizó a Roger de un modo que, me parece, contribuyó a su perdurable popularidad. Su juego suave y creativo era hipnótico, incluso para los legos, cosa que sin duda ayudó. Sus buenos modales y su notable cercanía a los fans también influyeron, así como su manera espartana de jugar con dolor, que en parte era una muestra de respeto hacia esos fans. Sin embargo, Federer no fue un verdadero ogro del tenis más que un par de temporadas.

A los aficionados les costaba más cansarse de que Federer ganara títulos, grandes o pequeños, después de que Nadal les recordase que las victorias no estaban dadas. «Para que el público se vea reflejado en alguien como Roger creo que tiene que sentir que esa persona es vulnerable —me contó Andy Roddick—. Solo hay que fijarse en cómo el público veía a Andre cuando era joven y descarado, con esas pintas de pirata, y cómo lo veía después de las terribles historias personales que vivió y superó. Creo que la gente quiere poder verse reflejada, así que cuando Roger es incapaz de arreglar algo en su juego, la gente piensa que a lo mejor es como cualquiera de nosotros de alguna manera. Y Roger no nos va a dar explicaciones. No es tan inseguro como para tener que defenderse.»

«Quizá eso influya mucho en que su popularidad no decaiga —comenta Martina Navratilova cuando se lo menciono—. A ver, es que es de Suiza. Es neutral. No amenaza a nadie.»

La nacionalidad suiza no había sido suficiente para hacer de Martina Hingis una figura universalmente querida. Navratilova, que ganó Wimbledon nueve veces en individual, tuvo una racha en la que fue una fuerza irresistible: ganó seis grandes títulos seguidos en la década de 1980. Pero no solía estar entre las favoritas del público; en su mejor época, le quitaba todo el suspense a muchos de los partidos.

«Siempre destrozaba a la gente en la red y era más rápida y más fuerte, así que al público le daba pena mi oponente —asegura Navratilova—. Con Roger nadie siente pena por su oponente. Admiran el tenis que juega Roger en vez de preocuparse por el chaval al que está destrozando y que no puede ganar ni un juego.»

Sin embargo, Federer pocas veces logró destrozar a Nadal. Incluso su refugio más seguro, la hierba del All England Club, pronto sería zona de peligro.

Nadal no era un simple especialista en tierra, aunque a los demás nos llevase tiempo averiguarlo. Toni se había centrado mucho en reforzar sus habilidades en todas las superficies cuando Nadal era joven. Le exigía que corriese a la red contra jugadores menores, aunque eso supusiera perder ante ellos.

Aunque su preparación del *drive* y el saque intimidatorio no fueran herramientas ideales para pista rápida, Nadal tenía la potencia de golpeo, la complexión atlética y la mentalidad necesarias. No le daba miedo aprovechar una oportunidad, como confirmará y admirará quien lo oyese poner a prueba su rudimentario inglés ante públicos numerosos.

Para Toni, como jugador profesional, la falta de un arma había sido un lastre y quería que su sobrino estuviese mejor armado.

«Yo era un jugador defensivo y no triunfé así, ni de lejos. La idea era que Rafa fuese un jugador agresivo —me cuenta Toni Nadal—. Y resulta que además ese estilo de juego va con su personalidad.»

En realidad, Nadal es un cúmulo de contradicciones. En su autobiografía del 2011, *Rafa*, su madre, Ana María, habla sobre la ansiedad constante de Nadal ante la idea de que su familia caiga enferma. Rafa le recordaba siempre a su madre que condujera despacio de camino a Palma y que apagase la chimenea por las noches, e incluso la llamaba desde los restaurantes para asegurarse de que lo hubiera hecho.

Al contrario que muchos otros jugadores masculinos españoles, Nadal había crecido con Wimbledon como objetivo. Toni había subrayado su importancia desde muy pronto, aunque Roland Garros fuese el título que ganaban estrellas españolas como Sergi Bruguera, Alberto Costa y Moyá. Con 14 años, Rafa hablaba abiertamente de querer ganar en el All England Club. Después de todo, Santana había demostrado en 1966 que era algo posible para un hombre español. Antes del debut de Nadal, Feliciano López, un zurdo cinco años mayor que él, había llegado a la cuarta ronda del torneo dos veces con su elegante juego de ataque y su revés cortado y limpio.

«Los jugadores españoles están empezando a obtener buenos resultados en estas superficies —me dijo Nadal en su primer Wimbledon—. Se ve sobre todo en los jugadores jóvenes que van saliendo, interesados en jugar en estas superficies y desarrollar su juego. Creo que es bueno para el tenis.»

A Nadal le ayudaba que Wimbledon ya no recompensara solo a quien tenía un gran servicio y corría a la red. Por entonces, el bote era más auténtico y ligeramente más alto, lo que permitía a los jugadores de fondo poner en juego más restos y hacer más daño desde ahí. Las cuerdas de poliéster y la tecnología moderna de las raquetas también ayudaron a los jugadores de fondo y homogeneizaron el juego en los cuatro grandes torneos además de otros.

Un Nadal contra Federer en hierba se asemejaba poco a un Sampras contra Ivanisevic en hierba. Un Nadal contra Federer en Wimbledon, estilísticamente, no estaba lejos de un Nadal contra Federer en el Open de Australia: muchos intercambios desde el fondo, algunas incursiones a la red y tenis agresivo cuando una bola aterrizaba muy corta o flotaba muy alto.

En el 2006, Nadal llegó a su primera final de Wimbledon y forzó el cuarto set contra Federer; estaba feliz de jugar allí, sin más, aunque el aspecto de Federer fuese de alivio, encantado con su cuarta victoria consecutiva en el torneo.

Pero para el 2007, cuando Nadal regresó a la final, las expectativas del español habían cambiado.

Fue un año único en Wimbledon. Habían desmantelado la superestructura que cubría la pista central para facilitar la instalación de un techo retráctil. La pista central, comparable siempre al Globe Theatre, durante un verano fue más bien el estadio Rose Bowl: abierta al cielo e incluso a la luz del sol, que lucía bien en la final.

La cosa llegó al quinto set. En el tercer juego, Nadal puso a Federer en un 15-40 a su servicio, y en el quinto, otra vez. En ambas ocasiones, Federer escapó con ayuda de Nadal, que falló unos restos muy factibles en dos de los cuatro puntos de rotura y falló también, ansioso, una derecha amplia tras otra.

Entonces, Federer le rompió el saque a Nadal para ponerse 4-2 con una derecha paralela ganadora, muy inspirada, que desatascó un peloteo ajustado. El impulso había cambiado del todo y, con un remate, Federer finiquitó su final más dura en un grande. Cayó a la hierba como si le hubiese golpeado un objeto volante y se cubrió la cara con las manos.

Ya estaba llorando cuando llegó al suelo y, aunque Nadal mantuvo la compostura, al poco estaba sollozando en una ducha con el agua abierta, abatido por su juego incierto en el quinto set.

Con su quinto Wimbledon consecutivo, Federer igualaba el récord masculino de la era moderna que ostentaba Borg, algo que el propio Federer impidió hacer a Sampras.

Borg, el sueco ecuánime, estaba sentado en la primera fila del palco real para ver el último triunfo de Federer, con su melena rubia ya canosa. A Nadal lo habían comparado con Borg muy a menudo por su potencia en los efectos, su revés a dos manos y su instinto asesino. Pero Federer conocía bien a Borg y su presencia le resultaba inspiradora.

«Ha sido muy oportuno. Verlo ahí esperando ha sido genial», dijo Federer. Me pareció interesante que Borg hubiese reprimido sus emociones y acabara quemándose mientras que Federer las había reprimido igual y había seguido jugando (y jugando y jugando) con pasión.

Desde luego, Federer iba vestido para la historia del tenis: en la ceremonia de premios apareció con una chaqueta blanca y unos pantalones de chándal largos y blancos que recordaban a los de antaño (dio igual que se los hubiese puesto del revés por error).

Con el trofeo de nuevo en la mano, habló desde la pista con Sue Barker, de la BBC, que le preguntó por Nadal. «Me alegro mucho con cada cosa que consigo ahora, antes de que él se lo lleve todo. Está mejorando muchísimo», respondió.

Era el undécimo título de Grand Slam para Federer. Aumentaría su total a doce dos meses después al ganar otro US Open, pero ya iba asumiendo que se lo veía como parte de una pareja.

«Al principio, no quería tener ningún rival», dijo.

Federer y Nadal eran un gran contraste estilístico en ciertos aspectos, un contraste que Nike cultivó con mimo, como había hecho con Sampras y Agassi en la década de 1990.

Federer era elegancia, templanza adquirida y potencia sin esfuerzo; Nadal era exuberancia, fuego innato y bíceps a la vista. Federer era suave y clásico; Nadal era rudo y de vanguardia. Federer era tradición; Nadal era juventud.

Su actitud previa a los partidos también era opuesta. James Blake, el estadounidense que fue n.º 4 del mundo en el 2006, derrotó a Nadal en semifinales de Indian Wells ese año y luego perdió contra Federer en la final.

«Fue muy gracioso ver las diferentes dinámicas en el vestuario —me cuenta Blake—. Los dos son tipos geniales, pero antes del partido Rafa se pone sus auriculares Bose enormes y empieza a correr por el vestuario, dando carreras, golpecitos con los dedos. Como un animal enjaulado. Al día siguiente me toca contra Roger y nos ponemos a hablar de su casa de Suiza, de que ha comprado un terreno y lo que van a hacer Mirka y él... Era como si estuviésemos sentados en una cafetería, todo muy relajado.»

Aun así, los dos, no solo Nadal, hacían un notable cambio de chip cuando llegaba la hora del combate: se transformaban en campeones con mirada de acero. Sencillamente, Federer esperaba hasta más tarde. La transformación de Nadal llegaba en el vestuario; la de Federer, en la pista.

«Creo que la gente infravalora el instinto asesino de Roger —dice Blake—. Como está tan relajado antes de los partidos, en plan: "Ah, sí, vente a ver el campo suizo, es muy bonito, bla, bla, bla"... Pero luego sale y me revienta. Sigue teniendo esa mentalidad de luchador absoluto, esa actitud de "voy a ganar".

Pero no va por ahí con el rollo que la gente asocia a eso, como Rocky Balboa.»

Nadal, con sus rituales previos a la batalla y sus saltos de canguro en el túnel del estadio, proyectaba una imagen de guerrero ante sus colegas y eso resultaba intimidatorio. Federer era más 007: igual de letal pero capaz de neutralizar la amenaza sin que lo vieras sudar, terminando a tiempo para el cóctel.

No obstante, había importantes puntos comunes: los dos eran de pinceladas gruesas y granulosos.

Eran personas sensibles y empáticas, criadas por sus familias para creer en los modales: había que dar la mano con firmeza, hacer contacto ocular, agradecer el esfuerzo y los favores... El lema de Federer era: «Es agradable ser importante, pero más importante es ser agradable». Nadal y su familia se suscribían a: «No eres especial por ser quién eres, sino por lo que haces».

Los dos eran fanáticos del fútbol que podrían haberse hecho profesionales, y aunque los dos se alegraron de acabar la educación obligatoria a los 16 años, sentían curiosidad por el mundo que recorrían en busca de la gloria tenística. Los dos tenían una relación estrecha con sus padres, pero en su juventud habían dependido mucho de un antiguo profesional del tenis cuyas aspiraciones se habían truncado. Incluso su elección de preparador físico fue similar. Tanto Pierre Paganini como Joan Forcades eran personas reflexivas que preferían trabajar de manera poco convencional, en la sombra, en vez de viajar por el circuito.

Paganini y Forcades (profesor a tiempo parcial de Mallorca) vieron que la preparación tradicional no era ideal para sus clientes, así que rompieron con las carreras y los levantamientos de peso para centrarse en el movimiento directamente ligado al ritmo del tenis, un ritmo percutor de inicio-parada.

«No creo que Roger haya salido a correr en veinte años», dice Yves Allegro.

Tanto Federer como Nadal, en un nivel más sustancial, estaban además anclados en una cultura de valores igualitarios que templaba su sensación de importancia y les permitía vivir sin molestias ni acosos: Federer en Suiza y Nadal en la burbuja de su clan en Mallorca.

La barrera lingüística entre ellos fue real durante un tiempo, pero conforme el inglés de Nadal mejoraba lentamente (el español de Federer nunca lo hizo), se iban dando cuenta —como una foto que se revela en un cuarto oscuro— de que compartían más de lo que podrían haber imaginado.

«Sabemos cuánto nos respetamos el uno al otro —me dijo Federer hace más de una década—. Se lo veo en los ojos y él me lo ve a mí. Sabemos lo que sentimos el uno por el otro.»

No se trata de una amistad cercana según la definición usual del término, pero sí de algo especial.

«Amistad es una palabra muy seria —me dice Nadal en nuestra entrevista más reciente—. Pero creo que tengo una muy buena relación con Roger, de mucho respeto y mucha confianza entre nosotros. Confiamos el uno en el otro y eso es lo más importante. No puedo comparar a Federer con mis amigos de Mallorca, mis amigos de toda la vida, pero creo que tanto Roger como yo apreciamos todas las cosas que hemos vivido juntos.»

Federer había visto a Nadal crecer en confianza fuera de las pistas (dentro nunca había habido un problema).

«Nos gusta vernos y charlar y asegurarnos de que el tenis avanza por el buen camino —dijo—. Recuerdo a Rafa cuando era más joven. Era muy muy tímido, y me miraba y decía: "Lo que Roger diga para mí está bien". Luego creció y desarrolló una personalidad mucho más fuerte, y seguimos pasándolo bien.»

Los dos tienen una vena de la vieja escuela, una percepción de que las relaciones cara a cara y las tradiciones hay que conservarlas, y de que no hay que forzar demasiados cambios en su deporte.

«Al final, creo que en nuestro caso es así —dice Nadal—. Hemos tenido muchas conversaciones y tenemos muchas opiniones muy similares en muchos sentidos, en nuestro modo de entender el deporte y nuestra vida en el deporte.»

Los dos se han hecho cada vez más analíticos, hasta cierto punto a instancias de sus entrenadores, pero ambos prefieren liberar la mente y dejar que el instinto reine bajo presión.

«Roger, por ejemplo, no es muy fan de las estadísticas en el tenis —afirma Nadal—. Yo tampoco. A él le gusta y respeta la historia del deporte, y respeta la historia de los campeones, como yo. Creo que al final compartimos muchas cosas. Y creo que hemos llegado a entendernos mejor con los años.»

Uno de sus entendimientos mutuos: que su rivalidad era muy buena para el negocio.

Todo eso habría sido cierto también sin el año 2008. Además de ese año, tuvieron duelos memorables muchas veces, pero el 2008 los unió definitivamente en la conciencia colectiva.

Fue una secuencia en dos actos: anticlímax en tierra, esplendor en la hierba.

El chasco llegó en la final de Roland Garros, su tercera final seguida en ese torneo. El murmullo antes del partido era más un rugido. Todavía cierro los ojos y veo a Larry Ellison, el estadounidense y magnate multimillonario del *software*, ocupando su asiento unos minutos antes de la final. Ellison, un ávido jugador aficionado, era uno de los hombres más ricos del mundo, capaz de comprar una isla de Hawái (compró Lanai) o de soltar cientos de millones de dólares a la caza de la Copa América de vela, cada vez más periférica. Pero aquella tarde de domingo en París, la expresión de Ellison decía que no quería estar en otro sitio del planeta más que en aquel asiento, listo para ver el más reciente y quizá mejor duelo entre Federer y Nadal.

El duelo acabó en 1 hora y 48 minutos, y eso porque Nadal juega sus saques a un ritmo muy medido.

El marcador final de 6-1, 6-3, 6-0 fue el resultado más disparejo de una final individual masculina de Grand Slam desde que John McEnroe cediese solo cuatro juegos ante Jimmy Connors en la final de Wimbledon 1984.

Nadal rompió el servicio de Federer en el juego inicial y al poco entró en una racha ganadora de 22 puntos de 25.

Federer, como es Federer, trató de cambiar las cartas. Se quedó atrás y peloteó, pero Nadal no dejaba de ser demasiado rápido, demasiado oportunista y demasiado preciso; cometió solo siete errores no forzados en el partido. Federer trató de atacar en la red, solo para arriesgarse a un latigazo en el cuello al ver los *passings* pasar zumbando.

Las cartas estaban echadas y, al acabar, Federer parecía estar solo un poco más avergonzado que Nadal. Cuando el último intento de *drive* de Federer se fue largo, Nadal, tan a menudo vencido por las emociones al ganar Roland Garros, no hizo más que levantar los brazos, sonreír y caminar a la red para el apretón de manos.

«Lo primero es que yo no preparo mis celebraciones. Las hago como las siento —explicó Nadal—. Los otros años había ganado en cuatro sets, fueron partidos más apretados. Esta vez no hubo momentos de tensión máxima. Y, dada mi relación con Roger, me parecía la actitud más correcta.»

Fue una respuesta sincera y razonable: típica de Nadal. No obstante, aquella derrota lo sorprendió tanto como al resto.

Solo unas semanas antes habían jugado sobre tierra, en Hamburgo, donde Nadal luchó contra un Federer reaparecido y ganó en tres sets muy reñidos. Pero en Hamburgo el bote es más bajo y las condiciones, en general, son más duras. En París, Nadal se había equipado para tierra con herramientas que Federer no tenía y se convirtió en el primer hombre desde Borg en ganar Roland Garros sin perder un set.

Borg, en primera fila para ver la final, tuvo una visión muy distinta de la rivalidad Federer-Nadal de la que experimentó en Wimbledon el año anterior. O quizá fuese más correcto hablar de la rivalidad Nadal-Federer: Nadal lideraba la serie 11-6 y había ganado nueve partidos de diez sobre tierra.

«Sin duda creo que ha mejorado —dijo Federer—. Es mucho mejor en defensa, mucho mejor en ataque. Cuando no puedes sacar tu juego y él consigue jugar justo como quiere desde el fondo, bueno, pues a veces acabas con marcadores como este. Para el oponente es duro, claro.»

Tan duro que uno se preguntaba qué efectos secundarios dejaría en Federer para el resto del 2008, cuando la tierra quedase atrás.

«Mira, he derrotado a Rafa 6-0 en un set. Le he ganado en finales otras veces. Le he ganado con comodidad en ocasiones anteriores —comentó Federer—. Y nada de eso me dio una ventaja frente a él en tierra, está claro.»

Por múltiples razones, había sido una racha complicada. En marzo, di la exclusiva de que Federer se estaba recuperando de mononucleosis, y lo hice porque él (en la era previa a las redes sociales) decidió que hablar conmigo y con el *The New York Times* era el mejor modo de difundir noticias y de ayudar a poner en perspectiva sus batallas recientes.

Federer había jugado solo dos torneos en el 2008 y los había perdido. Novak Djokovic lo derrotó en tres sets en las semifinales del Open de Australia y acabó ganando así, con solo 20 años, su primer título de Grand Slam.

«He creado un monstruo. Sé que tengo que ganar siempre todos los torneos —comentó Federer al notar la consternación en la rueda de prensa después de la derrota—. Pero llegar a la semifinal también está muy bien, vaya.»

Federer perdió contra otro veinteañero, Andy Murray, en la primera ronda de Dubái después de pasar cinco semanas fuera de la competición.

En ese descanso, se hizo pruebas en Suiza y en Dubái tras caer enfermo por tercera vez en seis semanas. Los médicos le dijeron que había contraído mononucleosis, muy probablemente en diciembre del 2007. La mononucleosis puede producir síntomas similares a la gripe, además de una fatiga persistente y debilitante. Los médicos suelen recomendar a los pacientes evitar la actividad física intensa al existir el riesgo de rotura del bazo.

Mario Ancic, el talentoso croata, se había visto obligado a estar fuera los primeros seis meses en la temporada del 2007, con más de dos meses postrado en cama, por mononucleosis. Al final, su carrera terminó por eso. Robin Soderling, otro rival de Federer, se retiró por lo mismo en la década de 2010.

«En mi club de Suiza había un futbolista que estuvo fuera dos años —me dijo Federer cuando hablamos por teléfono—. Oyes hablar de dos años y de seis meses y te dices: "Ay, Dios mío".»

Federer confirmó haber recibido el alta médica para reanudar los entrenamientos poco antes del torneo de Dubái.

«Al fin tengo luz verde y al fin puedo dar el cien por cien en los entrenamientos de nuevo. No tenía gracia estar a medio gas. No me gustaba mucho eso. Aunque también era interesante y también hay que pasar por momentos así. Lo sé. A lo largo de una carrera, una carrera larga quizá como n.º 1, tienes que pasar por lesiones y enfermedades.»

Dijo que no había querido mencionar la enfermedad públicamente por miedo a desmerecer las victorias de Murray y Djokovic y parecía avergonzado tan solo por acabar hablando de ello.

En todo caso, Federer sintió la necesidad de desvelar la situación antes de volver a jugar en Indian Wells. Si los típicos expertos en todo y sus compañeros de juego iban a cuestionar su nivel de juego, al menos que tuviesen toda la información.

En opinión de Federer, su dominio estaba lejos de haberse acabado.

«No creo que sea justo evaluarlo así. Para mí, solo era cuestión de tiempo que subieran hasta arriba los más jóvenes. Ahora que están aquí, son buenos y todo, pero yo sigo siendo el n.º 1 del mundo. Creo que lo están haciendo bien. Pero sería muy prematuro decir eso, casi un poco grosero hacia mí, por todo lo que he hecho en los últimos años. No me parece justo decir: "Este ha perdido dos partidos, ha jugado dos torneos y no los ha ganado, así que está acabado".»

Desde el principio de su carrera, a Federer se le dio muy bien leer las situaciones. Con la antena captaba la negatividad en la sala casi a la misma velocidad que lanzaba una semivolea en mitad de la pista, y con frecuencia trataba de desviar temas antes de que se desarrollaran.

Sin embargo, el 2008 fue un reto sin precedentes en cuanto al control de la situación. Federer contrató a José Higueras, el respetadísimo entrenador español, para que lo ayudase en la temporada de tierra que comenzaba en Estoril. Higueras, antigua estrella española que vivía en un rancho de Palm Springs, California, había sido fundamental en las victorias de Michael Chang y Jim Courier en Roland Garros. Ese seguía siendo el único grande que le faltaba a Federer.

«Roger no estaba en la mejor de las formas, porque el cuerpo creo que tarda unos dieciocho meses en deshacerse por completo de la mononucleosis —me cuenta Higueras—. Me reuní con él en Estoril. Perdí las maletas, así que no tenía nada. Después de cenar, me dijo: "Oye, José, ven a mi habitación". Y fui, y terminamos viendo partidos hasta la una de la madrugada. Lo que más me impresionó de él fue lo interesado que estaba en todo, te preguntaba de todo. Conocía a los júniores y conocía a todo el mundo, y para mí eso fue muy refrescante, la verdad.»

Higueras convenció a un escéptico Federer de empezar a usar una dejada de derecha sobre tierra para cambiar de ritmo. Federer, de aprendizaje rápido, ganó en Estoril. Pero ni toda la sabiduría sobre la pista de tierra de Higueras pudo ayudarlo para la escabechina de la final de Roland Garros.

«Rafa estaba en la cima de su juego y obviamente para Roger jugar en tierra siempre era duro, no solo en cuanto al tenis, sino también mentalmente; y cuando empezó a bajar ya no consiguió que la cosa funcionara», dice Higueras.

Higueras, que solo estuvo trabajando unas semanas con Federer, tenía previsto ir a España a ver a su familia. Sin embargo, poco después de la final recibió un mensaje del agente de Federer, Tony Godsick, que le decía que a Roger le gustaría que Higueras fuese con él a Halle, el torneo de hierba que se celebraba en Alemania la semana siguiente.

«Ya tenía los vuelos comprados, pero pensé: "Joder, después de esa paliza no puedo decirle que no" —cuenta Higueras—. Así que fuimos a Zúrich un par de días y luego a Halle, y salimos a la pista de entrenamiento y era como si Roger acabara de ganar Roland Garros por quinta vez consecutiva, con una alegría enorme por estar dando golpes a la bola y jugar. Me puso de buen humor. Eso es algo que aprendió de alguien o con lo que nació, porque la capacidad para sobreponerte de una derrota como aquella y no guardártela un tiempo es impresionante. Creo que ha hecho lo mismo de manera constante en su carrera.»

Federer ganó Halle sin perder un set y recuperó cierto impulso, pero la realidad fue que llegó a Wimbledon con solo dos títulos en el 2008, Estoril y Halle, ambos eventos menores. Era motivo de alarma, mientras que Nadal no paraba de fortalecerse tras derrotar a Roddick y a Djokovic y ganar en el Queen's Club frente a una pista de hierba más dura que la de Halle.

«Nadal era una bola de demolición», afirma Brad Gilbert.

Federer se puso a tono en cuanto comenzó Wimbledon. Subió de nivel y arrasó hasta la final sin perder un set. Nadal solo cedió uno.

La revancha estaba servida.

«Desde luego, es la final soñada por todo el mundo», dijo Federer.

Y había elementos de ensoñación, sí.

Se trataba del emparejamiento más emocionante, en la pista con más ambiente y más historia del tenis. Federer iba a intentar superar el récord masculino moderno de Borg ganando su sexto Wimbledon seguido. Nadal iba a intentar ganar su primer Wimbledon y convertirse en el primer hombre desde Borg en hacer el escurridizo doblete Roland Garros-Wimbledon.

«Creo que el público percibe que es el destino que Nadal gane aquí tras una final tan reñida el año pasado y su dominio sobre Roger en París —me dijo Darren Cahill antes de la final—. Pero me encanta cómo ha mejorado Roger su juego desde París. Creo que en este Wimbledon está mejor de forma que en el resto del 2008 y que con vistas a la final está cogiendo la mejor forma que le he visto en una final aquí. Creo que de nuevo ha afinado su servicio. Lo coloca en su sitio de una manera preciosa, más cerca de la línea, y hace un montón de *aces*. Y lo que también me gusta, la verdad, es la rapidez de movimiento y la ligereza de pies que tiene. Ha recuperado la agudeza de su juego.»

Parecía que no se contemplaba otra derrota en tres sets, aunque Nadal estaba decidido a hacerlo mientras se preparaba para su tercera final seguida de Wimbledon contra Federer. Sí, tuvo que pincharse un calmante en la planta del problemático pie izquierdo poco antes de la final, pero por desgracia eso no era muy inusual. Aunque Nadal no se sentía favorito, para variar tampoco sentía que llevase las de perder.

En su opinión, el partido estaba abierto, y quizá esa convicción fuera uno de los muchos factores que influyeron en que así lo estuviese.

Nadal ganó los dos primeros sets, remontando desde un 1-4 en el segundo y, aunque Federer empezó a aprovechar más oportunidades al resto y a atacar la red con más frecuencia, Nadal se acercó a dominar también el tercer set. Con un 3-3, Federer cayó al 0-40 en su servicio antes de lograr escapar. Con Federer en 5-4, la lluvia interrumpió el partido durante más de una hora.

Federer, de nuevo sin entrenador formal en ausencia de Higueras, recibió una charla motivacional de Vavrinec en cuanto salió de la pista. Según Jon Wertheim, en su libro *Strokes of Genius* sobre la final del 2008, Vavrinec le recordó a su novio que él, y no Nadal, era el pentacampeón. Federer diría luego que no lo recordaba.

«Mirka no diría eso, no lo creo, la verdad», afirmó en una entrevista con *The Sunday Times*.

Poco más de una hora después, Federer regresaba a la hierba con energías renovadas: ganó el *tiebreak* y forzó un cuarto set. La final estaba a punto de despegar en serio y, aunque Federer iba en ascenso, Nadal subió a su altura.

Lo mejor era estar viéndolo allí, claro. Wimbledon debería incluirse en todas nuestras listas; es un lugar más concurrido y menos exquisito de lo que uno imagina, pero en última instancia es fiel a su reputación. Ya solo el color y la acústica de la pista central merecen la visita: ese modo con el que el sonido se mezcla y retumba por el espacio, destilando el ánimo colectivo.

El tenis es mejor en persona. Eso te permite captar, de verdad, cuánto giro dan a la bola las derechas de Nadal y Federer, lo rápido que pueden acercarse a una dejada desde el fondo y, sobre todo, lo percutores que pueden ser sus lanzamientos cuando intentan romperse el uno al otro.

La televisión aún no ha encontrado la manera de comunicar todo eso, pero más de una década después nadie puede estar en esa final del 2008. Volver atrás en el tiempo y darle al *play* en cualquier punto de las últimas dos horas del partido es sentir la emoción. Está ahí, en la intensa concentración de los combatientes, en las reacciones fuertes e inmediatas del público.

El ambiente cambiaba rápidamente, que es lo que se le exige a la maestría mutua en el tenis, y el ambiente en el campo de Nadal era boyante tras ponerse 5-2 en el *tiebreak* del cuarto set. Estaba a dos puntos del campeonato, con dos puntos más al saque.

¿Había aprendido Nadal a finiquitar a Federer en Wimbledon? Parecía que no: cometió una doble falta cuando su inseguro segundo saque dio en la red. Luego se quedó corto en la pista,

Federer atacó y Nadal erró un *passing* de revés que ha hecho miles de veces contra rivales menores.

Solo le quedaba una ventaja de 5-4, que acabó por desaparecer cuando Federer ganó dos puntos al saque. Nadal superó un punto de set y un largo peloteo y luego consiguió obtener su primer punto de campeonato con 7-6. Federer no se quedó atrás; clavó un primer saque muy amplio que Nadal restó largo de derecha. Llegó el 7-7: hora de que Nadal lanzara un *passing* ganador de derecha a la línea. Podría haber sido el golpe del partido si Federer no hubiese disparado un *passing* de revés ganador a la línea para poner fin al siguiente intercambio y salvar un segundo punto de campeonato.

Después de esas muestras de precisión bajo presión (supera esto, supera tú esto), estaban 8-8. Cuando Federer ganó los siguientes dos puntos, llegó, por fin, la hora de un quinto set.

Es más que puro placer escribir aquí y ahora sobre esto, más que entonces. El retraso por la lluvia suponía que íbamos contrarreloj respecto a nuestro plazo límite en la prensa europea. La agridulce realidad de un quinto set significaba que estábamos contra las cuerdas.

Pasé el resto del partido moviendo la mirada frenéticamente del tenis a la pantalla de mi portátil, deseando saborear un poco el juego.

En casos así, en los que el tiempo apremia, preparamos unos encabezamientos intercambiables: dos versiones de un artículo, una para cada campeón. En una de mis versiones, Federer extendía su reinado en el ocaso; en la otra, Nadal le ponía fin en el ocaso. Pasaría más de una hora hasta descubrir cuál había que borrar.

Habría otro retraso por la lluvia en un 2-2, con Federer al saque en un iguales. Cuando se reanudó el juego casi media hora después, Federer lanzó unos *aces* seguidos para conservar el saque.

Parecía listo para ganar. Después logró un punto de rotura, con Nadal sacando en un 3-4, 30-40. Nadal lo salvó disparando una derecha y luego machacó un golpe ganador por encima de la cabeza a partir de un globo defensivo corto.

También él parecía listo para ganar.

«¡Roger! ¡Rafa! ¡Roger! ¡Rafa!» El público de la pista central no se ponía de acuerdo.

Federer se colocó a dos puntos de la victoria, con Nadal al saque, 4-5, 30-30, pero Nadal volvió a jugar con audacia y conservó su servicio.

Los números del marcador parecían buscar alinearse constantemente: 5-5, 6-5, 6-6, 7-6, 7-7.

Quienes lo veían a distancia no podían percibir cómo estaba oscureciendo. Las cámaras de televisión amplifican la luz. Las condiciones se acercaban a lo impracticable y los *flashes* no paraban de saltar en las gradas mientras 15 000 espectadores seguían grabando el momento.

¿Quién podía culparlos? El clímax, por difícil que fuera distinguirlo en las sombras, merecía la espera. Federer salvó tres puntos de rotura en el siguiente juego; Vavrinec se recostó en su asiento y cerró los ojos un momento, agotada de ver a su novio en la cuerda floja. Pero Roger no pudo salvar un cuarto punto de rotura, tras fallar una derecha que se fue larga.

«Casi no veía con quién estaba jugando», afirmó Federer.

Su oponente seguía siendo Nadal, que iba a sacar para ganar el campeonato con 8-7, con bolas nuevas. A la luz de la luz (eran más de las 21.00), Nadal tendría que ganar ese juego si no quería pasar una noche inquieta en su casa alquilada de Wimbledon a la espera de reanudar la final el lunes.

Habría sido una pena interrumpir la conclusión de esta epopeya tenística. Incluso Federer lo entendió, aunque no tuviese intención de ayudar a Nadal a llegar a la meta. Fue el último año en el que hubo ese tipo de presión en Wimbledon. La superestructura del techo retráctil ya estaba colocada sobre la pista central. En el 2009, el techo y las luces correspondientes estarían en funcionamiento. Independientemente del clima, las finales empezarían y acabarían el mismo día.

Pero aún estábamos en el 2008: el año de Nadal en muchísimos niveles. Federer salvó un tercer punto de campeonato con un 40-30, valiéndose de uno de sus mejores y más firmes restos de revés de todo el partido, pero Nadal continuó impasible y ganó el punto siguiente con un primer saque que Federer no supo gestionar.

Punto de campeonato número cuatro. Nadal, con el pelo apelmazado en el cuello, cumplió toda su rutina, puso en juego otro primer saque y luego dio un revés muy poco inspirado y conservador en su siguiente golpe, que se quedó corto.

Federer se adelantó para responder con el golpe que más veces le había servido para ganar cinco Wimbledon seguidos: el *drive*.

Esa vez dio en la red y Nadal dio contra el suelo: se tiró de espaldas en una tierra que había sido hierba.

Wimbledon tenía nuevo campeón y el tenis masculino tenía una dinámica nueva: 6-4, 6-4, 6-7 (5), 6-7 (8), 9-7.

Federer estaba tal y como puede uno imaginarse al perdedor de un partido así: abatido, ausente, herido.

«Seguramente sea mi derrota más dura, de lejos —dijo después, con los ojos rojos—. No se me ocurren muchas cosas más duras que esta ahora mismo.»

Nadal parecía satisfecho, como tenía que ser: se subió al palco de jugadores como Pat Cash, su compañero de exhibición en Mallorca, para abrazar a su familia y a su equipo, y luego añadió su propio toque del 2008 cruzando por los tejados de las cabinas de comentaristas hasta el palco real para saludar a la corona española, el príncipe Felipe y la princesa Letizia.

«Es la mejor victoria de su carrera; mentalmente nunca ha estado tan fuerte. Ni siquiera en Roland Garros», dijo Toni Nadal.

No obstante, Federer cree que su derrota en la final de Roland Garros 2008 es uno de los factores que llevaron a Nadal a tener la confianza y la fuerza de arrebatarle la corona de Wimbledon. Se quejó además de la visibilidad y de la decisión de seguir jugando.

«Habría sido tremendo para los aficionados y los medios, para nosotros, para todo el mundo, volver mañana, pero ¿qué le vamos a hacer? Obviamente, para mí es duro ahora mismo: haber perdido el mayor torneo del mundo quizá por no tener un poco más de luz.»

Pero la oscuridad era la misma para Nadal y él sí había logrado hacerse con el campeonato.

«Creo que ya he demostrado que no soy solo un jugador de tierra —comentó Nadal—. Pero ganar esto es muy especial para mí. De los cuatro Grand Slam, este es el más tradicional. Es el torneo por excelencia.»

¿El mejor partido de la historia? ¿De verdad hay que elegir? No debería desmerecerse la victoria en cinco sets de Borg sobre McEnroe en la final de Wimbledon 1980. Otro zurdo contra diestro, con un mayor contraste en personalidad y estilo y con mucho más juego en la red que al fondo, algo que siempre será emblemático de Wimbledon para mi generación y quienes nos precedieron.

McEnroe calificó el duelo de Nadal y Federer como «el mejor partido que he visto», aunque él estaba demasiado ocupado jugando esa final de 1980 para comparar méritos. McEnroe salvó siete puntos de campeonato, cuatro más que Federer, y cinco de ellos en el *tiebreak*, que ganó 18-16 para forzar un quinto set. Pese a que muchos de los juegos al saque en ese quinto set fueron disparejos, la cosa terminó con un arrogante *passing* ganador de revés de Borg, mientras que el duelo de Federer y Nadal acabó con un poco apropiado error de nervios.

En cuanto a aguante y fortaleza mental titánica, la victoria en casi seis horas de Djokovic sobre Nadal en el Open de Australia 2012 también merece cierto aprecio. Pensando en la emoción constante y la recompensa sentimental, siento debilidad por la victoria en cinco sets de Goran Ivanisevic sobre Patrick Rafter en la final de Wimbledon 2001, un «lunes popular» en el que el vulgo pudo disfrutar de la pista central. Pero sé que es el corazón el que habla ahí.

Lo que parece evidente es que el mejor partido no se juega sin más. Necesita de un desarrollo mayor, de un trasfondo brutal, y también, por supuesto, debe ser un espectáculo de suspense y de darte golpes en la cabeza que amplíe el concepto de lo que pueden hacer los humanos con una raqueta en la mano.

Que cada cual elija el que quiera. Yo me quedaría con el Borg-McEnroe si me obligasen, aunque eso es harina de otro costal. Un partido como la final de Wimbledon 1980 o como la del 2008 también depende de lo que ocurra después.

Ver a Borg y a McEnroe compartir risas y miradas cómplices más de cuarenta años después de su duelo permite reflexionar sobre el vínculo que crearon entre ellos. Su rivalidad solo estaba empezando en 1980, aunque no duraría mucho, ya que Borg se apartaría del tenis al año siguiente, después de que McEnroe resolviera el enigma de Borg en las finales de Wimbledon y del US Open. En total, jugaron solo cuatro temporadas.

El Federer-Nadal duró lo suficiente para enraizar profundamente en el paisaje, para convertirse en institución. Su duelo del 2008 está mucho más cerca del principio que del final de su época competitiva. Pero como personas empáticas que son, Nadal y Federer supieron percibir cuánto impactó en otra gente ese partido en la penumbra y también cuánto los impactó a ellos mismos. Sospecho que les servirá de excusa para juntarse en un futuro lejano, como hicieron en el invierno del 2016, cuando Federer viajó de nuevo a Mallorca para un evento que no era ni de lejos tan surrealista como la Batalla de las Superficies.

Tanto él como Nadal se estaban recuperando de una lesión, y Nadal, tras un esfuerzo y una inversión considerables, iba a abrir oficialmente su academia de tenis en Manacor. Necesitaba el poder de Federer como estrella, así que Roger se subió a un avión en Suiza y se fue a pasar el día con él.

Se sentaron en el escenario, uno junto al otro, íntimamente conectados, como lo estuvieron aquella noche en el All England Club, con los *flashes* iluminándoles la cara mientras Nadal sostenía el trofeo dorado y Federer, el de plata.

CAPÍTULO 9

PARÍS

Había pasado menos de una hora de la final de Roland Garros 2008 en la que Roger Federer se hizo polvo como la tierra batida de la superficie del torneo.

¿Todavía creía de verdad que podría ganar este torneo algún día?

«Sí», contestó Federer en la sombría rueda de prensa que se celebró posteriormente.

«¿Está seguro?», preguntó de nuevo, escéptico, el mismo periodista.

«¿Quieres que te diga que no? —replicó Federer con irritación, algo raro en él—. En ese caso, no. Tú eliges la respuesta. Yo te digo que sí.»

El escepticismo estaba justificado. Federer solo había ganado cuatro juegos en tres sets contra Rafa Nadal: era como un tipo con un arco y una flecha intentando contener un misil guiado por láser. Había jugado tres finales seguidas de Roland Garros contra Nadal y cada año se mostraba menos competitivo.

Pero también era posible ver el futuro con los ojos de Federer. En aquel momento era el segundo mejor jugador del mundo sobre tierra batida: capaz de superarlos a todos sobre aquella superficie excepto a Nadal.

Novak Djokovic iba en ascenso y se perfilaba como campeón de Grand Slam, pero aún no ofrecía todo su potencial sobre tierra batida. Stan Wawrinka acababa de entrar en el Top 10. Maestros de la tierra batida como Juan Carlos Ferrero y Guillermo Coria se desvanecían. Gustavo Kuerten anunciaba su retirada.

Desde la perspectiva de Federer, solo un hombre, uno solo, le impedía completar su colección de títulos individuales de Grand

Slam. ¿Por qué no iba a creerse capaz de resolver el entuerto de Roland Garros, igual que resolvió el de Lleyton Hewitt y el de su propio temperamento al principio de su carrera?

«Es difícil vencerlo, pero no imposible; existe una gran diferencia», dijo Federer sobre Nadal.

La tierra batida era la superficie natural de Federer. En ella aprendió a jugar al tenis en Basilea: entrenando al aire libre en los meses templados y luego en pista cubierta con las grandes burbujas climatizadas que montaban clubes como el Old Boys.

«En Suiza es muy común tener pistas de tierra batida en burbuja, así los clubes siguen funcionando en invierno —me explicó Federer—. También jugué en superficies con moqueta o similares, pero en mi época de júnior casi siempre jugué sobre tierra batida.»

Las pistas duras al estilo estadounidense son una rareza en Suiza. Allí manda la tierra batida, y tiene ventajas para todas las edades. La fricción añadida cuando la bola golpea el suelo ralentiza el juego, lo cual favorece la construcción de puntos y el desarrollo de toda una gama de golpes, incluidas las dejadas. Sobre superficies más rápidas, menos ásperas, un *swing* de raqueta resuelve cualquier problema. Sobre tierra batida hace falta más paciencia, y con los años he visto que prefiero ver partidos sobre tierra batida: por el movimiento, por la táctica y por un tema puramente estético, por la forma en que las sombras se extienden sobre la tierra roja a última hora de la tarde en París.

Patrick McEnroe, exdirector de desarrollo de tenistas de la Asociación de Tenis de Estados Unidos, creía que una explicación de la falta de grandes tenistas estadounidenses en la década del 2010 era que los europeos tenían ventaja evolutiva al crecer jugando en pistas de tierra batida. Sostenía que demasiados tenistas jóvenes de su país crecían golpeando la bola, pero no jugando al tenis. La tierra batida era, probablemente, la mejor aula para aprender, porque mitiga la fuerza bruta y favorece la construcción de puntos, además de poseer otras ventajas.

Quizá una de las muchas razones por las que Federer ha sido capaz de seguir triunfante en el circuito después de más de veinte años es que no se hizo polvo el cuerpo cuando era un chaval jugando sobre pista dura. La tierra batida es más benévola con

El característico golpe de derecha de Federer a pleno rendimiento y con los ojos puestos en el punto de contacto, en Madrid. *(Cortesía de Ella Ling)*

Federer ganó la copa júnior de individuales de Wimbledon en 1998, con 16 años. *(© Mike Hewitt / Getty Images)*

Roger Federer posa la primera vez que ganó Wimbledon, en julio del 2003, en el All England Club junto a Mirka Federer, Lynette Federer, el entrenador Peter Lundgren y el fisioterapeuta Pavel Kovac. *(© Thomas Coex / AFP vía Getty Images)*

Federer y Nadal junto a la red al anochecer, tras la final de Wimbledon 2008, uno de los duelos más memorables de la historia del tenis. *(Cortesía de Ella Ling)*

Federer rompe una raqueta con rabia en un partido contra Novak Djokovic, en las semifinales del Open de Miami 2009. Una reacción muy extraña en un jugador que había aprendido a controlar su frustración. *(Cortesía de Ella Ling)*

"All the News That's Fit to Print"

The New York Times

Late Edition
Today, limited sunshine, scattered showers, high 84. **Tonight,** humid, patchy fog, low 74. **Tomorrow,** hazy sunshine, very warm, high 90. Weather map appears on Page B6.

VOL. CLVII . . No. 54,364 © 2008 The New York Times NEW YORK, MONDAY, JULY 7, 2008 $1.25

VASSIL DONEV/EUROPEAN PRESSPHOTO AGENCY

Rafael Nadal celebrating after breaking Roger Federer's streak of five consecutive Wimbledon titles and 65 straight wins on grass in a 4-hour-48-minute match.

DOCTORS PRESS SENATE TO UNDO MEDICARE CUTS

10.6% REDUCTION IN FEES

Medical Association Ads Take Aim at G.O.P. as Battle Grows

By ROBERT PEAR

WASHINGTON — Congress returns to work this week with Medicare high on the agenda and Senate Republicans under pressure after a barrage of radio and television advertisements blamed them for a 10.6 percent cut in payments to doctors who care for millions of older Americans.

The advertisements, by the American Medical Association, urge Senate Republicans to reverse themselves and help pass legislation to fend off the cut.

How to pay doctors through the federal health insurance program is an issue that lawmakers are forced to confront every year because of what is widely agreed to be an outdated reimbursement formula. But the dispute, which showcases the continued potency of health care issues, has reached a new level of urgency this year. Some doctors are reassessing their participation in the program

In Epic Battle, A Reign Ends At Wimbledon

By CHRISTOPHER CLAREY

WIMBLEDON, England — No man had beaten Roger Federer at Wimbledon since 2002. But in near darkness, one of the greatest tennis matches ever played concluded in the Wimbledon final

Decades Later, Toxic Sludge Torments Bhopal

By SOMINI SENGUPTA

BHOPAL, India — Hundreds of tons of waste still languish inside a tin-roofed warehouse in a corner of the old grounds of the Union Carbide pesticide factory here, nearly a quarter-century after a poison gas leak killed thousands and turned this ancient city into a notorious symbol of industrial disaster.

The toxic remains have yet to

dues in the neighborhood wells far exceeding permissible levels.

Nor has anyone bothered to address the concerns of those who have drunk that water and tended kitchen gardens on this soil and who now present a wide range of ailments, including cleft palates and mental retardation, among their children as evidence of a second generation of Bhopal victims, though it is impossible to say with any certainty what is the

the mess they left. But the question of who will pay for the cleanup of the 11-acre site has assumed new urgency in a country that today is increasingly keen to attract foreign investment.

It was here that on Dec. 3, 1984, a tank inside the factory released 40 tons of methyl isocyanate gas, killing those who inhaled it while they slept. At the time, it was called the world's worst industrial accident. At least 3,000 people

QUIETLY, BRAZIL ECLIPSES AN ALLY

A Softer Turn to the Left Than Venezuela's

By SIMON ROMERO and ALEXEI BARRIONUEVO

CARACAS, Venezuela — Presi-

Foto de Nadal celebrando su victoria en la portada del *The New York Times.* No es lo habitual en un partido de tenis, pero la final masculina de Wimbledon 2008 trascendió todas las normas deportivas. *(Cortesía del autor)*

Federer rompe en lágrimas tras ganar el Roland Garros en el 2009. Andre Agassi, antiguo rival, le hace entrega del trofeo. *(© Ryan Pierse / Getty Images)*

El golpe distintivo de Federer: el golpe de derecha en el aire. *(© Julian Finney / Getty Images)*

Suiza gana su primera Copa Davis, en el 2014, en Lille. De izquierda a derecha: Michael Lammer, Marco Chiudinelli, Stan Wawrinka, Federer y Severin Lüthi, el capitán. *(© Julian Finney / Getty Images)*

«La falta de gesticulación facial cuando golpea la pelota dice mucho. Jugar al tenis es algo natural para él, no un esfuerzo; es una extensión de su cuerpo y su mente.» *(Cortesía de Ella Ling)*

Entrevista tras la victoria sobre la misma cancha. Federer ha dado cientos de ellas durante estos años. Aquí está con Jim Courier, en el 2017, en el Open de Australia. *(Cortesía de Ella Ling)*

Un regreso redondo plasmado en el momento de la victoria del Open de Australia 2017, uno de los títulos de Grand Slam más sorprendente de la carrera de Federer. *(Cortesía de Ella Ling)*

Djokovic, el tenista más flexible. *(Cortesía de Ella Ling)*

Federer y Nadal jugaron en dobles por primera vez en la Copa Laver, en Praga, en el 2017. Y ganaron. *(© Clive Brunskill / Getty Images para Copa Laver)*

Federer entrenando en Roger-Platz, la pista de Felsberg que lleva su nombre, en el 2019. En segundo plano, el entrenador Ivan Ljubicic intenta pasar desapercibido. *(Cortesía del autor)*

Federer en tierra batida entre los entrenadores Lüthi y Ljubicic mientras el jugador reserva, Dan Evans, calienta. *(Cortesía del autor)*

Socios del Tennisclub Felsberg asistiendo a una sesión de entrenamiento de Federer con los Alpes nevados como telón de fondo. Nadie aplaude hasta el final. *(Cortesía del autor)*

Una de las derrotas más dolorosas de Federer: la final de Wimbledon 2019. *(© Matthias Hangst / Getty Images)*

Federer ha jugado los suficientes años como para que sus hijos hayan podido verlo en acción. Sus gemelos en Wimbledon, en primera fila, junto a Pierre Paganini, Mirka Federer, Lynette Federer y Severin Lüthi. *(Cortesía de Ella Ling)*

Federer y Nadal muy involucrados con la Copa Laver 2019. *(© Julian Finney / Getty Images para Copa Laver)*

Federer y el cómico Trevor Noah de celebración en Ciudad del Cabo, en el Match in Africa, que reunió a 51 954 asistentes en el 2020, justo antes de que la pandemia cerrase las fronteras y los estadios de todo el mundo. *(© Ashley Vlotman / Gallo Images / Getty Images)*

Hay servicios con más potencia, pero el sello de Federer es la precisión bajo presión. *(Cortesía de Ella Ling)*

las articulaciones, pero no siempre ha sido amable con el ego de Federer.

En su primer partido del circuito en 1998 perdió ante Lucas Arnold en Gstaad sobre tierra batida, y después siguió perdiendo sobre esta superficie.

«Perdí mis primeros once partidos, y fue muy duro —me explicó Federer muchos años después, con la cifra exacta grabada en la memoria—. En muchos de ellos estuve a punto de ganar, pero once son once. Una buena cifra.»

Una de aquellas primeras derrotas sobre tierra batida sucedió en Roland Garros en 1999, durante el debut de Federer en el Grand Slam. Se enfrentaba a Patrick Rafter, el carismático australiano que subía veloz a la red y que había ganado dos US Open seguidos en 1997 y 1998. Rafter era un jugador de pista rápida por naturaleza, pero sabía deslizarse y atacar en tierra batida porque, como dos de los más grandes tenistas australianos, Rod Laver y Roy Emerson, creció jugando en la soleada Queensland sobre un tipo de pistas llamadas *ant bed*, hechas con polvo de tierra de termita.

«Son muy resbaladizas; te deslizas un montón —contaba Rafter—. Es lo más parecido a la tierra batida que tenemos en Queensland.»

Rafter llegó a las semifinales de Roland Garros en 1997 y alcanzó la final del Abierto de Italia sobre tierra batida unos días antes de plantarse en Roland Garros. Federer, que nunca había coincidido con Rafter, tenía 17 años y la suerte de haber conseguido una invitación para el cuadro principal, una invitación reservada a jóvenes tenistas franceses prometedores; pero el agente de Federer en IMG de entonces, Régis Brunet, era un extenista francés muy bien conectado y Federer había acabado el año como júnior n.º 1 mundial en 1998, pese a perder en primera ronda de individuales y dobles en el torneo júnior de Roland Garros.

Como Rafter era una estrella y el tercer cabeza de serie del torneo, el partido se jugaba en la segunda pista de mayor aforo: la Suzanne Lenglen, con capacidad para 10000 personas; una pista elegante y moderna, con un campo de visión increíble y excelentes asientos para la prensa, justo detrás de la línea de fondo: el mejor sitio para ver un partido de tenis abarcando el panorama completo sin tener que ladear la cabeza para seguir la pelota. Yo era una de los miles de personas que llenaban las gradas, y quizá una de las pocas que había ido a ver a Federer en lugar de Rafter. Los periodistas especializados en tenis siempre estamos atentos para detectar a la próxima gran estrella, y dos agentes a los que yo conocía bien me señalaban a Federer como firme candidato. Lo más fascinante es que ninguno de los dos trabajaba con él, por lo que no tenían motivos para exagerar. Simplemente sabían que era especial.

Las invitaciones pueden ser un factor determinante en el ascenso de un joven tenista, porque permiten esquivar o acortar un largo recorrido por los circuitos satélite o las rondas clasificatorias, ganando puntos valiosos y visibilidad con rapidez, lo cual es importante de cara a potenciales patrocinadores. Los jugadores de países con torneos Grand Slam —Australia, Gran Bretaña, Francia y Estados Unidos— tienen mucha ventaja porque optan a un rápido acceso a los *majors.* Pero, pese a ser suizo, Federer recibió numerosas invitaciones en su juventud: más de diez dentro del circuito, incluida una para Wimbledon en el 2009 tras ganar el título júnior. En París esperaba aprovechar la ocasión para subir en el *ranking.* En aquella época, si un invitado derrotaba a un jugador de la zona alta del *ranking,* recibía puntos extra además de los puntos regulares que conseguía por ganar el partido.

«Si ganaba a Rafter en un Slam conseguía el doble de puntos —explica Federer—. En lugar de 45 puntos me habría llevado 90. Está claro que no iba a ganarle, pero sueñas con ello, y piensas "¿Y si...?" o "¿Te imaginas lo que supondría eso en mi *ranking*?". Todo eso se te pasa por la cabeza antes del partido.»

La elegancia de Federer aún no se había manifestado. Todavía tenía que conocer a la editora jefa de *Vogue*, Anna Wintour. Vestía ropa holgada de tenis y una gorra de béisbol que solía llevar al revés. Entre punto y punto parecía tener prisa, como si fuera a perder un tren suizo (puntual, claro está). En su juego aún había cierta flacidez, algunos patrones poco claros sobre cómo organizar su cuerpo y su mente; pero sus golpes eran de lo más llamativo, su movimiento al servir resultaba muy fluido y su potencia era impresionante para un chaval de 17 años. Cuando ganó el primer set, sentí que estaba en el lugar adecuado en el momento preciso: la eterna búsqueda de todo periodista. Pero por desgracia la cosa no fue a más. A partir de aquel momento solo ganó cinco juegos y Rafter lo barrió 5-7, 6-3, 6-0, 6-2.

«Creo que siempre he sido un jugador de grandes partidos, un gran jugador de pista contra los mejores jugadores, pero supe que contra Rafter iba a pasarlo mal, con su saque veloz y mi revés a una mano —me cuenta Federer—. Tras el primer set adivinó mi juego y me trituró. A mí todavía me faltaban recursos para salir de aquellos atolladeros y Pat era un veterano. Sabía lo que hacía.»

Y aún así, el australiano quedó impresionado; y no porque el amable Rafter estuviera siendo amable.

«Tiene mucho talento —exclamó Rafter—. Puede con todo. Además tiene un buen servicio, sabe volear y resta bien. Es peligroso. También tiene un buen *drive* y un buen revés, y es muy joven. Y tendrá que ponerse a trabajar duro. Si trabaja duro y con dedicación será un jugador excelente.»

Aquel hoy lejano análisis de Rafter se mantuvo vigente a lo largo de los años, pero Roland Garros seguía escapándosele a Federer, a pesar de su francés fluido y su temprana exposición a la tierra batida. Llegó a la cuarta ronda en el año 2000 y a cuartos de final en el 2001: dos resultados excelentes en aquella fase de su desarrollo. Pero en el 2002 perdió en primera ronda contra el marroquí Hicham Arazi; y en el 2003, ya en el Top 5, cayó en primera ronda ante el peruano Luis Horna.

Las derrotas ante Arazi y Horna fueron en tres sets. Federer explicó que tuvo dificultades para orientarse en la pista principal, la Philippe Chatrier, por su amplitud, con más espacio para los jugadores para moverse fuera de las líneas.

«No asimilaba las dimensiones —me cuenta Federer—. Lo notaba en mi campo visual, a veces me hacía sentir inseguro.»

Pero sobre todo parecía estar lidiando con la presión. En el 2004 perdió en tercera ronda 6-4, 6-4, 6-4 contra Kuerten: un resultado engañoso si se tienen en cuenta los tres títulos de Roland Garros ganados por Kuerten y su dominio de la tierra batida. Kuerten, mermado por un dolor crónico de cadera, ya no estaba en su mejor momento aquel año y se había clasificado como cabeza de serie n.º 28.

Federer era n.º 1 y poseía el título de Wimbledon y el del Open de Australia.

«Tenía que haberle ganado, pero una vez más algo falló», afirma.

Con todo aquello en mente, Federer decidió viajar pronto a París en el 2005 y entrenar todo el tiempo posible en la pista central, en un intento por ganar comodidad. Cuando lo entrevisté poco antes del inicio del torneo se sentía muy confiado y no dejaba de rebatirme cuando le hablaba de los grandes jugadores en ataque que habían ganado los otros tres *majors* pero nunca triunfaron en París. La lista incluía a John McEnroe, Boris Becker, Stefan Edberg y Pete Sampras. En aquella época Federer formaba parte de aquel club.

—Es muy difícil ganar Roland Garros sacando y voleando —me dijo.

—Pete a menudo intentaba mantenerse atrás —apunté.

—Sí, pero él estaba hecho para subir a la red más a menudo, porque tenía un gran saque y su técnica desde la línea de fondo era muy plana —replicó Federer—. Y también jugaba con aquella raqueta pequeña.

Se refería a la Wilson Pro Staff con cabeza de 85 pulgadas que Sampras nunca abandonó: una decisión que ahora lamenta. Federer lo venció con la misma raqueta en el 2001, pero en el 2002 la cambió por otro modelo un poco más grande para tener más margen de error.

«No digo que con otra raqueta Pete hubiera ganado Roland Garros, pero habría ayudado —cuenta Federer—. La mía es una 90 y siento que puedo mantenerme atrás mucho, mucho más. No puedes compararme, sobre todo con McEnroe; pero Edberg, Becker y Sampras subían a la red mucho más a menudo. Casi te diría que tenían que intentar subir para no perder. Si los mantenías en la línea de fondo, eras mejor; y yo siento que, si estoy en la línea de fondo, soy mejor.»

Lo que me gusta de entrevistar a Federer es que siempre se esfuerza por darte respuestas directas, a riesgo de parecer arrogante. Sabe que ese riesgo existe, pero prefiere mostrarse natural, como él dice, porque así todo es más fácil, evita las contradicciones y el tener que dar explicaciones más adelante.

Estaba convencido de que tenía más opciones para ganar Roland Garros que sus referentes y, en términos comparativos, tenía razón. McEnroe era excelente en la red y apenas usaba el golpe con efecto. El *drive* de Edberg era de lo más resolutivo en los largos intercambios de pelota. El movimiento de Becker no estaba al nivel del de Federer en ninguna superficie. Sampras no estaba a su nivel sobre tierra batida y además padecía talasemia, un trastorno sanguíneo congénito que podía afectar a su resistencia en los partidos largos y extenuantes tan típicos de la tierra batida.

—Wimbledon siempre tendrá un lugar destacado en mi corazón, está claro, por las emociones que allí viví y por mis ídolos —dijo Federer—. Todos ellos ganaron allí, pero sé que si puedo ganar Roland Garros tendré mi lugar en la historia del tenis. Y por eso siempre será muy especial para mí en términos de preparación, porque solo voy a tener otras diez o, como máximo, quince oportunidades.

—¿Quince? — balbuceé.

Federer tenía entonces 23 años. Quince Roland Garros más era pensar muy a largo plazo. Él se rio.

—Fíjate en Andre, ya casi es eso —apuntó, refiriéndose a Agassi, que había llegado a la final del US Open aquel año, con 35—. Me gusta el reto. Sobre tierra batida tengo muchos contrincantes duros, más que en otras superficies, y creo que por eso me esfuerzo aún más en este tipo de superficie. Es una pena, en el buen sentido, jugar tan bien en todas las superficies, porque entonces no me permite contar con la mejor preparación para jugar sobre tierra batida o jugar suficientes horas y torneos sobre tierra batida.

En retrospectiva Federer perdió una gran oportunidad en el 2004, el último año sin que Nadal participara en Roland Garros. Su llegada en el 2005 cambió la ecuación y desbarató los planes de todo el mundo. Nadal era a la tierra batida lo que Michael Phelps a las piscinas.

«Después del 2004 empecé a jugar mucho mejor —me asegura Federer mucho después—. Llegué a semis y a finales, pero entonces el problema fue que apareció Rafa, y Rafa era mucho Rafa. Fue muy difícil.»

Federer habla de Nadal como de una deidad nórdica con un mazo mágico en lugar de un mortal mallorquín con una raqueta Babolat. Y quién podía culparle, si Nadal no daba señales de fragilidad humana con sus récords en Roland Garros. En el 2009 ya sumaba cuatro títulos consecutivos y un récord de 45-0 en todos los partidos sobre tierra batida al mejor de cinco sets, incluidas la Copa Davis y las finales de las Masters Series.

«Cuesta imaginar que eso sea posible —dice Sam Querrey, una de las múltiples víctimas de Nadal sobre tierra batida—. Le gané un set sobre tierra batida el año pasado en la Copa Davis, y no soy un mago de la tierra batida. Creo que mucha gente habrá pensado que a estas alturas ya estaría cansado, o alguien tuvo un gran día y él tuvo un muy mal día. Pero ahí está.»

Sin embargo, en el 2009 había razones para preocuparse por Nadal: dos de ellas solo las conocía su círculo más íntimo.

El público solo sabía que Federer lo había vencido en la final de Madrid sobre tierra batida una semana antes del comienzo de Roland Garros. Aquello parecía lógico dadas las condiciones de Madrid, situado a 667 metros sobre el nivel del mar y, sobre todo, porque Nadal necesitó más de cuatro horas en semifinales para deshacerse de Djokovic la noche antes de enfrentarse a Federer.

Lo que no era del dominio público es que Nadal sufría de tendinitis en las rodillas y que sus padres, Sebastián y Ana, se habían separado. Sebastián se lo contó a su hijo en febrero, a bordo del avión en el que regresaban del Open de Australia, cuyo título Nadal acababa de ganar por primera vez tras vencer a Federer.

En medio de la fase más gratificante de su carrera como joven jugador, a Nadal le afectó mucho la noticia. En su autobiografía, *Rafa*, publicada en el 2011, cuenta que no volvió a hablar con su padre el resto del viaje, mientras asimilaba el golpe. Lo describió de forma conmovedora con la ayuda de John Carlin, el periodista de origen británico que trabajó para *El País* en España.

«Mis padres eran los pilares de mi vida y, de pronto, se venían abajo —escribió Nadal—. La continuidad que tanto valoraba en mi vida se había partido por la mitad, y el orden emocional del que dependía había recibido un golpe de los que tienen consecuencias. Otra familia con hijos adultos (yo tenía 22 años y mi hermana 18) habría podido tomarse la separación conyugal con más calma, pero eso no era posible en una familia tan estrechamente unida como la nuestra, en la que no había habido un conflicto visible, en la que siempre había visto armonía y buen ánimo. Asimilar la noticia de que mis padres habían pasado por una crisis así después de casi 30 años de matrimonio era muy doloroso. Mi familia había sido siempre el núcleo sagrado e intocable de mi vida, el eje de mi vida y el álbum vivo de mis maravillosos recuerdos infantiles. De pronto, y sin avisar siquiera, el cuadro de la familia feliz se había resquebrajado. Sufrí por mi padre, por mi madre y por mi hermana, que debían de estar pasándolo muy mal. Pero todo el mundo resultó afectado: mis tíos, mi tía, mis abuelos, mis primos, mis primas. Todo nuestro mundo se había desequilibrado y el contacto entre nosotros se volvió, por vez primera, extraño y antinatural; al principio nadie supo cómo reaccionar. Volver a casa siempre había sido una alegría; ahora se convirtió una experiencia difícil y rara.»

Nadal aún vivía con sus padres, lo cual no era raro para alguien de su edad en Mallorca. Pero los viajes no eran una forma de escapar, como relató en una entrevista al año siguiente después de que la separación de sus padres se hiciera pública: «Muchas veces sufría en la distancia porque estaba lejos de casa y no sabía cómo iban las cosas —dijo—. No sabes si te están contando la verdad, si las cosas van bien o mal».

Nadal estaba decaído, pero como él bien señala, la separación de sus padres no le impidió ganar cuatro torneos más entre febrero y el comienzo de Roland Garros.

En términos prácticos, el mayor problema era su cuerpo, sobre todo sus rodillas, en las que sufría molestias desde el Open de Miami en marzo, donde perdió en cuartos de final ante un colosal talento emergente, el argentino Juan Martín del Potro, en el *tiebreak* del tercer set.

Pero en un deporte arduo y repetitivo donde ser capaz de rendir al cien por cien es muy poco habitual, Nadal ha jugado aquejado de dolor severo más veces que la mayoría de los tenistas. Sus tempranas lesiones importantes fueron uno de los motivos, junto con su estilo duro y una técnica de golpe de derecha poco ortodoxa, por los que muchos de los que seguíamos el tenis de cerca estábamos convencidos de que no iba a jugar mucho más pasados los veinte.

«Empezó a ganar tan pronto que quizá se retire a los 26, como Borg», decía Sebastien Grosjean, uno de los mejores tenistas franceses.

Todos estábamos equivocados. El impulso competitivo de Nadal era incluso más fuerte que su brazo izquierdo (¿o era el derecho?), y en el 2009 se tomó un descanso después de la final de Madrid y decidió que intentaría defender su(s) título(s) en Roland Garros.

Federer regresó de Madrid con fuerza tras poner fin a la racha de 33 partidos ganados de Nadal sobre tierra batida, pero también con la cicatriz de principios de temporada. El mayor daño lo había sufrido en Melbourne, la ciudad que tanta alegría y dolor le había dado en los últimos años. Federer llegó a la final del Open de Australia 2009 con problemas en la espalda y la ventaja de contar con un día más de descanso que Nadal. El Open de Australia es el único torneo de Grand Slam que programa las semifinales masculinas individuales en días distintos. Federer ganó la suya ante Roddick en tres sets la noche del jueves. Nadal hizo lo propio contra el español Fernando Verdasco la noche del viernes, con gran esfuerzo. Con 5 horas y 14 minutos, fue uno de los partidos más largos de la historia del torneo, pero también un duelo de alta calidad: con el juego repartido por toda la pista, golpes ganadores de un lado a otro y saques muy ajustados, aunque a veces terminaran en doble falta. Nadal y Verdasco, extenuados, se ganaron la ovación que les dedicó el público pasada la una de la madrugada.

Nadal casi no se tenía en pie, y debía recuperarse en menos de 48 horas para enfrentarse a Federer por primera vez desde la final de Wimbledon 2018. Se dio baños de hielo, masajes de hielo y tomó suplementos proteínicos. Nadal y su equipo hicieron todo lo posible y Toni Nadal dio uno de sus mejores discursos de vestuario, citando a Barack Obama, el entonces nuevo presidente de Estados Unidos, cuyo mantra era el famoso «Yes, We Can!».

Nadal me contó que no dejó de repetirse aquella frase en cada cambio de lado y, por muy desmoralizante que le resultara a Federer, Nadal, incluso no estando fresco, era superior. Volvió a vencer a Federer en cinco sets, en un partido que habría recibido crónicas más brillantes si no hubiera sido porque llegaba justo después de su trascendente final en Wimbledon.

Para esta victoria 7-5, 3-6, 7-6 (3), 3-6, 6-2 Nadal tuvo que esforzarse en el primer set y pelear seis puntos de rotura a los que se enfrentó en el tercer set. Pero el quinto set no albergó suspense alguno, Nadal rompió el servicio de Federer enseguida para ponerse por delante y mantuvo la ventaja.

«Quizá no tenía que haber llegado al quinto set —dijo Federer—. Tenía que haber ganado el primero y el tercero. El resto de la historia ya la sabemos todos.»

La derrota le impidió empatar el récord de Sampras de catorce títulos individuales masculinos de Grand Slam, pero eso le parecía menos grave que perder otro partido importante ante Nadal.

Federer se quedó sin habla al recibir el trofeo de finalista de manos de Rod Laver, un campeón que representaba los valores australianos que Peter Carter y Tony Roche transmitieron a Federer. Poco después de empezar su discurso y dar las gracias al público, rompió a llorar.

«Dios, esto me está matando», dijo, y aunque el público lo animó, fue incapaz de continuar y se alejó del micrófono.

El comentario de Federer, según él, se malinterpretó. Dar el discurso era lo que le estaba «matando», no el hecho de perder la final. Pero no cabía duda de que estaba consternado.

En su cómputo personal Nadal se ponía por delante 13-6, con una ventaja de 5-2 en finales de Grand Slam (2-2 fuera de Roland Garros). El concepto de la Batalla de las Superficies ya no funcionaba: Nadal había invadido el campo de Federer.

En otra época y otro lugar el bajón de Federer tras el partido en Melbourne se habría visto con menos empatía. Es difícil imaginar a cualquiera de los grandes del tenis australiano que asistían a la ceremonia perdiendo los papeles de aquella forma tras una derrota.

Un comportamiento así habría sido considerado «poco masculino» en la época de Laver, Ken Rosewall y John Newcombe. Pero Federer, que a veces lloraba tanto en las victorias como en las derrotas, amplió el rango emocional del campeón masculino. Lloró en aquella misma pista en el 2006, en un contexto distinto, al recibir su trofeo de campeón de manos de Laver tras vencer al finalista, la sorpresa del torneo, Marcos Baghdatis.

«Aquello fueron lágrimas de alivio», dice.

Y pese a todo, Federer, tan sincero con sus sentimientos, se sentía avergonzado por monopolizar la atención, porque aquel era el momento de Nadal.

«No quería que la gente me compadeciera —me dijo después—. Tampoco quería que sintieran pena por mí en Wimbledon. Se supone que no tiene que ser así. Se supone que es una celebración del tenis, de un momento feliz, de sentirse feliz por la persona que ha ganado. Claro que puedes sentirte decepcionado, pero no debería anular lo que acaba de suceder.»

Nadal manejó la situación con una clase y una empatía extraordinarias. Como Federer era incapaz de seguir hablando, Nadal tuvo que relevarle, pero, tras recibir su trofeo, se puso al lado de Federer e hizo un gesto para consolarlo.

Ante la insistencia de Nadal, Federer volvió a ponerse al micrófono.

«Voy a volver a intentarlo —exclamó Federer—. No quiero tener la última palabra, este chico se la merece. Así que, Rafa, muchas felicidades. Has jugado de maravilla. Te lo mereces, tío. Has jugado otra final fantástica, así que te deseo lo mejor esta temporada.»

Acto seguido Federer dio las gracias a «las leyendas» por estar ahí y empezó a perder la compostura de nuevo, pero se recompuso enseguida y cedió el escenario a su rival.

«Buenas noches a todos —dijo Nadal antes de volverse y mirar a Federer—, y, antes que nada, Rog, perdón por esto de hoy. —El público se rio—. Sé cómo te sientes —continuó Nadal—. Es muy duro. Pero recuerda que eres un gran campeón. Eres uno de los mejores de la historia. Estoy seguro de que superarás el récord de catorce de Sampras.»

Sigo el tenis desde principios de los años setenta y no recuerdo una dinámica psicológica como aquella. Nadal asumía el control de la rivalidad y del deporte, pese a que Federer había ganado su quinto US Open consecutivo en el 2008, pero Nadal insistía en mantener a su rival en lo alto del pedestal, al menos cuando la pelota no estaba en juego.

Siendo franco, parecía hipócrita: una curiosa forma de construir castillos en el aire. Cuando al día siguiente un grupo de periodistas nos reunimos con Nadal en un hotel de Melbourne, intentamos sonsacarle.

«Ahora mismo Roger tiene 56 títulos o algo así, y yo 32; hay mucha diferencia —aseguró—. Él tiene trece Grand Slam. Yo tengo seis. Él tiene catorce Masters Series. Yo, doce. Es el único torneo en el que estamos cerca.»

«No hay discusión alguna, no la hay», repetía.

Quizá yo sea un poco lento, pero lo que vi muy claro aquel día por primera vez es que Nadal estaba obsesionado con el proceso: mucho más por la emoción de la caza que por la satisfacción de haber atrapado a la presa. Son muchos los campeones que buscan liberarse: de la presión, de las expectativas, del reto que tienen a la vuelta de la esquina. Nadal era diferente. El tema no era deleitarse por superar a Federer. El tema era jugar cada punto.

«Me apasiona la competición, no solo en el tenis —nos dijo—. Me apasiona la competición en todos los ámbitos de la vida. Cuando compito, me encanta estar ahí y luchar para ganar —hizo una pausa durante unos instantes, arqueando su reveladora ceja izquierda—. Quizá es que me gusta más pelear para ganar que ganar.»

Nadal aún es muy joven para pensar en una lápida, pero, si un día tuviera que encargarla, esa frase sería su epitafio.

No estoy muy seguro de lo que diría la de Federer. Su *leitmotiv* es más difícil de discernir. Como Nadal, Borg y la mayoría de los grandes tenistas, de chaval ya odiaba perder en cualquier circunstancia, lanzaba por el suelo el tablero del Monopoly o su equivalente; pero no habría podido jugar cuatro décadas en el circuito si no disfrutase con la experiencia además de con los logros.

«No soy de esas personas que van marcando casillas por la vida», me dijo una vez, cuando, a ojos de alguien que lo ve desde fuera, ya había marcado unas cuantas.

Federer parece sentirse realizado como centro de la armonía: ese foco de atención que puede esquivar con gallardía sin dejar de ser el centro de atención. Se le da bastante bien que lo adoren, pero también es muy adaptable, señal de confianza en sí mismo y de inteligencia emocional. Ahora se ha adaptado a un mundo del tenis en el que no es el macho alfa, pero siempre he creído que echa de menos la época en la que era el centro absoluto de todo.

«Roger Federer es belleza; esa es su aportación —me dice Jim Courier—. Rafa es coraje, y le he oído decir: "Sé que, si puedo convertir un partido contra Roger en una lucha, si de verdad se convierte en una lucha, en una pelea, una guerra, entonces sé que lo ganaré porque en ese ambiente me siento más cómodo yo que él". Creo que eso ya dice algo. Roger juega un juego increíblemente bonito, increíblemente fácil de ver y parece que para él sea increíblemente fácil de jugar; y él mismo ha dicho que echa de menos la época en la que no tenía rival, cuando todo le era fácil. Echa de menos ese mundo sin fricciones que vivió a mediados de los 2000, en cualquier superficie menos la tierra batida, y desde entonces ha vivido muchas fricciones.»

Pero a Nadal le va la fricción y, por lo que parece, cuando más cómodo se siente es cuando el objetivo es visible pero todavía queda fuera de su alcance y las gotas de sudor le van cayendo por la nariz.

«Por lo que hemos visto con Rafa, él es así, funciona partiendo de la humildad —sostiene Courier— y eso es lo que lo mantiene con los pies en la tierra y motivado. Siente que debe demostrar cada día lo que vale, y que nada de lo que ha hecho últimamente importa hoy. No es alguien que verbalice lo seguro que se siente, como hace Roger a veces, que dice cosas que suenan muy arrogantes pero que para Roger son, simplemente, la realidad.»

Santiago Segurola, que fue jefe de la sección de deportes del periódico *El País*, definió a Nadal como «Un hombre de una isla mediterránea que en realidad es un calvinista en pantalón corto». Ese es el quid de la cuestión, incluso si hay que ir con cuidado por no llevar las comparaciones puritanas demasiado lejos: Nadal lleva un reloj que cuesta un millón de dólares y hace poco se compró un yate de 24 metros de eslora que le costó 6 millones de dólares.

Entrevistar a Nadal o a Federer en el hotel donde se alojan durante un torneo te recuerda que tú no puedes permitirte alojarte en un hotel como ese. Y a veces ellos viven ajenos a cómo vive el 99% de las personas: Federer una vez le sugirió a un subalterno que se comprase un Rolex. Pero entre esos detalles, que abundan, ambos poseen una calidad pura que no deja de ser un tributo a sus valores de base y al hecho de que el tenis no permite que un campeón prospere sin esfuerzo. Cada partido es una nueva oportunidad para tropezar.

Las estrellas pueden saltarse las primeras rondas de algunos torneos y tienen todos los coches de cortesía que alguien pueda desear, pero no tienen sustitutos.

Ser consciente de esto agudiza la mente, aviva el paso y previene el hastío y el terror existencial si realmente uno disfruta dándole a la pelota con la raqueta un día tras otro. Federer y Nadal tienen la pinta de disfrutarlo de verdad, y ambos lo han demostrado manteniéndose ahí con la ayuda de la excelencia del otro.

Federer inspiró a Nadal a mejorar el revés, tanto a dos manos como cortado a una mano; a apuntalar su servicio y a moverse más cerca de la línea de fondo para encontrar la forma de acortar los puntos. Nadal inspiró a Federer a mejorar su juego en la red, a darle más autoridad al revés e incluso a buscar nuevos entrenadores.

Severin Lüthi, amigo de Federer desde la época de Écublens y ahora capitán del equipo suizo de la Copa Davis, se había convertido en un fijo del equipo de Federer, pero Higueras había vuelto a trabajar para la Asociación de Tenis de Estados Unidos a finales del 2008. Federer llevaba tiempo queriendo fichar a Darren Cahill, el sagaz y elocuente australiano que tan buen trabajo hizo en su día con Hewitt y Agassi, y que innovaba a base de analizar vídeos para estudiar los patrones de los contrarios.

«Pese a lo bueno que es Roger, siempre va bien contar con otro par de ojos», me dijo Higueras.

«La gente a veces me pregunta qué puedo explicarle a Roger cuando él ya lo sabe todo" —me confesó Lüthi una vez—. Pero con los años me he dado cuenta de que lo que quiere es que se lo vuelvas a explicar, aunque sean pequeños detalles como estar más cerca de la pelota. Porque dice que a veces yo también me olvido de cosas o no me doy cuenta.»

Cahill, que había rechazado el puesto de capitán del equipo australiano de la Copa Davis, contactó con Federer en el 2009; y cuando el dolor de espalda del suizo remitió, decidieron verse en Dubái, en marzo, para doce sesiones de prueba. Como muchos otros, pensé que formaban una pareja excelente y me quedé muy sorprendido cuando, a mediados de marzo, Tony Godsick, el agente de Federer, me llamó para informarme de que Federer y Cahill no iban a trabajar juntos.

En mi opinión, parecían predestinados a colaborar, sobre todo por la estrecha conexión que Cahill tuvo con Peter Carter. Incluso Lynette, la madre de Federer, habló con Cahill unos años antes sobre entrenar a Roger cuando Agassi se retirara.

«Eché un vistazo a su vida, la forma en la que se entrena, su profesionalidad —me cuenta Cahill sobre aquellos días en Dubái—. Todo en él es el sueño de un entrenador, sin duda.»

Pero a medida que el período de prueba tocaba a su fin, Federer no se veía preparado para dar el paso y Cahill seguía vinculado con ESPN y el programa de Adidas para el desarrollo de jugadores. También le sorprendió cierta incomodidad de fondo.

«Roger me recuerda a Peter todos los días, nada más verlo —confiesa Cahill—. Estar con él me despierta grandes recuerdos, pero también recuerdos muy duros. No sé cómo explicarlo, pero dudé de si estaba haciendo aquello por los motivos correctos. ¿Le sabría mal a Pete? No dejaba de preguntarme a mí mismo si era lo correcto y si yo era la persona adecuada para Roger. Nunca terminé de verlo bien porque Roger era el chico de Peter. Para mí siempre fue el chico de Peter. Ese no es el motivo por el que dije que no podíamos trabajar juntos, solo intento explicarte cómo me sentía en lo más profundo de mis entrañas.»

En consecuencia, Federer se presentó en Roland Garros sin un entrenador de perfil alto, aunque llegados a este punto seguro que Lüthi merece más reconocimiento por su labor. Para mí, Lüthi siempre tiene pinta de acabar de despertarse de la siesta, con esa mirada adormilada y su pelo indomable. No obtuvo grandes resultados como jugador del circuito, pero Gunter Bresnik, uno de los entrenadores con más experiencia en el mundo del tenis, siempre ha dicho que las apariencias engañan.

«Lüthi es el entrenador más subestimado del circuito —me asegura Bresnik—. También es muy modesto, un tipo sencillo, nunca quiere destacar; pero siempre está ahí. Hizo un trabajo realmente bueno en una época difícil. Diría que a nivel técnico no es el mejor entrenador. No es alguien capaz de desarrollar a un jugador, de enseñarle golpes, pero está ahí y sabe lo que un tenista necesita, cuándo hay que apretarlo, cuándo hay que dejarlo a su aire, sabe encontrar el momento adecuado para decir algo... Definitivamente, es uno de los mejores del mundo.»

Bresnik tiene la perspectiva de alguien que habla con Lüthi en alemán y que entiende cómo se comunica con Federer, con quien Lüthi habla principalmente en alemán de Suiza.

La primavera del 2009 fue movida dentro y fuera de la pista. En la pista, Federer perdió las semifinales del Open de Miami ante Djokovic en marzo, y durante la derrota rompió una raqueta de pura rabia. Fuera, Federer y Vavrinec se casaron el 11 de abril en Basilea, con Vavrinec embarazada de varios meses. Los recién casados pospusieron la luna de miel hasta finales de año.

La temporada de tierra batida comenzó y Federer tuvo un debut irregular en Roland Garros. Lo pasó realmente mal en segunda ronda contra José Acasuso, un argentino muy dinámico, hasta ganarle 7-6 (8), 5-7, 7-6, 6-2. Federer tuvo que salvar cuatro puntos de set en el set inicial, recuperándose de un 3-6 en contra en el *tiebreak*. Luego tuvo que salvar otro punto de set en el tercer set después de dos roturas de servicio. Necesitó cuatro sets más para vencer al francés Paul-Henri Mathieu en tercera ronda el sábado y, al día siguiente, un día que Federer tenía libre, un terremoto sacudió Roland Garros cuando Robin Soderling hizo lo que ningún otro tenista había logrado antes: vencer a Nadal en un partido al mejor de cinco sets sobre tierra batida.

Soderling era un sueco de golpes fuertes, mirada lobuna y un corte de pelo propio de un herrero medieval. Era toda una amenaza. Se clasificó como el 23.º cabeza de serie del torneo y en la ronda anterior había vencido a David Ferrer, otra estrella española que nunca cedía un punto sin pelear a fondo.

Pero la victoria de Robin Soderling ante Nadal, a tenor del calibre del mallorquín y su racha de 31 partidos ganados en Roland Garros, era uno de los grandes disgustos en la historia del tenis. Y todavía era más sorprendente si se tenía en cuenta el partido que Soderling y Nadal disputaron en Roma a principios de mayo. Allí Nadal ganó 6-1, 6-0.

Sin embargo, esta vez el mallorquín no supo imprimir una profundidad consistente a sus tiros y restos desde el fondo de la pista, lo cual dio espacio y seguridad a Soderling para asestar grandes cortes a su golpe de derecha y al revés a dos manos desde dentro de la pista. En lugar de retroceder ante el golpe con efecto de Nadal, Soderling, con 1,93 m de altura, se adelantó en la pista con plena confianza y golpeó a placer, sin dar tiempo a Nadal para organizarse. El sueco, bien entrenado por el ex n.º 2 del mundo, Magnus Norman, también ganó 27 de 35 puntos en la red: algo extraordinario contra un jugador con la capacidad defensiva de Nadal. Pero aquel día su capacidad no estaba tan afilada como de costumbre, en parte debido a los motivos que solo su círculo más íntimo conocía.

«Su juego no me ha sorprendido —declaró Nadal—. Me ha sorprendido más el mío.» El público francés no estaba con él. Con ganas de que cambiasen las tornas, había animado a Soderling, coreando su nombre, Ro-bin, repetidas veces hasta que ganó: 6-2, 6-7(2), 6-4, 7-6 (2).

A Nadal y a su tío Toni les dolió la reacción del público. «Sentí que el estadio iba contra mí —me contó Nadal, aún dolido, años después—. Eso es algo que me cuesta entender, cuando es una pista que adoro, y adoro a los franceses. Adoro París probablemente más que cualquier otra ciudad del mundo.»

Pero el público de Roland Garros siempre se pone de parte de quien lleva las de perder y ante Nadal todo el mundo llevaba las de perder.

«Intenté pensar: "¡No pienses!"», dijo Soderling.

Ese es un lema digno de una camiseta, y Federer quiso adoptar la misma filosofía. Ya no necesitaba deshacer el entuerto de Nadal sobre la tierra batida de París; Soderling lo había hecho por él y, con Djokovic eliminado después de perder en tercera ronda contra Philipp Kohlschreiber, era imposible ignorar lo obvio.

Aquella era la oportunidad de Federer para ganar Roland Garros.

Nadal, su principal valedor, dejó claro su apoyo antes de regresar a casa y celebrar su cumpleaños en Mallorca en lugar de en París, para variar.

«Estaría bien que pudiera completar su Grand Slam —declaró Nadal—. Federer ha tenido la mala suerte de perder tres finales y una semifinal aquí, pero creo que si alguien merece ganar este torneo es él.»

Sin embargo, merecerlo y ganarlo son dos cosas diferentes. Andy Murray desde luego «merecía» ganar el Open de Australia tras haber llegado a cinco finales sin ganar ninguna. Y aquello era una presión nueva para Federer, tan bien acostumbrado a ser un gran favorito pero no a serlo porque sí.

«Hoy Roger dormirá de otra manera, eso seguro», dijo Fabrice Santoro, el veterano tenista francés.

Las horas que pasó despierto también las pasó de otra manera.

«Tenía conciencia de aquello y sentía la presión en el equipo —dice Federer—. De repente, fue como si todo el mundo dijera: "¡Caray! ¡Esta podría ser tu oportunidad!".»

El día después del terremoto Soderling, Federer se enfrentaba a Tommy Haas, el peligroso alemán que contribuyó a arruinar el debut olímpico de Federer en el 2000. Ahora parecía decidido a aguarle la fiesta sin Nadal.

Federer empezó bien, ganando sus seis primeros juegos sirviendo sin ceder un punto, pero tras perder en el *tiebreak* del primer set empezó a venirse abajo; estaba tenso por culpa de un error no forzado. Haas ganó también el segundo set y, cuando Federer servía con el marcador 3-4 en el tercer set, falló dos golpes de derecha seguidos que normalmente acierta y cedió a Hass un punto de rotura en 30-40.

El público parecía hundido. El aplauso antes de que sirviera el siguiente punto fue vago. Federer falló el primer saque en la T pero metió el segundo hacia el revés de Haas. El alemán restó con un globo que cruzó la pista y Federer, que iba en la dirección correcta, hizo lo que miles de veces había hecho bajo presión: renunció al revés y se colocó para asestar un golpe de derecha justo desde detrás del pasillo de dobles. Un tiro como aquel era de todo menos fiable aquella tarde soleada y ventosa, pero Federer saltó y asestó un golpe ganador con mucho ángulo.

Salvó el punto de rotura y, como se vio después, salvó el partido.

«Un coraje brutal», apuntó Frew McMillan, comentarista de Eurosport.

«Sinceramente, lo hice y me dije, *voilà!*», explicó después Federer.

Algo había cambiado en su interior y pese a que no mostró alegría tras el trascendental golpe de derecha, sí gritó, triunfante, después de ganar cada uno de los dos puntos que le quedaban para conservar el servicio. Iban 4-4 y el público se había animado, vitoreaba los golpes ganadores de Federer así como la doble falta de Haas y la volea de derecha mal ejecutada que le costó el servicio en el siguiente juego.

Federer iba a mejor, solo cedió dos juegos más a Haas y sentenció el partido 6-7 (4), 5-7, 6-4, 6-0, 6-2.

En años venideros él y Haas se harían muy buenos amigos, lo cual dice mucho sobre la capacidad de perdonar de Haas. Aquel fue un partido que ninguno de los dos olvidaría jamás.

Federer venció a otro jugador peligroso, Gael Monfils, en cuartos de final, con casi el mismo apoyo entre el público que el elástico tenista francés. Federer no es de los que se encierran en su hotel, por muy lujoso que sea dicho hotel (en esta ocasión, el Ritz de la place Vendôme); prefiere salir a disfrutar de las ciudades donde juega, y en París estaba recibiendo muchos mensajes positivos cada vez que él y Mirka salían a dar una vuelta.

«Si voy por la calle a pie o en coche, o cuando salgo a cenar, la gente me anima: "Este es tu año. ¡Tienes que conseguirlo! —decía Federer—. Me gritan desde las motos y los coches; incluso se apean con el semáforo en rojo para pedirme un autógrafo o una foto.»

Pero la luz roja parpadeó de nuevo en la pista durante su semifinal contra Juan Martín del Potro, un argentino de 20 años y 1,98 m de altura, en auge y con un golpe de derecha plano tan potente que se diría que generaba actividad sísmica. El argentino sumaba golpes ganadores y dictaba el juego sobre tierra batida, y puede que su camiseta sin mangas despertara algún doloroso *flashback* «nadaliano» en el suizo.

Federer perdía 2 sets a 1, pero fue recuperándose hasta forzar un quinto set. Él y Del Potro intercambiaron roturas muy al principio, hasta que Federer volvió a ponerse por delante tras una doble falta de Del Potro que le hizo perder el servicio cuando iban 3-3. Federer no logró convertir su primer punto de partido en 5-3, pero sí el segundo, con un arrogante golpe de derecha imparable.

«No creo que yo fuera el mejor jugador —dice Federer—. Me serví de mi experiencia para ganar: yo había jugado muchas semis de Slam, él no había jugado ninguna.»

Mientras esperaba a Del Potro para darle la mano, se apoyó en la red, con la cabeza gacha por unos instantes. El estrés del combate era palpable, pero si Vavrinec, embarazada de siete meses, podía soportarlo, él también podría.

«Me encuentro fenomenal», me dijo ella, contenta, tras la enésima entrevista en profundidad de su marido.

Solo quedaba un obstáculo entre Federer y el Grand Slam de su carrera: Soderling, que había demostrado que su gran actuación ante Nadal no fue pura suerte, derrotando a otros dos cabezas de serie destacados. En cuartos barrió al cabeza de serie n.º 10, Nikolay Davydenko, en tres sets; y en semifinales superó a Fernando González, el n.º 12, en cinco.

«Ha sido difícil, pero no tanto como pensaba —exclamó Soderling—. Quizá me he enfrentado al mayor reto que hay ahora mismo en el tenis, que es ganar a Nadal sobre tierra batida aquí en París. Sentí que no había terminado el torneo, que seguía en él, que pese a haber jugado un gran partido, quería más. Y ahora me siento igual.»

En un año normal, una sorpresa como la de Soderling habría sido el gran tema de conversación en Roland Garros, pero esta vez no. Todo el foco era para Federer, que perseguía el récord de Grand Slam de Sampras y, a la vez, intentaba lograr lo que Sampras nunca logró: ganar «el torneo francés».

Ganar situaría a Federer en la carrera para ser considerado el tenista más grande de todos los tiempos, pero está claro que este debate nunca va a tener un campeón indiscutible.

«Las cosas han cambiado demasiado para comparar épocas», asegura Brad Gilbert.

El tenis moderno tiene una larga historia incluso sin remontarse a la versión bajo pista cubierta del deporte, conocida como *real tennis*, que se jugó por primera vez en las cortes reales europeas en la Edad Media. El torneo de Wimbledon nació en 1877 y sus primeros campeones solo tenían que ganar un partido para defender el título: la famosa Challenge Round.

Hasta 1968 solo los jugadores *amateurs* podían participar en los torneos de Grand Slam y en la Copa Davis, que era un gran torneo. El estadounidense Bill Tilden, el mejor tenista masculino de los años veinte, no pudo jugar el campeonato francés hasta 1925, cuando el torneo se abrió a participantes extranjeros. Solía perderse Wimbledon y nunca viajó al campeonato de Australia, que en aquella época habría supuesto un trayecto en barco muchísimo más largo que el que iba a Wimbledon.

Comparar los diez títulos Grand Slam de Tilden con los catorce de Sampras no es justo. Tras la Segunda Guerra Mundial los mejores tenistas *amateurs* masculinos solían profesionalizarse al comienzo de sus carreras y participaban en algunos de los llamados torneos *barnstorming*, torneos itinerantes que solía organizar Jack Kramer, la estrella estadounidense. Jugadores como Kramer, Pancho González, Lew Hoad, Rosewall y Laver se perdieron muchos años de Grand Slam, y rara vez contaron el total de *majors* ganados. No era lo más importante para ellos, aunque Laver completó un auténtico Grand Slam en 1962 al ganar los cuatro *majors* en un mismo año.

Laver sumó otro Grand Slam en 1969, un año después de que el tenis se abriera a los profesionales; y terminó con once *majors.*

«No es una cifra de la que habláramos», me dijo Laver. Uno se pregunta cuántos torneos más habría ganado Laver de haber podido jugar entre 1963 y 1967, pero también cabe tener en cuenta que Laver habría tenido una competencia más dura hasta 1962 en los *majors* si los mejores jugadores del mundo —tenistas como Hoad, Rosewall y González— hubieran podido jugar.

El debate sobre el mejor tenista de la historia del tenis masculino es, como se ve, irresoluble, y limitarlo a la era Open tampoco lo cierra. Björn Borg, Jimmy Connors, John McEnroe y otras estrellas de los años setenta y ochenta solían saltarse el Open de Australia, en aquella época el más remoto y menos prestigioso de todos los *majors.* Connors, Borg y su generación no consideraban que el cómputo de Grand Slam definiera las estadísticas de su deporte. Si hubieran sabido entonces lo que saben ahora, quizá habrían viajado más a Australia.

«Ahora se han impuesto los Grand Slam —declaró Connors en el podcast *Match Point Canada*—. Yo jugué el Open de Australia en dos ocasiones. En la cima de mi carrera me perdí seis o siete ediciones de Roland Garros, así que, básicamente, me forjé un nombre y una reputación en base a dos torneos: el US Open y Wimbledon. Me llevó veinte años jugar unos cincuenta torneos de Grand Slam. Estos chicos juegan cuatro al año, así funciona ahora. Así son las cosas en todos los deportes.»

Pero al menos comparar las cifras de Federer con las de Sampras sí es justo. Ambos habían competido en una época en la que jugar un *major* bien merecía un largo desplazamiento, tanto por parte del jugador como de los patrocinadores, que a menudo incluían primas en los contratos vinculadas a la participación y al éxito en torneos de Grand Slam.

Con el tiempo Federer jugaría 65 torneos de Grand Slam consecutivos. Y pese a que las oportunidades de Sampras de ganar Roland Garros eran prácticamente nulas en la última época de su carrera, él quiso participar cada año hasta el 2002, su última temporada.

A pesar de su amistad con Federer, Sampras no estaba en las gradas para ver la final del 2009; pero Agassi, archirrival de Sampras de toda la vida, viajó desde su hogar en Las Vegas a petición de los organizadores de Roland Garros.

Él también ganó su único Roland Garros tras una larga espera y contra un oponente inesperado, Andrei Medvedev, en 1999. Medvedev era un ucraniano talentoso y carismático —y daba grandes entrevistas— que en aquel momento había caído hasta el puesto n.º 100 del *ranking* mundial. Agassi ganó el título remontando dos sets en contra.

Lo de Federer no iba a ser tan dramático. Tenía la confianza de haber vencido a Soderling las nueve ocasiones anteriores en las que se habían enfrentado y acababa de superarle sobre tierra batida en Madrid. Tenía al público de su lado, que le regaló una gran ovación cuando entró en la pista por detrás de Soderling.

Pero sucedieron cosas extrañas. Con Federer un set por delante y Soderling sirviendo con el marcador 1-2, un intruso se coló por una escalera en la zona baja de las gradas y saltó la barrera para plantarse en la parte de la pista donde jugaba Federer. Se acercó al suizo blandiendo una bandera y quiso ponerle un sombrero.

«Cuando se acercó a mí me sentí muy incómodo», asegura Federer.

Por suerte, el intruso solo buscaba llamar la atención y no tenía intención de atacarle, pero el equipo de seguridad tardó demasiado en atraparlo y sacarlo de la pista. Soderling conservó el servicio y Federer, por primera vez en la final, se veía tembloroso.

«Me rompió un poco el ritmo, claro está —asegura Federer—. Un juego más tarde pensé que debería haberme sentado un par de minutos para pensar en lo ocurrido: "¿Era real o no?".»

Pero aquel iba a ser el día en el que Federer espantaría todos sus fantasmas de Roland Garros para siempre, aunque no fuera un buen día para jugar al tenis. Hacía mucho viento y durante los dos últimos sets llovió de forma insistente, desde gotas apenas perceptibles hasta algo más parecido a un chaparrón.

El director del torneo, Gilbert Ysern, se planteó interrumpir la final. Pero la previsión meteorológica para el resto del día era peor, y para el lunes se esperaba mucha lluvia. Ysern sabía que el partido debía terminar cuanto antes. Federer puso de su parte: jugó un brillante *tiebreak* en el segundo set, anotando *aces* en sus cuatro servicios y rompiendo el servicio de Soderling en el primer juego del tercer set.

Cuando le llegó el momento de servir para ganar en 5-4, el corazón se le salía del pecho, como le pasó contra Philippoussis en Wimbledon 2003. Daba señales de estar a punto de romperse y tuvo que salvar un punto de rotura en 30-40. Pero ganó el siguiente punto con una rara incursión a la red y después, con los fans gritando mientras se preparaba para sacar en un punto de partido, colocó el primer saque y Soderling estrelló el resto contra la red. Federer se dejó caer de rodillas al suelo, tapándose la cara con las manos.

Acababa de completar su colección de Grand Slam con 27 años.

«Esta puede ser mi mayor victoria, la que me quita más presión —declaró tras ganar 6-1, 7-6 (1), 6-4—. Ahora puedo jugar tranquilo el resto de mi carrera y jamás volveré a oír que nunca gané Roland Garros.»

Al menos la segunda parte de la frase se hizo realidad. El resto de la carrera de Federer iba a durar tanto que conservar la tranquilidad ante cada reto terminaría por resultarle imposible. Pero aquel día, bajo la lluvia de París, se sentía realizado. Era el sexto tenista que ganaba los cuatro *majors*. Los otros eran: Don Budge, Fred Perry, Roy Emerson, Laver y Agassi, quien fue el encargado de entregar el trofeo a Federer en una elección de lo más acertada.

«Parecía cosa del destino —nos dijo Agassi—. Mucha gente dice que es mejor tener suerte que ser bueno. Yo prefiero ser Roger que tener suerte. El tipo se ha ganado su lugar en este deporte y se ha ganado este título. Si no hubiera ganado aquí, habría sido casi un crimen. Es el segundo mejor tenista sobre tierra batida de estos últimos cinco años y, si no fuera por culpa de un chaval de Mallorca, habría ganado muchos más torneos así.»

Federer había trabajado duro y, aunque habría sido mucho más simbólico vencer a Nadal para llevarse el título, se le presentó la ocasión y él la aprovechó.

«Habría sido genial ganar a Rafa en Roland Garros, pero no es algo que mi carrera necesite —me dijo Federer después—. Habrá quien piense que así deberían ser las cosas, pero fíjate que nunca he jugado contra Rafa en mis finales del US Open. Esto va como va. Tú no puedes decidir contra quién juegas. Tienes que vencer al contrincante que hay al otro lado de la pista. No me malinterpretes, sería maravilloso, pero no sé si lo haría más especial.»

Para Federer, la victoria en Roland Garros está en su Top 3 junto al título de Wimbledon en el 2003 y el inesperado triunfo en el Open de Australia 2017.

«Roland Garros: al final he aprendido a amarlo —me dice Federer—. He aprendido a, ¿cómo se dice? A aceptarlo. No ha sido en plan: "¡Roland Garros, es lo más!" —aclara, chasqueando los dedos—. Lo más siempre ha sido Wimbledon. Recuerdo ver a Becker, Edberg y Sampras levantando ese trofeo, y ninguno de los tres ganó Roland Garros.»

La larga espera de Roland Garros —diez años después de su debut ante Rafter— le daba un significado aún mayor.

«En el 2004 ya había ganado los otros Slams —cuenta Federer—. Creo que tener que esperar tanto lo hizo especial. Creo que los fans lo sintieron así. Yo lo sentí así y por eso veo París como un crecimiento personal. Roland Garros me desafió de verdad y tuve que trabajármelo mucho en el 2009. Fue una victoria mental enorme: los partidos tan disputados contra Tommy Haas y DelPo. Incluso Monfils fue duro, y después Soderling, con la lluvia. Saber que Rafa estaba fuera me desafió en muchos sentidos, porque ¿cuándo iba a volver a pasar algo así? Y cuando pienso en Roland Garros lo veo como un reto que aprendí a aceptar y como un montón de sentimientos mezclados, todos buenos.»

Casi un año después de aquella victoria volvimos a vernos en París. Él había ido a Roland Garros para entrenar en pista cubierta a finales de otoño, cuando ya no hay hojas en el suelo, cuando los pasillos siempre abarrotados se quedan tan vacíos como la Philippe Chatrier.

«Deberías darte un tiempo para estos momentos, porque son bonitos —me dijo—. Sentarte en las gradas, en cualquier sitio. Bajar la vista y reflexionar.»

Me contó que su memoria funciona como un pase de diapositivas, una imagen da paso a la siguiente. «Yo de rodillas, incrédulo —apuntaba—. La raqueta cayendo junto a mí. La tierra batida anaranjada, tan vívida. Sujetar el trofeo y besarlo. Llorar durante el himno. Esos son los momentos que más contemplo ahora mismo.»

Pero el momento que más lo conmovió mientras lo describía un año después sucedió después de la ceremonia y del subidón de adrenalina.

Su padre, Robert, estaba enfermo y no pudo asistir a la final. Federer fue a verlo a su habitación mientras su madre y Mirka aguardaban junto a la puerta, que estaba abierta.

«Estaba muy enfermo, en la cama, con la manta hasta aquí —explicó Federer señalándose la barbilla—. Le dije: "Hola, ¿cómo te encuentras?". Y él respondió: "Ohhh, muy mal". Y le enseñé el trofeo, diciéndole: "¡Mira! ¡Lo hemos conseguido!". Fue un momento muy intenso.»

Habían recorrido un largo camino, padre e hijo, desde aquel día en el que Robert obligó a su temperamental niño a buscarse la vida para volver a casa desde las pistas de tierra batida de Basilea.

«A veces charlábamos sobre tenis —dice Paul Annacone sobre Robert Federer—. Y de vez en cuando Robbie decía cosas como "Roger, dale con el maldito revés, haz el favor". También se lo decía a Roger, y se reían, y Roger estrujaba a su padre. Era algo muy tierno, muy adorable.»

Cuando ya anochecía, Federer regresó a su hotel en París con el trofeo a cuestas. Los organizadores de Roland Garros no permiten que el trofeo salga de sus instalaciones. A los campeones se les entrega una réplica en tamaño pequeño. Pero Federer, después de insistir, consiguió que hicieran una excepción por una noche.

«Me dijeron que solo tenían uno y que no lo perdiese ni me lo robaran», recuerda Federer.

Después de tantos años y tantas derrotas ante Nadal, no quería correr más riesgos. Colocó el trofeo sobre la mesita de noche.

«Dormí junto a la Coupe des Mousquetaires», dice riéndose.

Cuando despertó a la mañana siguiente, la copa seguía allí. No, todo aquello no había sido un sueño.

CAPÍTULO 10

LOS ÁNGELES

Resultaba que un Federer satisfecho y relajado era un Federer especialmente peligroso. Y así, con muy poca antelación, Pete Sampras subió a un avión en Los Ángeles con su esposa, Bridgette, y llegaron a Londres justo la mañana en que se jugaba la final de Wimbledon 2009.

Por el momento, a Sampras y a Federer los unía el récord masculino de títulos individuales de Grand Slam, con catorce cada uno. Pero Sampras sospechaba que no seguiría siendo así mucho tiempo, viendo a Federer felizmente subido a la ola de su primera y exitosa victoria en Roland Garros y a punto de jugarse con Andy Roddick el título de Wimbledon.

Sampras había recibido la invitación del All England Club el viernes. Estaba volando el sábado.

«Fue una de esas cosas que haces por el deporte —me dijo Sampras—. Era mi muestra de respeto hacia el récord, hacia Roger. Creo que todo se reduce al hecho de que me monté en un avión y sentí que era lo que tenía que hacer.»

El estadounidense no había regresado a Wimbledon desde el 2002, cuando cayó en segunda ronda en cinco sets contra el poco conocido George Bastl. Esa conmovedora derrota ocurrió en la pista n.º 2, conocida como «el cementerio» por el efecto que a menudo causaba en la suerte de los jugadores preclasificados.

Sampras luchó contra su propio juego. Leyó una carta de apoyo de su esposa durante los cambios y, pese a que el heptacampeón insistió tras la derrota en que su carrera en Wimbledon no acabaría con esa nota tan negativa, así fue.

Bastl, suizo compañero de equipo de Federer en la Copa Davis y n.º 145 del *ranking*, había llegado al torneo como perdedor con suerte: un jugador que, pese a perder en las rondas clasificatorias, consigue un hueco en el cuadro principal por una retirada de última hora.

«No era así, en la pista 2, como quería acabar en Wimbledon, la verdad», me contó Sampras años después, aún triste por haber sido castigado en el equivalente de Wimbledon a las salas secundarias de Broadway, aunque sobre todo decepcionado por su actuación.

En el 2009 estaban a punto de demoler la «pista cementerio» y sustituirla por otra, como parte de la prolongada modernización de Wimbledon, que a veces puede parecer un trabajo prosaico a costa del encanto y la tradición.

Desde los días de dominio de Sampras, se habían concluido otros grandes cambios, aunque ninguno más importante ni simbólico que el nuevo techo de la pista central, de mil toneladas, con paneles traslúcidos y que, incluso retirado, a veces daba sombra al palco real.

Sin duda, ese techo alteró el ambiente de la pista con más ambiente del tenis, pero tras más de un siglo de retrasos por lluvias, Wimbledon tenía al fin un plan B fiable, y muy caro. Y eso, por supuesto, significaba que no iba a llover nada durante la primera semana del torneo.

Los dioses del tenis tienen mucho sentido del humor.

«Es la primera vez que hay gente esperando que llueva en Wimbledon», dijo Ian Ritchie, director ejecutivo del club.

Sampras y Federer se hicieron amigos tras la retirada del primero. Jugaron una serie de partidos de exhibición en Asia en noviembre del 2007 y otro partido en Nueva York en marzo del 2008 que atrajo a casi 20 000 fans al Madison Square Garden.

Viajar juntos por Asia creó un vínculo entre ellos.

«Pete era uno de mis héroes —me contó Federer—. Me apetecía vivir esas experiencias mientras estuviese en activo, no hacer esas cosas solo cuando me retirase. Creo que hay una gran diferencia si lo haces pronto en tu carrera.»

Fue una gira lucrativa, aunque también encajaba con el interés de Federer por desarrollar relaciones de peso con los jugadores a los que admiraba de joven; más adelante, contrataría a Stefan Edberg como entrenador.

Sampras, con 36 años entonces, había dudado antes de aceptar participar. Era feliz viviendo fuera de los focos en Los Ángeles, contento de estar día a día con su esposa y sus dos hijos, Christian y Ryan. Jugaba mucho más al golf que al tenis y sabía que tendría que reanudar un entrenamiento regular para que la gira con Federer fuese entretenida y competitiva.

«Yo en realidad no conocía muy bien a Roger, pero hicimos ese viaje por toda Asia, íbamos juntos en el avión, cenábamos juntos, y al final llegamos a conocernos de verdad y jugamos algunos partidos bastante buenos —me dijo Sampras—. Roger es un poco bromista. Tiene un lado payaso, y yo estaba ya retirado, así que me sentía más relajado, era más fácil.»

Federer fue con Vavrinec. Sampras, con su hermano Gus, que además es su representante. Durante sus años en el circuito, Sampras se esforzó por separar su vida personal de la profesional y aseguraba que probablemente no hubiera participado en una gira de exhibición como aquella en sus mejores tiempos con un veterano del tenis como John McEnroe.

«Creo que no lo habría hecho, pero Roger era abierto y sí estaba muy dispuesto. Pasábamos buenos ratos. Nos poníamos a charlar y hablábamos de tenis, de deporte, hablábamos como dos tíos normales que se están conociendo. Desde entonces, hemos seguido en contacto gracias a la tecnología y los mensajes.»

Son personalidades distintas: Sampras, un introvertido monolingüe; Federer un políglota extrovertido.

No obstante, Sampras es mucho más abierto y animado en el cara a cara y los dos campeones descubrieron que tenían algo más en común que el revés a una mano, la derecha a la carrera, el servicio ilegible y la afinidad hacia Wimbledon.

Ambos eran hijos de madres inmigrantes de convicciones férreas y los dos habían perdido trágicamente a un entrenador en el que confiaban y que era además un buen amigo.

Peter Carter falleció con 37 años en Sudáfrica. Tim Gullikson, que guio a Sampras a llegar al n.º 1 y conseguir seis títulos individuales en grandes, murió en 1996, a los 44 años, de un tumor cerebral inoperable. Yo conocí a Tim y a su gemelo idéntico, Tom. Habían nacido en Wisconsin y los educaron para tratar a la gente con respeto; eran dos de las mejores personas en el mundo del tenis. Recuerdo hablar con Tim en Europa en 1994, después de que se desmayara y se cayese en la habitación de su hotel mientras viajaba con Sampras. Tenía cortes y moratones en la cara, pero le restó importancia al asunto; aún no era consciente de la gravedad de su enfermedad, que al principio le diagnosticaron mal.

En el Open de Australia 1995, Sampras acabó llorando en la pista durante los cuartos de final contra Jim Courier, después de que Gullikson se desplomase de nuevo y tuviera que volver a casa para recibir tratamiento. Tim nunca pudo volver a viajar con Sampras en el circuito; lo siguió entrenando a distancia mientras le fue posible.

Tanto Sampras como Federer tuvieron que afrontar un duelo en el circuito a una edad temprana y los dos encontraron inspiración recordando a su mentor. Al final, también los dos trabajaron con los entrenadores José Higueras y Paul Annacone, y apreciaban la discreción de sus empleados y amigos.

Durante sus viajes y conversaciones, a Sampras le impactó sobre todo lo abierto que estaba Federer a nuevas experiencias y su entusiasmo por ciertos aspectos del circuito tenístico que al estadounidense le habían quitado las ganas de continuar (jugó su último partido en el circuito con 31 años).

«A Roger le encanta viajar. Le encantan las ciudades nuevas, la gente nueva. Tiene una personalidad distinta, con mucha menos ansiedad que alguien como yo. En los viajes yo me limitaba a trabajar y trabajar, estrés y más estrés. Llevaba el peso del n.º 1 y de ganar los grandes, y desde luego en ciertos aspectos eso me afectó mucho más.»

Sampras recuerda que los momentos más felices eran las rectas finales de los grandes, no solo por la proximidad de lograr otro prestigioso título, sino porque el vestuario se quedaba casi vacío.

En ese silencio, encontraba paz y gratificación.

«Los últimos días de Wimbledon eran los mejores para mí porque no había nadie. Era una sensación de: "Me he ganado no tener que cambiarme delante de treinta tíos".»

La interacción social dejaba a Sampras sin combustible. Eso para Federer no era ningún problema, con su voz sonora y su capacidad para bromear, charlar y luego cambiar el chip cuando llegaba el momento de salir a la pista.

«Roger puede bajar la guardia y dejar a la gente entrar en su vida. Yo llego a un vestuario, me voy a mi taquilla y me quedo apartado. Roger entra y es más simpático, saluda a todo el mundo. Básicamente, es más agradable», afirma Sampras.

Para el estadounidense suponía un esfuerzo gestionar las relaciones con sus rivales, sobre todo con los que consideraba amigos, como Jim Courier. Federer desarrollaba vínculos fuertes con sus colegas, estuvo varios mandatos en el consejo de jugadores de la ATP y terminó creando la Copa Laver, un evento tenístico por equipos que le permitía pasar aún más tiempo con sus rivales e incluso perder contra algunos de ellos.

«Entre la generación con la que crecí viendo (McEnroe, Lendl, Connors) había auténtico desprecio —dice Sampras—. En nuestra generación no viví desprecio, sino más bien distancia, con Andre, Jim, Michael [Chang] y [Boris] Becker. Yo no era capaz de separar los dos mundos. Jim y yo éramos buenos amigos. Cruzamos la línea: íbamos a cenar juntos, jugábamos dobles, viajábamos juntos. Y cuando empecé a jugar contra él, muy pronto, me sentía incómodo, era como jugar contra mi hermano, aunque no hasta ese extremo. Tenía que pensármelo dos veces, casi me sentía mal por él cuando le ganaba, y no me gustaba esa sensación porque era algo que a lo mejor se me metía en la cabeza la noche antes del partido o mientras jugaba, en plan: "Ay, si es buen tío".»

Para Sampras, que durante un tiempo tuvo incluso una úlcera, el circuito era como un puerto rocoso por el que había que navegar con cuidado, más que como un hogar fuera de su casa.

«Al repasar mi carrera entiendo que por eso estaba como frío y apartado de muchos de mis oponentes, porque no quería llegar ahí, no quería conocerlos bien fuera de las pistas. Me gustaba que todo fuese blanco y negro. Era mejor para mi personalidad. Sé que Roger mantiene una relación muy buena con Rafa y que ellos hablan constantemente. Conmigo no funciona eso de estar en el fragor de la batalla y que se te venga a la cabeza algo sobre esa otra persona; conmigo no.»

Aun así, en el 2009 era complicado negar que Nadal había acampado en la cabeza de Federer, pese a la capacidad de este último para compartimentar. Aunque en ese Wimbledon el campamento no estaba por ninguna parte. Nadal no pudo defender el título por una tendinitis en la rodilla que además había contribuido a hundir su defensa del título en Roland Garros.

La ausencia de Nadal suponía un respiro para Federer y una nueva oportunidad, aunque fue una decepción para quienes esperaban una revancha del exitazo de la final del 2008 que había elevado el tenis a otra categoría en todo el mundo.

Federer, que descansó y celebró en su casa de Suiza tras ganar Roland Garros, llegó al All England Club sin haber jugado un partido en hierba desde la desmoralizante derrota frente a Nadal en el 2008.

Claramente, esa derrota no le hundió el ánimo. Tampoco lo habían hecho la pérdida del n.º 1 del *ranking* ni su discurso entre lágrimas tras caer frente a Nadal en el Open de Australia en enero.

Federer tenía un juego bonito, pero además era resistente: capaz de absorber golpes fuertes a su ego y recuperarse.

Basta pensar en lo que ocurrió en su siguiente Grand Slam tras la derrota en Wimbledon 2008: ganó su quinto US Open seguido después de reunir fortaleza y consuelo gracias a los comentarios que le hicieron llegar sus fans.

El enfoque colectivo era: «Qué pena que perdieras en Wimbledon, Roger, pero ¡menudo partidazo!».

Federer fue cayendo en la cuenta, poco a poco, de que la final del 2008 había derribado parte de la separación entre los campos de Rafa y de Roger, al menos durante algún tiempo. El partido había calado en mucha gente, quizá más que el resultado. Estaban el contraste de estilos, la deportividad, el final espectacular...

«Todo eso —dijo Federer en una entrevista a fondo para el libro *Strokes of Genius*—. Hasta después no me percaté de la magnitud del partido. En el momento me retiré, lloré en el vestuario, lloré cuando me fui de allí. Aún recuerdo muy bien cuando salí del edificio Millennium, que iba diciéndome a mí mismo: "Ay, Dios mío, es el peor día de mi vida. Y puedes repetirme todas las veces que quieras lo grandioso que ha sido el partido, que me da igual. He perdido. Preferiría haber perdido en tres sets. Habría sido más sencillo que pasar por esa montaña rusa emocional.»

Pero cuando llegó el US Open 2008, Federer veía los árboles y también el bosque. El abatimiento dio paso a la calmada satisfacción. Habría estado bien ganar uno de los mejores partidos de la historia, claro, pero al menos su deporte había salido ganando.

La victoria en Roland Garros fue otra confirmación de que Federer había recuperado la magia. Annacone la comparó con la victoria de Sampras en el US Open 2002, que llegó poco más de dos meses después de la amarga derrota frente a Bastl en Wimbledon.

«Es algo que recuerdo con Pete —me contó Annacone—. Hubo muchos meses de decir: "¿Cuál es el problema? Tranquilidad. Te has casado. Has hecho esto. Has hecho lo otro". Sabía que Pete no estaba acabado. Creo que los mejores jugadores tienden a crecerse frente a los retos, y eso es lo que ha conseguido hacer Roger.»

Federer había tenido también suerte con la derrota de Nadal ante Soderling, aunque de todos modos tuvo que sortear los cinco sets contra Haas y Del Potro y encontrar la manera de ganar las peleas con la voz de su cabeza.

Regresar a Wimbledon era como volver a casa, y después de Roland Garros Federer estaba rebosante de ese bienestar del campeón que sabe que las preguntas más importantes sobre su carrera al fin han recibido una respuesta convincente.

En ausencia de Nadal, Federer jugó el partido inaugural en la pista central, un honor que suele reservarse al campeón masculino que defiende el título. Federer despachó rápido a Yen-hsun Lu sobre la hierba fresca y ganó en tres sets.

Eso marcó el ritmo del avance serio y directo de Federer hacia la final, incluida una victoria en semifinales frente a Haas, que había sacado a Federer del tatami en Roland Garros. El punto de inflexión en París fue el *drive* de revés que Federer usó para salvar un punto de rotura con el tercer set avanzado.

«Es cosa del pasado, ya está —asegura Haas—. Soy su amigo y sé cuánto significaba para él ganar Roland Garros, así que me alegro de que le saliera ese golpe.»

Haas no estaba tan contento por haber sido incapaz de asegurar un solo punto de rotura contra Federer en Wimbledon, aunque aquel era el tipo de torneo a medida del suizo, que estaba haciendo sus mejores saques. Federer había superado, al menos de momento, los problemas de espalda de principios de la temporada ligados a un pinzamiento discal.

«Desde luego me dolía —me contó Federer—. Siempre es igual. Saltas con la pierna derecha y aterrizas con la izquierda. Logicamente, a la espalda eso no le gusta nada, y te pasas diez años o más haciéndolo y no es muy bueno que digamos.»

Para Federer llegó un momento clave en mayo, en Roma, poco antes de Roland Garros, cuando dejó claro a Lüthi y a su equipo que necesitaba ponerse al límite en una sesión de entrenamiento sobre tierra.

«Algo totalmente extremo. Les dije: "Tenéis que perseguirme por la pista, poner la bola incluso fuera de la pista de dobles, da igual. Tengo que ir detrás de todas las bolas, saber que puedo deslizarme, estirar la espalda, agacharme, devolver la bola, devolverla la juegue como la juegue, pero devolverla. Tengo que ser capaz de darle, porque si no me va a ser imposible saber de verdad si la espalda aguanta". Y a veces me daba miedo.»

El saque de Federer había sufrido también por esas dudas.

«Por eso el saque me falló este año en Australia contra Nadal en el quinto set, porque tenía miedo de que la espalda no me aguantase. Fue el subconsciente. Tenía miedo sin querer y necesitaba hacer entrenamientos duros y específicos, con muchos saques seguidos, consciente de que mi espalda iba a poder soportarlo. Después, todo encajó bien.»

De todos modos, aún quedaba un partido antes de acabar Wimbledon, contra un oponente conocido cuyo saque también era barómetro de su confianza y potencia. Roddick había resurgido y se movía mejor tras perder siete kilos a instancias de su nuevo entrenador, Larry Stefanki, un estadounidense sucinto y muy seguro, famoso por hacer mella rápido en jugadores destacados.

«Larry llegó el primer día y me dijo que era demasiado grande para jugar al tenis —me contó Roddick—. No podía ofenderme de ningún modo si íbamos a intentar hacerme mejor tenista.»

Tanto Federer como Roddick acababan de casarse y ambos lo habían hecho en abril: Federer con Vavrinec y Roddick con la modelo y actriz Brooklyn Decker.

Los dos tenían la forma física y el esquema mental adecuados para ganar Wimbledon. Roddick había pasado por el cuadro más duro, tras derrotar a Lleyton Hewitt en cuartos de final y a Andy Murray en semifinales.

Era la tercera final de Wimbledon para Roddick, un impresionante regreso en cuanto a forma física tras caer en segunda ronda el año anterior. Roddick, con sus dotes para la metáfora, recurre a lo novelesco para describir su experiencia del 2008 en Wimbledon.

«Cuando has visto a los Rolling Stones en primera fila y luego de repente estás, no sé, como siete u ocho filas más atrás y tienes a un tío altísimo delante moviendo los brazos y gritando, pues no ves mucho. No va a ser un concierto tan bueno como otros.»

¿En qué fila estaba en el 2009?

«Más cerca. Ahora ya le distingo la ropa a Mick Jagger.»

El comentario hizo estallar las risas. No obstante, en esa final las probabilidades eran reales para Roddick, y un tema muy personal. En una ocasión, Roddick estuvo a la vanguardia de Federer: llegó al n.º 1 antes que el suizo, aunque desde entonces había quedado por completo eclipsado pese a sus enormes esfuerzos.

«Nunca he estado resentido con nada —aseguró Roddick antes de la final—. Me he sentido decepcionado, triste. Mi peor día es un sueño para mucha gente. Siempre he tenido cierta perspectiva en este sentido y creo que eso me ha ayudado un poco.»

Con Stefanki tras él, Roddick había recuperado la confianza a los 26 años y había adoptado un enfoque más juicioso a la hora de usar sus grandes armas.

«Tiene buenas opciones —me dijo Stefanki—. Sobre todo si está tranquilo y relajado y cree en su estilo, es decir, que no siempre tiene que hacerlo todo con fuerza bruta.»

No obstante, antes de la final, resultaba imposible huir del todo de las matemáticas. Federer tenía un récord de 18-2 frente a Roddick por algún motivo, y en los Grand Slam la cifra era de 7-0.

Con Federer en paz y a pleno rendimiento, parecía claro lo que Roddick iba a necesitar para frenarlo.

«Probablemente, jugar el partido de su vida», aseguró Patrick McEnroe, el capitán estadounidense de la Copa Davis.

Roddick, por lo general muy gracioso, puede ser también frívolo y mordaz. Es tan rápido a la hora de evitar tonterías que quizá a veces se equivoca anticipándose a ellas. Mientras que Federer era poesía en movimiento, el juego de Roddick era prosa pugilística: movimientos abruptos, grandes recortes y mucho sudor, muchísimo, que empapaba la camiseta, los pantalones, la gorra.

«No sé cómo lo hace, la verdad», asegura Federer, que raras veces permite que lo vean sudar.

No obstante, debo confesar que llegué a admirar a Roddick, por su capacidad para expresar con rapidez sus pensamientos y emociones en palabras inteligentes (el bloqueo del escritor era ajeno para él), pero sobre todo por su capacidad para seguir esforzándose aunque la sombra de la sospecha de que había nacido en la época tenística equivocada no dejara de crecer.

Fiel a sí mismo, en la final dio su mejor versión. Se llevó el primer set 7-5 al sorprender a Federer con su revés mejorado a dos manos y sus ataques en momentos precisos.

Roddick estaba a punto de ganar también el segundo set, al saque, compitiendo con ferocidad para ponerse 6-2 en el *tie-break*. Solo necesitaba un punto más para colocarse en una posición dominante.

«Una ventaja de dos sets y con el saque... No pintaba bien», me contó Federer.

Pero el suizo salvó los cuatro puntos de set. Entre ellos, el que ha quedado grabado en la memoria es el último, que llegó con Roddick al saque en un 6-5. El estadounidense tuvo que hacer un segundo saque. Federer cortó un revés al resto, bajo, de fondo a fondo: un golpe que había puesto de los nervios a Roddick y a otros durante años. Pero a esas alturas Roddick tenía una táctica más inteligente y unos pies más rápidos, así que se adentró, lanzó una derecha a la esquina del *drive* de Federer y corrió hacia la red.

Federer dio entonces un derechazo a la línea que fue muy alto, tanto que Roddick pensó en dejarlo pasar, aunque al final decidió que no. Sin embargo, eso supuso que su volea de revés alta no saliera sincronizada y aterrizara muy lejos de la pista. Era el 6-6 y, dos puntos después, un set para cada uno.

«Me atasqué en el momento de decidir —me comenta Roddick sobre la volea errante cuando hablamos en el 2020—. Hubo una pequeña racha de viento y parecía que la bola iba a volver a entrar. Siempre te dicen que juegues la bola si no estás seguro, y por desgracia la jugué como si estuviese inseguro. Pero para mí ese golpe tiene menos peso que para el resto de la gente.»

Eso es porque volvió a ver el *tiebreak* por casualidad varios años después, mientras estaba en una bici estática en un gimnasio. El punto de set que a él le parecía igual de crucial era el primero en el 6-2.

Roddick había machacado un *drive* en carrera que aterrizó cerca de los pies de Federer, en la línea de fondo. Federer respondió con una semivolea a aquel golpe tan potente y como sin querer soltó un revés ganador de punta a punta. Fue un golpe relajado que solo podría conseguir un hombre que se sintiera en paz ante la presión.

«Para mí es increíble que el foco se ponga en que yo fallase lo que en realidad fue una volea dura (iba alta y lejos, y Roger estaba al fondo de la pista) y no en el golpe que se sacó Roger para salvar el punto de set. Como la volea es lo único que se menciona, se me había olvidado ese golpe hasta que volví a verlo. Es increíble que se sacara eso.»

Federer ganó el *tiebreak* del tercer set pese a ver cómo su ventaja de 5-1 se reducía a 6-5. Pero en el punto de set puso en juego un primer saque fuerte y luego respondió al resto corto con su *drive* para colocarse dos sets a uno.

Luego Roddick ganó el cuarto y, por segundo año consecutivo, la final masculina iría a un quinto set que se pasaría del tiempo estipulado.

Sin retrasos por lluvia en esa ocasión, Federer y Roddick tenían luz natural de sobra para avanzar y la aprovecharon. Conservaron el saque un juego tras otro, superando toda expectativa y toda lógica.

Sampras, que llegó al palco real después del tercer juego del partido y recibió el saludo de Federer desde la pista, no había dormido en el vuelo nocturno desde Los Ángeles.

«Mira, todo estaba un poco borroso —cuenta Sampras—. Ya solo la adrenalina de volver allí me despertó muchas emociones.

Por la cabeza se me pasaban un montón de cosas distintas: que Roger superase el récord, estar de nuevo en aquella pista... Fue un torbellino, una sensación inquietante y surrealista durante unas cinco horas.»

Incluso para quienes no tenían *jet lag*, los juegos del quinto set se sucedieron como un frenesí mientras se acumulaban *aces* y saques ganadores. Federer miró en un momento a su esposa, embarazada de ocho meses, y sintió un destello de preocupación por ella.

«Estaba un poco preocupado —cuenta—. Pensé para mí: «*Oh là là!*, el partido se está haciendo largo y duro, aunque muchos peloteos sean cortos.»

Pero no parecía haber manera de abreviar el espectáculo. En el 8-8, Federer cayó a un 15-40 en su saque y salvó el primer punto de rotura con un saque bien colocado y el segundo con una volea acompañada de *drive*.

Roddick no podía saberlo (y tampoco habría querido saberlo), pero esos serían sus últimos puntos de rotura en la final. Estaba en la precaria posición de sacar en segundo lugar y, por tanto, tenía que conservar el saque si quería alargar el partido.

Un año después, también en Wimbledon, otro gran jugador estadounidense al saque, John Isner, y el francés Nicolas Mahut aturdirían al mundo del deporte cuando Isner se impuso 70-68 en el quinto set de un partido de primera ronda que necesitó tres días para acabarse.

Pero en el 2009, Roddick y Federer fueron los que abrieron el camino. Su quinto set fue de lejos el más largo en una final individual de Grand Slam en términos de juegos completados; y, conforme avanzaba y seguía, Federer se dijo que después de la final del 2008 le tocaba tener suerte.

La oportunidad llegó con Roddick al saque en el 14-15. El estadounidense había conservado el saque en 37 ocasiones seguidas, pero parecía un poco agotado. Su movimiento de pies y sus tiempos eran menos precisos; empezaba a fallar los golpes de fondo. Federer lo llevó a un iguales dos veces y al final consiguió un punto de rotura, que también era punto de campeonato.

Roddick falló el primer saque, hizo un segundo, pero no acertó un *drive* en el quinto golpe del peloteo, con lo que puso fin a esa épica final tras 4 horas y 18 minutos.

Federer lo celebró saltando en vez de tirándose al suelo, una señal de respeto hacia su oponente, al que conocía bien y apreciaba. No quería que Roddick tuviese que esperar para darle la mano tras una derrota tan dura como aquella.

«El deporte, el tenis, es cruel a veces, lo sabemos. Yo también he pasado por finales de Grand Slam de cinco sets y las he terminado perdiendo. Es duro», dijo Federer.

Sonaba como si hablase de una historia antigua y no de las dos derrotas en cinco sets frente a Nadal en los últimos doce meses. Sin embargo, su recuperación había sido tan rápida y profunda que era como si hubiera regresado a la época prerrafaelita: apuntándose títulos consecutivos de grandes sin Nadal a la vista.

Federer había superado a Sampras, el jugador que popularizó el récord de Grand Slam tras ir a la caza de la marca de Roy Emerson, con doce títulos, y batirla.

«Lo siento, Pete, yo he intentado frenarlo», dijo Roddick en la ceremonia.

Probablemente, el estadounidense había hecho de verdad el partido de su vida. Jugó y sacó con absoluta precisión y convicción, pero tampoco eso fue suficiente.

«Me siento mal por Andy, en serio. Era su oportunidad. Estuvo muy cerca, pero Roger, y eso pasa con los grandes al final, tuvo un poquito más de juego», aseguró Sampras.

La sintaxis de Sampras no estaba del todo medida (había sido una tarde larga), pero el cumplido quedaba claro. Pese a que el margen en esa final había sido fino como una brizna de hierba, el corpus de trabajo de Federer era mucho más imponente.

Sampras había necesitado 12 años y 52 participaciones para ganar 14 grandes. Federer solo necesitó 6 años y 41 participaciones para conseguir 15.

En la final, Federer hizo cincuenta *aces* (su mayor logro) frente a los veintisiete de Roddick y no perdió el norte (muy notable).

Ni siquiera hubo lágrimas sobre la hierba.

«Esa vez no, no —dice Federer—. Luego sí fue un poco emotivo, cuando me reuní con todo mi equipo, Mirka y todo el grupo. Pero en la pista no era un día para llantos. Creo que fue más bien de esos momentos en los que me sentí en plan: "¡Lo conseguí!".

Como con mucha energía, una locura. Cuando luego vi las imágenes otra vez pensé: "Madre mía, me puse a saltar como un crío que no se cree que haya ganado".»

Incluso años después, Federer sonaba aún aliviado al mirar atrás. «Es uno de esos partidos que no quieres volver a ver terminar. Parecía que se hubiera echado a suertes.»

Resultaba que Roddick tampoco podía ganarle a Federer en Wimbledon ni echándolo a suertes, y el público percibió su dolor, incluso muchos de quienes se habían pasado el día animando a Federer.

Cuando Federer iba a hacer su última vuelta de ganador con el trofeo por la pista central, Roddick estaba sentado en su silla, alicaído, hasta que oyó unas pocas voces convertirse en un cántico estruendoso: «¡Roddick! ¡Roddick! ¡Roddick!».

«Fue alucinante. Quizá uno de los momentos más geniales que he tenido en mi carrera», asegura.

El apoyo no quedó ahí. Días después de la final, Roddick iba paseando por Nueva York con su esposa y todo el mundo, desde camareros de cafeterías hasta trabajadores de la construcción, le expresaba sus condolencias.

«De verdad, no podía andar ni media manzana sin que alguien se me acercase y me hablara del partido. Aquello era nuevo para mí, y no eran aficionados al tenis. Era gente que por algo había llegado al partido, y eso me parecía genial. Recibí un montón de notas y mensajes de muchos de mis ídolos y gente a la que admiro. Nunca he vivido otra reacción igual en mi carrera.»

Para Roddick, hubo un claro antes y después del Wimbledon 2009. La suerte de una final lo había convertido en una figura sin ninguna duda simpática.

«En realidad, no creo que mi relación con el tenis fuera tan buena en el sentido de cómo me ve la gente en retrospectiva si no hubiera sido por esa derrota. Diría que fue el último día en el que me polarizaron como tenista. Si hubiese ganado, quizá habría sido al revés.»

Roddick habla sobre «el momento Starbucks».

«Y once años después estás en un Starbucks y ese partido es lo único que la gente recuerda. Da igual que hayas ganado el US Open y lo que sea, eso va a ser lo que más se recuerde, siempre. Además fui como un peón en la partida de la importancia histórica entre Roger y Pete, y es como si eso multiplicara la sensación de que yo era el tercero en discordia entre ellos dos aquel día. ¿Y Pete? Pete no viaja a ninguna parte. Obviamente fue a ver la coronación del rey y yo intenté ser como el que mata a Bambi.»

Roddick sencillamente falló. Pese a que ahora no guarda rencores, sí los sintió en un momento. Un par de meses después, Federer estaba sumido en otro quinto set en la final del US Open contra Juan Martín del Potro y cometió doble falta dos veces para perder el saque y, al final, el partido.

«Creo que de verdad solté un "Vete a tomar por culo, Roger" mientras veía el partido —dice Roddick entre risas—. Me encanta Juan Martín, así que me alegré mucho por él, pero a la vez estaba cabreado porque Roger como que se puso un poco de los nervios. Lo de ponerse de los nervios es una exageración porque se dice demasiado, pero sí había tensión. Es como que dejó escapar el quinto set. Creo que ese día me cabreé más con él que en ningún otro momento de mi carrera.»

La carrera de Roddick solo duraría tres años más y nunca volvería a pasar de cuartos de final en un Grand Slam antes de retirarse, en el 2012.

Le había tocado una mano complicada (tras una gran generación de estadounidenses, con Sampras, Agassi, Courier y Chang) y la jugó al máximo de sus capacidades.

Entre todos ellos habían ganado un total de veintisiete grandes. Roddick solo logró uno, lo que sigue siendo uno más que cualquier hombre estadounidense desde 2003. La carrera de Roddick adquiere valor con cada año que pasa, pese a que eso refleje cuánto ha caído el nivel del tenis masculino de Estados Unidos.

«Yo siempre he creído en Andy —me contó Federer hacia el final de la carrera de Roddick—. Diría que una vez incluso me agradeció que confiase en él, como hice con Lleyton cuando la gente lo daba por perdido. Creo que por eso nos respetamos tanto en nuestra generación, porque estamos juntos en esto y sabemos lo buenos que somos y lo complicado que es permanecer en la cima. Creo que es bonito que nos apoyemos entre nosotros, porque no es tan sencillo como parece. Tenemos un sistema de eliminación a diario. No es como el fútbol, que vas el domingo, quedas 1-1 y todo el mundo se va a dormir tranquilo porque nadie ha perdido. Para nosotros es blanco o negro. No hay lugar donde esconderse y además está toda la rutina que conlleva lo que hacemos, once meses al año.»

No obstante, esa rutina no tenía el mismo efecto en todos ellos, está claro. Mientras que Roddick se retiró a los 30 años, Federer siguió (y siguió) incluso entrada la década del 2020.

Y mientras que Federer es miembro vitalicio del All Englands Club, Roddick tuvo que enfrentarse a lo que pudo haber sido al regresar allí en el 2015 como comentarista televisivo para la BBC.

Ya antes había luchado por procesar la derrota, e incluso a veces se había despertado con la sensación de que le hubiesen «pegado un puñetazo en el estómago». Pero regresar al club por primera vez desde su retirada llevó los recuerdos a otro nivel.

«No me di cuenta de cuánto dolía hasta entonces. No me sentí en plan: "Guau, esto soy yo". Sentí que quería cruzar esa puerta como campeón de Wimbledon, que quería pasearme por allí como miembro de la fraternidad.»

Wimbledon, siempre centrado en la tradición y el protocolo, da un especial énfasis a sus vínculos con el pasado, y Roddick, miembro o no de la fraternidad, forma parte de su historia como tres veces finalista del torneo, en el mismo grupo que gente del salón de la fama como Ivan Lendl, Ken Rosewall y Patrick Rafter, que nunca pudieron cambiar su suerte en Wimbledon.

Sampras y Federer estaban en una categoría superior: los dos jugadores masculinos con más triunfos de la era Open en el All Englands Club. Ese es otro vínculo que los une, aunque dominasen con estilos de juego muy distintos.

Durante años, Sampras sintió mucha curiosidad y un poco de desconcierto ante ese contraste, y cuando Annacone se hizo entrenador de Federer organizó una velada en Los Ángeles poco antes del torneo de Indian Wells en marzo del 2011.

Sampras y Federer, gran fan de la NBA, fueron juntos a un partido de Los Angeles Lakers y conocieron a Kobe Bryant, que fue un gran fan del tenis y asesor informal de jugadores como Maria Sharapova y Novak Djokovic, antes de su trágica muerte en un accidente de helicóptero en el 2020.

Sampras, Federer, Annacone y sus esposas se reunieron luego para cenar en una sala privada de un restaurante de Beverly

Hills. Sampras había estado acribillando a Annacone con preguntas sobre cómo era el juego en el circuito y quería entender al detalle cómo Federer lo había derrotado en la cuarta ronda de Wimbledon en el 2001 con un juego clásico de saque y volea, pero luego había pasado a ganar sus títulos en Wimbledon principalmente desde la línea de fondo.

«En ese punto, Roger ya tenía un millón de grandes, pero sigue siendo un niño chico, sigue mirando a Pete desde abajo y así mira a todas las leyendas, no puede evitarlo —cuenta Annacone—. Y aunque Pete no es abierto con mucha gente, en entornos íntimos así es un tío genial. Estábamos todos allí sentados y yo me limitaba a escuchar, y entonces Pete empezó: "Vale, tío, pero ¿qué cojones está pasando en el tenis?". Y Roger: "¿A qué te refieres?". Y Pete: "En Wimbledon ya nadie se adentra en la pista. ¿Cómo ha pasado eso? ¿Cómo funciona eso?".

»Y Roger se paró a pensarlo un segundo y luego, básicamente, le explicó a Pete la evolución de una era a otra, y eso durante un par de horas. Si hubiese sido periodista, lo habría grabado todo a escondidas.»

Lo que Federer le explicó fue que, cuando casi nadie jugaba con saque y volea sobre hierba, quedarse atrás era la elección equivocada, porque suponía hacer demasiados golpes de fondo. Pero conforme cambiaron los materiales y los estilos de juego, Federer vio que tenía cierta ventaja en hierba también desde la línea de fondo, como ocurría en pista dura, e incluso en tierra contra jugadores que no se llamaran Nadal.

El nuevo patrón en hierba no era saque y volea, era saque y suelta el derechazo en cuanto puedas y luego si hace falta la volea. Es también un tenis agresivo, solo que de otro tipo.

No obstante, hay quienes discrepan de la conclusión de Federer.

«Creo que Roger abandonó el saque y volea porque se convenció de que todo el mundo estaba abandonándolo —afirma Craig O'Shannessy, pionero en el análisis tenístico, que ha trabajado con Djokovic, Kevin Anderson y otros—. Pero cuando te fijas en los porcentajes ganadores, siempre se han mantenido positivos. Cuando hacen saque y volea en Wimbledon, ya sea el 30% o el 6% del tiempo, da igual, el porcentaje ganador sigue estando en la horquilla del 65-70%. Obviamente, Roger ha ganado ocho títulos allí y le ha ido muy muy bien, pero abandonar el saque y volea en Wimbledon, estadísticamente, no es acertado.»

El tenis es una búsqueda constante del veneno correcto y del antídoto a ese veneno. A menudo es un proceso cíclico, lo que significa que el saque y volea quizá vuelva a tener su momento en Wimbledon si suficientes futuros campeones empiezan lo bastante jóvenes y afinan esa destreza bajo una gran presión.

Pero, hasta entonces, los resultados de Federer hablan por sí solos, y los de Sampras también. Fueron los mejores de su época sobre hierba con filosofías muy distintas. Los dos respetan las capacidades y el compromiso del otro.

El vuelo de vuelta a Los Ángeles el día después de la final del 2009 fue largo, pero Sampras se alegraba de haber hecho ese viaje relámpago, aunque llegase a casa sin su récord.

«Nunca habría imaginado que solo pasarían siete años hasta que alguien superase los catorce», dice.

A Sampras le esperarían más sorpresas en los años venideros.

CAPÍTULO 11

FEUSISBERG, SUIZA

«¡Bienvenido a Suiza!», dijo Roger Federer extendiendo los brazos en dirección al lago Zúrich, en un tono de orgulloso propietario. Volvía a estar en la cima del tenis y aquel 7 de agosto del 2009, cuando lo visité, parecía estar también en la cima del mundo.

Viajé a toda prisa desde Francia para entrevistarlo porque regresaba a la competición antes de lo esperado. Me propuso quedar cerca de su apartamento e ir a tomar un *brunch* en la amplia terraza del Panorama Resort and Spa, que debe su nombre a las increíbles vistas panorámicas sobre el lago Zúrich.

«Vivo justo ahí abajo —dijo señalando hacia el lago y la ciudad colindante, Wollerau—. Un sitio bonito y tranquilo. A cinco minutos en coche. Y hay vacas. Me gusta.»

Era un día precioso —soleado, con una luz diáfana, una brisa ligera— y no recuerdo haber visto a Federer de mejor humor, salvo ganando un punto de partido en un *major.*

La entrevista, para variar, no era específicamente sobre su tenis. Era porque acababa de ser padre. Dos semanas antes, el 23 de julio, Mirka había dado a luz en Zúrich a dos gemelas idénticas: Charlene y Myla.

«Debe de ser increíble verte a ti mismo sin mirarte en el espejo —dijo Federer de sus hijas—. Van a tomarnos el pelo como les dé la gana.»

Con precisión suiza, los Federer habían sido padres en el corto período de tiempo que separa Wimbledon, donde Federer obtuvo su 15.º título de récord de Grand Slam, del US Open, en el que pronto iba a conquistar su sexto título consecutivo.

«No buscábamos del todo un espacio de tiempo concreto, que ocurriera en este período del año, tuvimos suerte —aclaró

Federer—. Yo estaba asustado. Ya sabes cómo va esto. Después de la semana veinticinco, un bebé puede llegar en cualquier momento, así que al empezar en Roland Garros no dejaba de pensar que tenía dos Grand Slam por superar.»

En Wimbledon siguieron hablando sobre qué hacer si Mirka se ponía de parto.

«Mirka me dijo: "Ve a jugar y luego vuelves. No puedes perderte el partido, es imposible"», explicó Federer.

Pero ni Roger ni Mirka tuvieron que perderse ninguna ronda, aunque por poco.

Federer ganó Wimbledon el 5 de julio y poco más de una semana después, por orden de sus médicos, Mirka ingresaba en uno de los mejores hospitales de Zúrich, la Privatklinik Bethanien, antes de salir de cuentas. Federer estuvo a su lado, durmiendo en la misma habitación que ella durante nueve días hasta que las gemelas nacieron por cesárea, y después permaneció allí otros diez días.

«Fueron como tres Grand Slam seguidos: París, Wimbledon y el hospital», decía.

A principios de enero, durante un torneo en Doha, supieron que Mirka estaba embarazada.

«Estaba muy impactado, en el buen sentido de la palabra —aseguró—. La cabeza me daba vueltas y le hacía bromas a Mirka: "¡Cuidado! ¡No levantes eso! ¡Deberías echarte un rato!", y ella me contestaba: "¡Para ya! ¡No me trates como si estuviera embarazadísima!".»

Dos semanas después, en el primer control en Melbourne, durante el Open de Australia, supieron que estaban esperando gemelas. A Roger la cabeza volvía a darle vueltas.

«Me quedé en plan: "¡Dios mío! ¡Esto es lo mejor del mundo!"», recordaba.

Al día siguiente salió a la pista y derrotó al joven y peligroso Juan Martín del Potro 6-3, 6-0, 6-0 en cuartos de final.

«Las gemelas me dieron alas —decía Federer—. Y pensé: "Muy bien, parece que no me afecta que Mirka deba hacerse ecografías o pruebas". Fue un buen punto de partida. Me dio confianza.»

Tras perder contra Nadal en la final, los Federer esperaron hasta marzo para anunciar oficialmente el embarazo de Mirka, y su médico les dijo que lo más prudente era no contar que estaban esperando gemelas. Roger descubrió que su abuela materna también tuvo una hermana gemela, pero que murió al nacer. Convenía ser prudentes.

«Nunca sabes qué puede pasar —apuntaba Roger—. Pero luego ves que ya han pasado siete meses y que al final nadie te pregunta si esperas gemelos. Y entonces me dije: "Muy bien, pues sigamos así hasta el final".»

Por eso, en las ruedas de prensa solo hablaba del bebé, y lo interiorizó tanto que a lo largo de nuestra entrevista a veces se le escapaba lo del bebé.

«Tenía que mentalizarme mucho —aseguraba—. Un par de veces dije: "Estamos encantados de tener bebés", y luego me preguntaba si por hablar así ya lo estaba revelando.»

Federer, que sabe que tengo tres hijas, me preguntó por mi familia.

—Estoy rodeado de mujeres, y ahora tú también —le dije.

—¿Y qué tal es? ¿Está bien? —inquirió.

—Te despierta tu lado más sensible, pero no estoy seguro de que a ti te haga mucha falta —le contesté.

—¡Exacto! —apostilló él riéndose a carcajadas.

Hacía tiempo que estaba claro que Federer amaba el tenis y el circuito más de lo normal, pero aquella vez me di cuenta de que lo amaba mucho más allá de lo normal, incluso para ser campeón de tenis.

Muchos tenistas que acaban de estrenarse como padres regresan a la pista enseguida, incluido Andre Agassi, pero Federer parecía tener muchas ganas de llevarse a la familia entera a los torneos. Mirka y las gemelas recibieron el alta del hospital de Zúrich un martes. El viernes las pequeñas Myla y Charlene ya tenían pasaporte suizo y, en pocas horas, embarcaban en su primer avión.

«Está claro que solo lo hago porque todo está bien y es seguro —declaró entonces Roger—. Mirka pasó una revisión ayer. Las bebés han permanecido diez días en el hospital y todo va perfecto. Así que allá vamos. Una gran familia. Un gran viaje. En marcha. Allá vamos de nuevo. Estoy realmente entusiasmado por ver cómo nos las vamos a apañar.»

Como estadounidense casado con una parisina y dedicado a cubrir eventos deportivos por todo el mundo, yo ya tenía cierta experiencia en viajes largos con niñas pequeñas. Por mucho que disfrute de la compañía de mis hijas, *entusiasmado* no fue la primera palabra que me vino a la cabeza cuando pensé en la carga de equipaje, la falta de horas de sueño y la cara de miedo de nuestros vecinos de clase *economy* en el avión cuando nos veían con bebés a cuestas en los vuelos nocturnos.

No obstante, los Federer no viajaban en clase *economy*. Pese a que como pareja tomaban muchos vuelos comerciales para cruzar el Atlántico, para su primer viaje en familia optaron por un *jet* privado rumbo a Montreal. Y con ellos viajó una enfermera.

«Es una gran ayuda, pero Mirka se las apaña —declaró Federer—. A Mirka no le importa levantarse de madrugada, dar el pecho a las niñas a cualquier hora, cambiarles los pañales... Ella dice que, si no pudiera hacerlo, se estaría perdiendo algo.»

El plan inicial era regresar al circuito la semana después de Montreal, en Cincinnati, pero Mirka dejó claro que, si los médicos no decían lo contrario, ella estaba dispuesta a avanzar el calendario. El jueves, un día antes de partir, decidieron que iban a Montreal, por eso yo tuve que darme prisa y llegar a Suiza antes de que partieran.

«Mirka me preguntaba cada día: "¿Vamos a ir? ¿Vamos a ir?" —explicaba Federer—. Ella estaba lista.»

Si alguien se pregunta cómo Federer ha sido capaz de cosechar tantos éxitos a lo lago de más de una década después de ser padre, una gran parte de la explicación la tiene en el breve párrafo anterior.

«Ella es una roca —decía Federer con una palabra que usa a menudo para describir a su esposa—. Es muy fuerte, y quizá eso también se deba al tenis. Tiene una mente muy fuerte y también lo ha llevado todo muy bien después de los nacimientos. Ya es lo que me esperaba de Mirka, porque es una persona maravillosa, pero que me demuestre así la gran madre que es y será es genial.»

Como suele suceder cuando Federer habla inglés, sus palabras y expresiones no tienen la fluidez de su tenis, y una transcripción precisa de lo que dice no consigue capturar la calidez y energía positiva del suizo. Su lenguaje corporal es abierto: no cruza los brazos sobre el torso. Sus ojos, pese a estar un poco hundidos, rebosan un júbilo latente. Su tono de voz es alegremente cómplice y si divaga un poco se debe al afán por gustar, algo que sorprende en alguien que lleva una vida de triunfos y lujos: quiere darte todo lo que necesitas para capturar este momento, para que lo captures como tú elijas hacerlo.

En los próximos años se toparía con muchos obstáculos en la pista, incluida la prolongada excelencia de Nadal y el auge, caída y resurrección de Djokovic. Pero Mirka no era un impedimento entre bastidores a la excelencia. Apoyaba la carrera de Federer con todo su empeño, abrazó con gusto la vida ambulante y desplegó una agudeza organizativa propia de un ejecutivo.

«Creo que Roger le debe a Mirka el 50% de su carrera, porque ella se ocupa de una cantidad de cosas enorme —comenta Marc Rosset, que los conoce a ambos desde que empezaron a salir juntos—. Si eres un atleta de élite y estás casado con una actriz, y ella te dice que está muy bien que entrenes y juegues torneos, pero que en lugar de eso quizá tendrías que hacer esto o lo otro con ella, quizá tu carrera termine antes.»

Mirka, que no es precisamente una mujer florero, sabía bien que su marido necesitaba seguir ganando trofeos. Hija de un inmigrante joyero, también disfrutaba de las ventajas que le brindaba el éxito tenístico: las casas y posesiones más exclusivas, los viajes de cinco estrellas, la facilidad de contactar con otras personas famosas, incluida Anna Wintour, la editora de *Vogue* y gran aficionada al tenis que se convirtió en asesora informal de la pareja.

«Creo que Anna ejerció mucha influencia tanto en Mirka como en Roger», sostiene Max Eisenbud, vicepresidente de IMG y durante muchos años representante de Maria Sharapova.

«Cometí el error de pedirle a Mirka que me ayudara a planear mi luna de miel —cuenta Justin Gimelstob, exjugador del circuito de la ATP y miembro del consejo—. Se presentó con los mejores destinos para una luna de miel y todo organizado hasta el último detalle. Al ver la factura me di cuenta de que había pasado una luna de miel digna de un campeón de veinte Grand Slam, cuando lo más alto que yo había llegado en el *ranking* era al puesto n.º 63.»

Pero Mirka, a diferencia de las comprensivas parejas de la mayoría de las otras leyendas del tenis, entendía el tenis profesional a un nivel muy experto. Ella misma fue una jugadora del Top 100: olímpica y miembro del equipo de la Copa Fed. De no haber sido por el problema crónico en el pie que puso fin a su carrera, seguro que habría llegado mucho más alto.

Aunque ahora cueste entenderlo, después de los Juegos Olímpicos del año 2000, cuando Federer tenía 19 años, sus amigos intentaron disuadirlo de que empezara a salir con Mirka, que entonces tenía 22 años. Los amigos veían que con Mirka, más madura y más centrada que Federer en aquella época, la relación podía ir en serio enseguida.

«Todos le decíamos: "Roger, no, no. Eres demasiado joven. Sigue a tu aire un poco más", pero él no nos hizo caso —me cuenta Sven Groeneveld—. Y obviamente hizo bien.»

Mirka ya era la novia formal de Federer antes de que él se convirtiera en una estrella del tenis: mucho antes de que ganara su primer Wimbledon. Federer valoraba eso y lo apreciaba.

«Empecé a salir con ella cuando no tenía ningún título, y se puede decir que hemos vivido todo esto juntos y ahora tenemos una familia —me explicaba Federer—. Es bastante increíble.»

También le gusta que ella sepa de tenis y que haya jugado en primera línea.

«Nunca salí con una tenista por eso —me confiesa—. Pero en mi situación creo que ayuda, porque ella sabe lo que cuesta; y eso que ella jugó a otro nivel, un nivel importante, pero no como el mío. Le dedicó un montón de horas. Así que cuando le digo: "Tengo que ir a entrenar", ella es la primera en decir: "Lo sé, sé que lo necesitas, y que solo necesitas un 20% de lo que yo necesitaba".»

Yves Allegro, amigo y excompañero de dobles de Federer, sigue manteniendo mucho contacto con Roger y Mirka. Detectó un cambio rápido en Roger después de que empezara a salir con ella.

«A esa edad una chica ya va un poco por delante de los chicos, y ella tenía tres años más que Roger —apunta Allegro—. Roger empezó a vestir un poco diferente, empezó a ser un poco más maduro. Creo que Mirka entendía el mundo del tenis, porque por aquel entonces ella también jugaba. Para la estabilidad de Roger aquello era perfecto. Ella es un elemento clave en la carrera de él, sin duda, y también fue un gran apoyo cuando murió Peter Carter.»

Bill Ryan era el agente de Federer cuando él y Mirka empezaron a salir: «Está claro que cuando empezaron a salir quien mandaba era ella —dice Ryan—. Se notaba que él estaba rendido a sus pies.»

Mirka siguió formando parte del equipo de Federer durante años, incluso después de que entrenadores veteranos como Tony Roche, José Higueras o Paul Annacone se unieran a él.

«No recuerdo que dijera cosas como: "Paul, Paul, ¿por qué no haces que Roger haga esto o lo otro?" —cuenta Annacone—. Nunca hizo nada parecido. Pero cuanto más grande era la ocasión, más se implicaba.»

Annacone se remonta a la vigilia de la semifinal de Roland Garros 2011 contra Djokovic, que llevaba 43 partidos seguidos ganados hasta que Federer puso fin a su racha con una de sus mejores actuaciones.

«Recuerdo que la noche antes estábamos todos juntos y Mirka decía: "Muy bien, chicos, ¿cómo lo veis?" —prosigue Annacone—. Y entonces nos pusimos todos a hablar de tácticas.»

Cuando Annacone llegó a Zúrich en el 2010 para lo que básicamente iba a ser una prueba, cenó varias veces con Roger y Mirka. Annacone ya conocía a Mirka de antes, gracias a su exjefe, Tim Henman, y por medio del agente de Federer, Tony Godsick, y su esposa, Mary Joe Fernández, la estrella estadounidense del tenis que trabajaba de comentarista para ESPN.

«Mirka fue muy directa —cuenta Annacone—. Hacía preguntas, hablaba de los problemas estratégicos de Roger, quería saber mi filosofía sobre el tenis. Se dedicó a recopilar información. Nunca me sentí en el punto de mira. Roger actuaba igual. Nunca me sentí presionado por eso ni me pareció que estuviera fuera de lugar; y, cuanto más los conocía, más respetaba su relación y sus roles en ella. Porque está claro que Roger la ama incondicionalmente, y ella es fuerte y lista, y sabe de tenis y sabe de la vida. Además, también es una implacable defensora de sus seres queridos, de su marido y su familia y, por cierto, también de la gente que trabaja en ese grupo.»

Otras personas que conocen a los Federer apuntan que Mirka puede ser 'la poli mala' cuando Roger hace de 'poli bueno'; que la franqueza y la capacidad para la confrontación de Mirka permiten que Roger asuma el rol que él prefiera.

«A Roger le gusta la calma, evitar los conflictos, pero ella puede ser dura y hacer que una situación sea dura —asegura un exjugador que prefiere mantener el anonimato para no dañar su relación con la pareja—. Tiene mucha influencia sobre Roger, sobre su tenis y sus planes. Yo habría tenido problemas. Algo así no habría sido bueno para mi matrimonio.»

Pero Roger y Mirka están acostumbrados a mezclar su relación con los negocios.

En enero del 2002 jugaron juntos la Copa Hopman representando a Suiza: ambos llevaban el pelo recogido en una coleta y una cinta de la marca Nike. No podían evitar sonrojarse y reírse mientras los entrevistaba Fred Stolle, uno de los grandes tenistas australianos, que no dejaba de aludir a su relación (y tenía dificultades para pronunciar bien el nombre completo de Mirka). Ver aquella escena hoy resulta muy emotivo, porque entonces la carrera de Mirka ya había llegado a su fin prácticamente.

«Recuerdo que en la Copa Hopman se puso a llorar antes de jugar contra Arancha Sánchez Vicario, y yo le decía: "¿Pero por qué lloras?" —recuerda Federer—. Y ella me contestó: "Tú no lo entiendes. Me duele horrores el pie. Apenas puedo correr y tengo que salir y jugar un partido". Y le dije: "Pues no juegues"; pero ella replicó: "Claro que voy a jugar, pero me duele un montón". Yo nunca he sentido algo así. He estado cerca y he salido a jugar, pero creo que lo de Mirka era otra cosa, porque poco después de aquello se retiró.»

Mirka perdió en la ronda inicial clasificatoria para el Open de Australia, en Indian Wells y en Miami. Pero el dolor era constante y dejó el tenis unos meses antes de tomar la decisión de operarse la rodilla. Durante el período de recuperación, en otoño del 2002, un día Roger le pidió si podía reservarle una habitación de hotel. Poco a poco ella empezó a encargarse de planificar los desplazamientos de Roger y Peter Lundgren, que entonces era su entrenador.

Al final los doctores le dijeron a Mirka que la operación había sido un error, y ya no podía moverse al nivel exigible para competir en el circuito. Solo tenía 24 años.

«Intenté regresar con todas mis fuerzas, y era lo que más quería, pero ya no pude hacer nada más» —declaró Mirka en París en primavera del 2005, cuando todavía sufría dolor en el pie tras su retirada.

En aquella época viajaba con Roger y coordinaba los compromisos con los patrocinadores y la prensa. Fue la época en la que Roger rompió con IMG y depositó toda su confianza en sus padres, en Mirka y en un asesor legal suizo para que manejaran su carrera, ya al alza.

«Creo que, de alguna forma, la carrera de Mirka continuó conmigo, sobre todo en los primeros años —me dijo Federer en el 2016—. Creo que para ella estuvo bien que mi carrera despegara después de su retirada, porque así se implicó por completo. Ya no tenía tiempo para pensar en si le dolía mucho el pie o si el talón la estaba matando o si ya nunca volvería a jugar. Y a día de hoy sigue con el pie mal, así que creo que tomó la decisión correcta en lugar de dedicar tres años seguidos a la rehabilitación.»

Para cuando Roger ganó Wimbledon en el 2003, Mirka ya se dedicaba de lleno a coordinar la avalancha de peticiones de entrevistas y apariciones en los medios.

«Hubo este gran bum y todo el mundo nos pedía muchísimo —contaba Roger—. Que te pillaran con la guardia baja era interesante.»

«¡Cielos, mi teléfono no deja de sonar! ¡Esto es una locura, no sé qué hacer! —decía Roger imitando la voz de Mirka—. Y yo replicaba: "¡Apágalo! ¡Quiero estar un rato contigooo!"— añadía, alargando la última vocal en tono de súplica; y de nuevo imitando la voz de Mirka: "No puedo, no puedo".»

Federer narraba este diálogo en inglés, pero él y Mirka hablan en alemán de Suiza, aunque ambos son políglotas (Mirka también habla inglés y eslovaco). No obstante, fuera cual fuera el idioma, el equilibrio entre vida personal y trabajo fue un punto de fricción aquellos primeros años.

«Al principio, a veces surgían problemas donde yo pensaba una cosa y ella otra, y estábamos en plan: "Vale, no nos peleemos" —me contó Federer en el 2005—. Al menos, si nos peleamos por eso y luego lo olvidamos, podemos abrazarnos y se nos pasa. Ahora ya no es un problema, pero aquel primer título en Wimbledon coincidió con una época en la que ella estaba exhausta y un poco irritable, como yo. La jornada laboral no parece terminar nunca. A veces, a primera hora de la mañana tiene que repasar correos electrónicos o hacer una llamada y yo estoy en modo hmmm, pero no supone un problema.»

Después de diciembre del 2003, cuando Federer rompió por sorpresa con Lundgren, la influencia y el rol de Mirka continuaron creciendo.

«Mirka es quien de verdad ata los cabos sueltos a Federer —comenta Paul Dorochenko, el fisioterapeuta y osteópata francés que trabajó con ambos cuando eran jóvenes—. Creo honestamente que lo de Lundgren fue más decisión de Mirka que de Roger. Ella no es muy simpática, es más bien fría. Pero le ha hecho mucho bien a Federer porque se ocupó de todo, y lo único que Roger tenía que hacer era jugar al tenis. Ella se encargaba de todo entre bastidores y cada vez tenía más trabajo.»

En el mundo del tenis las opiniones sobre Mirka están más divididas que las opiniones sobre Roger, pero quizá ello se deba a que custodia la burbuja familiar con absoluta diligencia y se comunica poco con el mundo exterior, por defecto, salvo arqueando las cejas, apretando los puños para animar y suspirando de pura desesperación desde el palco de su marido, donde con el paso de los años ha mascado más chicle que un entrenador de primera base.

«Me cae muy bien y la respeto mucho», comenta Andy Roddick, uno de los grandes rivales de Federer.

Maria Sharapova me contó que, cuando ganó Wimbledon por sorpresa a los 17 años, compartió mesa con Mirka y Roger durante la cena de campeones, ya que Roger acababa de ganar su segundo título consecutivo en aquel torneo.

«Cuando me levanté para recibir el trofeo junto a él en el baile, recuerdo que Mirka me dijo que llevaba el vestido torcido y pensé: "¡Dios mío, no quiero que se me vea el vestido torcido cuando me ponga junto a Roger Federer!" —me cuenta Sharapova—. Así que le dije a Mirka que muchas gracias; yo entonces estaba a por uvas.»

Marc Rosset, la estrella suiza que fue mentor de Federer, señala que Mirka asumió la desagradecida labor de ser la guardiana ante los medios durante los primeros años.

«A Mirka se la criticó mucho al principio porque la prensa suiza se creía con derecho a pasarle por encima para llegar a Roger —comenta Rosset—. Pero antes de criticar a alguien tienes que ponerte en su lugar. Ella se ocupó de aquella tarea tan difícil. Era la directora de relaciones públicas y todas esas cosas, e hizo todo lo que pudo para que Roger viviera con la mayor normalidad posible y pudiera concentrarse en el tenis. Protegió a su hombre, lo cual es normal. Al principio hubo muchas quejas, pero siendo sincero yo no puedo hablar mal de ella. Hizo lo que creyó que era mejor para él. Y, si Roger lo acepta así y está contento, los demás no somos nadie para criticar.»

Groeneveld cree que Mirka tenía una visión muy clara de Federer.

«Sabía lo que había que hacer —asegura—. Ella fue quien tomó la decisión con lo de Peter Lundgren, ella desempeñó su papel cuando aquello terminó. Para Roger es duro decidir sobre los entrenadores. Es muy leal con su gente. Se le hace difícil despedir a alguien.»

Federer siempre ha mantenido que, aunque sí consultó con Mirka lo de dejar de trabajar con Lundgren, la decisión fue únicamente suya: una decisión que, según lo que me dijo Lundgren, llegó en el mejor momento para él, por dolorosa que fuera.

Durante casi todo el año 2004 Federer no tuvo un entrenador oficial ni volvió a unir fuerzas con IMG hasta finales del 2005. Ron Yu, que se convirtió en el encordador habitual de Federer, recuerda que cuando fue a verlo al hotel de Hamburgo en el 2004 para reunirse con él por primera vez, Mirka también estaba en la reunión. Godsick terminó relevando a Mirka en las tareas de relaciones públicas (y a la hora de decir «no» a la prensa), pero ella siguió totalmente involucrada en la carrera de su marido.

«Obviamente, cuando no teníamos hijos y sobre todo en la época en la que yo no tenía entrenador o mánager, desayunábamos, almorzábamos y cenábamos casi siempre solos —me contó

Federer poco después de que nacieran Myla y Charlene—. Así que imagina si teníamos tiempo para hablar de todo. Fue una época muy interesante de nuestras vidas. Ahora somos entre seis y ocho en la mesa. Casi no cabemos, así que todo ha cambiado mucho y necesitamos ser muy específicos y precisos con el tiempo que queremos pasar a solas los dos.»

Pero Federer también admite que el tenis sigue siendo uno de los temas a tratar con Mirka durante el tiempo que «pasan a solas los dos».

«Sé que a ella también le gusta —confiesa con una sonrisa—. Me gusta hablar de tenis con ella porque sé que me ha visto entrenar y jugar más que nadie, y es ahí donde le pido un poco de ayuda.»

Estaría bien, cómo no, saber qué opina Mirka de todo esto, pero ella y Roger decidieron a mediados de los 2000 que Mirka ya no daría más entrevistas: algo que forma parte de un esfuerzo hercúleo para preservar su vida privada.

Su boda en *petit comité* el 11 de abril del 2009 en Basilea fue un secreto tan bien guardado que incluso algunos miembros del equipo suizo de la Copa Davis no se enteraron de su celebración. En todas mis entrevistas con Federer solo ha habido una vez en la que se ha mostrado irritable. Sucedió en el 2012, cuando mencioné su casa familiar cerca de Lenzerheide, en los Alpes suizos.

«No pongas donde vivo —espetó—. No me gusta.»

Después se hizo público dónde residía, pero Federer, una estrella global con merecida fama de persona amable, sentía un anhelo creciente por marcar límites. Y eso se tradujo en que Mirka, antaño su responsable de prensa, ya no volvería a hablar con la prensa. Si había preguntas sobre la pareja, las contestaría Federer.

Para nosotros, los periodistas, fue una gran pérdida a la hora de captar el panorama completo. Las esposas del tenis no suelen tener tanta relevancia en una historia como la tiene Mirka. Ella podía habernos iluminado en muchas cosas, e incluso desmentido otras, como aquellos rumores que decían que antes de conocerla Roger mantuvo un romance con alguien de la familia real de Dubái. Pero por encima de todo sería fascinante saber qué es lo que piensa sobre la carrera de su marido. Mirka ha desempeñado un papel decisivo a la hora de convertirlo en la mejor versión de sí mismo y construir su marca.

«No soy su entrenadora, solo le doy algunos consejos —declaró Mirka al periódico deportivo *L'Equipe* en el 2005, en una de sus últimas entrevistas—. A Roger le gusta hablar de tenis. Yo conozco el deporte y las tácticas. Como es inteligente, actúa como un filtro: solo se queda con la mejor información. Quizá sea eso lo que nos une con tanta fuerza, que los dos venimos del mismo mundo, el mundo del tenis. Nunca me lo voy a llevar de compras la noche antes de una final de Grand Slam.»

Pero no todo ha sido un camino de rosas. El perfume Roger Federer, en el que los dos invirtieron, fue un fracaso; si bien les dejó una versión del monograma RF que posteriormente se modificó y se utilizó con mucho más éxito, primero por Nike y ahora por Uniqlo.

«La gorra RF es la que más hemos vendido, y Nike fabrica un montón de gorras y el tenis es una parcela muy pequeña de negocio para Nike —asegura Mike Nakajima, que trabajó treinta años en Nike—. Mirka tiene mucho más poder de decisión sobre la ropa que se pone Roger que el propio Roger. Ella siempre ha sido mucho más clara, diría yo, sobre lo que le gusta y lo que no le gusta a Roger, qué color le sienta bien y que color le sienta mal. Pero ¿sabes qué? Todos tenemos nuestra otra mitad por algo. A veces Roger quizá no ha sido lo suficientemente claro como para decir: "No me gusta nada lo que habéis hecho, chicos", y ahí estaba Mirka para decirlo.»

Con los años ha asumido mucha carga, incluido otro par de gemelos idénticos (curiosamente, Diana, la hermana de Federer, también tuvo gemelos). Leo y Lenny, los dos chicos, nacieron el 6 de mayo del 2014 y Roger apenas tuvo tiempo para llegar al Abierto de Italia y a Roland Garros. La logística de todo a veces ha sido abrumadora, pero el objetivo de Mirka siempre ha sido convertir la carretera en un hogar, incluso si había que alquilar una autocaravana.

Sin duda el dinero lo hace todo más llevadero. Los Federer han hecho un montón de desplazamientos en *jet* privado y con un elenco rotante de niñeras.

«Tenemos unas cuantas niñeras para asegurarnos de que ellas no se saturan y de que siempre hay buen ambiente», me cuenta Federer.

Cuando llegó el momento de que Charlene y Myla empezaran el colegio, los Federer contrataron a una maestra para que viajara con la familia, así las niñas podían estudiar en habitaciones de hotel y otros espacios que se convertían en aulas.

«Es lo mejor, así podemos estar todos juntos —me dijo Federer en el 2015—. Al principio no estaba seguro de si quería eso para las niñas, pero debo admitir que es la forma de que estemos juntos. A las niñas les divierte y a mí me encanta estar con mi familia, como a Mirka. A ella le gusta mucho estar conmigo, así que nos vemos cada día, básicamente, y creo que por ahora eso es más importante que estar separados y que las niñas vayan a un colegio normal. Pero todo puede cambiar rápidamente.»

Federer pasaría un tiempo alejado de la carretera durante largos períodos en el 2016 y de nuevo en el 2020 por culpa de las operaciones de rodilla y de la pandemia del coronavirus (también se perdió las temporadas de tierra batida de 2017 y 2018).

«Las niñas se acostumbran a todo, pero preguntaban: "¿Cuándo nos vamos otra vez?" —me contó Federer sobre su paréntesis del 2016—. Porque les encanta viajar; y seguían: "¿Cuándo volvemos a Australia?" o "¿Cuándo volvemos a Nueva York?", y yo les respondía: "Aún tardaremos un poco".»

La familia ha continuado recorriendo el mundo unida y ahora los Federer y sus hijos tienen amistades en casi todos los países que visitan.

«En los veinte años que llevo en el circuito he conocido a un montón de gente; conocemos a alguien en cada ciudad, y siempre nos encanta verlos —me dice Federer—. Por eso nuestra vida de carretera es como una vida hogareña.»

A Annacone le cuesta recordar algún evento durante los años en los que ha entrenado a Federer donde no hubiera «al menos tres o cuatro parejas o amigos» junto a los Federer.

«Salían a cenar, pasaban unos días juntos, salían por ahí, iban a pasear y hacían las cosas que hacen las parejas cuando se juntan —comenta Annacone—. Y para Roger esa desconexión era un combustible para seguir jugando al tenis al más alto nivel.»

Después de su experiencia con Sampras, un tipo de carácter más sosegado, a Annacone le preocupaba que tanta socialización agotase a Federer. Compartió su preocupación con Godsick, Lüthi y con el propio Federer.

«Roger me decía: "Creo que todavía no estoy en esa fase de la vida en la que notas que te haces mayor y pierdes fuelle" —cuenta Annacone—. Baste decir que nunca he visto a Roger perder un partido porque ha salido por ahí; nunca he pensado: "¡Eso es porque vinieron a verle unos amigos!". Es increíblemente eficaz con sus procesos, con sus procesos emocionales, con su entrenamiento. Parece que todo lo que hace le recargue las pilas. La interacción social, todo lo demás, le recarga más que lo agota.»

Sus hijas incluso le dan consejos mientras entrena.

«Un día me dijeron que jugara en las líneas —explicó Federer en el Open de Australia 2016—. Creen que es algo bueno. Y les dije: "Vale, lo probaré".»

También le aconsejaron que mirara en una dirección y, a modo de engaño, golpeara la pelota hacia la dirección contraria.

«Les contesté: "Vale, eso también lo probaré. No es tan fácil como creéis, pero lo probaré"», cuenta.

Federer a menudo hace hincapié en que viajar no es difícil para sus hijos, porque están acostumbrados a ello desde siempre. «Para nosotros sí que es duro —dice refiriéndose a Mirka y a él—, porque nos preocupamos. Para los niños es fácil porque nosotros procuramos que les resulte fácil.»

No es la primera estrella de su generación que viaja con la familia a cuestas. Lleyton Hewitt y su esposa Bec hicieron lo mismo con su hija Mia, nacida en el 2005, y con su hijo Cruz, nacido en el 2008. Tras el nacimiento de su tercera hija, Ava, en el 2010 se convirtieron en familia numerosa. Hewitt, que se retiró del tenis individual en el 2016, solía jugar en las pistas con Cruz, que también llegó a pelotear con Federer y Nadal. El ejemplo de Hewitt hizo ver a Federer la viabilidad del plan familiar.

«Van a recordar toda la vida que estuvieron allí conmigo —dice Hewitt—. Puede que incluso eso me obligara a jugar más tiempo para disfrutarlo, así ellos también sacaban algo de ahí.»

La última gran temporada de Hewitt fue la del 2005, pero Federer siguió ganando a lo grande mientras hacía malabares con una familia numerosa y sus grandes ambiciones tenísticas.

«Yo sería incapaz de hacerlo —admite Roddick—, considero que ya era un estresado de la vida cuando no tenía obligaciones familiares y todo eso. Entonces necesitaba el tenis y ahora necesito una familia y un negocio. Nunca habría podido combinar ambas cosas.»

En el 2017 Roddick le preguntó a Federer por las dificultades de una vida así, y Federer le respondió que había semanas muy divertidas cuando él y su familia compartían habitación, como hicieron un año en el Western & Southern Open de Cincinnati.

Roddick estaba ojiplático.

«"¿A qué te refieres cuando dices que compartíais habitación? ¿A varias habitaciones comunicadas entre sí?", le dije. Y Roger contestó: "No, todos en una habitación grande". Y exclamé: "Ese es el tipo de cosas que nadie más es capaz de hacer sin perder la cabeza. No es factible alojarte en la misma habitación que tus cuatro hijos y tu mujer y, encima, ganar un torneo Masters Series.»

Pero a Federer se le da bien separar las cosas. Desconectar del tenis mientras se lleva a los niños a visitar un museo en París o un parque en Melbourne lo ayuda a concentrarse mejor cuando llega la hora de saltar a la pista.

«Antes de un partido nocturno, cuando todos están en su habitación intentando descansar con todas las máquinas del mundo, procurando estar peparados y comiendo a la perfección, Roger está por ahí, en Central Park, con los niños —cuenta John Tobias, uno de los grandes agentes de tenistas—. Creo que ese enfoque tan relajado beneficia a su tenis. Otros se ponen muy tensos porque piensan en ello todo el día, y cuando llega el momento del partido lo pasan mal.» Juntarse con su familia lo ayuda a superar una derrota más rápidamente; lo cual ya era uno de sus puntos fuertes antes de que él y Mirka tuvieran hijos.

«Tiene un entorno feliz al que volver —me dijo Chris Evert—. Me encanta la idea de que viajen con él a todas partes, como un circo ambulante. Es una familia muy unida. Eso es algo que admiro mucho y creo que Roger es una buena persona. Tiene un buen corazón y eso es algo difícil de encontrar cuando estás en un deporte tan tan duro. Cuesta encontrar amabilidad.»

Annacone recuerda el Wimbledon 2011, donde Federer perdió contra Jo-Wilfried Tsonga en cuartos de final tras desaprovechar una ventaja de dos sets por primera vez en su carrera en un partido de individuales de Grand Slam. Fue un momento devastador, al menos en lo aparente.

«Yo pensaba qué iba a decirle después —dice Annacone—. Él dio su rueda de prensa y nos montamos en el coche para regresar a su casa, a treinta minutos de Wimbledon. Y, tal y como dejó las bolsas en el suelo al llegar, se puso a cuatro patas y en treinta segundos ya estaba rodando por el suelo con las gemelas, Myla y Charlene, riéndose a carcajada limpia.»

Cuando se levantó, Annacone le propuso ir a dar una vuelta y hablar del partido. Le preguntó qué proceso mental había seguido para olvidarse de una derrota tan dura y ser capaz de ponerse a jugar con sus hijas enseguida de aquella manera.

Y, según Annacone, Federer respondió: «Mira, he ganado muchos títulos y he perdido muchos, y siento que todo está equilibrado. Puedo darte ejemplos en los que he ganado títulos que debería haber perdido, y ejemplos en los que he perdido cuando todo indicaba lo contrario. Lo más normal es que gane, pero lo que me mueve es entender que estas cosas pasan y que se equilibran».

Y, casi para probar que estaba en lo cierto, al año siguiente Federer volvió a ganar Wimbledon: su primer *major* individual después del Open de Australia 2010.

El tenista francés Pierre-Hugues Herbert dijo una vez que viajar con su familia le proporcionaba una sensación de «ligereza» dentro y fuera de la pista. Federer estaría de acuerdo con él, pero en el sentido de que él y Mirka se habían limitado a integrar a sus hijos a su forma de viajar.

De joven Federer tenía miedo a volar. «Me mareaba mucho en el avión», admite. Pero enseguida lo superó y a comienzos de su carrera profesional él y Mirka decidieron no alojarse en los hoteles oficiales con el resto de jugadores y sus entrenadores.

«Ya los veo lo suficiente en las pistas; solo quiero alejarme un poco y tener más privacidad —me dijo Federer en el 2005—. También intentamos alojarnos en hoteles muy céntricos para poder visitar la ciudad y no limitarnos a la habitación del hotel y las pistas de tenis.»

Aquel año en París estaba emocionado por ir a ver el Louvre por primera vez, y así sucedía en casi todas las grandes ciudades del mundo.

«Son las pequeñas cosas que empiezas a hacer con los años para alejarte del deporte y probar algo diferente —dice—, porque el tenis es muy importante, pero en la vida hay muchas más cosas, como la parcela privada con mi chica y mi familia. Quiero mantener eso intacto, porque solo puedo jugar bien al tenis si soy feliz.»

La prioridad de Federer, incluso al principio, era mantenerse fresco en el plano físico y en el mental: ser hábil programando los entrenamientos, pero también serlo con lo que compartía en público y en grupo. Es un tipo extrovertido, aunque no tanto como Pete Sampras puede sospechar cuando lo ve charlando y chocando la mano en el vestuario o en el restaurante de jugadores.

Federer conserva su energía, o quizá sería más exacto decir que conserva su entusiasmo. Y así, cuando inevitablemente se encuentra en entornos donde hay más gente, puede saludarlos con todo el buen humor.

Somos unos cuantos los que tenemos mucho que aprender de esto. Federer y yo volvimos a hablar del tema unos cuantos años después.

«Por mucho que me tome las cosas muy en serio, soy un tipo tranquilo y paso página enseguida —dijo en el 2019—. Creo de verdad que este es el secreto para muchos jugadores, y los jóvenes deberían ser capaces de marcharse de la pista y decirse a sí mismos: "Vale, voy a pasar página. Sigo siendo un tenista profesional, pero me estoy relajando. Hago las cosas a mi manera, lo que sea para ayudar a quitarme presión".»

Federer se calló unos instantes y me mostró el puño izquierdo bien cerrado.

—Porque si estás todo el día así —dijo mirándose el puño— es cuando te quemas.

—Entonces, ¿tú nunca te has quemado? —le pregunté.

Se lo pensó unos treinta segundos antes de contestar.

—Si noto que me voy a quemar, intento reducirlo todo al mínimo; y eso es entrenamiento, partidos y familia. Eso por descontado, y quizá hago menos prensa, menos autógrafos, menos actos públicos. Entreno fuera del estadio para centrarme en mí mismo, para concentrar la energía en mi objetivo principal, que es el partido. Una vez estuve tres meses en los que tuve que pedir ayuda al circuito porque estaba agotado de exponerme cada día a los medios. Entonces fue cuando lo pasé peor, pero fue un corto período de tiempo. Empezó con Indian Wells y Miami y duró hasta la temporada de tierra batida.

Él no recuerda si aquello fue en el año 2012 o 2013, pero lo más probable es que fuera el 2012, porque en el 2013 no jugó en Miami.

«Supongo que también tuvo algo que ver con Myla y Charlene, porque estaba totalmente volcado en las niñas —añade—. Ahora, cuando pienso en los años 2010 y 2011, todo lo que recuerdo son los ratos que pasé fuera del tenis, no mis actuaciones en la pista, porque era padre y estaba feliz de cómo iba todo; pero el 2010 y el 2011 son un borrón. Si me preguntas: "¿Qué tal jugaste en Roland Garros 2010?", no sé qué contestarte. "¿Cómo te fue en Melbourne en el 2011?" Ni idea. En el 2012 todo empieza a tomar forma de nuevo, porque gané Wimbledon, pero quizá durante ese tiempo estaba cansado con el cuidado de las niñas y viendo cómo nos las íbamos a apañar Mirka y yo con todo.»

Cubrí el Masters de París en noviembre del 2011 y recuerdo que Federer declaró no haber dormido mucho antes de la final contra Jo-Wilfried Tsonga. Una de sus gemelas les había despertado, a él y a Mirka, a las cuatro de la madrugada.

«Mirka me dijo: "Nos la traemos a nuestra cama" —cuenta Federer—. Ni protesté. La metí en la cama. No apetece mucho ponerse a discutir a las cuatro de la madrugada.»

Federer ganó a Tsonga y se llevó el título, y pese a que viajar con sus hijas pequeñas le afectaba a las horas de sueño, es una persona que parece capaz de competir y ganar sin dormir mucho.

«Recibía una llamada en California —cuenta Annacone— y era él; y yo le preguntaba: "Pero ¿no son las tres de la madrugada ahora en Dubái?". Y me decía: "Sí". Y entonces le preguntaba: "¿Y qué estás haciendo?", y él: "Nada, repasando *e-mails*". Creo que la madrugada es su hora de terapia. El rato que puede estar solo, tener tiempo para él. Y no lo digo en un mal sentido, pero no necesita ser el jugador de Paul, el marido de Mirka, el padre de Myla y Charlene o Roger Federer el icono.»

Annacone asegura que durante los años que entrenó a Federer estuvo muy preocupado, al principio, por sus patrones de sueño.

«Me preocupaba mucho porque no lo entendía —dice—. Hablé mucho del tema con Severin. También hablé mucho con Tony y con Mirka. No digo que no durmiera, pero es que yo nunca había conocido a alguien con tanta flexibilidad y tanta actividad. En Wimbledon cada vez tiene una casa diferente, no tiene supersticiones, no siempre necesita entrenar en el mismo sitio o comer su plato favorito. Esto va en esa misma línea. Pero siempre me sorprendió lo poco que necesitaba dormir para estar lleno de energía y optimismo.»

Los franceses tienen una bonita expresión que es aplicable a Federer: *Joindre l'utile à l'agréable*, que se traduce más o menos como combinar los negocios y el placer, pero que en realidad va más allá y abarca las tareas cotidianas. Si vas a vaciar el lavaplatos o a amontonar leña, intenta hacerlo de una manera nueva y divertida. Esto ha sido un elemento clave en la larga duración de la carrera de Federer. Demasiada rutina mata la diversión; demasiada concentración puede agotarte. Pierre Paganini, su intuitivo preparador físico, lo sabía bien; pero también lo sabía Mirka, que lo aprendió con experiencias difíciles.

«Al principio, cuando me convertí en número uno, decidimos con Pierre que menos es más —me explicó Federer en el 2011—. Tenemos que cuidar el cuerpo, porque el cuerpo de Mirka falló quizá por culpa de un exceso de entrenamiento. En ese sentido creo que ella también puede aconsejarme. Su cuerpo todavía es frágil a día de hoy cuando practica deporte. El mío no, y es increíble porque he hecho mucho más deporte que ella. Así que creo que también es cuestión de suerte; y de la inteligencia y la labor de las personas que me han rodeado. Y esta es una de las cosas por las que me ha ayudado mucho estar con ella, estoy convencido.»

Mirka lo ayudó tanto en el panorama general como en los detalles.

«Me decía que no entrenara seis o siete horas sin recibir tratamiento —explica—. Ella entrenaba a todas horas y ¡zas! O me explicaba cómo tratar una ampolla, lo cual puede parecer una tontería pero todo suma. Mirka estaba muy pendiente de mí porque ella todo eso lo aprendió por las malas.»

La suerte de Federer ha cambiado en los últimos años. La espalda le ha dado problemas mucho tiempo, pero son las rodillas las que lo han traicionado. Se sometió a una primera operación quirúrgica en el 2016 tras lesionarse una rodilla en Melbourne con un mal gesto mientras preparaba un baño para sus hijos. Pasó por otras dos operaciones de rodilla en el 2020, pero estas llegaron cuando se acercaba a los 40 años y también durante el difícil año de la pandemia que mantuvo cerrado el circuito durante cinco meses.

Federer siempre ha sabido manejar muy bien los tempos, y no solo en sus golpes de fondo. Si había una temporada que perder totalmente, era la del 2020.

Y, como para muchos de nosotros, la pandemia le ha dado más tiempo para estar con su familia: una gran parte de ese tiempo lo han pasado en Valbella, el refugio de montaña que él y Mirka mandaron construir como casa de vacaciones pero que al final se convirtió en su primera residencia, en lugar de la casa junto al lago de Wollerau.

«Creo que para nosotros y nuestros hijos ha sido una suerte encontrar tanta tranquilidad y estar lejos de todo el ajetreo», me confesó en el 2019, antes de la pandemia.

Mirka y los niños esquían (Roger se espera a retirarse para hacerlo). A Leo y Lenny les gusta más jugar al tenis que a Myla y Charlene, y parece que prometen; pero Roger, que creció sin ninguna presión por parte de sus padres, es muy precavido a la hora de proyectar hacia el futuro.

Sabe qué clase de dificultades tuvo que vencer él para entrar en el circuito, por no hablar de para convertirse en uno de los tenistas de más éxito de todos los tiempos. En ese sentido, no habrá vaticinios de niños prodigio o gemelos prodigio. Pero, como sus propios padres, sí alberga ciertas expectativas.

«Lo que quiero es que disfruten con el deporte, así que intento explicarles lo divertido que es, lo divertido que se supone que debe ser y lo que pueden aprender —decía—. Pero te sientes como se sentían mis padres, en plan: "Vale, invierto tiempo. Llevo a mis hijos a entrenar al tenis o al fútbol o a clases de esquí, lo que sea, y cuando vuelven y te dicen que son terribles, te frustras un poco. Porque has dedicado tiempo a llevarlos allí y a verlos, y ellos no se esfuerzan como deberían. Esto es lo que desesperaba a mis padres. Es para decir: "Ya no voy a llevarte más. Y, por cierto, nos ha costado mucho dinero; así que casi prefiero que te quedes en casa leyendo un libro o que pelotees contra un muro, gratis y por tu cuenta, pero no hagas perder el tiempo a los entrenadores". Ese era el mensaje de mis padres y siento que Mirka y yo nos parecemos a ellos en ese sentido. Todo lo que pedimos es un poco de esfuerzo.»

Lo ideal es que los padres den ejemplo. Si hablamos de comportamiento, los actos funcionan mejor que las palabras. Federer, un atleta ansioso de joven, no espera una conducta modélica. Pero ha hecho todo lo posible para enseñar a los gemelos lo que significa el esfuerzo y que esforzarse incluye perseverar; y lo ha hecho compitiendo y progresando durante mucho tiempo para que todos sus hijos lo recuerden jugando en la pista central de Wimbledon o en las pistas de entrenamiento del US Open.

Ese era el sueño de Mirka, quizá en parte porque pensó que serviría de motivación para su marido.

La excelencia deportiva es algo abrumadoramente efímero. Pero a lo largo de veinte años Federer ha conseguido que parezca más fiable y duradera gracias a la enorme ayuda de sus entrenadores, preparadores físicos, fisioterapeutas, amigos, su agente y, sobre todo, de su esposa.

«No creo que ahora quiera que juegue por ella —me confesó Federer—. Creo que ya no es una cosa suya. Pienso que al principio la ayudó mucho verlo de esa manera. Y después lo pasamos genial en el circuito los dos, intentando apañárselas con todo, y luego con los niños todo era muy fresco y sorprendente y estimulante y feliz.»

Su optimismo estaba asegurado aquella soleada mañana de agosto del 2009, con el lago Zúrich brillando en la distancia. Una gran familia. Un gran viaje. La carretera. Hicieron que funcionara. Jugó con sus hijos a cuestas mucho más de lo que él mismo o Mirka podían haber imaginado.

CAPÍTULO 12

NUEVA YORK

«El mejor tiro de mi vida», proclamó Roger Federer en el US Open 2009.

Se diría que lleva pagándolo desde entonces.

El tiro iba contra Novak Djokovic, muy cerca del final del partido de semifinales que los enfrentaba. Federer ganaba dos sets a cero y Djokovic servía para mantenerse en el partido con 5-6, 0 a 30.

Djokovic se avanzó e hizo una dejada. Federer la cazó. Djokovic contraatacó con un globo de volea que obligó a Federer a retroceder y correr hasta la línea de fondo. Con la pelota peligrosamente a punto de dar el segundo bote, Federer la golpeó por entre las piernas de espaldas a la red, enviando la pelota al otro lado ante un Djokovic boquiabierto que no pudo hacer más que verla pasar. Un tanto ganador.

Ahora iban 0-40 y, aunque en el siguiente punto Federer arreó un resto de derecha ganador con el que consolidó su 40.ª victoria consecutiva en el US Open, el único tiro del que todo el mundo hablaba era aquel *tweener.*

Hay cosas más difíciles en el tenis: intenta devolver una dejada de resto tras un servicio potente o un golpe por encima de la cabeza de revés con mucho ángulo después de un globo (o ganar a Nadal sobre tierra batida). Pero un *tweener*, que en el 2009 era más raro que ahora, es puro espectáculo: la versión tenística de un pase sin mirar que culmina en un mate. Un golpe de muñeca convierte una posición defensiva en un ataque. Aunque a menudo sale mal y resulta una mala elección, el de Federer salió perfecto, a diferencia del *tweener* que intentó aquella vez en un punto de partido contra Safin en Australia.

«Pude darle con ritmo y precisión, y eso rara vez ocurre», dijo Federer.

Aquel *tweener* de tempo exquisito parecía un reflejo del profundo y satisfecho Federer tras sus victorias en Roland Garros y Wimbledon y del nacimiento de los gemelos. También era la prueba definitiva de su capacidad para coronarse en Nueva York, en particular contra Djokovic, a quién acababa de derrotar en tres US Open seguidos, incluida la final del 2007.

«Tengo la sensación de que juega más relajado —declaró Djokovic—, porque ahora es padre, está casado y ha roto todos los récords. Sale a la pista y quiere jugar lo mejor que sabe y seguir ganando. Eso es lo que le hace todavía más peligroso. Fíjate en ese golpe que ha dado, ya has visto cómo ha reaccionado el público, ¿qué tengo que explicarte?»

¿Quien podía imaginar entonces, en aquel vertiginoso apogeo *federeresco*, que su racha de victorias en el US Open estaba a punto de dar paso a una larga serie de frustrantes derrotas? ¿O que, en la siguiente década y más adelante, ya no iba a poder vencer a Djokovic de nuevo en Nueva York o en cualquier partido al mejor de cinco sets sobre pista dura?

De los múltiples giros de guion en la gran carrera de Federer, este fue uno de los más sorprendentes. Ciertamente, yo no lo vi venir mientras escribía mi artículo para el *The New York Times* la noche de aquel domingo en la sala de prensa del US Open, al ritmo de teclados acelerados y del estrés de los cierres de edición.

La caída de Nadal a manos de Juan Martín del Potro por 6-2, 6-2, 6-2 en la semifinal del día anterior me había dado una pausa, pero Nadal jugaba con un músculo abdominal desgarrado y llevaba todo el año batallando con las lesiones. Federer había ganado sus seis partidos anteriores contra el veinteañero Del Potro, un tipo imponente de 1,98 m de altura, gentil y de golpes lisos y feroces desde el fondo de la pista. Lo apodaban «la torre de Tandil», por su ciudad natal en Argentina. Y, si bien era cierto que Del Potro acababa de forzar un quinto set ante Federer sobre la tierra batida de Roland Garros, el suizo lo había arrollado en el Open de Australia a principios de año. La superficie rápida y de bote bajo de Nueva York parecía el lugar ideal para que Federer volviera a castigar a Del Potro.

«Pese a lo bien que Del Potro jugó el domingo, Federer es el favorito», escribí.

La final se jugaba un lunes a primera hora de la tarde por culpa de los retrasos provocados por la lluvia al inicio del torneo, y se convirtió en un festival de golpes a cinco sets lleno de *drives* ganadores y gritos del escandaloso público del Open que a veces distraía a los jugadores cuando iban a servir.

Federer tuvo ocasiones para mandar en el partido, pero, sorprendentemente, vaciló. Falló a la hora de sentenciar el segundo set, cuando servía, y falló a la hora de dar lo mejor de sí mismo en el *tiebreak* del cuarto set: cometió una doble falta en el punto inicial. Incluso falló a la hora de conservar el temple, enfadándose con el árbitro de silla estadounidense Jake Garner al final del tercer set, cuando Del Potro se tomó su tiempo para reclamar una decisión del juez.

Federer, un purista del tenis, se había opuesto en el 2006 a la introducción del sistema de revisión electrónica. Tres años después seguía irritado por aquella imposición y siempre parecía utilizarlo muy a su pesar. Puede que eso explique por qué alguien con su gran visión de pista pidiera revisiones incorrectas tan a menudo.

«¡Venga ya! —exclamó Federer mientras se sentaba—. Pasan dos segundos y ya no puedo reclamar, y el tipo tarda diez cada vez. ¿Cómo se tolera algo así? ¿No hay normas o qué?»

Federer tenía razón, pero Garner intentó calmarlo.

«Deja de enseñarme la mano, ¿vale? —masculló Federer—. No me digas que me calle. Cuando quiero hablar, hablo. ¿Vale? Me importa una mierda lo que él diga. Solo digo que tarda demasiado.»

Aquel no era el Federer al que el público se había acostumbrado. Aquello era un *flashback* de una época más bronca y una señal de que Federer olía el peligro, como cuando rompió la raqueta contra Djokovic en Miami al comienzo de aquella temporada.

Del Potro, cuya carrera se vería tristemente mermada por graves lesiones en la muñeca y la rodilla, no perdió la oportunidad: cazó el tiro con efecto de Federer y encontró huecos con una facilidad pasmosa mientras sirvió y peleó hasta vencerlo 3-6,

7-6 (5), 4-6, 7-6 (4), 6-2. Quien crea que Federer siempre tiene el apoyo incondicional del público, es que no vio esa final. El público estaba muy dividido y en el momento de la verdad Del Potro parecía más fresco en su primera final de Grand Slam que Federer, que jugaba su final n.º 21.

Al revisar el diálogo con Garner me acordé de una observación de Paul Dorochenko, el antiguo preparador físico de Federer.

«El Federer que hoy vemos en la pista es un producto prefabricado, un producto del *marketing* de Nike que representa los valores que queremos dar al tenis: la caballerosidad y todo eso —me decía—. Pero por dentro Federer nunca ha sido un caballero. Es un luchador. Cuando le tiende la mano a Nadal con una sonrisa, no me fío del todo.»

La de Dorochenko es una opinión minoritaria, pero atrevida. Al fin y al cabo, ¿no somos todos la suma de todas nuestras acciones o de nuestros pensamientos, reprimidos o expresados?

La final del US Open 2009 pilló a Federer con la guardia baja. Pero solo se notó porque su comportamiento dentro y fuera de la pista ha sido ejemplar durante muchos años. Aquella contención lo hermanaba con dos de sus héroes de infancia —Sampras y Edberg—, pero sorprende si te paras a pensar en algunos de los campeones que lo precedieron: Jimmy Connors, John McEnroe e incluso Agassi en su primera etapa, la prefilosófica, cuando era un malhablado, poco amigo de decir la verdad y una vez incluso llegó a escupir ante un árbitro.

De todos los torneos Grand Slam, el US Open es el que puede jugarte una mala pasada. Es el último de los cuatro y llega al final de una temporada llena de *jet lag* y pugnas por escalar puestos en el *ranking*. Los tenistas, y los aficionados, deben sortear el tráfico de Queens y Manhattan para llegar al estadio. Es un evento de finales de verano, repleto de cócteles, fans del tenis, bronceado de los Hamptons y jaleo hasta altas horas de la noche. Y, por mucho que se hayan ampliado las instalaciones, la presión del público las convierte en un lugar asfixiante.

Federer, criado en un entorno más apacible, llevaba tiempo triunfando entre ruidos y estridencias. Había aprendido a amar Manhattan, cambiaba de hotel cada año para experimentar visiones diferentes de la ciudad.

Lo entrevisté en su *suite* del Península, en Midtown, el viernes antes del comienzo del US Open 2006. La habitación era un impecable tributo a la influencia de Mirka, con once raquetas recién encordadas alineadas en fila, los mangos reposando contra la pared de ladrillo y formando todos el mismo ángulo.

—Mirka me echa una mano —dijo Federer—, pero me gusta tenerlo ordenado. Antes era muy desordenado. Hubo una época en la que no quería ser ordenado.

—A lo mejor está bien tener un poco de orden en un mundo alborotado —sugerí.

—Exacto —contestó—. Sobre todo aquí, donde espero pasar unas tres semanas.

Y no es que estuviera todo el día encerrado en el hotel.

«Al principio todo el mundo dice que es muy estresante —apuntaba—. No hacen más que hablar de lo lejos que están las pistas, de que el estadio es enorme, de que es Nueva York y que si el tráfico y todo eso. Pero he empezado a ver estos torneos desde otro punto de vista. ¿Qué más me ofrecen fuera de la pista? Conozco las instalaciones, pero no puedes valorar un torneo solo por las instalaciones. También tienes que ver qué puede ofrecerte la ciudad, y esta es una ciudad increíble. Nunca te aburre, siempre hay algo que hacer, los mejores restaurantes, tiendas excelentes. Es un sito muy animado.

»Ya ha pasado la época en la que solo quería ver la tele, ir a entrenar y salir con los chicos —aseguraba—. Ahora estoy en una etapa en la que quiero conocer los lugares que visito y entender mejor la historia de cada país. Antes era muy distinto porque estabas absorto en hacerlo bien, eras la gran promesa y querías cumplirla, y vivías bajo presión, te pasabas todo el día pensando en el tenis. Eso ha cambiado, obviamente. En los últimos tres años, sobre todo desde que me convertí en n.º 1, tengo una visión diferente del tenis y creo que eso me ha ayudado. Soy un tipo más equilibrado. Ya no vivo bajo presión y, aunque hay mucha, jugar me resulta mucho más agradable.»

Lo cierto es que sus cinco finales consecutivas del US Open habían sido agradables, no tuvo que recurrir a un quinto set para derrotar a Lleyton Hewitt, Andre Agassi, Andy Roddick, Djokovic y Andy Murray, por este orden.

Pero Del Potro le arruinó el sexto título consecutivo en el 2009, igual que Nadal le había impedido su sexto título consecutivo en Wimbledon.

«Ganar cinco fue genial —dijo Federer en Nueva York—. Seis habría sido un sueño. No se puede tener todo.

»Esta derrota es fácil de superar, porque he pasado un verano maravilloso», continuó Federer, con aspecto de decirlo en serio.

Sin embargo, aquella fue una oportunidad perdida: una oportunidad que a Federer, en su mejor momento, no se le habría escapado. Dada su afinidad con las pistas rápidas, siempre le quedaría el torneo del año siguiente en Flushing Meadows, y en el 2010 la verdad es que Federer regresó en plena racha ganadora: jugó hasta el quinto set en otra semifinal contra Djokovic con dos puntos de partido, sirviendo el serbio, el marcador 4-5 y el juego 15 a 40.

Djokovic no metió ningún primer saque, pero consiguió salvar esos dos puntos: arreó una volea de derecha valiente con la que se puso 30-40 y luego lanzó otro golpe de derecha para llegar a iguales.

Federer pudo haber arriesgado más en el segundo punto de partido, pero Djokovic lo superó en la bravata, mantuvo el servicio y rompió el de Federer en el siguiente juego.

Sirviendo para ganar, Djokovic peleó un punto de rotura con otro gran golpe de derecha que Federer no pudo manejar. Iguales otra vez, y dos puntos después era Djokovic, y no Federer, quien pasaba a la final.

«Ha sido uno de esos partidos que recuerdas siempre —declaró Djokovic a Mary Joe Fernández, la perspicaz analista de la CBS que, en el curioso mundo del tenis, lo entrevistaba pese a estar casada con el agente de Federer, Tony Godsick—. Para ser sincero, en el punto de partido he cerrado los ojos y he golpeado el *drive* lo más rápido que he podido. Si entraba, entraba; si se iba fuera, volvía a perder ante Federer en el US Open.»

Avancemos un año y volvamos a la misma pista y a la misma semifinal, en el 2011. Djokovic, que antes era el tercero en discordia, se había convertido en la estrella del tenis: ganó títulos en todas las superficies y se coronó como n.º 1 por primera vez en julio, tras ganar su primer Wimbledon.

Federer le aguó la fiesta en París, cortándole la racha de 43 victorias seguidas al vencerle en semifinales de Roland Garros. Y ahora volvía a tener a Djokovic contra las cuerdas en Nueva York.

Fue un partido durísimo, agotador. Federer ganó los dos primeros sets. Djokovic peleó para ganar los dos siguientes, pero en el quinto Federer se puso por delante, mantuvo la ventaja y servía 5-3 para optar a una plaza en la final.

Con 40-15 Federer volvió a tener dos puntos de partido, y las 23000 personas del público embutidas en el empinado Arthur Ashe Stadium le jaleaban con fervor. Un oponente con menos entidad se habría hundido, pero Djokovic no, igual que en el 2010. Se pavoneaba al andar y fruncía la boca al colocarse en posición para restar. Algunos lo interpretaban como un gesto de resignación, un reconocimiento de la superioridad de Federer. A mí no me lo pareció.

Federer sirvió amplio. Djokovic corrió a la derecha y arreó un resto feroz con la derecha desde detrás del pasillo de dobles, anotándose un tanto tan preciso que Federer apenas se movió.

Djokovic exprimió el momento, alzando los brazos hacia el público mientras andaba despacio hacia su toalla, ganándose vítores y abucheos: un adelanto de cómo los fans responderían a todo lo que hiciera jugando al tenis en la década siguiente. Y volvió a la pista con una sonrisa para restar el segundo punto de partido, como si dijera: «Pase lo que pase, no vais a desmoralizarme».

Federer, con la cara larga, lanzó un buen saque hacia el cuerpo de Djokovic que el serbio bloqueó con un revés. Su resto llegó bien, pero no lo suficiente. Federer le asestó un *drive* suave, pero su tiro rebotó en la red y no llegó al otro lado de la pista.

Por segundo año consecutivo, Djokovic había salvado dos puntos de partido, esta vez sirviendo Federer; y Federer, visiblemente alterado, pronto iba a perder su servicio por culpa de una doble falta.

Ver los tres juegos siguientes, que también eran los tres últimos, era como entrometerse en la pena de alguien.

Para Federer fue brutal; para Djokovic, una reafirmación. Tras darle la mano a Federer, lo celebró tensando todo el cuerpo y soltando un grito primitivo hacia su equipo, en el palco. Y en nada estaba de nuevo en un sitio que le era extrañamente familiar: ante el micrófono con Mary Joe Fernández tras zafarse de una derrota.

«Una situación muy similar —declaró Djokovic—. He golpeado el *drive* con todas mis fuerzas, sabiendo que me la jugaba. Si salía fuera, perdía. Si entraba, quizá tenía una oportunidad, así que he tenido suerte hoy.»

Pero no fue tan similar. Esta vez Djokovic bailaba por la pista a petición de Fernández, y el público se ponía a bailar con él. Fue mucho más festivo que la rueda de prensa de Federer de después el partido: uno de los momentos más bajos de una carrera que siempre había sido de altos vuelos.

«No lancé un buen saque —dijo sobre el primer punto de partido—. Pero ha sido por cómo él ha restado. Él ya creía que no iba a ganar, y perder así contra alguien es muy decepcionante, porque sientes que él ya está fuera mentalmente. Entonces va y mete un tiro con suerte y el que se va fuera eres tú.»

Le preguntaron si aquel *drive* ganador era cuestión de suerte o de confianza en uno mismo.

«¿Confianza? ¿Bromeas? ¡Por favor! —exclamó Federer frotándose la cara con las manos—. Mira, algunos tenistas crecen y juegan así. Recuerdo perder partidos júnior así. Ir ganando 5-2 en el tercer set y ver que el otro empezaba a arrear golpes a diestro y siniestro. Por lo que sea les funciona, porque han crecido jugando así cuando iban perdiendo. Yo nunca he jugado así. Creo que el esfuerzo tiene su recompensa, porque cuando empecé no siempre me esforzaba al máximo. Me cuesta mucho entender cómo puedes lanzar un tiro así en un punto de partido. Pero, oye, igual lleva veinte años haciéndolo y para él es muy normal. Tendrás que preguntárselo a él.»

El US Open 2011 fue otro momento bajo para Federer, pese a que hubo quien estaba de acuerdo con él.

«Novak ya había tirado la toalla, se había rendido —dice Jim Courier—, y tuvo la suerte de dar con un tiro ganador cuando estaba cabreado, y esa no es forma de jugar, y eso es algo que a Roger le ofende. No digo que fuera por frustración. Novak tiene todo el derecho de lanzar así. No hay ninguna norma que se lo prohíba, es solo que, si era fuera su forma de jugar, Novak jugaría así siempre, porque es un tipo muy matemático. Juega al tenis de los porcentajes. Y ese golpe es la antítesis de todo eso. Roger lo sabe. Novak lo sabe, y eso irrita a Roger.»

El amargo comentario de Federer habría caído de otra forma si Djokovic no fuera la fuerza dominante del tenis masculino. En aquel momento, el récord del 2011 del serbio era 63-2, y estaba a punto de ganar su tercer *major* del año, venciendo a Nadal en la final en cuatro sets.

Insinuar que la gran confianza en sí mismo de Djokovic no había tenido nada que ver a la hora de salir airoso de la presión me parecía, personalmente, mucho menos benévolo que la entrevista autocrítica de Djokovic a pie de pista.

Federer, que suele ser lúcido ante las derrotas, parecía un perdedor resentido, y merece la pena destacar que Djokovic no necesitó arrear un zambombazo, con los ojos abiertos o cerrados, en el segundo punto de partido. Federer falló su *drive* antes de que Djokovic tuviera ocasión de jugársela.

Pero aquel error de Federer no fue el golpe que pervivió en la memoria, ni tampoco el golpe que Djokovic asestaría al duopolio Federer-Nadal con la ayuda de Murray para reclamar su título de mejor tenista de la era Open. Courier lo llama, simple y llanamente, «el resto».

«Cuando tienes puntos de partido en tu contra en el quinto set después de cuatro horas jugando y arreas ese *drive* ganador, tienes que quedarte un poco sorprendido, dadas las circunstancias, de ser capaz de algo así —dice Djokovic—. Para nada te lo esperas. Creo que al final todo es un tema mental. Gestionar la presión también es algo mental, ser capaz de entrar ahí y aprovechar las ocasiones que se te presentan.»

Desde mi punto de vista, Djokovic es el hombre más fascinante de todos los que ha dado esta era dorada del tenis. El tipo es una combinación hecha a medida de generosidad y beligerancia, tan dedicado a su jardín zen interior como a rasgarse la camiseta tras convertir un punto de partido.

Sus dualidades y complejidades lo convierten en todo un acertijo a resolver para un periodista. Y, cuando crees que ya lo tienes, sus seguidores en las redes y en todas partes se apresuran a recordarte que es un incomprendido en los medios occidentales. También es muy escurridizo: intenta cambiar sin descanso su juego y a sí mismo.

Lo que es irrefutable es que tuvo una infancia más traumática que la de Federer o Nadal. Djokovic no proviene de una familia acomodada de clase media o de un país europeo estable. Creció en Serbia en medio de la violenta ruptura de Yugoslavia, buscando cobijo en los refugios antiaéreos entre sesiones de entrenamiento cuando tenía 11 y 12 años, mientras los aviones de la OTAN atacaban Belgrado entre marzo y junio de 1999: una época que los serbios a menudo recuerdan como «los 78 días de la vergüenza».

«Lo que no te mata te hace más fuerte, este es el lema con el que viven los serbios —me dijo Djokovic una vez—. Recordamos todo eso y nunca vamos a perdonar, porque es algo muy fuerte que llevamos muy adentro. Son experiencias traumáticas y por eso los recuerdos son malos. Durante dos meses y medio oíamos como mínimo tres veces al día la alarma que avisaba de los bombardeos, había un ruido enorme en la ciudad todo el tiempo. Cuando ahora escucho un ruido fuerte, me traumatizo un poco.»

Algo así debe de ser difícil teniendo en cuenta su profesión, donde los gritos del público son parte de la banda sonora habitual (a menos que una pandemia global obligue a mantener las gradas vacías). Como Federer y Nadal, Djokovic podía haberse dedicado a otro deporte. Su padre Srdjan y su tío Goran eran esquiadores de competición en la antigua Yugoslavia. Djokovic empezó a esquiar a los tres años en la estación de esquí serbia de Kopaonik, donde su familia regentaba varios pequeños negocios, incluidos una pizzería y una galería de arte, en la planta baja de un centro comercial.

«Por supuesto que creíamos que Novak iba a ser esquiador, porque nosotros éramos esquiadores», me dijo en una ocasión Goran Djokovic.

De no haber sido por Peter Carter en Basilea, Federer habría elegido el fútbol. De no haber sido por su tío Toni en Manacor, Nadal habría hecho lo mismo.

La musa tenística de Djokovic fue una mujer carismática y cerebral de cincuenta y tantos años: Jelena Gencic, exjugadora de la selección nacional yugoslava de balonmano, de ojos azules y una voz sedosa y equilibrada que impactaba a sus alumnos (y a los periodistas que la entrevistaban). De joven Genĉić ya había entrenado a dos futuros campeones de Grand Slam: Monica Seles y Goran Ivanisevic. Pero en verano de 1993, a los seis años de edad, Djokovic no sabía nada de esto cuando cruzaba la calle en dirección a las tres pistas duras que, en una de esas coincidencias que pueden cambiarte la vida, se habían construido junto al restaurante de su familia.

Gencic daba un cursillo de tenis.

«Era el primer día de mi primer año en Kopaonik —me explicó Gencic cuando viajé a Serbia enviado por el *The New York Times* y el *The International Herald Tribune* en noviembre del 2010—. Él estaba fuera de las pistas. Se pasó allí toda la mañana, mirando. Y le dije: "Eh, pequeño, ¿te gusta esto? ¿Sabes qué deporte es?"»

Por invitación de Gencic, Djokovic regresó por la tarde para probar, con una bolsa deportiva ordenada con pulcritud. Ya había empezado a jugar y veía muchos torneos profesionales en los canales de televisión por satélite, pero aquel fue de verdad el comienzo de su trayectoria tenística: estaba en el lugar correcto, en el momento adecuado y con la mentora idónea.

«Una raqueta, una toalla, una botella de agua, un plátano, una camiseta de repuesto, una muñequera y la gorra —contaba Gencic—. Le dije: "Muy bien, ¿quién te ha preparado la bolsa, tu madre?". Y se enfadó mucho. Me contestó: "No, yo ya juego al tenis".»

Lo que más la sorprendió desde el principio fue la sensibilidad del chico y la atención que prestaba al escucharla.

«Cada palabra —recordaba ella—. Era muy buen chico. Muy inteligente. Le decía: "¿Me has entendido?". Y él contestaba: "Sí, pero explícamelo otra vez". Siempre quería asegurarse.»

El tercer día Gencic se fue a ver a los padres del niño, Srdjan y Dijana, y les dijo que tenían un *zlatno dete*: un niño prodigio.

«Dije lo mismo de Monica Seles cuando ella tenía 8 años —aseguró—. Después de verla jugar tres o cuatro veces le dije a su padre, Karolj, que la niña iba a ser la mejor del mundo.»

Gencic, que no tenía hijos, trabajó intensamente con Djokovic durante seis años en Kopaonik y en la capital de Serbia, Belgrado, y después siguió asesorándolo.

«Ella me lo enseñó todo —me contó Djokovic—. Creo que la parte más importante de tu carrera tenística es cuando tienes entre 6, 7 años y 12. Es entonces cuando aprendes a jugar al tenis, cuando necesitas aprender una buena técnica y necesitas una gran entrenadora.»

Hay demasiadas pocas entrenadoras en la élite del tenis profesional. Esto tiene que cambiar, y es importante recalcar que Djokovic no es el único n.º 1 masculino que en su fase de formación contó con una entrenadora. Jimmy Connors, Marat Safin y Andy Murray también se formaron de pequeños con sus madres entrenándolos.

Gencic trabajó todos los aspectos del juego de Djokovic y le hizo llegar a la conclusión de que un revés a dos manos era mejor para su talento que el revés a una mano de su ídolo, Pete Sampras.

Gencic estaba convencida de que el futuro del tenis pasaba por abordar el golpe de la pelota nada más esta iniciara el bote, y Djokovic tenía que reaccionar y moverse muy rápido en Kopaonik, donde las condiciones ya son rápidas de por sí, a casi 1830 m sobre el nivel del mar.

Seles ya había cambiado el tenis femenino, convertida en la primera jugadora capaz de mantenerse firme en la línea de fondo y atacar por ambos lados con sus poderosos golpes de fondo a dos manos y con tantísimo ángulo.

En el circuito masculino Agassi tenía un estilo de juego implacable parecido, y Gencic insistía para que Djokovic aprendiera a generar ritmo y manejarlo sin retroceder. Le hacía jugar en la red, y eso que Djokovic se labraría su fama en el circuito como un mago de la defensa con restos fenomenales.

«Al principio jugaba muy buenas voleas», decía Gencic.

También le insistió en la importancia de los estiramientos, un consejo que hizo fortuna, como bien sabe cualquiera que haya visto a Djokovic deslizarse por la pista a punto de hacer un espagat persiguiendo la pelota del contrario hasta una esquina.

«Novak no era un chaval muy fuerte —me dijo Gencic—. ¿Sabes por qué hoy es tan elástico y flexible? Porque no quise trabajar muy duro con él.»

Gencic me enseñó su raqueta, una Prince maltrecha sin tapa en el mango.

«Esto es lo más pesado que tuvo que levantar —exclamó—. Solo trabajamos sus piernas, su rapidez, su capacidad física sobre la pista, no en la sala de pesas. Estirábamos y hacíamos movimientos especiales para el tenis, para ser flexible, ágil, veloz con las piernas. Y hoy es excelente excelente excelente.»

Si algo define el juego de Djokovic ante el público general es la elasticidad de sus movimientos. Todo lo demás es tan sólido y compacto que es fácil pasarlo por alto.

«Novak es aburridamente sorprendente», dice Brad Stine, el veterano entrenador estadounidense que ha trabajado con Jim Courier y Kevin Anderson entre otros.

Pero ningún otro tenista podía contorsionarse con la naturalidad de Djokovic.

«Antes de Novak ya había gente que se estiraba así, pero nunca vimos a nadie capaz de recuperarse de un estirón como él y, encima, jugar al ataque», afirma Ivanisevic, campeón de Wimbledon 2001 que después formó, junto a Marian Vajda, el tándem de entrenadores de Djokovic.

La flexibilidad de Djokovic es un talento, pero también se debe a los hábitos de toda una vida. Solo hay que verlo entre partidos en un torneo, siempre está contorsionándose en posturas extremas o sujetándose con los dedos del marco de una puerta. En una entrevista con el *Times of London*, a la pareja de Djokovic, Jelena, le preguntaron cómo era en vida real, fuera del circuito.

«Eso es fácil de contestar —exclamó Jelena—. Su vida son los estiramientos. Siempre me lo encuentro por el suelo, con las piernas estiradas.»

Djokovic se desternillaba de la risa, y seguro que a Gencic, que falleció en el 2013 a los 76 años de edad, le habría gustado aquella respuesta.

«Ella me convenció —me dijo una vez Djokovic en Wimbledon—. Me explicó que si me mantenía flexible no solo me movería mejor por la pista y me recuperaría mejor después de los partidos, sino que además tendría una larga carrera.»

Todd Martin, otra antigua estrella estadounidense que entrenó a Djokovic, lo veía entrenar a diario con su equipo de apoyo, que incluía al fisioterapeuta Miljan Amanovic.

«Novak se levanta y, antes de tomarse el zumo de naranja por la mañana, ya ha puesto una pierna sobre el hombro de Miljan —decía Martin—. Estira los isquios antes que nada, y te aseguro que lo hace sin calentar.»

Para Gencic entrenar era un pasatiempo, no su sustento. De profesión era periodista, trabajaba de editora en un programa sobre arte para la televisión yugoslava, que después fue la serbia. Introdujo a Djokovic a la alta cultura: poesía y música clásica rusas, incluida la *Obertura 1812* de Chaikovski.

«Sé que le parecía maravillosa —decía Gencic—. Le dije: "Cuando juegues un partido, Novak, y esto es muy importante, cuando juegues un partido y de repente no te sientas muy bien, recuerda esta música, recuerda cuánta adrenalina tienes en el estómago y en el cuerpo. Deja que esta música te empuje para jugar más y más fuerte.»

La familia Djokovic no tenía antecedentes tenísticos, pero sí conocían a Seles, la chica de origen húngaro que vivía en la ciudad serbia de Novi Sad y que había ganado ocho títulos de Grand Slam y conquistado el n.º 1 mundial tras emigrar a Estados Unidos junto a su familia.

Seles también había ganado millones de dólares y, con Yugoslavia en crisis, el talento del niño prodigio parecía una seria inversión en tiempo y dinero a tener muy en cuenta. El problema era encontrar el dinero.

«Srdjan y su esposa no se pusieron a llorar, se pusieron a pensar», apuntó Gencic.

Pidieron dinero prestado a amigos e invirtieron todos sus ahorros en el proyecto familiar. Gencic no les cobró las clases y el presidente del club de tenis del Partizán de Belgrado consiguió que Djokovic tuviera la equipación gratis, incluyendo raquetas Prince. Pero el chico necesitaba competir a nivel internacional, y había muy poco dinero.

«Srdjan lo intentaba todo —recuerda Goran Djokovic de su hermano mayor—. A veces cae mal a la gente, pero tiene la energía de un toro. No eran buenos tiempos. Había sanciones y empezaba la guerra. No era una época fácil para Serbia, para Yugoslavia, pero invertimos todo el dinero que teníamos en Novak. Él tenía que ser el primero de la familia en tener todo lo que necesitaba: la raqueta nueva, la buena comida, todo. Está claro que si él no hubiera jugado al tenis habríamos vivido bien, pero teníamos esa idea.»

«No queríamos malas vibraciones, solo energía positiva —añade Goran—. Mucha gente nos criticaba, en plan: "Esta familia está loca. ¿Quiénes se creen que son? ¿Cómo pueden pensar que Novak va a ser alguien?".»

En el 2019, cuando visité a Djokovic en Montecarlo, donde vive ahora rodeado de lujos con Jelena y sus dos hijos, me habló de los momentos que lo moldearon durante su infancia.

Su padre reunió a la familia, incluidos los dos hermanos pequeños de Djokovic, en el apartamento alquilado de Belgrado donde vivían, y de un golpe dejó un billete de diez marcos alemanes sobre la mesa.

Djokovic lo escenificó con un golpe sobre la mesa mientras me contaba la historia.

«Diez marcos alemanes eran como diez dólares, y mi padre dijo: "Esto es todo lo que tenemos" —recordaba Djokovic—. Y añadió que más que nunca teníamos que hacer piña, superarlo juntos y encontrar la forma de hacerlo. Fue un momento muy impactante de mi niñez, de mi vida, de la vida de toda la familia.»

Cuando Djokovic tenía 12 años, Gencic vio que debía abandonar Serbia para optar a los torneos y la evolución necesarios. Contactó con un viejo amigo, Nikola *Niki* Pilic, una exestrella yugoslava de Croacia que llegó a la final de Roland Garros en 1973 y cuya disputa con la federación nacional provocó el boicot masculino en Wimbledon a finales de aquel año. Pilic dirigía una academia de tenis en Alemania, cerca de Múnich. Gencic lo convenció para que admitiera a Djokovic, pese a la política de la academia de no aceptar a menores de 14 años. Djokovic viajó a Múnich con su tío Goran. Por culpa de las restricciones en Serbia, tuvieron que cruzar la frontera, dejar el coche en el aeropuerto de Skopie, la actual capital de Macedonia del Norte, y volar a Alemania. El tío regresó a Serbia a los pocos días, dejando a Djokovic tres meses en un país cuyo idioma desconocía.

Cuando Federer se marchó de su hogar a los 14 años, al menos podía tomar el tren para volver a Basilea los fines de semana.

«Todo te afecta en la mentalidad, en la fuerza psicológica —me decía Djokovic—. A los 12 años y medio tuve que espabilarme por mi cuenta durante tres meses, así que debía ser responsable. Tuve que ser valiente para ser yo mismo y trabajar duro, y eso es lo que hice. Aprendí a ser independiente.»

Djokovic pasó varios años en la academia de Pilic como parte de una ola de fenomenales tenistas serbios que tuvieron que abandonar su país para triunfar, incluidas dos futuras n.º 1 del mundo, Ana Ivanovic y Jelena Jankovic.

«Novak maduró muy pronto —asegura Ivan Ljubicic, la estrella croata que después entrenó a Djokovic con el entrenador italiano Riccardo Piatti—. Sabe lo que quiere. Sabe cómo conseguirlo, y está muy bien que sea así; pero todos estos grandes jugadores —Rafa, Roger— son así. O luchas mucho y más o menos te pierdes o te ves obligado a aprender rápido, y ellos lo hicieron.»

Pero Djokovic no tenía una red de seguridad parecida a la de las estrellas que serían sus rivales. Más que Federer o Nadal, él necesitaba triunfar por todos los sacrificios de su familia; y, pese a que Gencic predijo que Djokovic estaría entre los cinco mejores del mundo a los 17 años, solo tardó un poco más.

«Nos equivocamos por dos años, porque no teníamos el dinero para conseguir todo lo que yo quería», me confesó ella.

Djokovic debutó en su primer Grand Slam a los 17: se clasificó para el Open de Australia 2005 y se enfrentó a Marat Safin en primera ronda en el Rod Laver Arena. Safin ganó 6-0, 6-2, 6-1 y terminó adjudicándose el título aquel año.

«Yo era el n.º 4 del mundo y el chaval acababa de clasificarse, ¿qué cabía esperar? —me dice Safin—. Jugué bien. Fui allí a ganar el torneo. Él fue a ver qué pasaba. Y mira lo bien que le han ido las cosas, ¡a ver si me invita a un par de cenas!»

Djokovic, pese a ser testarudo, aprende rápido; y, aunque en favor de Federer hay que recordar que es multilingüe, Djokovic es un políglota a otro nivel: habla cuatro idiomas con fluidez (serbio, alemán, italiano e inglés), se maneja muy bien con el francés y el español e incluso chapurrea algo de ruso.

También aprendió rápido a jugar al tenis. A finales del 2005 ya estaba en el Top 100. A finales del 2006, en el Top 20; y a finales del 2007 era el n.º 3 del mundo por detrás de Federer y Nadal, y venció a ambos para ganar el torneo ATP Masters 1000 de Montreal, Canadá.

Tenía 20 años y estaba a punto de convertirse en un campeón de Grand Slam al ganar el Open de Australia 2008 tras derrotar, de nuevo, a Federer en semifinales; esta vez en tres sets.

«El rey ha muerto, viva el rey», proclamó la madre de Djokovic.

Pero aquello era cantar victoria demasiado pronto. Federer, mermado por una mononucleosis en aquella época, volvería a la cima en el 2009. Y Nadal resurgiría en el 2010. Djokovic no llegó al n.º 1 hasta ganar Wimbledon en el 2011, superando a Nadal en la final.

«Durante cuatro años todo era Roger, Rafa, Rafa, Roger —decía Dijana—. Ahora todo es Novak, Novak, Novak, Novak.»

Y razón tenía. Su hijo superaría 4-1 a Federer en el 2011 y 6-0 a Nadal (sobre tres superficies distintas, incluida la tierra batida). Pero cuesta imaginar a Lynette Federer pensando —ya ni diciendo— algo parecido de su hijo en los años en que lo ganaba todo. El clan Djokovic es más beligerante: una actitud que ha hecho flacos favores a su hijo en cuestiones de imagen.

Pero Dijana es casi una mediadora de la ONU comparada con su marido. Srdjan dijo una vez de Federer que «quizá aún sea el mejor tenista de la historia, pero como hombre es todo lo contrario», y después se burló de él por seguir jugando al tenis cuando estaba a punto de cumplir los 40 años.

«Desde que siente el aliento de Nadal y Novak en el cogote, no puede aceptar que sean mejores que él —declaró Srdjan en el programa deportivo serbio *Sportklub*—. Venga, tío, cría hijos, vete a esquiar, haz algo.»

Srdjan ni perdona ni olvida que Federer les pidiera silencio a él y a otras personas del palco de Djokovic durante el Open de Montecarlo en el 2008.

Si esto suena ruin, es porque es ruin; y Federer no ha respondido del mismo modo. Pero la beligerancia de los Djokovic también se debe al proteccionismo parental: la firme creencia de que su vástago merece más respeto, como su atribulado país. Para los Djokovic, cristianos ortodoxos, hay un atisbo de lo divino en el auge de Novak.

Robert Federer se ha puesto un montón de gorras RF, pero nunca una camiseta con la cara de su amado hijo para lucirla en las gradas, como sí hicieron Srdjan y Dijana cuando Djokovic se enfrentó a Federer en el US Open 2010. Aquel mismo año, unos meses más tarde, visité a Srdjan en su despacho de Belgrado y vi un cuadro religioso en la pared con el retrato del difunto patriarca Pablo II, cabeza de la iglesia ortodoxa serbia, con la cara brillante de Novak pintada debajo, convertido, literalmente, en un icono del deporte.

«En el peor momento del pueblo serbio, Dios lo envió para demostrar que somos personas normales y no asesinos y salvajes», dijo Srdjan sobre Novak en una entrevista en Serbia en el 2021.

Durante mucho tiempo Novak vivió la frustración de ser considerado un marginado solo por ser serbio. Lo mencionó en las primeras entrevistas que compartimos, pero su intento por representar al Reino Unido en lugar de a Serbia en el 2006 fue motivado por un tema económico y por el deseo de conseguir más apoyo. Al final, se desdijo.

«Nunca he tenido las condiciones necesarias para triunfar y desarrollarme como tenista profesional en mi país», me explicó, haciendo referencia a su necesidad de entrenar en Múnich y otros lugares.

«Por eso, cuando tuve la opción de irme a otro lugar e intentar ayudar a mi familia a vivir mejor, lo hice —contó—. Pienso que tomamos una gran decisión, y la hemos mantenido. Es muy distinto a estar con tu gente, con tu religión. Para mí, volver a casa es una sensación muy distinta. Siento que es de donde pertenezco.»

Pese a residir en el pequeño paraíso fiscal de Mónaco, encarna a la asediada nación serbia y es un embajador mucho más peleón que Federer, el suizo más famoso del mundo.

Serbia se convirtió en una paria internacional durante la implosión yugoslava bajo el mando de Slobodan Milosevic. El tamaño y la influencia del país se achicaron sin remedio. Serbia quedó aislada cuando Montenegro, una región donde los Djokovic tienen raíces, declaró la independencia. Kosovo también se independizó, y es donde nacieron Srdjan y sus hermanos.

«Un serbio de Montenegro nacido en Kosovo, ahí hay un temperamento muy especial —me reveló Gencic—. Los Djokovic son gente muy fuerte.»

Los bombardeos de la OTAN de 1999 que tanto impactaron a Djokovic fueron la respuesta a la mano dura de Serbia con los separatistas albanos de Kosovo, donde la mayoría de la población es de origen albanés.

La provincia escindida declaró la independencia formalmente en el 2008 con el apoyo de potencias occidentales como Estados Unidos y Alemania, pero Serbia y otros países siguen sin reconocerla como un Estado soberano.

Es un tema muy delicado para los Djokovic, y Novak ha manifestado en público su oposición a la independencia de Kosovo.

«He leído los libros de historia y recuerdo lo que aprendí —me dijo Djokovic una vez—. Es parte de mi país y parte de mi familia.»

El posicionamiento político sin ambages también lo diferencia de Federer, el cual, en algunos aspectos, es un político nato. Posee la capacidad de leer la sala, conectar con la gente y hacer que su interlocutor se sienta como el centro de su universo, tanto si se trata del director del torneo o del chófer del coche de cortesía.

Federer no se toma muy en serio sus privilegios y a lo largo de su carrera ha evitado los comentarios políticos. Su capacidad de influir la restringe al mundo tenístico, como cuando manifestó su apoyo a la potencial fusión de los circuitos masculino y femenino, y su sempiterna oposición al *coaching* durante los partidos.

En este sentido, es un campeón cuya discreción va más acorde con los comienzos del s. XXI que con la década del 2020, donde ya casi es norma que los atletas aprovechen su visibilidad para opinar de todo, desde el racismo hasta el sexismo y el cambio climático. Federer ha sido objeto de críticas y protestas a pequeña escala por parte de activistas que acusan a Credit Suisse, uno de sus patrocinadores, de invertir en combustibles fósiles. Los activistas usaron la etiqueta #RogerWakeUpNow en las redes sociales, y uno de aquellos mensajes lo compartió la prominente activista climática Greta Thunberg.

Como respuesta, Federer emitió un comunicado a principios del 2020.

«Como padre de cuatro niños pequeños y defensor a ultranza de la educación universal, siento un profundo respeto y admiración por el movimiento de los jóvenes por el clima, y agradezco a los jóvenes activistas que nos presionen a todos para que repensemos nuestro comportamiento y busquemos soluciones innovadoras. Debemos escucharlos y escucharnos a nosotros mismos. Valoro que me recuerden mi responsabilidad como individuo, como atleta y como emprendedor, y me comprometo a usar esta posición privilegiada para dialogar sobre temas importantes con mis patrocinadores.»

Antaño los patrocinadores evitaban el apoyo de los atletas en casos así, pero hoy lo celebran, como hicieron con Naomi Osaka en el 2020 cuando ganó el US Open protestando contra la injusticia racial y la violencia policial.

Djokovic, una figura mucho más polarizada y directa que Federer, ya iba por delante. En el artículo que escribí después de entrevistarlo en el 2019, definí a Nadal como el luchador, a Federer como el complaciente y a Djokovic como el investigador. Es incansable, siempre a la búsqueda de nuevos métodos y nuevas influencias, y eso lo ha ayudado a romper las enormes barreras de entrada a la élite del tenis masculino.

«Federer y Nadal me han inspirado a dar lo mejor de mí mismo y de mi tenis», me confesó una vez.

Cuando Federer apareció, los mejores tenistas de la generación anterior —Agassi y Sampras— se hacían mayores o estaban de capa caída. Pero Djokovic llegó en la mejor época de Federer y Nadal. Se convirtió en su rival y en ocasiones los superó: mantuvo ventaja sobre la carrera de los dos y un margen aún más amplio en los partidos de Grand Slam que, más que nunca, definen la reputación y el legado de un tenista.

«Cuando juego contra Rafa, dependo más de mi raqueta; si quiero acortar el punto, puedo hacerlo —me dijo Federer una vez—. Contra Novak es distinto. Pega unos golpes tan fuertes, tan lisos y tan profundos que solo puedes decirte "voy a arriesgarme", porque te maniata. Tienes que estar dispuesto a aguantarle largos intercambios de golpes.»

Cierto es que Djokovic ha arruinado muchas tardes y muchas noches a Federer: le venció en las finales de Wimbledon 2014, 2015 y, la más dolorosa, del 2019, después de que Federer tuviera a mano —curioso, pero cierto— otros dos puntos de partido.

La de Federer y Nadal ha sido la rivalidad contemporánea que más atención ha despertado, dentro y fuera del tenis, pero la de Djokovic contra Nadal ha sido la más disputada, con la de Djokovic y Federer siguiéndola de cerca.

Desde mi punto de vista, los duelos Djokovic-Federer tienen una intensidad que las otras tres grandes rivalidades no tienen. Federer y Nadal se han hecho amigos y son aliados en la ATP, y Federer y Djokovic no dejan de ser dos compañeros de profesión que buscan el mismo ascenso. Nunca ha habido gritos ni empujones en el vestuario. Es una sensación que se percibe cuando los ves ponerse en guardia en la red, y quizá sea esa tensión latente lo que presiona a Federer cuando necesita un punto, en lugar de dejar que fluya la inspiración.

También es verdad que Nadal mostró más deferencia por Federer en sus primeros años, pese a vencerlo a menudo. Djokovic fue un paso más allá, imitando estilos de otros jugadores y divirtiendo al público con ello, pero a sus rivales no les hacía ninguna gracia. También enseguida se ganó la fama, entre los tenistas, de recurrir a prácticas poco ortodoxas, como pedir descansos cada dos por tres por cualquier malestar o para ir al baño, a menudo percibidas como intentos de romper el ritmo del contrario.

Para ser justos con Djokovic, hay que decir que sus problemas respiratorios son reales y se ha operado varias veces del tabique nasal desviado, además de adoptar una dieta sin gluten en el 2011. Hace tiempo que resolvió sus problemas de resistencia y es uno de los tenistas que con más frecuencia aplaude los golpes brillantes de sus oponentes. Pero él y Federer, pese al contacto habitual que mantienen fuera de la pista por medio del consejo de jugadores de la ATP, nunca han sido amigos.

«Creo que Roger tiene más problemas con Novak que con Rafa —opina Paul Annacone—. Sinceramente, nunca he hablado de esto con Roger. Nunca me ha dicho que Novak es un gilipollas, y quizá sea por eso, quizá esa tensión extra hace que Roger tenga demasiadas ganas de ganar a Novak.»

Si Federer decide atacar, el contraste de estilos está claro: el servicio subestimado de Federer contra el resto sin par de Djokovic; las voleas de Federer contra los precisos *passing shots* de Djokovic; las dejadas de Federer contra la velocidad de Djokovic.

A diferencia de Nadal, Djokovic es un jugador diestro sin un *topspin* extremo. No tiene forma de forzar el revés a una mano de Federer una y otra vez. Si ambos se quedan sobre la línea de fondo, es potencia contra potencia: el hábil *drive* de Federer contra el elástico revés de Djokovic; la variedad de Federer contra la movilidad de Djokovic. A ninguno de los dos les gusta ceder terreno, y ambos son capaces de mantener un ritmo fenomenal con el bote corto, como si la pista estuviera electrificada.

«Creo que Novak es el único que puede jugar mano a mano con Roger desde el fondo de la pista en cualquier superficie —me dice Pete Sampras—. Puede responder a los golpes de Roger porque se mueve muy bien y, si se los devuelve, Roger puede tener un poco de miedo y pensar: "¿Y ahora qué hago?".»

Enfrentarse a Djokovic puede ser como jugar contra una pared o contra algo más duro. Ya lo dice Ivanisevic, que entrenó contra Djokovic antes de entrenar a Djokovic.

«Cuando Novak está en plena forma, es como jugar a un videojuego en los que nunca ganas —me comenta Ivanisevic—. Te lo devuelve todo. Es como en la película *Terminator*, donde a ese tipo líquido lo matan una y otra vez pero se recompone enseguida. No puedes ganar puntos, y así es muy difícil saber qué decirle a un jugador. Creo que solo puedes decirle: juega. Juega y reza.»

Federer tuvo sus momentos contra Djokovic desde aquel *tweener* en Nueva York. La victoria en semifinales de Roland Garros 2011 fue, para mí, una de las mejores actuaciones de su carrera: un gran recital de tenis de ataque desde el fondo de la pista que empezó a tope con un set inicial de setenta minutos que Federer ganó en el *tiebreak*.

Tenis de alta velocidad —*L'Equipe* lo describió como «tenis pimpón»— en la que teóricamente es la superficie más lenta de este deporte, pero aquel año el torneo no era tan lento gracias a una nueva pelota Babolat y el clima seco que nos acompañó durante todo el evento. Federer y Djokovic se robaban tiempo el uno al otro y aún así encontraban la manera de vencer al reloj. Vi la mayor parte del partido a pie de pista y fue toda una exhibición tenística: preciso, potente, ingenioso, acrobático e intenso.

Con el público de Roland Garros animándolo, Federer ofreció reveses variados con efecto, *drives* que rara vez fallaron su objetivo y un sinfín de servicios ajustados, incluido el *ace* que puso fin al partido en el *tiebreak* del cuarto set a las 21.38, cuando ya oscurecía.

«Solo esperaba que el partido terminara esa noche, porque al día siguiente habría sido un desastre —me admitió Federer—. Me sentía genial en la pista y bastante calmado, la verdad.»

De haber mantenido aquel nivel y aquel ánimo, seguro que habría vencido a Nadal en la final. A Nadal, el rey de la tierra batida, le temblaba un poco el trono aquel año. Pero Federer volvió a quedarse corto y perdió en cuatro sets tras ceder el primero pese a ir por delante 5-2.

«Roger debería haber ganado Roland Garros aquel año —dice Annacone—. Aparte del *shock* de desperdiciar puntos de partido en las semis del US Open contra Novak, aquella derrota fue la más dolorosa para mí como entrenador, porque sentí que no había hecho el suficiente buen trabajo con Roger antes de esa final. Sabía que Rafa era vulnerable en aquel momento.»

No obstante, la brillante victoria de Federer ante Djokovic en las semifinales de Wimbledon 2012 no decepcionó a nadie. A continuación Federer venció a Murray y se adjudicó su 17.º título de Grand Slam, viendo con empatía cómo Murray lloraba en la ceremonia de entrega de premios.

Pero el resto de la década Federer ya no pudo ganar a Djokovic en un *major.* Las ocho victorias del suizo en aquel período llegaron todas en partidos al mejor de tres sets, dos de ellas en la liguilla de las finales de la ATP.

Solo volverían a enfrentarse una vez más en el US Open. Fue en la final del 2015 y estaba más claro que nunca que el público iba con Federer.

«Más o menos es así en todas partes cuando juego contra Federer —declaró Djokovic—. Es así, tengo que aceptarlo. Tendré que trabajar y quizá algún día me gane el apoyo de la mayoría del público.»

Este comentario lo hizo aquel mismo verano, después de la final de Wimbledon que Djokovic ganó en cuatro sets: un anticipo de lo que iba a suceder en Nueva York.

Nadal se había esfumado aquel año. Djokovic era el indiscutible n.º 1; Federer, el claro n.º 2. Djokovic era el nuevo líder en cuanto a regularidad de *major* a *major*, pero en aquella época solo poseía un título del US Open y Federer tenía cinco.

Federer había ganado 28 sets consecutivos de camino a la final y creía de veras que tenía posibilidades de ganar. La noche anterior Djokovic se preparó viendo la película *300*, la violenta historia de los guerreros espartanos que luchan con fiereza ante un oponente mucho más poderoso pese a llevar las de perder.

El protagonista de la película, Gerard Butler, era amigo de Novak y estaba en su palco durante la final. A Djokovic le iba mejor que a los espartanos de la película, pero también él se veía en desigualdad de condiciones ante un público bien engrasado, el de Nueva York, que celebraba cada vez que él fallaba un saque o cometía un error no forzado, y coreaba «Roger» como si fuera el gran paladín americano en lugar de un suizo neutral.

Federer jugaba de maravilla a los 34 años, pero Djokovic, de 28, era, de nuevo, mejor. Una vez le pregunté por qué jugar contra Federer era diferente de jugar contra otros grandes rivales, como Nadal y Murray.

«Roger es el más impredecible de todos; tiene mucho talento y puede lanzar cualquier tiro —contestó—. Creo que lo peor para cualquier tenista o atleta es lidiar con lo impredecible, no saber qué vendrá luego. Es lo que tiene Roger, la variedad de su juego, y eso es lo que te marea. ¿Qué viene ahora? ¿Su SABR? ¿Subirá a la red? ¿Se quedará atrás? ¿Hará una dejada? ¿Le pegará fuerte? Siempre te tiene en vilo y por eso es tan difícil jugar contra Roger.»

Federer jugó sus cartas, subiendo a la red a menudo, fiel al consejo de su coentrenador, Stefan Edberg, que se había unido al equipo tras la ruptura amistosa de Federer con Annacone a finales del 2013. Pero Djokovic se había convertido en el amortiguador supremo del tenis, además de en un maestro de la metamorfosis. La táctica que le funcionó a Roger en el primer set probablemente ya no iba a servirle en el cuarto. Él también podía ser impredecible.

Las últimas oportunidades que Federer tuvo para forzar un quinto set llegaron con tres puntos de rotura mientras Djokovic servía para ganar con el marcador 5-4. El serbio los salvó todos y, de forma crucial, salvó también 19 de los 23 puntos de rotura a los que se enfrentó aquella noche.

«Hay que dar con la dosis correcta de riesgo —dijo Federer—. Unas veces lo hice bien y otras no tan bien.»

La victoria de Djokovic por 6-4, 5-7, 6-4, 6-4 le valió su 10.º torneo de individuales de Grand Slam y dejó a Federer, el mejor de la historia, con 17.

Aquel resultado empataba la cuenta personal de Djokovic y Federer a 21 victorias, antes de que Djokovic se pusiera por delante en los años siguientes.

Federer se marchó con reproches, pero también con el recuerdo de los cánticos y ánimos del público tan lejos de su hogar.

«Esa es sin duda una de las razones por las que sigo jugando: los momentos que te ponen la carne de gallina —dice Federer—. Es un gran consuelo para mí recibir este tipo de apoyo en un país tan lejos de Suiza y uno de los países más potentes en el deporte en general. Aquí adoran a los ganadores.»

Djokovic tenía sus motivos para discrepar y, a la mañana siguiente, cuando nos vimos para una entrevista pospartido, me explicó uno de sus mecanismos de defensa.

«En realidad, lo que hacía era jugar a un juego mental conmigo mismo —me confesó mientras circulábamos por las calles de Midtown—. El público gritaba "¡Roger!" y yo imaginaba que decían "¡Novak!".»

Toma confesión: desgarradora y, en el sentido literal del término, patética. Pero por entonces Djokovic ya parecía resignado: era un gran campeón muy querido en Serbia, pero no necesariamente fuera de ella.

«Paso por muchas emociones en la pista, como todo el mundo —afirmó—. Creo que con el tiempo he aprendido a usar la experiencia y a manejar y soportar la presión en los momentos más duros. Pero también pienso que muchas cosas se deben a mi carácter y al hecho de haber crecido en unas circunstancias que no eran muy normales, que quizá no sean las circunstancias en las que crecen la mayoría de los chavales. Eso ha modelado mi carácter y esos recuerdos me dan ese punto de fuerza que uso en ocasiones como las de anoche.»

La voz de Djokovic sonaba grave. Llevaba el pelo, tieso, un poco despeinado. Tenía rasguños en la muñeca derecha a causa de una caída durante la final. Habíamos salido de la furgoneta y nos encaminábamos a paso ligero hacia Central Park, rumbo a una sesión de fotos. Djokovic, que solía alojarse en Nueva Jersey durante el Open, en la finca de su amigo Gordon Uehling, esta vez había decidido hospedarse en un hotel de Manhattan con su familia.

«Uno de mis mejores amigos dice, y creo que tiene razón, que esta ciudad tiene tantísima energía que, si pasas un cierto tiempo en ella, te da un montón de energía —comentó Djokovic—, pero si pasas demasiado tiempo puede arrebatarte la tuya.»

Le pregunté si la ciudad le había dado la energía que necesitaba para ganar el Open. «Sí, pero creo que a partir de hoy está empezando a arrebatármela —apuntó—, así que tengo que volver a casa poco a poco.»

Estábamos llegando a nuestro destino y me quedaba tiempo para una pregunta más. Así que le pregunté qué hacía falta para que el público de un Grand Slam lo apoyara como había apoyado a Federer en Nueva York.

Djokovic se lo pensó unos instantes y después se explayó contestando. Es un hombre de párrafos, más que un hombre de frases.

«Siendo honesto, creo que lo primero que me toca es aguantar —dijo—. Los auténticos aficionados al tenis respetan a quien demuestra entrega por el tenis; no solo a quien acumula buenos resultados, sino a quien demuestra su pasión por el tenis y los respeta, respeta los torneos, respeta a los contrarios y al deporte en general. También creo que eso es lo que representamos. ¿Respetas los auténticos valores de la vida y eres un hombre con consciencia que juega al tenis pero también aportas algo?

»Creo que lo que importa es el lote completo. Es lo que yo intento hacer. Me han educado así y espero que el público lo vea. Pero, dadas las circunstancias, cuando juego contra Roger, no puedo esperar otra cosa.»

Djokovic me dio la mano y se despidió.

«Sube al escenario», le dije, señalando las rocas que miran hacia Wollman Rink.

Djokovic subió, con el perfil urbano de Manhattan perfilándose tras él y un grupo de fotógrafos delante. El trofeo del US Open pronto volvería a estar en sus manos y lejos de las de Federer.

CAPÍTULO 13

LILLE, FRANCIA

Quedaban 48 horas para la final de la Copa Davis del 2014 y Roger Federer, para variar, parecía mucho más viejo de lo que era mientras daba unos golpes cautelosos en la pista de tierra cubierta.

No se deslizaba por la arenosa superficie roja que habían instalado en el estadio Pierre Mauroy. Durante aquella breve y titubeante sesión de entrenamiento de miércoles, no se agachaba para las voleas ni desde luego se lanzaba a las esquinas.

La primera y tan esperada Copa Davis de Suiza estaba al alcance de la mano y Federer corría contra el reloj a velocidad media en su intento por recuperarse de una lesión de espalda antes del comienzo de la competición contra los franceses, el viernes.

Sus compañeros de equipo, que eran mucho más que compañeros, contaban con él. Entre los cuatro suizos estaban Marco Chiudinelli, amigo de Federer desde su infancia en Basilea, y Michael Lammer, amigo y antiguo compañero de piso en Biena. El capitán del equipo era Severin Lüthi, entrenador personal de Federer desde hacía mucho y también su confidente; viajaba con él todo el año y a esas alturas conocía su juego mejor que nadie.

Estaba además Stan Wawrinka, la potente estrella suiza que había tenido a Federer como mentor y se había convertido relativamente tarde en uno de los mejores jugadores del mundo, tras ganar su primer Grand Slam en Australia a principios de esa temporada, con 28 años.

Federer ha pasado gran parte de su larga carrera persiguiendo honores individuales, priorizando su calendario y sus necesidades. Ganar la Copa Davis —todavía el evento por equipos más prestigioso del tenis— estaba sin duda entre sus objetivos personales; era una oportunidad para llenar uno de los últimos huecos de su currículum tenístico. No obstante, esa semana en Francia giraba sobre todo en torno al interés colectivo: finiquitar una tarea que empezaron todos juntos mucho tiempo atrás.

«Sé que nunca tendré un equipo tan fantástico como este», me dijo Federer.

Roger jugó la Copa Davis antes de jugar un Grand Slam, antes de jugar en Montecarlo, Roma, Indian Wells o la mayoría de los otros torneos más prestigiosos del circuito.

Solo tenía 17 años cuando debutó en la Davis, en casa y contra Italia, en abril de 1999, en una pista rápida y cubierta de Neuchâtel. Con la gorra colocada para atrás sobre un pelo rubio platino, Federer jugó con un aplomo precoz, cosa nada asegurada en sus inicios. En el primer partido al mejor de cinco sets de su carrera, derrotó al veterano italiano Davide Sanguinetti 6-4, 6-7 (3), 6-4, 6-4.

«Pensé que lo iba a pasar mal con Roger en la pista —recordaba el antiguo capitán suizo Claudio Mezzadri mientras veíamos a Federer entrenar para la final en Francia—. Roger no tenía experiencia en partidos al mejor de cinco sets ni en la Copa Davis ni en partidos con mucho público, y me sorprendió mucho, porque se mantuvo tranquilo y relajado y jugó un partido precioso. Como capitán, en realidad solo tuve que decirle unas palabras. Cuando salió de la pista me empezó a contar todas las sensaciones que había tenido: "Ahora sé lo que es oír a tres o cuatro mil personas animándote", cosas así. Parecía que lo había grabado todo mentalmente y me lo estaba reproduciendo.»

Suiza logró derrotar a Italia y luego perdió ante Bélgica en cuartos de final en abril, con dos derrotas de Federer en sus dos partidos individuales. Perdió el primero en cinco sets contra Christophe van Garsse, un jugador con talento que nunca había tenido un gran impacto en el circuito, pero en la Copa Davis solía estar inspirado; y perdió también el partido decisivo en cuatro sets contra Xavier Malisse.

Pese a la carga emocional de esas derrotas, Federer entendió de primera mano el poder de la Copa Davis, cómo ese torneo magnificaba todos los partidos y permitía a un peón como Van Garsse ser de repente el protagonista.

En su juventud, Federer jugaba todas las rondas de la Copa Davis con Suiza e incluso lideró una revuelta abierta contra el antiguo capitán Jakob Hlasek en el 2001, algo que evidenció la determinación del suizo para hacer uso de su nuevo poder como estrella. Sin embargo, cuando arraigó en la cima del deporte, Roger empezó a saltarse la ronda inicial del torneo para controlar su calendario.

Sin él, Suiza era incapaz de imponerse y avanzar.

Federer siempre reaparecía en septiembre, después del US Open, para jugar en la ronda de descenso e intentar salvar a Suiza de bajar al equivalente a la segunda división en la Copa Davis. Normalmente funcionaba, aunque los suizos descendieron dos veces.

Pese a todo, la situación resultaba extraña e insatisfactoria. Federer jugaba la Davis casi todos los años, pero no cuando más importaba.

«Ha sido duro para mí no hacerlo —me contó en el 2010—. Ojalá en estos seis años hubiésemos ganado la primera ronda sin mí al menos una vez. Así habría tenido la opción de engancharme en cuartos o algo. Pero no ha pasado, ha sido una pena. De todos modos, creo que llegará el día en el que quiera jugar con ellos, porque son todos grandes amigos míos. Me parte el alma tomar esa decisión, pero no puedo perseguir todos mis sueños a la vez. Algunos tienen que esperar.»

También cuando se comprometió plenamente la cosa se torció. En el 2012, los suizos recibieron con todo su potencial a Estados Unidos en la pista de tierra cubierta de Friburgo en primera ronda. El día inaugural, Mardy Fish derrotó a Wawrinka con un 9-7 en el quinto set y John Isner hizo lo propio con Federer en cuatro sets.

A Federer, que solía tratar con mimo a una persona sensible como Wawrinka, le dio por hablar sin tapujos y decidió criticar el rendimiento de su compañero frente a Fish en vez de centrarse en su propia derrota.

«Ha sido fatal que Stan no pudiera meterles presión derrotando a Fish el primer día. Estuvo cerca. Eso podría haberlo cambiado todo, porque luego contra Isner ya sabíamos que podía pasar cualquier cosa.»

En opinión de Federer, Wawrinka «no jugó muy bien» y, después de perder el dobles juntos, Roger mantuvo un tono similar: «He jugado un buen dobles. Stan no ha estado mal, aunque ha tenido muchos problemas al saque».

El lado nada diplomático de Federer en todo su esplendor. Aunque quizá tuviese razón, no fue el mejor de los mensajeros. Al hablar con él más adelante esa misma temporada, dejó claro que se arrepentía.

«En algunas ruedas de prensa no puedes salir y decir lo que piensas porque no funciona así, no es positivo. Dije que, por desgracia, Stan no había jugado a su mejor nivel, y eso se convirtió en "Federer critica a Stan". Me quedé como diciendo: "Venga ya, ¿en serio?". Yo había perdido dos partidos y, vale, él perdió otros dos, pero el número uno del equipo soy yo. Es fallo mío, no suyo. Pero bueno, uno aprende, y ahora en vez de decir: "Hum, esta persona no ha jugado muy bien", pues dices: "He jugado como el culo" y ya.»

Federer soltó una risa y meneó la cabeza, aunque en Friburgo, cuando los estadounidenses ganaron 5-0, no hubo muchas risas suizas.

«Lo teníamos todo montado y va y perdemos en primera ronda, así que fue una gran decepción —me dijo Lammer—. Nos sirvió para recordar lo duro que es el camino.»

Federer no apareció por la Copa Davis en el 2013, y Wawrinka, Chiudinelli y Lammer mantuvieron a Suiza en el Grupo Mundial sin él, tras derrotar a Ecuador en Neuchâtel.

«El ambiente era de querer volver a aguantar, porque todo el mundo seguía soñando con levantar el trofeo —cuenta Lammer—. Todo el mundo sabía en qué situación estaba Roger y nadie tenía actitud de "¡Venga, tienes que hacer esto!". Roger tenía muchos objetivos. Le resultaba complicado tomar esas decisiones. Creo que todo el mundo sabía que él quería jugar, pero no había intención de presionarlo, en absoluto.»

En el 2014, Federer estaba listo para jugar de nuevo, aunque no lo dejase así de claro hasta el último momento. Decidió viajar a Serbia para el partido de primera ronda de Suiza en febrero, tras insinuar que probablemente no jugase.

Parecía un enfoque inteligente: rebajar las expectativas y luego superarlas. Wawrinka y él llegaron juntos a Novi Sad, donde se había criado la antigua n.º 1 Monica Seles, y guiaron a los suizos a la victoria.

No obstante, la mayor estrella de Serbia no estaba ahí para resistir frente a ellos. Novak Djokovic decidió saltarse la ronda, lo que subrayaba los retos a los que se enfrentaba la Copa Davis. Los jugadores grandes no se comprometían con constancia y se desperdiciaban demasiadas buenas oportunidades y cruces importantes.

En esa época dorada del tenis masculino definida por grandes rivalidades de largo recorrido, dichos rivales apenas se enfrentaban en la Davis; sin duda, esa era una de las razones por las que el venerable evento no paraba de perder fuelle.

Federer y Nadal nunca se cruzaron en la Davis antes del cambio de formato del 2019. Federer y Djokovic solo lo hicieron una vez, en el 2006, antes de que el serbio fuese una amenaza en toda regla.

Todos los grandes acabarían ganando el trofeo al menos una vez, incluido Andy Murray con Gran Bretaña, solo que no tendrían que derrotarse entre ellos para hacerlo.

Las estrellas reconocían la historia del torneo y su importancia para despertar el interés por el tenis en sus países. Nadal y Djokovic habían usado sus victorias como trampolines hacia un mayor éxito individual: el título del 2010 que Djokovic logró con Serbia fue la alfombra roja para su festival de la temporada 2011. Sin embargo, con las cuatro rondas de la Copa Davis espaciadas a lo largo del año, los jugadores más importantes estaban convencidos también de que comprometerse con el calendario entero todos los años suponía demasiado desgaste.

«En especial, si te fijas en la cantidad de partidos que jugamos en el resto de sitios de enero a noviembre —me dijo Federer—. Siempre he dicho que jugar una eliminatoria de la Davis seguramente te cueste un Masters 1000.»

Los jugadores presionaron para que hubiese cambios. Federer, presidente durante mucho tiempo del consejo de jugadores de la ATP, acabó por perder la paciencia con el presidente de la Federación Internacional de Tenis, Francesco Ricci Bitti, que gestionaba la Copa Davis. En una ocasión, el suizo le increpó muy airado en una reunión en Wimbledon, cosa extraordinaria para un campeón que raras veces se enfadaba.

«Roger le echó una bronca delante de todos nosotros por la Copa Davis, por lo que habían hecho, por no escuchar, por fingir escuchar, por no cambiar nada —cuenta Justin Gimelstob, miembro entonces de la junta directiva de la ATP—. Le pidió explicaciones por todo. Fue una clase magistral.»

Ricci Bitti, italiano cosmopolita, autorizó algunos cambios menores durante su mandato, pero los ingresos por la Davis eran vitales para la Federación, así que se negó a plantearse abandonar el modelo anual e incluso a conceder a los finalistas el pase automático para la primera ronda al año siguiente.

El resultado de toda esa tensión fue la ambivalencia. A Federer le importaba la Davis, quizá más de lo que habría querido, pero también le suponía una carga.

La temporada del 2014 fue su oportunidad de aligerar al fin ese peso. Ganar la Copa Davis con solo un gran jugador era abrumador; por lo general, suponía que dicho jugador ganase, en tres días, sus dos partidos individuales al mejor de cinco sets y un partido de dobles. Con dos grandes jugadores las posibilidades mejoraban notablemente, y en el 2014 Wawrinka era un gran jugador.

Cuando los suizos llegaron a Francia, Federer era el n.º 2 del mundo y Wawrinka, el n.º 4. Pero la cuestión no era solo si Federer se recuperaría a tiempo para la final, sino también si Federer y Wawrinka recuperarían su buena relación.

Esa relación había sufrido algunos reveses la semana anterior, en las Finales ATP de Londres, cuando ambos se enfrentaron en semifinales. Federer salvó cuatro puntos de partido antes de ganar 4-6, 7-5, 7-6 (6). En el último tramo del partido, Federer agravó sus problemas crónicos de espalda y terminó por ausentarse de la final contra Djokovic al día siguiente.

«La verdad es que no entiendo cómo ocurrió —me contó Federer—. Un mal paso aquí o allá. Quizá tenía la espalda o el cuerpo cansados, o fueron los momentos tensos del *tiebreak*. Pura mala suerte.»

Pero hubo otro problema más. Mirka Federer había estado viendo el partido y animando desde la grada durante la semifinal; con el tercer set muy avanzado, Wawrinka expresó su disgusto ante los ruidos que hacía Mirka entre su primer y segundo saque. Mirka respondió llamándolo «llorica».

«¿Has oído lo que ha dicho?», les preguntó Wawrinka a Federer y al juez de silla, Cédric Mourier.

Wawrinka además se quejó ante este último.

«Me hizo lo mismo en Wimbledon —dijo Wawrinka, refiriéndose a la victoria de cuartos de final de Federer ese mismo año—. Cada vez que estoy en su lado de la pista grita antes de mi saque.»

Ese intercambio habría traído cola en cualquier momento, dada la prominencia de Federer y su prístina reputación, pero ocurrió en Londres, núcleo de los medios internacionales, con Federer y Wawrinka a punto de jugar en equipo por la Copa Davis. Cédric Mourier, el juez de silla francés, incluso se saltó el protocolo y dio una entrevista sobre el incidente para un medio de noticias francés.

«El asunto estalló a lo grande —me contó Federer después—. Luego vi a Stan y vi a Mirka, y me sentí en medio de los dos, y yo ni siquiera había visto lo que había pasado. Fue en el calor del momento y la cosa prendió muy rápido, y con mucha razón, porque Mirka está ahí para apoyarme a mí, no para distraerlo a él, aunque creo que Stan eso lo sabe.»

Federer y Wawrinka hablaron largo y tendido en una sala privada del O2 Arena tras el partido. Lüthi, que también ha asesorado a Wawrinka durante años, estuvo en la conversación.

Lograron llegar a un entendimiento.

«Lo último que quiere Mirka es mostrarse enfadada con mi oponente. No lo ha hecho nunca en quince años y no va a empezar a hacerlo ahora, mucho menos contra Stan.»

Seis años después, cuando le pidieron a Wawrinka que contase lo que más lamentaba de su carrera, dijo que, «de lejos», la derrota contra Federer en Londres. No mencionó las interrupciones de Mirka.

«Era la semifinal del Masters, el torneo más prestigioso después de los Grand Slam, donde solo se reúnen los ocho mejores jugadores del mundo —contó a la revista suiza *L'Illustré*—. Dejé escapar mi oportunidad. Fue muy duro, mucho. Esa noche apenas dormí. No paraba de darle vueltas y de hablar con gente cercana para superarlo. Me salvó tener que reunirme con el equipo suizo para la final de la Copa Davis.»

El domingo subió al tren Eurostar con Lüthi y el último fichaje del equipo suizo: David Macpherson, entrenador durante mucho tiempo de las estrellas de dobles estadounidenses Bob y Mike Bryan.

Lüthi y Macpherson se llevaban bien, y Lüthi había buscado consejo durante las Finales ATP para el siguiente partido de dobles de la Copa Davis contra los franceses. Mike Bryan también estuvo ahí.

«Le estábamos dando ideas a Sevi y entonces Mike saltó: "¿Por qué no os lleváis a Mac a Lille?" —me contó Macpherson—. No sé si lo dijo en serio, pero Sevi respondió: "Ah, ¿podrías?". Y yo le dije: "Claro, si Roger quiere, ¿cómo voy a decir que no?".»

A Federer le gustó el plan. Wawrinka y él habían ganado la medalla de oro olímpica de dobles en el 2008 en Pekín —un hito en la carrera de ambos—, pero habían perdido sus últimos cuatro partidos de la Copa Davis. Algo fallaba.

Por su lesión de espalda, Federer viajó a Lille después que el resto del equipo suizo. Al llegar, no hubo indicios de problemas entre Wawrinka y él. «Nos miramos con una sonrisa que lo decía todo. Aquel capítulo estaba cerrado», cuenta Wawrinka.

«En la sala no había tensión —dice Macpherson—. El ambiente del equipo era bueno, como de una pequeña familia.»

Tras la primera cena en equipo, Macpherson aceptó la invitación de Federer a su habitación para hablar del dobles.

«Solo nosotros dos. Calculo que estaríamos en su habitación unos noventa minutos —cuenta Macpherson—. Me sorprendió hasta qué punto Roger quería ahondar en el dobles y en lo que podía hacer él para mejorar como jugador de dobles. Es un estudioso del juego y aquella era una de las pocas veces en su carrera en las que tenía un partido de dobles muy importante. Se veía que no quería dejar ni un solo fleco suelto.»

Luego, Macpherson reunió notas y vídeos sobre los posibles oponentes franceses y recopiló los mejores momentos del camino a la medalla de oro de Federer y Wawrinka en Pekín, incluida la victoria frente a los Bryan en semifinales. Añadió también imágenes de los recientes enfrentamientos entre Federer y Wawrinka.

Todas las noches, Macpherson se reunía con el equipo y pasaba veinte minutos hablando del dobles. Era una asesoría detallada, aunque las principales conclusiones fueron que Wawrinka tenía que golpear sus restos de revés sin cortarlos y que el jugador de la red debía ser mucho más activo y agresivo durante el saque de su compañero.

Pero nada de eso serviría si Federer no podía jugar. Había quien lo animaba a inyectarse analgésicos. ¿Cuándo iba a tener otra oportunidad de ganar la Copa Davis?

«Estaba a punto de hacerlo. Rezaba para no tener que inyectarme, y al final no lo necesité. Me sentí muy aliviado.»

En esa época, Federer no había pasado por ninguna cirugía ni se había inyectado cortisona.

«Creo que tienes que dejar que el cuerpo se recupere y descanse. Además, me dan mucho miedo las medicinas y los pinchazos», me explicó.

No obstante, que Federer lograse salir a la pista no significaba que fuese a progresar bien. Los jugadores franceses no quedaban muy lejos de Federer y Wawrinka en los *rankings*; Gael Monfils, Jo-Wilfried Tsonga y Richard Gasquet habían estado en el Top 10 hacía muy poco. Curiosamente, los cuatro franceses tenían su domicilio fiscal en suiza por impuestos, y la gente bromeaba diciendo que era una final de la Davis suiza al cien por cien.

Al contrario que Federer y Wawrinka, los franceses sí habían podido entrenar en tierra durante semanas para la final. Tenían además la gran ventaja de jugar en casa; habría lleno absoluto todos los días en Lille.

Asisto a partidos de la Copa Davis desde la década de 1980. He cubierto de todo, desde finales llenas de estrellas hasta los tramos más bajos del escalafón: un partido del Grupo IV, de la zona Europa/África, en Gaborone, Botsuana, entre países tan disparatados como Islandia, Sudán y Madagascar, sin un solo jugador con puntos en la ATP.

«Para mí es demasiado tarde para Wimbledon, pero al menos he alcanzado uno de mis sueños», me dijo Harivony Andrianafetra, un jugador de 27 años de Madagascar, cuando hablamos en Gaborone en 1997.

Algunas de mis mejores experiencias como periodista deportivo han sido en la Copa Davis (y de las más ruidosas, también).

En el nivel más alto, el ambiente con el antiguo formato era similar al de un partido de fútbol de un Mundial, salvo que una jornada de individuales de la Davis podía durar más de ocho horas y dejar exhaustos a jugadores y público.

Ahí está la Davis de 1991 en Lyon, cuando los franceses sorprendieron a Pete Sampras, Andre Agassi y el resto de estadounidenses y lo celebraron con una conga liderada por su carismático capitán, Yannick Noah. Y la de 1995 en Moscú, en la que Sampras obtuvo uno de los mayores y más infravalorados logros de su carrera al derrotar a los rusos, casi por sí solo, en la peor superficie para él (tierra). O la del 2008 en Mar del Plata, cuando el equipo español, sin el lesionado Nadal, derrotó a David Nalbandian, Juan Martín del Potro y los argentinos.

Y ahí estaba entonces la del 2014, a las afueras de Lille, con una multitud de 27 432 espectadores el día inaugural del Francia contra Suiza, un nuevo récord para un partido de tenis oficial, un poco por encima de los 27 200 que vieron a diario a Nadal y España ganar la Copa Davis del 2004 en Sevilla.

Wawrinka no dio a los aficionados franceses mucho que celebrar en el primer duelo individual, al derrotar a Tsonga 6-1, 3-6, 6-3, 6-2. Pero en el segundo individual, Monfils redobló su juego y el volumen y superó a Federer 6-1, 6-4, 6-3 en una de sus mejores y más centradas actuaciones.

Eso ponía la Davis 1-1, con tres partidos por jugar: el dobles del sábado y los dos individuales el domingo. La cuestión era si Federer podía o debía jugar el dobles tras su rendimiento ante Monfils. Lammer y Chiudinelli estaban listos y habían trabajado con Macpherson toda la semana, pero a ambos les faltaba experiencia bajo ese tipo de presión y estaban por detrás de todos los franceses en el *ranking*.

Federer respondió a la pregunta poco después de salir de la pista tras perder ante Monfils.

«Estoy listo», les anunció a Lüthi y Macpherson tras consultarlo con Wawrinka.

«Fue bastante inspirador oír aquello. La confianza de Roger no se vio alterada ni un ápice», cuenta Macpherson.

Pese a que Monfils claramente había fastidiado a Federer, la espalda no lo hizo. Se sentía tranquilo y optimista, incluso tras perder en tres sets seguidos. «Conforme avanzó el partido, empecé a soltarme. Supongo que necesitaba hacer treinta saques importantes. Necesitaba deslizarme. Necesitaba estar defendiendo. Necesitaba jugar un tenis ofensivo, recibir información rápido», dice Federer.

Wawrinka y él salieron al día siguiente y jugaron de una manera agresiva y brillante. Derrotaron a Gasquet y a Julien Benneteau 6-3, 7-5, 6-4. Fue un *flashback* de la actuación de los Juegos Olímpicos de Pekín y señal de que estaban en la misma longitud de onda pese a las interferencias de Londres.

Para Wawrinka debe de haber sido todo un reto recorrer su camino en el tenis a la sombra de Federer, quizá similar a la aparición de Andy Roddick en Estados Unidos tras Sampras, Agassi y Courier, salvo que Federer, al ser suizo, era un pez grande en un estanque pequeño.

En todo caso, Wawrinka, que tenía 16 años cuando entrenó por primera vez con Federer, se ocupó rápido de reconocer que se beneficiaba del ejemplo de Federer, de sus ánimos e incluso, en los inicios, de sus estudiados informes sobre los oponentes.

Pese a los comentarios en Friburgo, Federer ha apoyado siempre a Wawrinka, que es cuatro años menor y llegó al circuito cuando Roger ya era n.º 1. Quizá lo más reseñable sea que Federer aceptó compartir con Wawrinka los servicios de Pierre Paganini, su valoradísimo preparador físico.

«Roger fue como un hermano mayor para mí en el circuito», contó Wawrinka a *L'Illustré*.

Le preguntaron cuál había sido el consejo más valioso de Federer.

«La importancia de vivir el momento. Durante veinte años, Roger ha tenido que enfrentarse a exigencias diarias de la prensa, los fans, los viajes, los torneos y los entrenamientos. Tiene unas jornadas intensísimas, pero nunca pierde la calma, es increíble. Incluso cuando tiene que hacer algo con lo que disfruta menos, da el máximo, lo hace mejor que nadie. Con los años he intentado acercarme a eso yo también.»

Ayuda que Federer se conozca bien a sí mismo y se comprometa solo cuando está preparado para dar lo mejor. Dijo que no a la Copa Davis muchas veces. Pero en el 2014 se apuntó a la experiencia completa y, aunque seguramente no hubiese jugado otra cosa que Wimbledon con la espalda en esas condiciones, puso sus miras en Lille.

Los suizos necesitaban otra victoria el domingo y Federer se la dio con mucho estilo frente a Gasquet, haciendo todo lo que no pudo hacer el miércoles: deslizarse, agacharse y, desde luego, lanzarse a las esquinas.

«Es increíble cómo reunió fuerzas durante el fin de semana», afirma Arnaud Clément, el capitán francés.

Federer conservó el saque sin perder un juego para cerrar la victoria con 6-4, 6-2, 6-2. Su último golpe fue una dejada ganadora de revés medida de maravilla. Antes de que la bola terminara de dar el segundo bote, Federer estaba de rodillas cayendo bocabajo hacia la tierra, con los hombros temblándole de emoción. Se levantó rápido y se reunió con Lüthi y sus compañeros. Todos compartieron un abrazo común.

«El lunes o el martes ni me planteaba ser capaz de jugar tres partidos en tres días», dice Federer.

La Copa Davis se fundó en 1900. Los suizos habían tardado más de un siglo en unirse a la lista de campeones.

«Era mi objetivo con 17 años y pasó muchísimo tiempo hasta conseguirlo —me contó Federer—. Quizá por eso la alegría fue aún mayor. Creo que se nota.»

A los suizos les esperaba una noche de juerga: champán para todos y unos cigarros de celebración para Wawrinka. El lunes en Suiza habría una recepción de héroes, tras un vuelo rápido a casa en *jet* privado.

Pero, antes de eso, Federer les hizo una última petición en el vestuario a sus amigos de la infancia, Lammer y Chiudinelli.

Con la Davis al fin en sus manos y la adrenalina a la baja, la espalda se le estaba agarrotando de nuevo.

«Roger nos dijo algo como: "¿Podéis quitarme los calcetines, por favor? Estoy muerto. No puedo doblarme más" —cuenta Lammer—. Se esforzó mucho esa semana. Es algo que la gente olvida. Siempre parece tan tranquilo, tan relajado... Roger sabe muy bien sufrir y pasar dolor sin que se le note.»

CAPÍTULO 14

DUBÁI

Roger Federer nunca ha jugado un partido oficial en la pista n.º 1 del Madinat Jumeirah Tennis Club. No se han vendido entradas para verle en acción allí, pero es una de las pistas donde más horas ha pasado a lo largo de los años. Es un sitio que destaca poco bajo las brillantes luces de Dubái; la pista donde entrenó a menudo durante sus paréntesis del circuito y la pista donde, en noviembre y diciembre del 2016, se preparó con el entusiasmo de alguien más joven para su primer regreso triunfal.

«Todavía tengo hambre de títulos —me confesó desde Dubái poco antes de tomar un avión rumbo a Perth, Australia—. Y ahora me siento renovado y rejuvenecido.»

Al club se entra por la entrada principal del hotel Jumeirah Al Qasr, pasando ante la fuente de inspiración ecuestre y las imponentes estatuas de caballos dorados del patio. Al menos en lo que respecta a la arquitectura, Dubái es el equivalente a Las Vegas en el golfo Pérsico (el alcohol y las apuestas están oficialmente prohibidos).

Atraviesas el ornamentado vestíbulo de techo altísimo, con plantas y fachadas de estilo neoarábigo, y esperas la llegada de un cochecito de golf conducido por un chófer, que transporta al pasajero cruzando puentes y canales, entre pavos reales y esculturas de camellos de vivos colores, hasta llegar a la sede del club, una casa de estuco modesta en escala si se compara con las faraónicas esculturas que la rodean.

Te apeas del cochecito, pasas por recepción y te sientas en un largo banco de madera con vistas a una pista dura Plexipave azul donde, en febrero, el experto instructor Marko Radovanovic daba clases de tenis a tres escolares de habilidades y motivación diversas.

Los niños no sabían que pisaban terreno tenístico sagrado.

«Esta es la pista de Federer, la única donde él entrena cuando está aquí —explicaba Radovanovic entre golpe y golpe—. Lleva 15 años viniendo a Dubái.»

Otras estrellas también van a entrenar al aire libre en Dubái en invierno por el clima templado, como Novak Djokovic hizo unas semanas antes. Pero ninguna otra estrella del tenis moderno ha pasado tanto tiempo en Dubái como Federer, que jugó el primer torneo ATP de la ciudad en el 2002 y ganó el título por primera vez en el 2003. Se compró un lujoso ático en el puerto deportivo de Dubái, en un rascacielos llamado Le Rêve, que en francés significa «el sueño». Tiene jardines diseñados por el paisajista australiano Andrew Pfeiffer, un centro de *fitness* diseñado por el propio Federer y un servicio de conserjería que permite a los residentes reservar un Ferrari, un helicóptero o un *jet* privado con solo «pulsar un botón». Ofrece vistas panorámicas del golfo, del archipiélago artificial Palm Jumeirah y del Burj Al Arab, el altísimo hotel en forma de vela en cuyo helipuerto Federer y Agassi pelotearon en una ocasión para promocionar el torneo de Dubái.

Radovanovic, un serbio muy sociable que creció en Belgrado en la época del conflicto, recuerda con cariño cuando enseñaba a jugar al tenis a las gemelas de Federer. En agradecimiento Federer le firmó un calendario suyo del 2016 con un mensaje personalizado de año nuevo que hoy está expuesto en Belgrado.

«Mi madre me lo robó y lo colgó en su casa —cuenta Radovanovic entre risas—. Todos estamos muy orgullosos. Solo tengo buenos recuerdos de Roger jugando allí y de cuando yo entrenaba a sus hijas, que eran muy monas y muy simpáticas. Un sueño hecho realidad para cualquier entrenador de tenis.»

Pero para Federer el 2016 no fue el año de sus sueños. El día después de perder ante Djokovic en las semifinales del Open de Australia preparaba un baño para sus hijas en el hotel de Melbourne cuando escuchó un clic en la rodilla izquierda.

Aquel clic resultó ser una rotura de menisco, y Federer pasó por la primera operación quirúrgica de su carrera: no estaba mal para un tenista de 34 años que jugaba su 18.ª temporada. La intervención artroscópica se realizó en Suiza el 3 de febrero, solo seis días después del partido contra Djokovic.

Su preparador físico, Pierre Paganini, que con tanta diligencia y creatividad trabajaba para mantener a Federer alejado de las lesiones, se emocionó al hablar de la rehabilitación de Federer.

«Rog trabajó dos semanas con su fisioterapeuta y luego empezamos con la recuperación física. Al principio tenía que trotar cinco metros y después andar hacia atrás —cuenta Paganini—. Era como aprender a caminar de nuevo. Puedes ser la persona más positiva del mundo y aún así tener momentos en los que te preguntes: "¿Realmente va a poder volver a jugar al tenis de alto nivel?".»

Federer sorprendió a Paganini y a sí mismo regresando al circuito enseguida —menos de dos meses después— en el Open de Miami.

«Estoy muy muy satisfecho —declaró en una rueda de prensa antes del torneo—. No me esperaba estar aquí después de la operación.»

El proceso, como casi todo lo que Federer hace públicamente, se veía muy fluido. Pero en este caso las apariencias engañaban. Federer se retiró antes de su partido inicial por culpa de un virus estomacal, y cuando de verdad regresó al circuito fue en Montecarlo, a mediados de abril, sobre tierra batida. Perdió en cuartos ante el francés Jo-Wilfried Tsonga y viajó a Madrid, donde tuvo que retirarse de nuevo porque los problemas de espalda empeoraron durante los entrenamientos.

En el Abierto de Italia perdió en tercera ronda contra el joven austriaco Dominic Thiem: una derrota que hoy se ve mejor que entonces, con un Federer al que le costaba moverse, dado el éxito que Thiem ha ido cosechando.

En plena temporada iba apurado, pero siempre hallaba la manera de superar los problemas: lidiando con su espalda y los otros dolores.

Él y su equipo viajaron a París, decididos a jugar Roland Garros. Llegaron al hotel y él y Paganini se encerraron en el salón de baile vacío para trabajar en la preparación física de Roland Garros.

«Yo trotaba y al final me paré y le dije a Pierre: "¿Qué estamos haciendo aquí?" —me cuenta Federer—. Y Pierre me dijo: "¿Qué pasa? ¿Es la rodilla?". Y le contesté: "Es como si la rodilla me pesara cien kilos. No tengo la espalda al cien por cien. ¿Por qué hago esto? ¿Por qué juego en París?»

Interrumpieron la sesión y pasaron casi una hora hablando. Después Federer trasladó sus dudas al resto del equipo: al fisioterapeuta Daniel Troxler y a los entrenadores Severin Lüthi e Ivan Ljubicic, el amigo y exrival de Federer, que se había unido al grupo en diciembre sustituyendo a Stefan Edberg.

Federer decidió intentar entrenar en la tierra batida de Roland Garros y lo hizo en la pista n.º 1, la circular, conocida como «la plaza de toros».

«Estaba bien, pero no al cien por cien —me cuenta Federer—. Y entonces dije: "¿Sabéis qué? Dejémoslo y preparémonos para la hierba". Lo intenté, lo intenté de verdad.»

La retirada frenó su récord de apariciones consecutivas en torneos individuales de Grand Slam: 65, un récord que rompió Feliciano López. Pero aquella racha nunca significó mucho para Federer. Lo que más le importaba era tener la oportunidad de ganar, no de participar.

Todavía le dolía haber renunciado a París. Incluso a día de hoy lo cuenta casi avergonzado, como si debiera haber encontrado la forma de evitar retirarse. No es fácil renunciar a un plan cuando eres un planificador de primera. El problema fue que la hierba no le dio cobijo aquel 2016.

«Quizá debería haberme dado más tiempo tras el Open de Australia, después de la operación», dice.

Viajó a Halle, donde había ganado tres títulos seguidos y un total de ocho, y perdió en semifinales ante el entonces adolescente alemán Alexander Zverev. Federer llegó a Wimbledon, ganó cuatro rondas sin ceder un solo set y después tuvo que remontar dos sets en contra para superar a Marin Cilic en unos cuartos de final con buenas y malas noticias. La buena noticia para Federer fue que tuvo la capacidad y el nervio para pelear tres puntos de partido. La mala, que era claramente vulnerable. La siguiente ronda lo confirmó, cuanto se enfrentó a Milos Raonic, un cerebral canadiense con un servicio brutal y un entorno de superestrellas que incluía a John McEnroe como nuevo asesor de entrenamiento. Raonic había progresado de forma significativa, mejorando la agilidad y el juego en la red; pero para mí y muchas otras personas que vieron aquella semifinal lo que permanece en el recuerdo no son los 23 *aces* de Raonic o los 8 puntos de rotura que Federer desaprovechó o las dos dobles faltas consecutivas que cometió para ceder a Raonic el cuarto set.

Lo que muchos recordamos es el intercambio de golpes del quinto set, con Federer sirviendo 1-2 en iguales. Raonic lanzó un revés cortado sobre la línea que se quedó corto. Federer respondió con una semivolea diagonal de derecha que Raonic subió a recibir con un agresivo *drive.*

Pero, mientras Federer se desplazaba lateralmente para continuar con el intercambio de golpes, su pierna izquierda cedió y él cayó al suelo. Y lo más raro de todo para el Barishnikov del tenis es que cayó mal y aterrizó con el torso. La raqueta salió despedida por la pista central.

Recuerdo un grito ahogado colectivo en la zona de prensa, un lugar donde por lo general ya se ha visto de todo. Pero aquello era nuevo y, con el afán de los cronistas deportivos por sacar punta a cualquier detalle, parecía entrañar un significado más profundo: Federer ya no era lo suficientemente ágil para frenar la edad o a los rivales más jóvenes.

Pasó un instante tumbado bocabajo, en la hierba, se reincorporó y se fue hacia su silla, llamando al preparador físico, algo casi tan raro como la misma caída. Al fin y al cabo, hablamos de un hombre que nunca había abandonado en medio de un partido del circuito. Regresó a la pista, perdió el servicio y perdió el quinto set 6-3.

La derrota resultó especialmente dura para Ljubicic, que en parte se sentía responsable por haber preparado a Raonic para convertirlo en un mejor jugador cuando trabajó con él, del 2013 al 2015. Pero Ljubicic, como muchos de los que vimos el partido aquella tarde, sabía que Federer estaba lejos de su mejor forma.

Para mi columna en el *Times* adopté un tono de fin de una era:

«Federer, un extraordinario campeón y embajador, se ha ganado claramente el derecho de jugar todo el tiempo que quiera sin que le critiquen las hordas tertulianas, pese a que un 18.º título Grand Slam ahora cada vez parece menos probable. El tenis, como la vida, es algo cíclico. Los siete veces campeones de Wimbledon caen y nuevos aspirantes se alzan para desafiar el *statu quo*. Pero, en vista de toda la frustración y la ambición que Murray, de 29 años, aún alberga en su mejor momento, parece claro que la tarea más difícil de Raonic todavía está por llegar.»

Al menos acerté en la última parte de la columna. Raonic llegó a la final y perdió ante Andy Murray, que estaba en pleno auge de su mejor temporada y que pocas semanas después ganaría una segunda medalla de oro en individuales en los Juegos Olímpicos de Río.

Federer se quedó sin Juegos; sin opción de buscar el último gran título de individuales que le faltaba. Por primera vez en su carrera interrumpió la temporada después de Wimbledon. La caída ante Raonic le había enviado una señal.

«Nunca pierdo el equilibrio así, y tropecé de una forma muy rara —me dijo—. No sé si es porque los músculos no estaban lo suficientemente fuertes o qué es lo que pasó. Fue muy extraño, y el problema es que me caí sobre la rodilla izquierda, y por eso me asusté. Pero ya iba mal con los puntos de rotura. Aunque hubiera estado en forma quizá habría perdido el partido, así que no es excusa. Pero sí que fue una caída rara. ¿Cuántas veces me he caído durante mi carrera? Muy pocas, y menos en un momento así: las semis de un Grand Slam.»

Decidió descansar y reforzar el cuerpo y la rodilla con la mirada puesta en el 2017: un paréntesis de seis meses que era el más largo de su carrera. Un toque de atención. Pero entre 2020 y 2021 se tomó más de un año de descanso.

«Este año he jugado un torneo en el que estaba en buena forma —me dijo refiriéndose al Open de Australia—. No creo que jugar sobre hierba me haya costado el resto de la temporada. Solo creo que mi rodilla y mi cuerpo necesitan un descanso, y tomarme seis meses libres puede darme el tiempo que necesito para recuperarlos. Ahora puedo mirar atrás y decir: "Si no va bien, habré hecho todo lo posible. Sin remordimientos".»

Aquella pausa, en cierto sentido, era un paso previo a la retirada.

«La verdad es que le cogí gusto —me confiesa Federer—. De repente podía organizarme y decir: "Muy bien, voy a pasar cuatro semanas seguidas en un mismo sitio. ¿Con quién quieres salir a cenar, Mirka? ¿Con quién quedamos?".»

Pero la retirada de verdad no era algo a valorar seriamente, pese a que Federer llevaba ya más de siete años contestando preguntas sobre el tema: desde que completó el Grand Slam de su carrera con Roland Garros en el 2009.

Alguna vez lo había hablado con Mirka.

«Cuando yo estaba de bajón, si le preguntaba algo como: "¿De verdad necesitamos continuar con esto?", ella me respondía: "Tú decides, pero yo creo que merece la pena. Mira lo bien que estás jugando, y yo sé cuándo juegas bien o mal" —recuerda Federer—. Ella es superhonesta y siempre ha sido de la opinión de que mientras juegue puedo conseguir grandes cosas. Es bonito escuchar eso de tu mujer.»

Mirka también puso la lesión en perspectiva enseguida, siendo alguien cuya carrera terminó por una lesión crónica en un pie.

«Me decía: "Fíjate en tu lesión —dice Federer, cambiando el tono de voz para imitarla—, esa lesioncita de tu rodilla. Eso no es nada. Mira los otros tenistas, lo que han sufrido. Lo que yo sufrí. Eso es malo. Tú te recuperarás. Confía en mí. Lo único de lo que debemos preocuparnos es de que has jugado unos mil cuatrocientos partidos durante toda tu carrera. Ese es el único problema con el que nos podemos topar, pero lo de la rodilla, ¡venga, chico, que eso no es nada!", así me hablaba.»

Para Federer fue divertido y reafirmante a la vez, pero siguió aprovechando su largo paréntesis: se relajaba en Suiza sin dejar de seguir el circuito. «Me sorprendí al ver la de veces que consultaba los marcadores en directo», me confesó entre risas.

En noviembre viajó con su familia a Dubái. Era un viaje que ya habían hecho muchas veces: un cambio rápido por un clima más templado y una cultura radicalmente diferente. Pese a que Dubái tiene una estación de esquí climatizada, es difícil imaginar dos sitios tan dispares como un pueblo alpino suizo, con sus chalés y sus calles adoquinadas, y una metrópolis de un próspero estado del Golfo, con sus rascacielos y su desierto. Aunque en cierto sentido no era un cambio tan grande. Federer podía seguir llevando una vida relativamente tranquila, sin trabas.

«Eso es importante para mí, y una de las cosas que Suiza y Dubái tienen en común», me confesó.

Tras jugar en el torneo de Dubái en el 2002 y el 2003, volvió de vacaciones en julio del 2004, justo después de ganar Wimbledon por segunda vez y Gstaad por primera vez. Dubái en julio es abrasador, pero Federer, cansado después de su ascenso a la cima del tenis, quería pasar unos días con calor en la playa. Estaba tan agotado que incluso andar de la tumbona al agua le suponía un esfuerzo, y llamó a Paganini bromeando con que nunca iba a volver al trabajo.

Se concedió un tiempo extra antes de volar a Norteamérica, donde participó en su primer Open de Canadá y su primer US Open, donde machacó a Lleyton Hewitt en una de sus actuaciones más dominantes.

Dubái tuvo un efecto reparador y en octubre de aquel mismo año regresó para entrenar en secreto con Tony Roche, el australiano al que después Federer contrató como entrenador a tiempo parcial. Dubái ofrecía el clima y la tranquilidad ideales, pero también estaba en el lugar ideal: un puente entre Europa y Asia con múltiples conexiones aéreas y muchas más comodidades.

Federer ayudó a crear tendencia, ya que más atletas y estrellas de todo tipo empezaron a instalarse en Dubái. Muchos llegaban atraídos por la ausencia de impuestos, pero Federer decidió mantener su residencia fiscal en Suiza, lo cual sin duda ha contribuido a su gran popularidad en su país natal. «Es un tipo muy rico, y por aquí la gente suele ser muy negativa con eso, pero no con él —dice Margaret Oertig-Davidson, profesora universitaria en Suiza y autora de *The New Beyond Chocolate: Understanding Swiss Culture*—. De algún modo le ha dado la vuelta, y creo que es porque se muestra como un tipo normal, o así es como lo ve la gente. Ha conservado su nacionalidad suiza y la gente se siente orgullosa al asociarse con eso.»

Lucas Pouille, la joven estrella francesa, fue uno de los tenistas que se trasladó a Dubái por motivos fiscales y en diciembre del 2016 era el compañero habitual de entrenamiento de Federer en el Madinat Club.

A menudo, Federer invitaba a jóvenes y prometedores talentos a entrenar con él unas semanas: era una forma de mantener el contacto con el talento emergente y nutrirse de su entusiasmo, a la vez que les daba la oportunidad de aprender más y mejorar, como le ocurrió a él cuando era adolescente con Marc Rosset.

Mackenzie McDonald, un veloz estadounidense que había ganado los individuales de la NCAA y títulos de dobles en UCLA, fue uno de los que visitaron Dubái por invitación de Federer.

«Cuando creces viéndolo jugar y luego él sigue en la cima del mundo y tú puedes estar con él, aprender de él, es genial —dice McDonald—. Tiene un plan A, un plan B, un plan C..., todo el alfabeto. Si algo no le funciona, tiene otras herramientas, y puedes ver lo desarrollado que está como atleta. Sus manos son lo más. Tiene las piernas superfuertes. Su constitución es ideal para jugar al tenis, pero él lo convierte en una partida de ajedrez. Me hizo ver que necesito ser menos unidimensional y añadir más cosas a mi juego. Soy rápido, pero siento que puedo serlo aún más si me muevo con más eficiencia, como él. No digo que exista ningún secreto, solo creo que él trabaja con una inteligencia extrema. Creo que sabe manejar muy bien el tiempo y sabe cuántas horas necesita dedicar a cada cosa.»

Para McDonald, a los tenistas de hoy les suele faltar el control total del cuerpo y la técnica impecable de Federer.

«Ves jugar a los chavales hoy en día y no tienen equilibrio, solo dan golpes —dice—. Se maltratan mucho el cuerpo, pero en él ves que ha tenido un desarrollo correcto y los entrenadores adecuados que le decían lo que debía hacer, y ahora se ve cómo ha amortizado todo lo que ha hecho.»

Con la temporada 2017 a la vuelta de la esquina, Federer, converso tardío de las redes sociales, decidió retransmitir sus sesiones de entrenamiento con Pouille a través de Periscope para reconectar con sus fans tras su largo paréntesis de la competición. Fue un vistazo curioso de 37 minutos y 4 segundos a los métodos de Federer, incluidos los ejercicios a intervalos de alta intensidad con Paganini, muy variados, como los malabares a cuatro manos con pelotas de tenis para entrenar la coordinación entre la vista y las manos en movimiento.

«Nunca es rutinario —observaba Emmanuel Planque, entrenador de Pouille, en una entrevista con Sophie Dorgan de *L'Équipe*—. Siempre hay algo nuevo. Su equipo siempre intenta sorprenderle con algo y ofrecerle distintas perspectivas. Así lo mantienen motivado y con los pies en el suelo. Severin se toma un descanso y llega Ivan. Se turnan. Para mejorar a un tenista como él, tienes que sorprenderlo. Creo que su estrategia es muy buena.»

Federer, microfonado para sus propias cámaras, demostró ser un buen comunicador improvisando bromas y dando consejos, explicando que el ritmo del servicio es lo primero que se pierde durante un *break* prolongado. Hablaba en francés con Paganini, en alemán de Suiza con Lüthi, en inglés con Ljubicic y en francés e inglés con Pouille, sentados a pie de pista durante una pausa mientras charlaban sobre la Copa Hopman, el torneo mixto de Perth, Australia, que Federer había elegido como escenario de su regreso y en el que no había jugado desde el 2002.

«La última vez competí con Mirka, mi esposa —le dijo a Puille—. Hace 16 años jugué con Hingis, y este año o el que viene voy a jugar con Belinda Bencic. Dios, el tiempo vuela.»

Pero, como demostró la sesión de Periscope, el entusiasmo de Federer seguía intacto.

«Era como un chaval de 12 años —dice Planque recordando el tiempo que pasó con Federer aquel invierno—. Bromeaba en los calentamientos, imitando a Stefan Edberg y a Bernard Tomic. Soltaba un grito porque sí. Fue genial. Tenemos la suerte de haber compartido todo esto con él. Es muy valioso, y en cuanto a técnica sigue siendo el gran referente. Para mí es como una formación continua; es como si asistiera a un curso para entrenadores cada vez. Está el maestro allí delante. Miro y me inspira. Tengo 150 páginas de apuntes.»

Para Planque estaba claro que Federer volvía a estar en forma, no solo con la cabeza despejada y las piernas fuertes tras su largo paréntesis, se le veía mejor.

«Progresó mucho a nivel técnico con el revés, sobre todo en los restos —dice Planque—. Cambió la forma de restar. Ahora estaba más adelantado, más compacto. Era más agresivo acercándose más a la pelota. Mejoró el control.»

«Era bastante preocupante», bromea Planque, que tenía que repetirle a Pouille que no se desanimara si perdía tantos sets ante Federer y por tanta diferencia.

«Creo que Roger estaba en un gran momento de juego», afirma Planque.

Resultó que Planque sabía bien de qué hablaba, y los entrenadores de Federer también se sentían optimistas. Lüthi, poco dado a las predicciones atrevidas, le dijo dos veces a Federer que le veía jugar tan bien como para ganar el Open de Australia.

Ljubicic abandonó su carrera como tenista a los 33 años, desgastado por las lesiones y la convicción de que no quería pasar tanto tiempo lejos de su familia.

«Cuando te das cuenta de que el 80% o el 90% del tiempo de un entrenamiento lo dedicas a gestionar el dolor y a hacer ejercicios para sentirte mejor, ya no es divertido —me admitió Ljubicic al retirarse en abril del 2012—. Jugar partidos de tenis es la parte más fácil. Prepararse, entrenar y viajar, ahora con dos niños, no es fácil. Y no quiero viajar solo. Así que hasta aquí he llegado. Ya no me merece la pena.»

Y ahí estaba Federer, con 35 años y más ganas que nunca de volver a la carretera: a recorrer el mundo con su esposa, sus cuatro hijos y su equipo de apoyo.

«Queremos que juegue todo el tiempo que sea posible —me dijo Ljubicic—. Este tipo es un tesoro, hay que procurar que no se queme.»

Ljubicic tiene buena planta, con 1,93 m de altura, la cabeza bien afeitada y una voz de barítono; y como muchas de las personas que sufrieron el impacto de la violenta fractura de Yugoslavia, ha tenido una vida dura. Nacido en Banja Luka, una ciudad del interior de la actual Bosnia y Herzegovina, tuvo que huir en mayo de 1992, a los 13 años, con su madre y su hermano mayor, ante la creciente tensión en la ciudad. Con Banja Luka controlada por los serbios, la hostilidad hacia croatas como los Ljubicic iba en aumento.

Tras una enrevesada ruta que los llevó a atravesar Hungría y Eslovenia, se refugiaron en la nueva Croacia independiente tras cruzar la frontera a pie.

Ljubicic, que ya era un prometedor tenista júnior, hizo todo el viaje con dos raquetas de tenis, pero sin su padre, Marko, que se quedó en Banja Luka y no pudo contactar con su familia durante varios meses. Finalmente se reencontraron en Croacia, pero Ivan volvió a marcharse enseguida, rumbo a Italia, en 1993, para emprender su carrera tenística junto a un pequeño grupo de jóvenes jugadores de la antigua Yugoslavia. Tenía 14 años, la misma edad que Federer cuando se marchó de Basilea para ir a Écublens.

«Oficialmente mi carrera como tenista profesional empezó en 1998, pero para mí empezó en 1993 —dice Ljubicic—, cuando me fui de casa, cuando mis padres me dejaron claro que el tenis iba a ser mi vida porque, básicamente, era mi única opción.»

Fue una época dura, pero con los años Ljubicic ha aprendido a valorar la claridad que le deparó.

«Si echo la vista atrás me considero un afortunado, porque no tenía otra opción y quizá por eso lo conseguí —me dijo—. Es fácil cuando no tienes otra opción. Ves lo que tienes que hacer y te concentras en ello al cien por cien. Si tienes varias opciones y eliges una, en el fondo siempre estás pensando que quizá deberías haber escogido otra. En la situación que yo vivía a principios de los noventa no tenía más opciones. Debo admitir que me impresiona que tipos como Roger y Rafa, que tuvieron tantas opciones, consiguieran centrarse en una y lo hicieran tan bien.»

Ljubicic también tuvo la suerte de conocer, a los 17 años, al entrenador italiano Riccardo Piatti, un buen constructor de golpes y mentalidades tenísticas. Piatti lo entrenó gratis los primeros años.

«Me dijo: "Hasta que no entres en el Top 100 no quiero ver ni un céntimo"—recuerda Ljubicic—. Y eso fue genial, porque pude concentrarme en entrenar con uno de los mejores del mundo sin tener que preocuparme mucho del dinero.»

Ljubicic alcanzó el n.º 3 mundial en el año 2006, el mismo año en el que llegó a las semifinales de Roland Garros. También lideró a Croacia en la Copa Davis del 2005, un título que celebró con más de cien mil fans en Zagreb, la capital del país. Siguió entrenado con Piatti hasta que se retiró, a veces compartiendo el tiempo que Piatti pasaba con otros jugadores, como el francés Richard Gasquet o Djokovic. Lo de Djokovic tenía su simbolismo político: un serbio y un croata trabajando juntos mano a mano.

«Creo que conocerte a ti mismo es muy importante en el tenis —dice Ljubicic—. Eso fue algo que enseguida me llamó la atención de Novak cuando lo conocí, cuando él tenía 17 o 18 años. Sabía exactamente lo que quería, lo que necesitaba, y también lo que no quería o necesitaba. Ya era muy bueno en eso desde muy joven, y eso es lo que forja grandes campeones. A mí me costó un poco más. Tenía 24 o 25 años cuando vi claro qué tipo de ejercicio necesitaba, que tipo de gente quería a mi alrededor. Eso también es un talento.»

Ljubicic conoció a Federer cuando el suizo tenía 16 años, en un torneo satélite en Suiza. «A veces conectas con alguien al instante y eso fue lo que nos pasó —cuenta Ljubicic—. Así funcionan las amistades. Surgen así.»

Eran compañeros de comedor y de entrenamiento. Habiendo asistido a un par de sus sesiones de entrenamiento, puedo confirmar que no siempre estaban por la labor.

«Nuestros entrenamientos no eran para filmarlos en vídeo y pasarlos después a los chavales —exclama Ljubicic entre risas—, pero nos divertíamos, y para nosotros eso era importante.»

En el entorno relajado de una sesión de entrenamiento, ver a Federer puede ser aún más divertido que cuando se desliza por la pista. Está más animado e intenta tiros extravagantes: reveses cortados y con ángulos cerradísimos con pelotas que botan por encima de su cabeza, medias voleas de *drive* cortadas que van a la línea de fondo, golpes desde sitios y posiciones improbables. El extraordinario SABR («ataque sorpresa de Roger», por sus siglas en inglés), que consiste en anticiparse con rapidez al saque del rival para restar en el borde del cuadro de saque, al principio fue un recurso improvisado en un entrenamiento.

«A veces te sientes como un espectador aunque estés al otro lado de la red», dice Ljubicic.

Ljubicic solo ganó tres de los dieciséis partidos que jugó contra Federer en el circuito. Nunca se enfrentaron en un torneo de Grand Slam, pero Federer ganó las cuatro finales del circuito que jugaron juntos, incluida la del Open de Miami del 2006.

Ljubicic siempre defendía a Federer, y en el 2010, cuando Federer llevaba un año sin ganar un *major*, Ljubicic me aseguró en una entrevista que ganaría más.

Y estaba en lo cierto, porque Federer volvió a ganar Wimbledon en el 2012, pero a principios del 2017 todavía iba a ganar otro. Había estado muy cerca —y perdido tres finales, las tres ante Djokovic— y todavía tenía su peso en la élite del tenis masculino, pero ya no ocupaba una posición de liderazgo. No ganaba las Finales de la ATP, el quinto torneo más prestigioso del tenis masculino, desde el 2011; y en las cuatro temporadas entre 2013 y 2016 solo ganó tres títulos Masters 1000 comparados con los 17 de Djokovic.

Ljubicic seguía creyendo que Federer tenía opciones de ganar. Era una de las razones por las que aceptó trabajar con su amigo. A diferencia de Edberg, más mayor, Ljubicic tenía la ventaja de haber jugado contra muchos de los potenciales oponentes de Federer y de haber observado de cerca al resto mientras trabajaba con Raonic.

La decisión de Federer de contratar a Ljubicic es otro indicador de lo mucho que el suizo valora las conexiones a largo plazo.

Lüthi conoció a Federer cuando él tenía 11 años. Ljubicic lo conoce desde la adolescencia.

El croata es un comunicador nato y exuberante que responde a las preguntas con seguridad y todo lujo de detalles, una personalidad muy distinta a la de Edberg, más reservado. Por eso resultó sorprendente que Ljubicic dejara de hablar en público cuando se unió al equipo de Federer. No fue por orden de su nuevo jefe, sino por un deseo de internalizar las cosas y no arriesgarse a confundir el mensaje de Federer.

Me contó que le gustaba ese nuevo enfoque, pero a los periodistas nos consumía.

«Prefiero callar y dejar que hable Roger, tanto con la raqueta como con la boca —me dijo—. Para mí es raro no hablar de tenis con nadie excepto Roger, pero merece la pena.»

Fue un momento interesante en el tenis masculino: un punto de inflexión, como resultaría después. Pero eso todavía nadie se lo imaginaba cuando los jugadores pusieron rumbo a Melbourne.

Djokovic siguió reinando hasta la mitad de la temporada 2016, cuando ganó su primer Roland Garros y se convirtió en el primer hombre desde Rod Laver en 1969 en ganar los cuatro *ma-*

jors. Es el segundo logro más grande después de un Grand Slam completo, que requiere ganarlos todos en el mismo año. Pero eso también parecía estar al alcance de Djokovic gracias a su habilidad en todas las superficies y a su capacidad de resistir la presión. En lugar de eso, cayó en picado despacio e inesperadamente. El estadounidense Sam Querrey lo eliminó en tercera ronda en Wimbledon. Stan Wawrinka lo superó en la final del US Open: era la tercera vez que vencía a Djokovic de camino a un título de Grand Slam.

Djokovic ya no volvió a ganar otro torneo el resto del año e incluso quedó por detrás de Murray en la pugna por el n.º 1 a final de año, cuando Murray lo superó al ganar las Finales de la ATP en Londres.

Federer, que ve mucho tenis cuando está en el circuito, seguía los acontecimientos de cerca desde la distancia.

«Hacía falta algo extraordinario y Murray era capaz de ello, ahí es donde me quito el sombrero —me dijo Federer desde Dubái—. El tipo lo ha ganado todo al final del año, y no es fácil, porque en pista cubierta los márgenes son más pequeños. Novak ha sido el jugador del año durante seis meses, y Andy lo ha sido los últimos seis meses.»

Le pregunté a Federer por el sorprendente declive de Djokovic.

«Es humano y comprensible que Novak haya tenido un bajón, porque ha conseguido todo lo que quería —contestó Federer en referencia a la victoria en Roland Garros—. Quizá tenga que reinventarse o algo así. Pero está bien ver que no siempre es fácil para todo el mundo durante mucho tiempo. Esto nos da mucho juego para el año que viene. Andy da mucho juego. Novak da mucho juego. Rafa, obviamente, siempre va a dar mucho juego. Mi regreso, espero, también puede dar mucho juego. Creo que el comienzo de temporada, sobre todo el verano australiano, va a ser épico.»

Nadal también interrumpió su temporada 2016: paró en octubre para recuperarse de una lesión en la muñeca que le dio problemas casi toda la temporada, obligándolo a abandonar Roland Garros después de dos rondas. Durante el paréntesis decidió contar con Carlos Moyá, su amigo de toda la vida y mentor de juventud, como entrenador asistente para la temporada 2017. También abrió la academia de tenis de Manacor que lleva su nombre e invitó a Federer a la inauguración, el 19 de octubre.

«Estaba muy impresionado con aquella academia y con lo que Rafa había sido capaz de construir allí —me dice Federer—. Creo que es muy valiente y muy genial que haga esto por su isla y su ciudad, y todo el mundo participa: su novia, su hermana, sus padres, su agente... Todo el mundo se ha volcado de lleno, y pensé que lo justo era ayudarle porque me pregunté: "¿Qué esperaría yo?". Que mi mayor rival me llamase y me dijese: "¿Me necesitas? Cuenta conmigo".»

«Y eso fue lo que le dije a Rafa: "Si necesitas mi ayuda, dímelo. Estoy ahí un día entero: cursos para chavales, la inauguración, lo que sea".»

Lo que fuera, pero nada de tenis. Ninguno de los dos estaba bien para jugar.

«Le dije que ojalá pudiéramos jugar un partido benéfico o algo así, pero yo estaba mal de la pierna y él, de la muñeca —recuerda Federer—. Jugamos al minitenis con algunos júniores, en plan esto es todo lo que podemos hacer ahora.»

Parecía razonable aventurarse a pensar que su etapa en la cima del tenis había terminado, pero solo tres meses después ambos estaban listos para el comienzo del Open de Australia 2017.

Aquel fue uno de los torneos *major* más sorprendentes de la era Open. Djokovic cayó en segunda ronda ante Denis Istomin, n.º 117 del *ranking*, un uzbeko que usaba gafas con cinta en la pista y acumulaba derrotas en su carrera.

Fue impactante, pero a Federer no le beneficiaba. Estaba en la otra mitad del cuadro, no había ganado un título en más de un año y era el cabeza de serie n.º 17 del torneo: su clasificación más baja desde que los torneos Grand Slam pasaron de 16 a 32 cabezas de serie en Wimbledon 2001.

En las dos primeras rondas superó a dos jugadores clasificados: el veterano Jürgen Melzer y el debutante Noah Rubin. Pero en tercera ronda se enfrentó a un contrincante más exigente: Tomas Berdych, cabeza de serie n.º 10, el checo de rostro angelical con algunos de los golpes más temibles del circuito. Por desgracia para Berdych, sus nervios no estaban hechos del mismo acero que sus golpes desde el fondo de la pista. Tenía un juego de pies muy mecánico, pero había vencido a Federer en Wimbledon, el US Open y en las Olimpiadas.

Esta vez Federer lo arrolló en solo 90 minutos: 6-2, 6-4, 6-4, desequilibrándolo con ataques sorpresa, tiros con ángulos muy cerrados y dejadas de media volea.

«Había jugado contra él muchas veces y casi diría que esa vez fue la que mejor lo vi jugar —declara Berdych—. No mandé en ningún tiro, ni sacando. Fue inaudito. Al terminar el partido estaba convencido de que él podía ganar el título.»

Fue una de esas noches en las que la raqueta de Federer parece más bien una varita mágica. Anotó 40 tantos ganadores y 17 errores no forzados, se recreó con los segundos servicios de Berdych y ganó 20 de 23 puntos en la red. No tuvo que enfrentarse a ningún punto de rotura.

«La pelota de tenis no sabe qué edad tienes, y está claro que no sabe que Federer tiene 35 años —aseguraba Jim Courier, dos veces ganador del Open de Australia, al marcharse de Melbourne Park aquella noche—. Ha sido muy bonito. Mágico, en realidad.»

Federer se sentía optimista, pero con mesura.

«Sabía desde el principio que yo podía ser peligroso —declaró—. En cuanto al torneo, sentía que era un camino largo y difícil, salvo algún partido. Antes del torneo pensé que podía hacer algo contra casi todos. Ahora, ¿puedo hacerlo partido a partido? Todavía lo dudo, pero en cualquier caso este resultado me da confianza.»

Su cuadro aún se veía como una carrera de obstáculos, pero uno de los más grandes iba a caer por el camino. Murray, que jugaba por primera vez un Grand Slam como n.º 1, perdió en cuarta ronda ante Mischa Zverev (otro hermano de Alex), que jugaba al saque y volea.

En cuarta ronda Federer se impuso en un duelo de calidad a cinco sets contra el cabeza de serie n.º 5, Kei Nishikori, un contraatacante nato japonés que había pulido su juego en las pistas duras de la IMG Academy en Bradenton, Florida.

Cuando el partido terminó con la victoria de Federer 6-3 en el último set, reaccionó con el tipo de gestos que suele reservarse para fases más avanzadas de un torneo.

Con Djokovic y Murray fuera, era la primera vez desde el 2004 que los dos cabezas de serie principales caían antes de cuartos en un torneo Grand Slam.

«Dos grandes sorpresas, sin duda», dijo Federer.

Tanto Murray como Djokovic parecían estar pagando el peaje de sus grandes y extenuantes recorridos en la temporada 2016. Pero Federer se sentía con muchas ganas y disfrutaba de la rara sensación de jugar sin grandes expectativas.

Superó a Mischa Zverev sin ceder un set y llegó a la semifinal para enfrentarse a su amigo y compatriota Wawrinka, que había ganado tres *majors* en los tres años anteriores mientras que Federer no había ganado ninguno.

Fue una noche de jueves intensa, de choque, con grandes cambios de ritmo en una pista que, aquel año, a Federer y a otros tenistas les parecía más rápida. Federer ganó los dos primeros sets a un contrariado Wawrinka, que rompió una raqueta con la rodilla como si fuera una ramita.

Wawrinka pidió tiempo para asistencia médica y regresó a la pista de mejor humor, con una venda bajo la rodilla derecha, y ganó los dos siguientes sets. A Federer se le empezaba a ver cansado cerca del final del cuarto set. Después dijo que ya preveía un bajón de forma en cualquier momento del torneo ante los mejores jugadores del mundo, pero era su turno para abandonar la pista por un momento y recibir asistencia médica: un gesto muy raro para Federer.

Llevaba tiempo con dolor en el aductor del interior del muslo, y Troxler le dio un masaje durante la pausa, que duró 7 minutos. Cuando volvió a la pista, peleó un punto de rotura en el tercer juego y aprovechó la ocasión cuando Wawrinka titubeó un poco para arrebatarle el servicio en el sexto.

Federer se mantuvo firme, muy firme, hasta ganar 7-5, 6-3, 1-6, 4-6, 6-3 y convertirse en el jugador de mayor edad en llegar a la final individual de un Grand Slam desde que Ken Rosewall perdió ante Jimmy Connors en la final del US Open 1974 a los 39 años.

«Ha ido mucho mejor de lo que pensaba; eso es lo que me decía a mí mismo en el quinto set —declaró Federer—. Me decía: "Relájate, tío. Tu vuelta ya es un logro. Deja que vuele tu raqueta y a ver qué pasa".»

Federer aún no sabía con quién iba a medirse en la final. El Open de Australia es el único torneo de Grand Slam que juega las semifinales en días distintos. Nadal, que también había vuelto a lo grande, no jugaría contra el joven búlgaro Grigor Dimitrov hasta el viernes.

Federer, Lüthi y Ljubicic se sentaron en el hotel para ver y analizar el partido en directo. Hubo mucho por diseccionar: Nadal y Dimitrov jugaron durante 4 horas y 56 minutos antes de que, al fin, Nadal se impusiera 6-4 en el quinto set.

Fue un partido clásico, el mejor de aquel gran torneo (hasta entonces), y resultó instructivo tanto para Federer como para Nadal.

Para Nadal, enfrentarse a Dimitrov era lo más parecido a enfrentarse a Federer, desde su revés a una mano con final elástico hasta su ágil juego de pies y un instinto que abarcaba toda la pista. A Dimitrov lo llamaban Baby Fed («el Federer bebé»), un mote que acabó odiando. Pero la similitud de estilos significaba que los patrones que Federer y sus entrenadores analizaban eran directamente relevantes para la final, y decían que a Dimitrov se le daban muy bien los reveses lisos sobre la línea. Pese a su brillantez, perdió.

«Jugar contra Roger en una final de un Grand Slam es especial, no puedo mentir —declaró Nadal—. Es muy emocionante para mí, y para los dos, que todavía seguimos aquí y continuamos luchando en torneos importantes.»

Aquel partido iba a ser su primer encuentro en una final de un Grand Slam desde la de Roland Garros 2011, y la primera vez que coincidían sin ser primeros cabezas de serie, el 9.º y el 17.º.

Es fácil pensar que Federer jugaba con ventaja porque tenía un día más de descanso; pero merece la pena recordar que en su cómputo global Nadal superaba al suizo 23-11 y, en el Open de Australia en concreto, 3-0. Nadal vivió una situación parecida en Melbourne 2009, pero se recuperó de una victoria en semifinales aún más larga un viernes contra Fernando Verdasco y venció a Federer en la final.

«Eso fue hace mucho tiempo —exclamó Nadal—. Creo que este partido es totalmente distinto. Es especial. No hemos vuelto a coincidir en mucho tiempo y eso hace que el partido sea diferente.»

Hubo una época —larga— en la que las finales Federer-Nadal parecían algo predestinado, pero esta final era una gran sorpresa en medio del que se suponía que iba a ser el momento de Djokovic y Murray. Federer y Nadal no solo habían superado las expectativas del público, también las suyas propias.

«Para mí llegar a cuartos ya habría sido un gran resultado —comentó Federer—. La cuarta ronda habría estado bien.»

En lugar de eso estaba a punto de conseguir su 18.º título individual en un Grand Slam. Históricamente Nadal había sido su oponente más duro, pero la idea de no ver a Djokovic al otro lado de la red con un gran trofeo en juego era revitalizante.

La sensación de viajar en una máquina del tiempo en Melbourne no era exclusiva de Federer y Nadal. La noche antes, Serena Williams, con 35 años, había vencido a su hermana Venus, de 36, en la final femenina: su primer duelo en una final de Grand Slam desde el 2009. Aunque nadie lo sabía, salvo Venus y algunas otras personas, Serena ganó su 23.º título individual en un *major* embarazada de dos meses.

Nada podía superar eso, pero un partido Federer-Nadal, que a veces era un anticlímax, esta vez resultaba de lo más inspirador.

La clave del plan de Federer era bastante sencilla: golpear de revés con agresividad sin retroceder más allá de la línea de fondo durante todo el partido. Era un reto familiar, y a lo largo de los años que lo había planteado de forma similar siempre acababa cediendo terreno ante la presión acumulativa del desgarrador *topspin* del de Manacor. Pero ahora tenía un arma más útil para aquella tarea, porque jugaba con una raqueta de 97 pulgadas cuadradas. Hizo el cambio definitivo en verano del 2014, tras más de un año de experimentación exhaustiva y una puesta a punto precisa. El cambio le dio más potencia y un 8% más de superficie, aumentando el punto óptimo y reduciendo los golpes fallidos. Su raqueta ahora era similar en tamaño y peso a los modelos de 100 pulgadas que usaban Nadal y Djokovic y, pese a que la preocupación inicial de Federer era si iba a tener que sacrificar sensaciones, notaba que él y la raqueta eran uno después del tiempo que pasó probándola durante su descanso de la competición.

Ya había ganado a Nadal con la 97 en el último partido que jugaron juntos, en el 2015, pero había sido en pista cubierta, en Basilea, sobre una superficie rápida y al mejor de tres sets. Esta final iba a jugarse en un terreno más neutral, aunque Federer, pese a no ser el favorito y siendo mayor que Nadal, volvió a ser el preferido del público en Melbourne.

Federer estaba decidido a reducir el uso del revés cortado y del resto con bloqueo. Necesitaba desequilibrar a Nadal, privarle del tiempo que necesitaba para preparar bien su excelente *drive*.

Paul Annacone coincidió con Federer y Lüthi en el restaurante de jugadores pocas horas antes de la final. Iba a comentar el partido por televisión, se sentó y le dijo a Federer:

—Muy bien, amigo, ¿qué voy a ver hoy?

—Vas a ver a RF en la línea de fondo dándole al *swing* —respondió Federer.

—Vas a tirar de *swing* todo el rato, ¿no? Los tres sets, los cinco sets, lo que dure.

—Sí. Me voy a quedar ahí, no voy a defender. Voy a centrarme en el revés.

Funcionó bien durante casi dos horas, con Federer dos sets a uno por delante. Pero Nadal ganó el cuarto set, y entonces Federer pidió tiempo para tratar un problema en el aductor.

Aquello le valió críticas por parte de la exestrella australiana Pat Cash, sin pelos en la lengua, quien lo acusó de hacer «trampas legales» al cortar el ritmo del partido.

Pero a Nadal no se lo veía desestabilizado. Rompió el servicio de Federer en el juego inicial del quinto set y se puso por delante 3-1.

A Federer el marcador le resultaba familiar y nefasto, pero en realidad Nadal solo iba por delante, no dominaba el partido. Tuvo que salvar tres puntos de rotura en el primer juego del set y otro en el siguiente. Federer continuaba arreando reveses ganadores con autoridad e incluso restando de revés cuando Nadal le servía al cuerpo. El diálogo interno de Federer era nuevo.

«Me dije que tenía que jugar libre —recuerda Federer—. Juegas con la pelota, no con el contrario. Libera tu mente. Libera tus golpes. Ve a por ello. Aquí se recompensa a los valientes. No quería perder limitándome a tirar, viendo cómo me llovían encima los *drives* de Rafa.»

Federer ya no volvió a perder otro juego, rompió el servicio de Nadal en el sexto juego para volver a ponerse 3-3 y después volvió a rompérselo en el octavo, sorprendiéndolo en el punto inicial con un endiablado revés cortado que Nadal, tan acostumbrado a los *drives* de Federer a aquellas alturas, no leyó a tiempo.

Pero Nadal remontó un 0-40 y se puso en iguales, y entonces llegó el momento que resume la final: un intercambio de 26 golpes rápidos y potentes desde el fondo que Federer ganó con un *drive* abierto tras un revés de Nadal con mucha intención pero poca profundidad.

Fue toda una exhibición, y cabe loar la resiliencia de Nadal, que anotó sacando en el siguiente punto para mantener vivo el partido. Pero Federer ya iba lanzado y en su siguiente punto de rotura Nadal hizo su clásico saque cortado al revés de Federer. Federer respondió. Esta vez, con un revés cerradísimo que volvió a pillar a Nadal por sorpresa. Iban 5-3 y Federer servía para ganar (con pelotas nuevas) y, aunque no empezó bien, 15-40, salvó el primer punto de rotura con un *ace* y el segundo con un gran *drive*.

No convirtió el primer punto de partido, pero el segundo fue otra historia.

Metió un buen primer saque en la T y un *drive* en diagonal a media pista que Nadal no pudo alcanzar, pero protestó de inmediato.

La celebración se demoró mientras ambos fijaban la vista en la pantalla; Nadal, con las manos en la cintura. La revisión electrónica confirmó que el tiro había entrado. Marcador final: 6-4, 3-6, 6-1, 3-6, 6-3 para Federer, que alzó los brazos y saltó con los ojos cerrados sobre su equipo antes de dirigirse a la red para darle la mano a Nadal y abrazarlo.

El Rod Laver Arena nunca había vivido un partido tan ruidoso (también alberga conciertos) y a Federer se le caían las lágrimas al saludar al público hincando la rodilla.

Había recorrido un largo camino hasta su 18.º y más improbable título de Grand Slam, todavía más sorprendente que su actuación en Roland Garros 2009, la otra única victoria remotamente comparable en su mente.

Pero ahora tenía ocho años más, llevaba casi cinco sin ganar un *major* y seis meses sin jugar un torneo oficial. Y, a diferencia de en París, había tenido que vencer a Nadal para adjudicarse el título.

Fue un partido que, como la final de Wimbledon 2008, podrá volver a verse cuando ambos se retiren. En la veintena se inspiraron mutuamente en el All England Club bajo el crepúsculo. Ahora, en la treintena, se habían desafiado el uno al otro bajo las luces de Melbourne Park.

«Para ser sincero, en este tipo de partidos le he ganado muchas veces —declaró Nadal—. Hoy me ha ganado él y lo felicito.»

Su rivalidad era de una resistencia extraordinaria, con cantidad y calidad, y el triunfo de Federer en Melbourne marcó una nueva dinámica.

Y pese a que Moyá me dijo mucho tiempo después que la táctica y la actuación de Federer le sorprendieron en el 2017, la noche de la final Nadal no estaba dispuesto a ceder tanto.

«No me ha sorprendido —declaró Nadal—. Ha jugado con mucha agresividad y en un partido contra mí lo entiendo. No habría sido inteligente enzarzarse en largos intercambios de golpes desde la línea de fondo. No habría ganado. Fue a por ello y es lo que tenía que hacer.»

Unas semanas después le pregunté a Federer si este título caído del cielo le estaba predestinado.

«Honestamente, creo que el de Roland Garros sí me estaba predestinado —dijo—. Este he tenido que trabajármelo.»

«Hubo partidos duros contra DelPo y Haas —dijo de sus victorias en cinco sets del 2009 en París—. Pero esta vez ha sido diferente. Tenía la mente muy fresca, muchas ganas de ganar al final, me sentía muy bien con todo, en la ola del retorno sin nada que perder. Ha sido una sorpresa. Lo predestinado no encaja con no tener nada que perder. Este título ha sido diferente de todos los demás.»

Mi siguiente pregunta fue cuánto tenis le quedaba por jugar. Federer había hecho un comentario intrigante ante el público en la ceremonia de entrega de premios en Melbourne: «Espero veros el año que viene —exclamó—. Y, si no, ha sido maravilloso y no puedo estar más feliz de haber ganado aquí esta noche».

El último 17.º cabeza de serie en ganar un torneo había sido Pete Sampras en el US Open 2002. Sampras se retiró sin jugar otro torneo. ¿Era tentador seguir el ejemplo de Sampras?

«Creo que se me pasó por la cabeza remotamente: ¿cómo voy a poder superar esto? —me confesó—. Pero la felicidad fue inmensa y recordaba la reacción de mi equipo cuando gané el punto de partido, cómo saltaban de alegría. Increíble. Genial. Sentí que quería volver a vivirlo.»

Había invertido demasiado esfuerzo en su retorno como para dejarlo ahora y, además, se estaba preparando para jugar el torneo por equipos de la Copa Laver que él y su agente, Tony Godsick, habían creado, y no era tarea menor.

«El objetivo cuando me tomé el descanso de seis meses era jugar un par de años, no un solo torneo —concluyó—. Entiendo a la gente que dice: "Este sería el momento ideal para retirarse", pero he trabajado muchísimo, me gusta muchísimo y todavía me queda muchísimo combustible.»

Y lo demostró al margen de toda duda después de celebrar su triunfo en los Alpes, subiendo la réplica de la Copa Norman Brookes Challenge hasta un chalé en la cima de una montaña, en Lenzerheide, para disfrutar de una *fondue* en familia con sesión de fotos incluida. Y esa no fue la única aventura del trofeo.

«Lo llamo Norman —confesó—. He comido con Norman, he pasado mucho tiempo con Norman. Solo es una réplica, pero me vale.»

Regresó a Dubái y perdió en segunda ronda ante Evgeny Donskoy, un ruso que no era cabeza de serie. Pero luego viajó a Estados Unidos y se adjudicó los títulos en Indian Wells y Miami, derrotando a Nadal sin ceder un solo set en ambos torneos.

Una vez le pregunté a Brad Gilbert, una de las mentes más preclaras del sector, cuál creía él que era la mejor época de Federer.

«Obviamente los resultados te dirán que del 2004 al 2006 —contestó Gilbert—, pero yo nunca lo he visto mejor que en el 2017 en Indian Wells y Miami. Estuve a pie de pista en ambos torneos y arrolló a Rafa dos veces. Pensé que lo estaba viendo a su máximo nivel. Era de risa lo bien que golpeaba el revés. En la final de Miami estoy seguro de que Rafa pensó: "¡Uau! Pero ¿qué le ha pasado a este tipo?". Pero entonces obligó a Rafa a mejorar. Puede parecer un disparate decir eso de Roger cuando ya hacía diez años que había dejado de ser invencible, pero creo que ahora jugaba contra tipos que eran mejores que en el 2004, 2005 y 2006.»

También fue muy oportuno para Federer que tanto Djokovic como Murray cayeran durante su retorno. Al empezar el año eran el n.º 1 y el n.º 2, pero por extraordinario que parezca —y lo es— no tuvo que medirse con ninguno de los dos en siete títulos. No jugó contra Murray en el 2018, el 2019 ni el 2020.

Los problemas de Djokovic eran una combinación de desavenencias matrimoniales, agotamiento y una lesión del codo derecho que requirió de una intervención quirúrgica en febrero del 2018. El problema de Murray fue una lesión grave de cadera que lo obligó a abandonar la temporada 2017 después de Wimbledon.

Aquello no era culpa ni problema de Federer, pero lo cierto es que lo hizo todo más fácil. En lugar de tener que vérselas con dos o tres miembros de «los cuatro grandes» para ganar un *major,* tuvo que superar a Nadal. Y en Wimbledon ni eso. El español, que acababa de ganar su décimo Roland Garros, perdió en una maratoniana cuarta ronda ante Gilles Müller que se prolongó hasta 15-13 en el quinto set. Djokovic se retiró de sus cuartos de final contra Berdych por problemas en el codo.

Federer se había saltado la temporada de tierra batida para cuidarse y optimizar sus posibilidades sobre hierba. Le mereció la pena, ya que barrió a todos sus contrincantes del All England Club sin perder un solo set, superando a Raonic sin problemas en cuartos de final y después despachando a Berdych en semifinales y a Marin Cilic en una extraña y deslucida final.

Cilic, que estuvo a punto de ganar a Federer en Wimbledon 2016, empezó el partido con una ampolla en el pie izquierdo y, cuando perdía 0-3 en el segundo set, rompió a llorar en su silla mientras recibía tratamiento durante el cambio de lados.

Eran lágrimas de frustración, no de dolor.

«Ha sido muy duro emocionalmente, porque yo sé por todo lo que he pasado en los últimos meses preparándome», exclamó Cilic.

Federer, en los límites de su empatía, sentenció el partido 6-3, 6-1, 6-4, desempató con Sampras y William Renshaw, y se convirtió en el primer hombre que ganaba ocho títulos individuales de Wimbledon.

A Federer también se le caían las lágrimas, sentado en su silla, mirando a su palco, donde estaban sus gemelas de siete años y sus gemelos de tres.

Después, mientras avanzábamos por los pasillos del All England Club de un plató de televisión a otro, me contó que no había previsto esa reacción.

«Ha sido el primer momento que de verdad he tenido para mí ahí fuera —dijo—, y creo que es cuando me he dado cuenta, tío, he sido capaz de volver a ganar Wimbledon, he roto un récord y mi familia estaba allí para compartirlo conmigo. Esperaba que también estuvieran los niños, no solo las niñas. Me sentía muy feliz y creo que también me he dado cuenta de todo lo invertido para llegar hasta aquí. Ha sido una combinación de todo.»

Había ganado su 19.º *major* y, aunque después, de nuevo con problemas de espalda, perdió en cuartos de final del US Open contra Del Potro, aquella era una temporada para saborear.

Casi todo parecía salirle bien, incluso la inauguración de la Copa Laver en Praga a finales de septiembre. Era el sueño de Godsick y Federer, inspirado en la Ryder Cup de golf que Godsick había analizado a fondo, con un equipo representando a Europa y otro al resto del mundo.

«¡Vamos, resto del mundo!» no es un grito de ánimo muy logrado, pero a los tenistas les gustó el espíritu del nuevo torneo (y sus lucrativos honorarios y premios). Estaba bien ideado, con un intenso formato de tres días en los que el valor de los partidos iba en aumento hasta la última jornada, la más espectacular. Tenía *look* propio, con una pista negra, buena iluminación y palcos elevados que facilitaban la interacción, el barrido de las cámaras y —ya estábamos en el 2017— los contenidos para las redes sociales.

Pero lo más destacado de la exitosa edición inaugural en el O2 Arena fue su elenco de estrellas, con Federer y Nadal formando equipo en plena rivalidad. Se habían repartido los cuatro Grand Slam del año, Nadal había vuelto al n.º 1 después de ganar el US Open y Federer era el n.º 2.

Tras la inauguración en la plaza de la Ciudad Vieja de Praga, llena hasta los topes, compartí trayecto en furgoneta con ambos tenistas hasta el hotel del equipo (cuando eres periodista especializado en tenis haces muchas entrevistas a bordo de vehículos en movimiento). Los dos llevaban varios días sin afeitarse. Nadal estaba de buen humor. Federer estaba emocionado, con la ilusión de un emprendedor que acaba de asegurar una buena inversión para su *start-up*, y le reía todos los comentarios a Nadal.

Fue un trayecto divertido pese a los baches, en la misma línea optimista de las temporadas de ambos, y lo más sorprendente fue que Björn Borg, capitán del equipo europeo, iba sentado en silencio en la parte de atrás. Décadas antes Borg había sido la superestrella enzarzada en una rivalidad trascendental, pero Federer y Nadal le habían dado la vuelta al concepto y ahora iban a jugar juntos a dobles por primera vez (si no contamos un par de partidos benéficos en Australia en el 2011 para recaudar fondos tras una inundación).

—Espero no haber esperado demasiado tiempo, porque ahora ya somos demasiado mayores —exclamó Federer. Pero, a esas alturas, el símbolo era más importante que el resultado.

—Creo que somos los rivales de nuestras vidas, así que jugar juntos ahora va a ser algo muy especial, creo que único —apuntó Nadal—. Va a ser una sensación genial.

Charlamos de lo mucho que se debían el uno al otro en términos de excelencia duradera, de si habrían conseguido tantos logros sin que el otro le retroalimentara.

—En unos aspectos creo que sí y en otros creo que no —contestó Federer—. Creo que debido a Rafa yo quizá he conseguido menos, pero al mismo tiempo pienso que me ha hecho mejor jugador.

Nadal estaba de acuerdo, lo cual no dejaba de ser una sorpresa teniendo en cuenta lo mucho que insiste en que su motivación es interna.

—Yo tengo mi motivación personal, pero está claro que tener a alguien delante te permite ver más fácilmente qué debes mejorar —dijo.

—Te descubren; te desnudan —intervino Federer.

—Exacto —replicó Nadal—. Si eres el mejor y no ves lo que los demás hacen mejor que tú, es difícil entrar en la pista y saber qué necesitas mejorar. Tener a alguien como Roger frente a mí tantos años me ha ayudado a salir a la pista y saber qué debo mejorar y me ha permitido entrenar con una perspectiva diferente.

Todavía quedaban detalles por resolver antes del partido de dobles del sábado.

«¿Dónde juegas normalmente?», le preguntó Nadal a Federer, que parecía encantado con la novedad de la pregunta.

El sábado ya tenían decidido que Federer jugaría en la derecha de la cancha y Nadal en la izquierda, y se combinaron muy bien, salvo por una vez en la que casi chocan cuando Nadal retrocedió para rematar un tiro alto. Mano a mano, ambos con camiseta azul, pantalón corto blanco y bandana blanca, se veían más iguales que nunca. El zurdo Nadal y el diestro Federer eran dos imágenes en un espejo: los dos miden 1,85 m, los dos son rápidos y los dos estaban encantados de comentar las tácticas ante micrófono en los cambios de lado con Borg, un hombre parco en palabras pero que sabe escuchar.

También ganaron, superando a una pareja sólida formada por Sam Querrey y Jack Sock; y Europa se impuso también el domingo, cuando Federer ganó el partido decisivo contra Nick Kyrgios en aquel torneo híbrido, a medio camino entre un torneo de exhibición y un negocio más serio.

Federer continuó ganando: viajó a Asia, donde ganó el Masters de Shanghái venciendo de nuevo a Nadal en la final sin ceder ni un set. Después ganó el torneo de su ciudad, Basilea, por octava vez, antes de perder por sorpresa en semifinales de las Finales de la ATP en Londres ante David Goffin. Pero recargó pilas en las Maldivas con su familia, donde coincidió con Cilic en el mismo resort, una casualidad pese a que las estrellas del tenis tienen por costumbre escaparse a las Maldivas. Después volvió a Dubái y a su pista del Madinat Jumeirah a prepararse para el 2018.

Llegó a la final del Open de Australia sin ceder ni un set y de nuevo no tuvo que enfrentarse ni a Nadal ni a Djokovic (o Murray) en un *major*. Pero esta vez Cilic estaba listo para apretarle las tuercas con un trofeo de Grand Slam en juego.

Durante las vacaciones entrenaron juntos: pelotearon un par de veces durante 45 minutos sin entrenadores, preparadores físicos o agentes a la vista. Quedaron para ir de copas y para merendar, Federer con su familia y Cilic con su prometida.

Y ahora se enfrentaban por el trofeo del Open de Australia.

El típico Federer: amable con sus contrincantes pero implacable a la hora de desconectar del modo encantador y concentrarse en el reto cuando la pelota estaba en juego (como con James Blake en Indian Wells).

Cilic forzó un quinto set y tuvo la que fue su gran oportunidad con dos puntos de rotura sobre el servicio de Federer en el juego inicial. Pero Federer peleó y los salvó, y después rompió el servicio de Cilic, recordando a todos su versatilidad al emplear el revés cortado varias veces con toda la efectividad contra Cilic, de 1,98 m, después no haberlo usado apenas contra Nadal en la misma pista en la final del 2017.

En un año Federer había recorrido un largo camino: de casi marginado a claro favorito, pese a que se resistió a colgarse esta última etiqueta antes del Open.

«No creo que un tipo de 36 años pueda ser favorito en un torneo», declaró.

Pero se la había colgado a sí mismo y ahora gozaba de uno de los mejores recorridos de un final de carrera deportiva: había ganado tres de los cuatro últimos torneos individuales de Grand Slam en los que había participado y su récord total alcanzaba una cifra fácil de recordar: veinte títulos.

De vuelta en Suiza, Christian Marcolli, su expsicólogo, se encendía su vigésimo puro en la terraza de su casa en Küttigen, en la campiña suiza, pensando en Peter Carter.

«Me guardo las colillas como prueba —me explica Marcolli—. Como te imaginarás, son momentos muy especiales, únicos y muy emotivos. Siempre he buscado un momento de soledad después de cada victoria para fumarme el puro.»

Federer no era el único que destacaba por su excelencia duradera. Serena Williams estaba a punto de volver a la competición a los 36 años tras el nacimiento de su hija, Olympia, y en las dos temporadas siguientes jugaría cuatro finales de *major.* Tom Brady, *quarterback* de la NFL, y el portero italiano de fútbol Gianluigi Buffon también brillaban al rondar los 40 años.

La ciencia del deporte y un mejor conocimiento de la nutrición, el entrenamiento y la recuperación han sido factores determinantes. En el caso de Federer otros factores han sido su capacidad para juntar un equipo personal altamente cualificado y poder viajar con su familia a los torneos. Pero también fue útil saber que otros estaban dando lo mejor de sí mismos.

«Me encanta escuchar estas historias —me dice Federer hablando de Brady, Buffon y de la estrella de la NHL Jaromir Jagr—. Siempre he querido ser un gran atleta o un gran jugador durante mucho tiempo y lo he conseguido, pero ver que ellos ya lo hacían antes que yo y que aún siguen haciéndolo me inspira y me motiva.»

Federer jugó contra Agassi en la final del US Open 2005, cuando Agassi tenía 35 años, pero Agassi nunca ganó un *major* a esa edad, y mucho menos tres.

Para encontrar un precedente en el tenis masculino hay que remontarse a Rosewall, el diminuto australiano de apodo irónico: Muscles («músculos»), que ganó el US Open 1970 con 35 años, el Open de Australia 1971 con 36 y el Open de Australia 1972 con 37. Además, llegó a las finales del US Open y de Wimbledon de 1974 con 39 años y las perdió ambas ante Jimmy Connors.

Con 1,70 m de altura y 68 kg tenía una constitución muy distinta a la de Federer y triunfó porque jugaba sobre todo en pistas de hierba, donde la pelota bota baja. Su raqueta era de madera y golpeaba el *drive* con poco efecto y el revés sin efecto ninguno, con fuerza o cortado y con un control soberbio.

«Podía darle a una moneda y luego ir a por ella», dice Fred Stolle, coetáneo de Rosewall.

Rosewall y Federer compartían un ágil juego de pies y una técnica sólida.

«Quisiera pensar que es por cómo nos movíamos por la pista, con suavidad pero con rapidez; nos movíamos correctamente —me cuenta Rosewall en el 2020, el día que quedamos para tomar un café en Melbourne, como solíamos hacer—. Estoy seguro de que Roger habría sido un jugador excelente si hubiera jugado con nuestras raquetas de madera. Su técnica le habría funcionado de maravilla. Y eso no es algo que pueda decir de muchos tenistas actuales.»

A los 85 años Rosewall todavía pesa 68 kg y tiene un apretón de manos firme, sin pretensiones, probablemente por las décadas que ha pasado conociendo a gente nueva en ciudades nuevas dentro del circuito profesional de torneos itinerantes de exhibición.

«Cambiábamos de sitio cada noche —recordaba—. Había una pista de lona que poníamos en el suelo del gimnasio o sobre el hielo si jugábamos en una pista de *hockey*. Se nos enfriaban los pies.»

La promoción constante era parte de la ecuación.

«Teníamos que trabajarnos mucho la promoción —decía—. En nuestro deporte profesional no teníamos patrocinadores ni *marketing*, así que siempre teníamos que estar preparados para hablar con alguien, hacer una entrevista de TV o cosas así.»

Como la mayoría de los grandes tenistas australianos de antaño, valora el juego de Federer y el respeto que el suizo profesa por la historia de este deporte; y cada año le escribe una carta de apoyo de medio folio y se la deja en el vestuario durante el Open de Australia.

«Ahora a veces es muy difícil entrar en los vestuarios —confesaba Rosewall—. No quiero molestarlo, pero creo que ha sido un tipo fantástico para este deporte. Soy un gran admirador de su actitud dentro y fuera de la pista. Ha sabido manejar la presión y no parece arrastrar esa carga que hace que te canses de todo.»

Rosewall, como su amigo y archirrival Rod Laver, jugó a caballo entre la era *amateur* y la Open, se profesionalizó de joven, por lo cual no pudo participar en los torneos de Grand Slam y en la Copa Davis hasta que el tenis cambió su política en 1968.

Rosewall enseguida se adjudicó la edición de Roland Garros 1968, el primer torneo de Grand Slam abierto a *amateurs* y profesionales. Ganó ocho *majors* en total y de lo que más se arrepiente es de no haber ganado nunca Wimbledon. Seguro que Muscles habría ganado muchos *majors* más de no haberse perdido once años de Grand Slam tras profesionalizarse en su mejor época, en 1957. Como Federer, destacó durante su adolescencia y en el último tramo de la treintena. Pero ni Federer ha podido igualar el lapso de diecinueve años entre el primero y el último título individual Grand Slam de Rosewall.

A lo largo de su carrera Rosewall nunca sufrió una lesión importante, solo empezó a tener problemas a los 55 años, con el manguito rotador. Siguió jugando al tenis a nivel recreativo hasta bien entrados los 70 años.

«Lo de Ken es increíble —me dijo Federer en Australia en el 2016, poco antes de su primera operación—. Lo admiro mucho y lo que él hizo me da la esperanza de que, si me conservo bien, aún puedo jugar muchos años.»

Con tenistas tan extraordinarios como Rosewall en mente, Federer y Paganini prepararon un plan a largo plazo para que Federer superara bien la temporada 2004, poco después de haber llegado al n.º 1 por primera vez. Estaban convencidos de que menos tenis podía llevarles a más. Y estaban en lo cierto, aunque el plan solo funcionó porque Federer tenía el talento para lanzar medias voleas ganadoras desde el fondo de la pista y meter saques precisos bajo mucha presión.

A los 36 años seguía haciéndolo igual que a los 22 y, en febrero del 2018, dos semanas después de vencer a Cilic en Melbourne, interrumpió sus vacaciones y viajó de Suiza a Róterdam para jugar un torneo en pista cubierta.

La explicación, esta vez, no era la pasión de Federer por el tenis. Estaba a punto de superar a Nadal y volver a ser n.º 1. Llegar a las semifinales de Róterdam le daría los puntos suficientes para conseguirlo, y por eso pidió una invitación al director del torneo, Richard Krajicek, excampeón de Wimbledon, y aprovechó la oportunidad.

El cuadro de Róterdam constaba de 32 jugadores y Federer solo necesitaba ganar tres rondas. Venció al belga Ruben Bemelmans en la primera, al veterano alemán Philipp Kohlschreiber en la segunda y al neerlandés Robin Haase en la tercera después de, en un guiño a la importancia del momento, ceder el primer set.

Y después ganó puntos extras al adjudicarse el torneo, superando a Dimitrov 6-2, 6-2 en la final.

Al comienzo de su retorno Federer se habría dado por satisfecho ganando un Wimbledon más, pero había hecho mucho más que eso, más de lo que él o cualquier persona de su entorno podía esperar.

«Cuando empecé con él, yo hacía muchas más predicciones que ahora y me equivocaba muchas veces. Ahora dejo que me sorprenda y creo que lo mejor es dejarlo todo abierto y no intentar ponerle puertas al campo. Está claro que a veces yo también me pregunto cuánto tiempo más va a seguir, pero creo que llegados a este punto lo mejor es vivir y disfrutar del momento. Si lo haces, puede darte mucha fuerza. Por otro lado, puede ser un problema si ya no tienes hambre de triunfos, por lo que siempre hay que encontrar el equilibrio.»

En aquel momento para Federer el reto era más mental que físico, incluso con una rodilla recién operada.

«Necesitas conocerte a ti mismo y necesitas ser sincero contigo mismo —me dijo—. Cuando vas, por ejemplo, a Róterdam, tienes que ir a por todas. Si a esta edad no te entusiasmas, no lo hagas. Es así de fácil.»

Él había encontrado la dosis de entusiasmo adecuada y el lunes por la mañana, después del torneo, entró en la web de la ATP y vio que volvía a ser el n.º 1, el jugador más mayor en conquistar aquel puesto desde que la ATP publicó sus primeros *rankings* en 1973.

CAPÍTULO 15

INDIAN WELLS, CALIFORNIA

Era día de traslado en el desierto y Roger Federer estaba despierto ya antes del amanecer. Quedamos en la pista del aeropuerto de Thermal, a poca distancia en coche de Indian Wells, donde Federer había perdido en la final del BNP Paribas Open del 2018 el día antes frente a Juan Martín del Potro.

El suizo, de nuevo en el n.º 1, lamentaba más cosas de lo usual. En el tercer set sacó para llevarse el título con un 5-4 y no logró cerrar la victoria pese a tener tres puntos de partido: la clase de suerte invertida que ocurría raras veces, pero que a Federer le pasaba más que a sus rivales de la cima.

Las razones no estaban muy claras. ¿Su fondo sensible? ¿Su escaso margen de error? ¿Una mala costumbre que se había hecho difícil de romper? En todo caso, Federer, con esa perspectiva que tanto le había costado alcanzar y su capacidad de compartimentar, parecía bien equipado para afrontar las consecuencias. En el frescor de las primeras horas de la mañana, no mostró ni un ápice de mal humor mientras charlaba y bostezaba por haber dormido demasiado poco.

«Cinco horas. Insuficiente después de un partido así», dijo.

No tardaron en darle paso para subir al *jet* privado que lo llevaría a Chicago. Yo lo acompañaba en ese viaje de cuatro horas: una oportunidad de ver con mayor detalle un día en la vida empresarial de Federer y la próxima sede de la Copa Laver. Que me hubiesen invitado para informar desde uno de los santuarios de Federer era señal de que el tenista y yo teníamos una buena relación laboral, pero sobre todo indicaba las ganas que tenían Federer y su agente, Tony Godsick, de que su idea triunfase.

La Copa Laver, llamada así en honor de Rod Laver, parecía clara como concepto: tres días frenéticos de tenis al año con los mejores de Europa frente a los mejores del resto del mundo, y la oportunidad sin precedentes para Federer de jugar en el mismo equipo que Nadal y Djokovic.

En la práctica, sin embargo, había sido complicado por la cantidad de intereses en conflicto que había en el mundo del tenis. Para un deporte en proporción pequeño a escala internacional, que solo permite ganarse la vida a unos doscientos profesionales del circuito —entre hombres y mujeres—, el tenis tiene un exceso de organismos directivos: siete si se cuentan el circuito masculino y el femenino, la Federación Internacional de Tenis y los cuatro Grand Slam, que a menudo actúan en sintonía pero son entidades independientes.

Llegar a un consenso cuesta más de lo que debería y esa fragmentación ha complicado la innovación y la aplicación de cambios importantes, dejando a este deporte considerablemente estancado. Cualquier nuevo evento, cualquier modificación en un calendario ya saturado, invade terreno ajeno.

Federer y Godsick sabían todo esto al crear la Copa Laver en Praga en el 2017, y lo entendieron aún mejor cuando se comprometieron con Chicago para la segunda Copa Laver en el 2018.

«Es la locura del tenis —me contó Federer antes de Praga—. Muevas lo que muevas, cunde el pánico y el edificio entero empieza a temblar. Cualquier cosa nueva agita el sistema actual al que están acostumbrados los tenistas, pero eso no significa que sea algo negativo.»

Para ser una superestrella, Federer se había implicado muchísimo en la parte de gobierno y política del tenis, tendencia que mostró por primera vez al asumir un papel de líder en el equipo suizo de la Copa Davis al principio de su carrera. Luego fue presidente del consejo de jugadores de la ATP del 2008 al 2014, período en el que este organismo presionó y logró grandes aumentos en los premios de los Grand Slam y los torneos regulares.

El tenis masculino fue una vez un semillero de activistas. Jugadores importantes como Arthur Ashe, Cliff Drysdale y Stan Smith trabajaron durante sus carreras para aumentar la influencia de los jugadores y su poder negociador en un microcosmos dominado por las federaciones nacionales y los propietarios de los torneos. Pero Sampras, Agassi y Boris Becker —las grandes estrellas que dominaron antes de surgir Federer— se interesaron mucho menos por gastar su preciada energía en cuestiones de gobierno.

«Quizá sea generacional, pero en mi época ningún gran jugador habría invertido tiempo en involucrarse en nada de eso —me contó Sampras—. No me interesaba distraerme con la política, el dinero de los premios o las federaciones. Ya era bastante duro el tiempo que invertía en jugar y ganar.»

Federer se implicaría mucho más, y Nadal, Murray y Djokovic se unirían en diversos grados de compromiso; Djokovic en concreto se enfrentó al *establishment* e incluso lideró la creación de un nuevo grupo de jugadores en el 2020 que buscaba ser una voz independiente respecto al circuito masculino tradicional.

El suizo no asumió ese enfoque más radical. Prefería trabajar dentro del sistema y, en consecuencia, eligió a dos entrenadores —Paul Annacone e Ivan Ljubicic— que habían estado muy metidos en la política de la ATP durante sus carreras como jugadores y entendían los principales problemas. No obstante, la Copa Laver —una buena idea en mi opinión— creó muchas tensiones, más de lo que quizá Federer hubiera querido afrontar en sus años dorados en el tenis.

La Federación Internacional de Tenis vio la Copa Laver como un lastre para su competición por equipos, la Copa Davis, que estaba luchando por conseguir la participación constante de sus mayores estrellas masculinas, Federer incluido, e iba a cambiar de formato. Las fechas de la Copa Laver, a finales de septiembre, también entraban en conflicto con eventos ya existentes en el circuito masculino en ese mismo período, por lo que les restaría atención y la posibilidad de atraer a grandes jugadores.

Los líderes de los Grand Slam tenían opiniones divergentes. El All England Club y la Federación Internacional de Tenis se mantuvieron al margen, pero Tennis Australia y la Asociación de Tenis de Estados Unidos sí invirtieron en la Copa Laver; el equipo de relaciones con los medios del Open de Australia incluso viajó de Melbourne a Praga para cubrir el evento, como parte del acuerdo.

Pese a que la primera edición de la Copa Laver fue un exitazo en cuanto a entretenimiento —con partidos muy ajustados y Federer y Nadal unidos por Europa—, el evento perdió bastante dinero por los costes de la puesta en marcha y las altas tarifas por participación y premios abonadas a los jugadores.

Para Federer, era importante que la segunda edición se basara en esa primera impresión positiva, por eso iba camino de Chicago mientras Mirka y los niños viajaban a Florida a levantar el campamento base para el Open de Miami.

«La Copa Laver es algo muy preciado para mí, así que siempre saco energía para ella —me contó Federer—. En mi carrera individual ya no juego tanto y cuando estoy ahí fuera todo va a tope, a velocidad máxima, y luego necesito otra vez estar un tiempo alejado.»

Federer no tenía avión privado. Viajaba en uno suministrado por una empresa de aviones en propiedad fraccionada. Federer usaba ese servicio para viajar por América del Norte y a menudo por Europa.

Todo formaba parte del plan de hacer más fluida su complicada vida internacional, de simplificar todo lo posible las transiciones, el *jet lag* y su existencia fuera de las pistas, tanto para él como para su familia.

De momento, Federer tenía medios suficientes para minimizar cantidad de problemas. Iba camino de convertirse en el primer tenista, y uno de los pocos deportistas, en ganar mil millones de dólares durante su carrera profesional; se uniría así al golfista Tiger Woods y al boxeador Floyd Mayweather. Solo unos 130 millones de dólares de las ganancias de Federer procedían de premios oficiales; el resto procedía de patrocinios, promociones, tasas por participación y eventos especiales, como las lucrativas exhibiciones que Godsick había organizado en América del Sur.

El rendimiento de Federer en este ámbito ha sido tan impresionante como en las pistas, y aunque sus resultados en los negocios y en el tenis están indisolublemente unidos, el tenista partía con desventaja en cuanto a rentabilidad fuera de las pistas.

Federer no procedía de un gran mercado como Estados Unidos, Japón, Alemania o Francia, y eso al principio limitó su atractivo ante posibles patrocinadores.

«Si eres suizo representas a un país pequeño —dice Régis Brunet, el primer agente de Federer con IMG—. Si quieres ganar dinero de verdad, ser el n.º 10 del mundo no basta.»

Brunet, antiguo jugador francés, lo sabía de primera mano, porque había representado a Marc Rosset, la estrella suiza que no pasó del n.o 10.

«Tienes que ser el n.º 1 del mundo para hacerte global —sigue Brunet—. Si eres el n.º 1 y estadounidense, vas a ganar un montón de dinero, pero siendo suizo solo ganarás el mismo nivel de dinero que un estadounidense si eres mucho mejor, si eres un n.º 1 excepcional de verdad.»

Brunet vio a Federer por primera vez en la Junior Orange Bowl en 1995, cuando el suizo competía en la división sub-14, en el Biltmore Hotel de Coral Gables, cerca de Miami. Había multitud de agentes allí en su eterna búsqueda de la próxima gran figura. Pese a que el principal objetivo de Brunet ese año era Olivier Rochus, un belga prometedor, un buen amigo suyo, Christophe Freyss, le dijo que debía echarle un ojo a Federer. Freyss era el entrenador francés que supervisaba la formación del suizo en el centro de entrenamiento de Écublens.

«Christopher me dijo que Roger no era fácil de llevar porque era muy nervioso, pero que tenía un talento considerable —dice Brunet—. Así que fui a mirar y a los cinco o diez minutos corrí en busca de la primera cabina de teléfono que hubiese (entonces no existían los móviles), llamé a Christophe y le pregunté si podía organizar una reunión en Basilea con los padres de Roger. Sabía que tenía que moverme rápido porque los otros agentes no tardarían en ver sus capacidades.»

A Brunet no le molestaba el temperamento de Federer y se quedó especialmente impresionado por su dominio técnico precoz, sobre todo su capacidad para golpear distintos tipos de revés con 14 años.

«Todo el mundo da buenos *drives*, pero para mí ese revés lo hacía especial».

Brunet regresó a Francia y viajó a Basilea para ver a Lynnette y Robert Federer. Había conocido a Lynnette cuando la mujer trabajaba en el departamento de acreditaciones del evento de la ATP en Basilea. Según Brunet, los Federer conocían IMG y les tranquilizaba que fuera «una empresa estadounidense» de ámbito internacional.

«En esa fase, como agentes, hablamos mucho más con los padres que con los jugadores —cuenta Brunet—. Lo único que puedo decirte es que los padres de Roger eran extraordinarios. Eran muy educados y hacían las preguntas correctas; y cuando les dabas la confianza suficiente, ellos te respondían igual. Si todos los padres fueran así, el negocio mejoraría mucho. Es duro ser agente, porque a todo el mundo le parece mejor lo que tienen los otros.»

Al principio no hubo un acuerdo formal, aunque los Federer sí llegaron a un compromiso. Brunet logró cerrar un trato con Nike en 1997 para que Federer vistiera su ropa y calzado de tenis. Adidas también se había interesado, y eso influyó. Brunet cuenta que la base del contrato de Nike fueron quinientos mil dólares durante cinco años, una suma considerable para comprometer con un júnior.

«Era el mayor contrato que firmábamos con alguien de esa edad. El nivel de un jugador suizo júnior muy bueno habría estado quizá en veinte mil al año durante un par de años y luego ya ir viendo. Pero Nike lo multiplicó por cinco y lo amplió a cinco años porque creían mucho en Roger. Les vendí a Roger como un futuro número uno, aunque para ser sincero hacía lo mismo con todos los jugadores. Lo más importante no era la suma del contrato, sino que su estructura protegía a Roger, de modo que si llegaba rápido al Top 50 o 20 su nivel económico reflejaría su nivel tenístico.»

Pese a que algunos jugadores se ven obligados a elegir una empresa de raquetas según la oferta económica y no sus preferencias, Federer pudo firmar un contrato con Wilson, que fabricaba la raqueta que él usaba y la que le gustaba.

En 1998, Federer acabó n.º 1 del mundo en júnior. Paul Dorochenko, el fisioterapeuta y osteópata francés, recuerda una celebración en la residencia de Roger en Suiza después de que el tenista ganase la Orange Bowl sub-18.

«Fue a final de año —dice Dorochenko—. El padre de Roger nos dio a Peter Carter, a Peter Lundgren y a mí un sobre con dinero a cada uno. Los Federer no nadaban en la abundancia. No eran pobres, pero tampoco ricos, y nos dieron una cantidad generosa, unos mil francos suizos o así, que son unos mil euros.»

Dorochenko recuerda sobre todo lo que ocurrió después.

«Volví a casa en el coche y había una tormenta de invierno. Las ventanillas estaban empañadas, así que las bajé y, al sacar los billetes del sobre, vino una racha fuerte de viento y la mayoría salió por la ventana. Intenté buscar algunos con la luz de los faros del coche, pero estaba nevando tan fuerte que era muy complicado. A la mañana siguiente me levanté, salí y todavía había algunos billetes colgados de un árbol.»

Ahí tiene que haber una metáfora.

Brunet y Robert Federer hablarían a menudo sobre el futuro de Roger. Robert creía en el talento de su hijo, pero él solo había jugado al tenis como aficionado, así que buscaba la opinión de expertos.

«Robbie me preguntaba: "¿Crees que va a ser un grande? ¿Va a ser bueno?" —cuenta Brunet—. Y yo le decía: "¡Robbie, venga ya! Tu hijo es excepcional, pero saber si va a estar en el Top 10, 20 o 100 depende de muchas cosas: lesiones, motivación, mujeres". Era muy complicado saber qué júniores harían algo grande.»

Una de las principales tareas de Brunet era conseguirle a Federer invitaciones para jugar torneos profesionales y acelerar así su paso al circuito. Cumplió su cometido, pero no sin dificultad.

En 1999, Brunet tenía dos invitaciones para el torneo en pista cubierta de IMG en Marsella. Su dilema era que representaba a tres jugadores jóvenes y prometedores: Federer y los franceses Arnaud Clément y Sebastien Grosjean, que también llegarían al Top 10. Brunet tenía que elegir a dos y al final se decantó por Federer y Clément. Federer hizo quedar muy bien a Brunet en Marsella al derrotar al entonces campeón de Roland Garros, Carlos Moyá, en primera ronda, pero Grosjean abandonó a Brunet como agente.

«Se enfadó conmigo y siguió enfadado conmigo —cuenta Brunet—. Ahora bromeamos, pero perdí a Grosjean por Roger.»

La victoria de Federer sobre Moyá, quien llegaría brevemente al n.º 1 unas semanas después, desde luego aseguraba al suizo la invitación al Open de Miami de IMG en marzo, por delante de jugadores de mercados más grandes.

No obstante, pese a ser útiles, las invitaciones pronto resultarían innecesarias. La última que necesitó Federer fue para Marsella en febrero del 2000. Esa vez, llegó a la final.

«Siempre pensé que Federer y su familia tenían una buena relación con el dinero —dice Dorochenko—. Recuerdo cuando Roger llegó a la final de Marsella. Al regresar, le dio el cheque a su madre y le dijo: "Aquí tienes. Ya empieza a llegar".»

Era cierto, aunque la relación con Brunet e IMG al final se agrió. Federer y sus padres se ofendieron porque Stephane Oberer —entrenador durante mucho tiempo de Rosset y entonces director técnico nacional suizo— había recibido comisiones de IMG sin su conocimiento por los contratos de patrocinio de Federer. La razón era que Oberer había influido en la sombra para juntar al suizo y a IMG.

Brunet asegura que era una práctica común pagar el equivalente a una comisión de intermediario y que Federer nunca recibió de menos por los abonos a Oberer.

«Roger no pagaba de más en comisiones. Quizá supusiera menos dinero para nosotros, para IMG. No era algo contra Roger. No se le penalizaba. Era solo un acuerdo comercial que puedes cerrar cuando alguien te procura un negocio y quieres recompensarle. Pero tiene que ser confidencial.»

Si bien era así por lo general, Brunet asegura que quien se lo contó a Federer fue Bill Ryan, entonces agente de Lundgren en IMG. Cuando dejó a Brunet, Federer acabó trabajando con Ryan hasta finales del 2002. Ryan era una figura muy mal vista en la industria.

«Nunca he estado de acuerdo con ese tipo, y me preguntaba cómo el mayor capullo del mundo estaba representando al chaval más agradable del circuito», comenta Mike Nakajima, antiguo director de tenis en Nike, quien conoció a Federer de adolescente.

Cuando Ryan dejó de golpe IMG a finales del 2002, el contrato de cinco años de Federer con Nike estaba a punto de expirar y aún no se había renovado, en parte por el cuestionable inicio que tuvo el suizo en el 2002 al perder en primera ronda en Roland Garros y en Wimbledon.

«El contrato había acabado y Adidas también estaba sobre la mesa, pero todas las marcas dudaban porque Roger estaba pasando un buen bache. Fue un momento crítico en su carrera. Pero Mirka dio un paso adelante, asumió más responsabilidades y llevó a Roger hacia una estructura que le permitiría atravesar esa dura época», cuenta un amigo que conocía bien a la pareja.

Federer, con solo 21 años, decidió junto a Mirka y sus padres romper con IMG y montar su propio equipo de representación.

«Cuando Bill se marchó de IMG, no teníamos permitido trabajar con él —me explicó luego Federer—. No sé por qué. Pensamos en buscar a otro representante y al final dije: "Creo que deberíamos intentar gestionar las cosas solos un tiempo".»

Sus padres desempeñaron un papel principal. Lynnette Federer dejó su trabajo en la industria farmacéutica suiza y Robert Federer negociaba las tarifas por participación y nuevos tratos comerciales con ayuda del abogado suizo Bernhard Christen.

«Al principio no me sentía preparado —me contó Roger en el 2005—. Por supuesto, hubo momentos de pensar: "Dios mío, de haberlo sabido..." o "Vaya, no tenía planeado volver a Basilea y meterme en reuniones para solucionar cosas y decidir asuntos de negocios". Pero en resumidas cuentas estoy cómodo así, porque tengo la sensación de que lo controlo todo.»

Federer admitió que la curva de aprendizaje implicaría cometer errores.

«Lo que me hace sentir bien es que estoy tomando decisiones por mí mismo y antes lo odiaba. Quizá eso me haya ayudado además a ser mejor jugador y mejor persona, más adulto. Ya no puedo decir a otros que decidan cuando me piden mi opinión. Tengo que opinar yo y tener una opinión sólida, porque sé que mi opinión es la que más cuenta.»

Para Federer, en esos momentos, la oportunidad de centrarse en los negocios fue una sana vía de escape de las pistas. El suizo creía además que entender la parte comercial de su carrera podría hacerlo menos vulnerable y evitarle confiar en la gente equivocada y perder lo que había ganado.

«Es algo que ves y oyes que pasa, y siempre estás deseando que no te ocurra, pero nunca tienes una garantía absoluta, salvo que lleves tú mismo las riendas, como hice yo.»

No obstante, el enfoque más casero que Federer le dio al manejo de su carrera causó preocupación en la industria del tenis, también entre agentes rivales como Ken Meyerson, un estadounidense muy agresivo y de ideas rápidas que representó a Andy Roddick antes de morir en el 2011 de un ataque al corazón con 47 años.

«Creo que Roger está muy mal representado, de forma muy inapropiada, y me parece que se están perdiendo millones», me dijo Meyerson en mayo del 2005, cuando Federer ya llevaba más de un año siendo n.º 1 y había ganado cuatro títulos individuales de Grand Slam.

Roddick había ganado un grande y estaba en el n.º 3, pero Meyerson acababa de cerrar un lucrativo contrato a largo plazo con Lacoste para él. En comparación, salía muy bien parado respecto a la renovación de varios años con Nike que Federer había firmado al fin a principios del 2003, con su padre al frente de las negociaciones.

«Puedo decir con sinceridad que tenemos un contrato sustancialmente mejor que el de Federer, pese a que Andy, sin duda, va por detrás en el *ranking* —añadió Meyerson—. Quien negociara su actual contrato con Nike les ha hecho un flaco favor a quienes representan a talentos considerables. El mercado se va a hundir si el padre, por inexperiencia, se piensa que un contrato vale X cuando en realidad vale diez veces más.»

Meyerson calculaba que Federer recibía entre 1,75 y 2 millones anuales por el contrato con Nike.

«Deberían ser diez millones anuales. La representación regional solo sirve si quieres ser un jugador regional... ¿Se traduce eso en pérdidas de dinero? Así lo creo.»

Era ilustrativo también comparar a Federer con la nueva estrella femenina, Maria Sharapova, que había ganado Wimbledon con 17 años en el 2004. Sus contratos de patrocinio fuera de las pistas se acercaron a los veinte millones de dólares anuales a finales del 2005, según ejecutivos de IMG, que decían que Federer ni siquiera llegaba a los diez millones.

«Estábamos cerrando tratos aplastantes, le llevábamos kilómetros de ventaja a Federer —dice Max Eisenbud, agente de Sharapova durante mucho tiempo en IMG—. Pero entonces Roger Federer era una persona distinta.»

En el 2005, Forbes calculó las ganancias anuales del tenista en trece millones de dólares, fuera del Top 50 de deportistas mejor pagados del mundo, muy por detrás de Andre Agassi y Sharapova, que estaban en los veintiocho millones.

Federer me contó entonces que disfrutaba de su independencia y que no quería comprometerse en exceso con los patrocinadores por las exigencias de tiempo que suponía eso. Pero sin duda tomó nota de las disparidades y las exigencias sobre Mirka, muy ocupada gestionando las relaciones con los medios y la agenda de Roger. La antigua n.º 1 Monica Seles, clienta durante mucho tiempo de IMG, ayudó a organizar una reunión con el nuevo presidente y director ejecutivo de la agencia, Ted Forstmann, un multimillonario y aficionado al tenis cuya empresa de capital de inversión, Forstmann Little, adquirió IMG en el 2004.

Tuvieron charlas productivas, aunque la clave era quién trabajaría con Federer día a día. Godsick, entonces con treinta y pocos años, ya representaba a Seles y a la n.º 1 del momento, Lindsay Davenport, además de a Tommy Haas. No obstante, Seles estaba básicamente retirada y Davenport pronto iba a formar una familia y reducir su actividad tenística. La carrera de Godsick se acercaba a una encrucijada.

A lo largo de su carrera, Godsick ya había estado una vez donde debía estar. Era estudiante en Dartmouth, una universidad de la Ivy League, donde jugaba al fútbol americano. El verano de 1992 estuvo de prácticas en Transworld International, la sección de comunicaciones de IMG, y un día llegó un mensaje por busca: Seles necesitaba a alguien de inmediato para trabajar con ella en un partido de exhibición en Mahwah, Nueva Jersey.

Godsick, que hacía el último turno del día, llamó y se ofreció voluntario de inmediato. «Y dije: "No sé cómo va esto, contadme qué hay que hacer y ya"», dice entre risas.

El primer día discutió con el promotor del torneo por las exigencias de calendario de Seles. La tenista, que iba a recibir una tarifa por participación de más de 250 000 dólares, acabó consiguiendo la franja horaria que quería. Al poco, Seles, con 18 años, le planteó otro reto a Godsick.

«Los Guns N'Roses tocan mañana. Búscame entradas», le dijo Seles. Godsick también lo logró, e incluso consiguió pases para el *backstage* en el estadio de los Giants, porque el cantante y líder del grupo, Axl Rose, era fan de Seles.

«Fue todo bastante surrealista», cuenta Godsick.

Seles le pidió que trabajase y viajase con ella, pero Godsick tenía que terminar su último año de universidad, así que hizo malabares entre los viajes con Seles y sus estudios hasta marzo de 1993. Fue cuando consiguió un empleo a tiempo completo con IMG, con un salario base de poco más de veinte mil dólares al año.

Unas semanas después, el 30 de abril, Godsick se despertó con la noticia de que a la tenista n.º 1 del mundo, Seles, la habían apuñalado en la espalda durante un cambio; lo hizo un fan trastornado de Steffi Graf, con un cuchillo de más de veinte centímetros, en Hamburgo, Alemania. Si bien Seles se operó y se recuperó rápido de las heridas físicas, las psicológicas fueron mucho más graves. Cayó en depresión y no regresó a la actividad hasta el verano de 1995, con Godsick como su agente a tiempo completo.

«Lo que le ocurrió fue horrible, sin duda, pero para ser sincero me ayudó que Seles estuviese fuera esos dos años —me contó Godsick—. Así pude conocer bien el negocio y aprender a gestionar las cosas adecuadamente, o al menos a intentar gestionar el gran impacto de su regreso.»

Más de una década después, consolidado como uno de los grandes agentes del tenis, Godsick sacude la cabeza ante el destino.

«Si no hubiese respondido a ese mensaje, si hubiera estado lejos de mi mesa un par de minutos o no hubiese trabajado en el último turno, quizá nunca habría ocurrido nada de esto. Es así.»

Seles le presentó a Mary Joe Fernández, la antigua estrella del tenis estadounidense con quien Godsick se casó en el 2000. Seles conocía además a Mirka Federer y se ocupó de recomendársela a Godsick.

«Monica fue quien al final me puso en contacto con Roger —me contó Godsick—. Le debo muchísimo en mi carrera, y también a mi esposa, que me ha ayudado de verdad.»

La llegada de Godsick a finales del 2005 supuso un gran cambio en el balance de Federer. A mediados del 2010, sus ganancias anuales se habían triplicado y más, hasta unos 43 millones de dólares, según Forbes. Eso incluía tratos con Mercedes-Benz, el fabricante de coches alemán, y con marcas suizas de corte internacional, como la relojera Rolex, la chocolatera Lindt y el banco Credit Suisse.

En el 2008, Federer renovó su contrato con Nike durante diez años por más de diez millones al año: un récord para un patrocinio tenístico. Esa vez nadie se quejó de que estuviese hundiendo el mercado.

Godsick también estaba tratando de meter a Federer en la cultura dominante estadounidense, quizá el mercado más duro para un tenista europeo, en parte porque el tenis es un deporte minoritario en América del Norte comparado con los grandes deportes de equipo.

«Al principio de su carrera, todo el mundo habla de Estados Unidos —me dijo Federer—. ¿Has triunfado en Estados Unidos? ¿Eres famoso allí?»

Yo no me había hecho ilusiones. Mi acceso frecuente a Federer se debía ante todo a la intención de ampliar su alcance mediante el *The New York Times*, aunque el periódico era solo una pequeña parte de una estrategia mayor, que incluía vincular a Federer con uno de los famosos estadounidenses más prominentes: Tiger Woods.

A ambos los representaba IMG y los patrocinaba Nike, y en el 2006 Godsick y el agente de Woods, Mark Steinberg, acordaron un encuentro en el US Open, en Nueva York. Ambos estaban entonces a seis victorias del récord masculino de grandes campeonatos en sus deportes: Federer con ocho títulos individuales de Grand Slam frente a los catorce de Pete Sampras; Woods con doce grandes frente a los dieciocho de Nicklaus.

Su admiración mutua parecía auténtica. Woods se declaró un «gran fan de Federer» durante el Abierto Británico de Golf que ganó en el Royal Liverpool en julio del 2006; y, cuando entrevisté a Federer varias semanas después en Nueva York, antes del US Open, habló largo y tendido sobre lo inspirador que era Woods.

—Su actitud me da fuerzas. La idea es que quieres demostrarte a ti mismo que puedes hacer las cosas, no a otra gente. Por eso para mí la rivalidad con Rafa Nadal, vale, es interesante, pero al final lo que me interesa es ganar torneos. Para mí se reduce a eso, y si resulta que Rafa Nadal está enfrente, pues mejor, porque así puedo vencer al principal rival y además tener una gran historia que contar. Pero creo que lo que más nos interesa a gente como Tiger y como yo no es contra quién jugamos o competimos. Quieres hacer las cosas lo mejor que puedas. Es importante levantarte por la mañana y luego irte a la cama por las noches sintiéndote bien contigo mismo y con tu esfuerzo.

—¿Y cómo estás durmiendo últimamente? —le pregunté.

—Bien, gracias —respondió Roger.

Federer y Godsick estaban además interesados en sacar el máximo provecho del potencial comercial del tenista. Gillette, la empresa de maquinillas de afeitar con sede en Boston, andaba en busca de embajadores de la marca en el mundo para sustituir a la estrella del fútbol David Beckham. Ya se habían decidido por Woods y estaban pensando en Federer y Nadal. Un encuentro en directo con Woods no iría mal. Cuando Federer se enfrentó a la estrella estadounidense Andy Roddick en la final del US Open 2006, Woods fue a Flushing Meadows y saludó a Federer antes del partido. Al empezar la final, Woods estaba en la primera fila del palco de Federer, sentado entre su esposa, Elin, y Mirka.

Cuando Federer ganó el título, Woods visitó los vestuarios, con una gorra blanca hacia atrás, para ayudar a Federer a celebrarlo con champán.

«Es curioso, porque teníamos muchas cosas parecidas. Tiger sabía exactamente cómo me sentía en la pista. Es algo que no me ha pasado antes, estar con alguien que sepa cómo es sentirse invencible a veces», cuenta Federer.

Roddick, desde luego, tomó nota de cómo su compatriota animaba en primera fila a un suizo al que acababa de conocer.

«Diría que fue un poco sorprendente —me contó Roddick—. No sabía qué iba a pasar. Levanté la vista y lo vi. Sentarse en el palco de alguien es otro nivel. Me sorprendió ver eso en el US Open. Entiendo lo de Nike e IMG, supongo, pero sí, vaya, no tengo derecho a molestarme con alguien que no conozco, aunque supongo que lo calificaría de innecesario.»

En enero del 2007, Gillette nombró embajador internacional a Federer, junto a Woods y al futbolista Thierry Henry.

Federer y Woods siguieron en contacto y cuando sus calendarios coincidían iban a verse el uno al otro en directo. No obstante, el mediático contrato de patrocinio con Gillette duró más para Federer que para Woods, que en el 2009 tuvo que enfrentarse a la divulgación de un grave caso de infidelidad y al consecuente hundimiento de su matrimonio de seis años. El escándalo generó una enorme cobertura mediática a escala internacional y le costó a Woods numerosos patrocinios.

Federer y él no volverían a compartir una fiesta por una victoria, aunque Woods sí compartió una con Nadal en el 2019 en el US Open, tras ver al español ganar desde su palco.

Resultó que Nadal era mucho más aficionado al golf que Federer y un golfista mucho más serio que él, aunque jugase al golf con la derecha.

Le pregunté a Federer por Woods en mayo del 2010 cuando nos vimos en París, unos meses después de que estallara el escándalo por la infidelidad.

«He tratado de hablar con él, pero es complicado.»

Me dijo que en marzo había visto a Elin, la futura exmujer de Woods, en Miami con su hija, Sam.

«Estuvo bien, fue bonito ponerme al día con ella y saber que le va bien. Tengo ganas de ver a Tiger. Llevamos mucho tiempo sin cruzarnos.»

A Federer le interesaba más hablar sobre el tono de la cobertura de la noticia que sobre el comportamiento de Woods.

«A la gente le gustan las noticias impactantes y luego las sigue, y la cosa se convierte en un *reality*, algo muy común ahora. Me sorprende cuánto duran esas historias y la dimensión que adquieren.»

Le pregunté si creía que la historia de Woods merecía tanta cobertura.

«Para mí es un poco exagerado, para ser sincero. No me importa demasiado saber que todo es perfecto ni nada así. Las cosas son como son y no creo que debas intentar por todos los medios proteger tu imagen. Tiene que ser natural. Así lo afronto yo.

»Si la gente te tiene cariño, te lo tiene, y si no, pues no. No voy a cambiar mi forma de ser para agradar a todo el mundo, porque sé que eso es imposible y sé que así tiene que ser, porque hay muchas personalidades distintas en el mundo y muchos otros deportistas. Para mí la mejor manera de actuar con los medios y los fans es ser natural. Me alegro de poder hablar tan abiertamente y con tanta sinceridad con todo el mundo sin ser demasiado polémico. Supongo que intento ser interesante para los fans, porque quiero que lean una buena historia en vez de tanta polémica.»

Me di cuenta de que, en cierto modo, Federer era la última superestrella que quedaba en eso de evitar conductas malas para la imagen.

—Entre la gente hay como un sentimiento de «Roger, no la cagues». ¿Piensas en eso?

Federer se echó a reír.

—No puedes pensar en eso, porque a veces pasan cosas y tienes que afrontarlas.

Los agentes de la industria del deporte creen que Federer, sin querer, se benefició de la implosión de la imagen de Woods.

«Roger necesitó un tiempo y muchas victorias en Grand Slam para que la cosa arrancara —dice Max Eisenbud, agente durante mucho tiempo de Sharapova con IMG—. Pero nunca he visto un paquete más completo que el suyo. Creo que cuando empezaron a pasar cosas, con la polémica de Woods, cuando las marcas se pusieron tensas y comenzaron a preocuparse mucho por las vinculaciones de marca, Roger se catapultó porque era la persona más segura. La situación con Tiger Woods sacudió al mundo entero, porque Tiger era como a prueba de balas. Creo que las marcas empezaron entonces a plantearse no firmar vinculaciones o hacerlo solo si eran del todo limpias.»

En ese contexto, resultó problemático y muy poco oportuno que a finales del 2010 se presentase una demanda contra Ted Forstmann en el Tribunal Supremo del Condado de Los Ángeles acusándolo de haber aumentado una apuesta en la final de Roland Garros 2007 tras consultar con Federer.

El amaño de partidos era una preocupación cada vez mayor en el tenis profesional, multiplicada por el aumento de las apuestas en internet y los irrisorios premios de las ligas menores, cosa que creaba un incentivo considerable para la trampa. El tenis reaccionó de forma lenta, pero en el 2008 creó la Unidad de Integridad del Tenis, un organismo de investigación y sanción.

Pese a que los jugadores tenían prohibido desde hacía mucho apostar en el tenis, hasta el 2009 no se prohibió hacerlo expresamente al resto de personas que trabajaban en el deporte (asistentes de tenistas, oficiales de torneos, etc.).

La apuesta de Forstmann en la final del 2007 —cosa que reconoció haber hecho— era previa a esa nueva normativa. No obstante, la demanda, que afirmaba que Forstmann había apostado millones de dólares en diversos deportes, colocaba a Federer en una posición incómoda, al sugerir que ofrecía información privilegiada a un apostador.

«Nunca haría algo así», dijo cuando habló conmigo y un reducido número de periodistas en el torneo de París en pista cubierta de noviembre del 2010.

Es la única vez que recuerdo haber visto a Federer en posición de tener que desmentir una historia que lo involucraba en un asunto potencialmente muy volátil. No obstante, el suizo afirmó no tener ni idea de que Forstmann apostase en sus partidos y negó toda participación en las apuestas. Afirmó que se había puesto en contacto con el agente, un financiero de pelo cano y con 70 años entonces, que había ayudado a llevar a Federer de vuelta a IMG.

«Lo llamé y le dije que quería saberlo todo, cómo había saltado la noticia. Ha sido lo bastante amable para desvincularme y lo ha dejado ya muy claro a la prensa. Así que vale. Él no es mi agente. Mi agente es Tony. De todas maneras, es una empresa que hace muchas cosas en varios deportes, así que para mí es importante saber también lo que pasa por su parte.»

La demanda, basada en una disputa empresarial, acusaba a Forstmann de haber apostado veintidós mil y once mil dólares a la victoria de Federer el 9 de junio, el día antes de la final de Roland Garros 2007 que el suizo perdió contra Nadal, también cliente de IMG. La situación habría sido aún más problemática si Forstmann hubiese apostado por la derrota de Federer.

Al principio, Forstmann le dijo a *The Daily Beast* que quizá hubiese llamado a Federer antes de la final, pero solo porque era «colega mío».

«Querría desearle suerte y ya está. ¿Qué información privilegiada es esa?», dijo Forstmann.

Sin embargo, tras consultar sus registros telefónicos, Forstmann aclaró que no había llamado a Federer. Como poco, el patrón de apuestas a sus propios clientes demostraba muy mal criterio. IMG no solo representaba a decenas de tenistas. Tenía en propiedad torneos y eventos especiales.

Federer estaba molesto, con razón, y también lo estaban miembros de la junta directiva de IMG.

«Creo que es muy importante mantener los ojos abiertos para ver qué hacen los jugadores y toda la gente de alrededor, saber qué volumen de apuestas se está moviendo —dijo Federer—. Deberíamos reducir eso lo máximo posible, está claro.

»A veces no puede evitarse que se barajen nombres. Así son las cosas. Por ese lado, la noticia me pareció una locura. Pero obviamente no está bien que IMG o Ted Forstmann se vean implicados en algo así, aunque estoy seguro de que habrá aprendido la lección.»

No parecía que eso estuviese claro, pero al final no hubo sanciones contra Forstmann. Le diagnosticaron un cáncer cerebral unos seis meses después y murió en noviembre del 2011. Nunca testificó por la demanda, que se acabó desestimando.

Federer S. A. siguió su trayectoria ascendente. En el 2013, los ingresos anuales del jugador se calculaban en 71,5 millones de dólares, impulsados por su primera gira de exhibición por América del Sur y un contrato nuevo de cinco años con la marca de champán Moët & Chandon. Se situaba así en segundo lugar en la lista Forbes de deportistas mejor pagados del mundo, detrás de Woods y delante de la estrella del baloncesto Kobe Bryant.

Lo que ha diferenciado a Federer de tantos grandes deportistas no es su rendimiento solo en las pistas, sino también en las salas de juntas y las suites corporativas. Federer se enorgullece de ofrecer un servicio personalizado. Incluso en sus inicios visitaba las veintiuna suites de patrocinadores en el Swiss Indoors para conocer y saludar a la gente. Esa filosofía la ha conservado.

«Es buenísimo cuando lo ves con los patrocinadores, con los directores ejecutivos —cuenta Eisenbud—. Tiene la capacidad de hacerte sentir que le importa de verdad lo que estás diciendo, que tiene tiempo para ti. Nunca te mete prisa. Si eres fan y vas a un evento de cien personas presentado por uno de sus patrocinadores y te pones a hablar con él, te hará sentir que tiene todo el tiempo del mundo para estar contigo y escucharte. Y creo que es así de verdad. Nunca he visto a otro deportista igual. Creo que tiene mucho que ver con cómo lo han criado.»

Andy Roddick me contó que Federer fue a Austin, Texas, en el 2018 como un favor personal para ayudarlo con un evento de su fundación benéfica, que financia programas educativos y actividades para jóvenes de rentas bajas.

«Lo recogí en el aeropuerto, íbamos en el coche y empieza: "Bueno, ¿cómo va a ser la cosa?". Y luego: "Explícame bien lo que hacéis. No quiero ser un dejado y decir que ayudáis a niños y ya está". Y después: "Vale, pero ¿cómo puedo ayudarte lo mejor posible?". No me habló de a qué hora podría largarse o cuánto tiempo iba a tener que dedicarle a aquello», cuenta Roddick.

Cuando llegó al evento, Roddick creía que tendría que acompañarlo, presentarlo a invitados y donantes, pero el suizo tomó la iniciativa.

«Se separó de mí y se fue directo a las dos primeras personas que vio, se presentó y se paseó por toda la sala él solo, sin agentes, sin representantes que interfiriesen. Estuvo así una hora, en una sala llena de desconocidos, implicándose con la gente. Uno de los miembros de nuestra junta tiene gemelos y se pusieron a hablar de eso. Roger sabe encontrar paralelismos y espacios comunes. Me impresionó, la verdad. La persona que menos lo necesita y es quien mejor lo hace. Acabamos su parte del evento, pero su avión salía con retraso, así que volvió a la sala de donantes y empezó otra vez. No salió de Austin hasta la una o dos de la madrugada y, si iba cabreado, nadie se enteró.»

Le pregunté a Roddick cómo de inusual era esa actitud en comparación con otros deportistas de élite que conociese.

«Lo que más envidio no son las habilidades ni los títulos que tiene, sino la facilidad con la que Roger se maneja. Hay gente igual de grande que Roger en otros deportes, pero Jordan o Tiger nunca tuvieron esa facilidad para manejarse en el día tras día.»

A finales del 2013, di la exclusiva para el *The New York Times* de que Federer y Godsick dejaban IMG para crear su propia empresa de representación de lujo, llamada Team8 en honor del número talismán del suizo (nació el 8 de agosto, el octavo mes).

Según ejecutivos cercanos al acuerdo, se marcharon «limpios», sin pagar indemnizaciones ni tasas a IMG, algo que Forstmann había autorizado antes de morir.

La jugada de separación era parte de una tendencia entre las altas esferas. Tiger Woods y Steinberg habían dejado IMG en el 2011. Nadal se acababa de marchar también junto a su agente de muchos años, Carlos Costa.

Team8, que contaba además con el apoyo de los inversores estadounidenses Ian McKinnon y Dirk Ziff (un multimillonario), aspiraba a representar a otros deportistas aparte de Federer. Las jóvenes estrellas del tenis Juan Martín del Potro y Grigor Dimitrov firmaron con la empresa en cuanto comenzó su actividad.

«Roger va a tener un legado y un negocio que vivirán mucho más allá de sus días de competición, algo parecido a lo de Arnold Palmer en el golf —dijo John Tobias, entonces presidente de Lagardère Unlimited Tennis, una agencia rival—. Imaginaba que eso sería suficiente, y por fuerza imaginaba que esas cifras posteriores a su carrera serían tan sólidas que a Tony le iría bien económicamente. No estoy seguro de por qué quiere asumir más responsabilidades. Supongo que es porque Tony es un tipo bastante competitivo.»

Godsick me dijo que quería innovar y crear valor nuevo, no solo gestionar los negocios ya existentes de Federer. Fue una maniobra atrevida, aunque nada ilógica a la vista de la muerte de Forstmann, la venta inminente de IMG y la experiencia de Federer funcionando por su cuenta al principio de su carrera.

El suizo se implicó más de lo esperado en reclutar jugadores. Usó su poder de estrella y sus habilidades comunicativas para ponerse en contacto con el joven australiano Nick Kyrgios y su familia, con la joven estrella alemana Alexander Zverev y con el fenómeno adolescente estadounidense Coco Gauff.

Zverev y Gauff se unieron oficialmente a Team8, pero no así Kyrgios. Un agente rival calificó de «chocantes» algunas tácticas de reclutamiento de Team8 y dijo sorprenderse de que «Roger quiera implicarse en algo así».

No ha sido un camino de rosas. Pese al atractivo de Federer, reclutar a gente ha sido todo un reto y ha habido un desgaste considerable entre clientes y empleados. Dimitrov y Zverev al final se marcharon. Team8 también rompió con Tommy Paul, un joven y talentoso jugador estadounidense.

Andre Silva, antiguo ejecutivo de la ATP muy reputado a quien Team8 contrató, se marchó en el 2016 para ser director de un torneo. Chris McCormack, nieto del fundador de IMG, Mark McCormack, se fue para unirse a una agencia rival.

No obstante, las ganancias de Federer no han parado de aumentar. En el 2018, cuando Nike y él, sorprendentemente, no llegaron a ningún acuerdo de renovación, el suizo firmó un contrato de ropa por diez años con Uniqlo, minorista japonés para el mercado de masas. Según informaciones, el contrato contempla treinta millones de dólares anuales para Federer, aunque algunos expertos en la industria del tenis creen que la cifra real se acerca más a los veinte.

En todo caso, es mucho más de lo que Nike estaba dispuesto a pagar a una superestrella que empezaba a envejecer, independientemente de lo intacta que estuviese su imagen.

«Me alegro de que ocurriese tras mi marcha, porque no podría haber vivido tranquilo —dice Nakajima, antiguo ejecutivo de Nike, sobre la ruptura Nike-Federer—. Por desgracia, todo se reduce a cifras. Pero, a ver, ¿en serio? ¿Cómo dejas escapar a Roger Federer? Fue una pena. Para mí Federer es como Michael Jordan. Ya está pensando en lo que va a pasar luego y es posible que tenga más éxito cuando acabe su carrera si hace las cosas bien. ¿Quién no querría vincular su nombre a eso si fuese una empresa?»

John Slusher, vicepresidente ejecutivo de Nike en *marketing* deportivo mundial, estudió en Dartmouth como Godsick, aunque ese vínculo no ayudó a cerrar el trato. Massimo Calvelli, que dejó Nike para hacerse director ejecutivo de la ATP, también estuvo en las negociaciones.

El tenis no es una gran mina de oro para Nike. Representa un pequeño departamento dentro de esa empresa enorme e internacional, y la regla de oro, según Nakajima, es no gastar más del diez por ciento de los ingresos en patrocinio de jugadores. Nike ya tenía un compromiso con estrellas como Serena Williams, Nadal y Sharapova, que aún no se había retirado en el 2018. También había estrellas emergentes contratadas, como Kyrgios, Denis Shapovalov y Amanda Anisimova. Para acercarse a cumplir las exigencias de Federer, Nakajima aseguraba que la empresa habría tenido que romper ese tope del diez por ciento.

Aunque Federer deseaba e incluso esperaba que Phil Knight, cofundador de Nike y presidente emérito, interviniese a su favor, Knight, que se estaba alejando de la dirección, optó por dejar que Slusher y el antiguo director ejecutivo Mark Parker llevasen el tema. Quizá no pensaran que Federer iba a abandonar de verdad una empresa de ropa deportiva de alta gama por una marca de ropa más popular y normal. Pero, si era un farol, el suizo lo mantuvo hasta el final.

«Roger no querría dejar Nike ni por asomo —asegura Nakajima—. He sabido que Massimo lloró cuando Tony le dijo que habían cerrado el trato con Uniqlo. Yo nunca habría dejado que eso ocurriese, nunca.»

No obstante, después de más de veinte años, Federer empezó de nuevo. Y, dado que el acuerdo con Uniqlo no cubría el calzado, invirtió además en On, una empresa suiza de calzado deportivo a la que ayudó a crear unas zapatillas de tenis con las que Federer compitió por primera vez en el 2011.

El contrato con Uniqlo colocaba a Federer en un nivel económico único. A mediados del 2020, Forbes lo designó el deportista mejor pagado del mundo y calculó sus ingresos anuales en 106,3 millones de dólares; solo 6,3 millones eran de premios oficiales.

Era la primera vez que Federer o cualquier otro tenista encabezaba esa lista, por delante de las estrellas del fútbol Cristiano Ronaldo, Leo Messi, y Neymar y las estrellas de la NBA LeBron James, Stephen Curry y Kevin Durant. Su supremacía con 39 años en parte se debió a la pandemia, que clausuró el deporte profesional durante buena parte del 2020.

Pero, al margen de la búsqueda individual de lucro de Federer, está la Copa Laver, que sigue siendo el proyecto mimado de Team8: un evento que, si prospera, podría servir como legado para Federer y también como una vía para que el suizo siga implicado en el deporte como capitán de equipo u organizador.

Con objeto de proteger el torneo, Godsick y Federer presionaron insistentemente entre bambalinas para integrarlo de manera oficial en el circuito de la ATP, y han luchado además con ferocidad por mantener las fechas a finales de septiembre, muy atractivas para la remodelada Copa Davis. No obstante, Federer y Godsick no lograron evitar que los líderes de Roland Garros trasladasen su torneo unilateralmente a esa parte del calendario durante el año de la pandemia; de todos modos, es probable que la edición del 2020 de la Copa Laver en el TD Garden de Boston se hubiese pospuesto por las restricciones de público.

Tras demostrar que la Copa Laver podía hacerse y hacerse bien, Federer y Godsick tienen que demostrar ahora que podrá sostenerse aunque la carrera del suizo como jugador haya terminado. Por ahora, Federer está preparado para el trabajo extra y las millas de vuelo extra.

Tras dejar el desierto de California en marzo del 2018, Federer pasó parte del trayecto desayunando y hablando conmigo sobre la política en el tenis. Godsick y el entrenador de Roger, Severin Lüthi, que parecían aún más somnolientos que Federer, intentaron echar un sueño en una cabina separada antes de llegar a Chicago.

Federer y su equipo se pusieron en marcha a toda velocidad en el aeropuerto internacional de Midway. En las cuatro horas que pasó en la ciudad, Roger consiguió visitar una pizzería con pizzas de masa gruesa, el Chicago Theatre, el Millennium Park, el Chicago Athletic Association Hotel y el United Center, donde la antigua estrella de los Chicago Bulls Scottie Pippen le hizo una visita por los futuros vestuarios de la Copa Laver. Tuvo que reunirse y saludar a un montón de gente y luego le quedaba un largo camino de vuelta al aeropuerto de Midway y al *jet* privado que lo llevaría a Miami.

Mi viaje con Federer había acabado. Tras escribir mi columna regresé a Boston en un asiento de clase turista en mitad de la fila, en un vuelo atestado de American Airlines. Al llegar, continué en un autobús al norte hasta mi ciudad, donde llegué pasadas las dos de la madrugada, demasiado tarde para llamar un taxi.

Acabé recorriendo a pie los casi cinco kilómetros hasta mi casa por el arcén de la carretera, arrastrando mi maleta y riéndome a ratos en mitad de la oscuridad por el contraste entre el glamuroso inicio de mi día y su vulgar final.

Esta, pensé, era el tipo de soledad que Federer rara vez experimentaba.

CAPÍTULO 16

FELSBERG, SUIZA

La pista se llama Roger, y Federer barría la tierra batida cual carpintero que barre el suelo del taller tras un día de mucho trabajo.

Llevaba tiempo lejos de su primera superficie tenística, el suficiente para echar de menos los deslizamientos, el bote amortiguado de la pelota y rituales como arrastrar una estera de malla sobre la tierra para borrar marcas y preparar la pista para los siguientes jugadores.

Nadal a menudo también barre sus pistas de entrenamiento, es un gesto con cierta carga de humildad. Además, a uno le gusta ver a las superestrellas actuando como el resto de nosotros.

«Incluso Roger Federer barre la pista —decía Toni Poltera, presidente del Tennisclub Felsberg, viéndolo en acción—. Por eso es tan popular aquí. No va de divo. Tiene ese toque humano.»

Viajé a los Alpes en abril del 2019 para pasar un día viendo entrenar a Federer y entrevistarlo para el *The New York Times* con motivo de su regreso a la tierra batida tras un paréntesis de tres años, pero también para hablar de su vínculo con Suiza.

En algún otro país podría haber pagado menos impuestos (o ninguno), pero él seguía allí pese a todos sus viajes y posibilidades, pese a su apartamento en Dubái y una finca en Sudáfrica y pese a su querencia por los estilos de vida más relajados.

«En el fondo me siento muy suizo —me dijo—. Por eso quiero criar a mis hijos aquí. Cuando hablamos de hogar, nos referimos a este. Aunque Mirka sea de origen eslovaco y yo tenga una parte sudafricana, aquí es donde nos sentimos más felices.»

Federer hablaba mientras almorzábamos en el restaurante Rheinfels, una pizzería familiar de Chur a la que llegamos en su

Mercedes entre sesión y sesión de entrenamiento. El comedor principal estaba casi lleno cuando entramos y, aunque la gente nos miró, no vimos ni gestos ni aspavientos mientras la camarera nos acompañaba hasta una mesa en la sala contigua, más tranquila para un *tête-à-tête.*

Estaba claro que Federer no había pasado inadvertido, pero nadie lo abordó. Poco después de pedir, una familia se acercó a nuestra mesa, casi de puntillas tras la camarera, y preguntó en alemán de Suiza si podían hacerse una selfi con él. En un principio, Federer, al que acababan de interrumpir en medio de una frase, pareció un poco disgustado, pero se levantó de la silla, sonrió y aceptó.

Aún así, no era la beatlemanía y la relativa calma resultaba extraordinaria siendo Federer el suizo más famoso en Suiza y el extranjero.

Lo sabe bien Severin Lüthi, amigo y entrenador de Federer desde hace tiempo. «Si vas a Tailandia o cualquier otro país, incluso de vacaciones, y te preguntan de donde eres, al decir "Suiza" enseguida te sueltan: "¡Roger Federer!" —cuenta Lüthi—. Pasa bastante a menudo.»

Alguien con menos tacto incluso respondería que conoce a Federer.

«Nunca lo digo —afirma Lüthi—. Me gusta ver cómo reaccionan. De lo contrario parece que quiera presumir.»

Como el comentario sugiere, Suiza es un país que enfatiza la discreción y la igualdad desde el parvulario en adelante, y Federer cree que ese ambiente de respeto y sencillez lo ha ayudado a prolongar su carrera.

«Sé que puedo regresar a Suiza y relajarme», me dijo.

Y eso que con una carrera profesional de más de veinte años ya es parte del banco de la memoria colectiva y a menudo se siente como si debiera algún tipo de agradecimiento a los suizos con los que se cruza, por mucho que ellos pretendan actuar como si nada.

«La gente a veces me mira como si fuera un político —me comentó entre risas—. Se supone que debo saludar a todo el mundo porque todosme conocen de la tele, los anuncios y las entrevistas.»

Le pregunté cómo era, según él, la mentalidad suiza.

«Es reservada, pero cuando conoces bien a un suizo compruebas que es una persona muy abierta y generosa, y quizá habrás encontrado a un amigo de por vida —contestó—. Creo que por eso tenemos cuatro lenguas oficiales, somos bastante internacionales por naturaleza. Tenemos mucha influencia alemana, francesa, italiana y austriaca, esto es como un crisol. Y es un lugar fácil para cambiar de mundo. Ahora estamos aquí y en dos o tres horas puedes plantarte en Milán, un lugar totalmente diferente.»

Si bien Federer no tiene una vida «normal» en Suiza, sí que su vida se ve manejable. Fuimos a almorzar solos, sin entrenadores ni guardaespaldas. Pese a la petición de la foto, las dos horas que duró la comida fueron muy tranquilas: de la sopa a la pasta y al café (Federer no es muy carnívoro).

«No creo mucho en el zodíaco y esas cosas, pero soy Leo —comentó—, y sé que a los Leo nos gusta ser el centro de atención, pero solo cuando queremos. Para mí el mundo del tenis es ideal. Estoy encantado de asumirlo todo: las consecuencias, los grandes estadios, la prensa, la atención... Pero luego necesito alejarme de todo.»

Parecía un comentario particularmente revelador, uno que yo mismo podía suscribir. Como periodista deportivo te zambulles en el estrés, el ruido y las multitudes, escribes tus artículos corriendo para el cierre de la edición entre gente que anima, abuchea o canturrea. Toda esa energía y emoción hace mella en ti y al final te agota, aunque seas un mero observador. Pese a que soy Sagitario y no Leo, después de cubrir torneos Grand Slam, una olimpiada o una Copa Mundial a menudo busco la máxima tranquilidad posible: bosques, campos, senderos de montaña, cualquier lugar donde canten los grillos en lugar de los fans enfervorizados. Es como si necesitases ir de un extremo al otro para encontrar algo parecido al equilibrio.

Federer asintió.

«Aquí puedo encontrar mi equilibrio y mi paz y todo eso —afirmó con un gesto de la mano con la que no sujetaba la taza de café—. Fue muy buena idea criar a la familia en las montañas. No era nuestro plan inicial. Ocurrió hace cinco, seis, siete años, cuando encontramos un terreno donde construir y alejarnos de la gran ciudad en este sitio más remoto.»

Construyeron su hogar en Valbella, cerca de las pistas de esquí y las rutas excursionistas de Lenzerheide, a solo 45 minutos en coche de Davos y a una hora de Saint-Moritz.

Vivir aquí significa entrenar en altitud. Feslberg está a 572 m sobre el nivel del mar, lo suficiente elevado para que una pelota de tenis vaya más rápida. También significa jugar en sitios acogedores y sencillos como el Tennisclub Felsberg, muy cerca del Rin. No se han escrito sinfonías sobre este estrecho tramo del río, pero si uno alza la vista hallará la majestuosidad: picos nevados incluso a finales de abril.

La banda sonora de aquel martes combinaba el canto de los pájaros, los mugidos de las vacas, el tráfico y los golpes de pelotas de tenis. El club tiene un frontón y una casita rústica que parece decorada por alguien que tenía prisa para ir a jugar a una de las pistas. Al entrar vi en la pared una foto de Federer y su amigo y compañero de entrenamiento habitual Tommy Haas.

Sobre la entrada colgaba una raqueta rota.

«No es mía», exclamó Poltera, el presidente del club, un tipo jovial y extrovertido, ataviado con unos vaqueros y una sudadera con capucha, orgulloso del vínculo de su humilde club con Federer.

«Es la quinta o la sexta vez que vienen por aquí este año —dijo Poltera—. Nunca se sabe. Depende de muchas cosas, incluido el tiempo.»

También depende del boca a boca. Si vas a un sitio muy a menudo, los fans empiezan a acudir en masa. Los suizos serán discretos, pero no desperdician la ocasión de ver a Federer gratis.

«Nos gusta ir cambiando —me explicó Lüthi tras recogerme en la estación de trenes de Chur aquella mañana—. Cambiar es bueno. La gente no siempre necesita saber dónde entrenamos.»

También van cambiando de compañeros de entrenamiento y a menudo invitan a jóvenes tenistas suizos como Jakub Paul, que creció en Chur y ahora entrena en el centro nacional de Biena.

«Un día estaba en casa, de vacaciones, y Lüthi me llamó y me preguntó si tenia tiempo para entrenar —me cuenta Paul—. Le dije que sí. Y acabé jugando con Roger en aquel club pequeñito.»

Aquella semana el compañero de entrenamiento era Dan Evans, un británico veterano tatuado que, como Federer, tenía un revés a una mano y de joven jugó mucho al *squash*. En el 2019 Evans seguía trabajándose su vuelta a los *rankings* tras una sanción de un año por consumo de cocaína. Por lo general, su juego, variado y creativo, luce muy estiloso en cualquier pista, pero no si entrena con Federer.

No era el clásico tenis agotador de tierra batida, pero era como un regalo.

«Volvemos a los ochenta: ¡golpes cortados ganadores!», gritó Federer tras un vistoso intercambio en la Roger-Platz, la pista que lleva su nombre.

Había hecho los estiramientos y el calentamiento en casa, en Valbella, a un corto trayecto en coche, pero antes de empezar a entrenar a las 10.00 hizo ejercicios de pies, deslizándose sobre la tierra batida sin la raqueta, como si se pusiera a prueba.

«A veces para mí el reto sobre tierra batida es no deslizarme porque sí —dijo—. Eso es algo que Rafa sabe hacer muy bien y los mejores jugadores de tierra batida también, solo se deslizan si de verdad lo necesitan. Naturalmente, uno piensa: "¡Pero si deslizarse es divertido!", y empiezas a deslizarte para controlar cada pelota, pese a que al deslizarte quizá tienes menos control.»

Tras nuestro largo almuerzo no estiró ni calentó, volvió a jugar enseguida. Me sorprendió, dado que tenía 37 años y un historial de problemas de espalda y rodilla.

«Tenía que haber hecho algo más, normalmente lo hace», dijo Lüthi.

El preparador físico Pierre Paganini, que suele formar parte del calentamiento, aquel día no estaba; pero tanto Federer como Lüthi recalcaban lo importante que era para la frescura mental de Federer no aburrirse entrenando.

«A veces antes de los partidos el fisio quiere hacer su trabajo perfecto y tengo que decirle que no vamos a dedicar 10 minutos a un ejercicio de espalda —comentaba Lüthi—. A veces hay que llegar a un acuerdo. Ahora, con un cuerpo que lleva veinte años en el circuito, es distinto. Pero antes Roger daba un par de saltos y salía a jugar, por mucho que quisieras hacer y por mucho que inventaras.»

Federer aseguró prestar ahora mucha más atención a la preparación fuera de pista.

«Ya hace unos años que caliento más que nunca, con más estiramientos y más masajes —explicó—. Pero le digo al equipo: "Mirad, hasta aquí y vale, porque necesito tener una vida. Necesito estar ahí para mis hijos, para mi mujer. Tengo que disfrutarlo. No puedo pasarme una hora entrenando y después tres o cuatro con ejercicios para sobrellevar el estrés físico". Y encontramos un buen plan que me va bien a mí y les va bien a ellos.»

Esto nos lleva de nuevo a la metáfora del puño cerrado que a Roger le gusta usar. Si haces algo con mucha intensidad durante mucho tiempo, sobre todo fuera de la pista, acabas por quemarte.

Veremos cómo se siente Nadal al final de la treintena. Ha llegado mucho más lejos de lo que la mayoría creíamos con ese juego tan potente, pero poco se le puede discutir a Federer a tenor de sus resultados y su durabilidad.

Los franceses suelen usar el término *relâchement* al hablar del juego de Federer. Puede traducirse como «relajado», si bien una traducción más precisa sería «suelto». Para mí, esa elasticidad es la clave de muchas cosas: de su movimiento fluido, de su potencia no forzada y de su capacidad de hacer magia bajo presión.

«Meterle 10 kg más de músculo a Roger no te garantiza que vaya a darle a la pelota con más fuerza —me cuenta José Higueras, su exentrenador—. Quizá golpee más lento. No es cuestión de fuerza, es cuestión de tempo.»

Ella Ling, una de las mejores fotógrafas de tenis, al principio se resistía a fotografiar a Federer porque el suizo oculta muy bien sus emociones. Pero ahora lo ve de otra forma.

«La falta de gesticulación facial cuando golpea la pelota dice mucho —me explica—. Jugar al tenis es algo natural para él, no un esfuerzo; es una extensión de su cuerpo y su mente. Es único y dudo de que jamás volvamos a ver algo así.»

Ese *relâchement* lo ayudó a resistir cuando muchos de sus colegas ya se habían retirado. De los 128 hombres del cuadro de individuales de Roland Garros 1999, el torneo de Grand Slam en el que debutó, él era el último que todavía jugaba individuales en el circuito.

«¡Venga ya! —exclamó cuando le di ese dato—. ¿No queda nadie más?»

Un puñado de tenistas de su edad, incluso mayores, seguían compitiendo en individuales: Feliciano López, el español zurdo que fue su rival júnior; e Ivo Karlovic, un altísimo croata con un gran servicio que ya peinaba canas en la barba.

Pero la invitación de Federer en París en 1999 lo situó por delante, y veinte años después seguía por delante, peleando por ganar *majors* y sumando títulos del circuito: acababa de ganar su título n.º 100 en Dubái a principios del 2019 y el n.º 101 en Miami.

¿Eso es innato o adquirido?

«Quizá donde mi talento me ha ayudado un poco es a conseguir y modelar mi técnica actual, que permite que me desgaste menos —afirmó—. Pero creo que me lo he ganado con mi programa de entrenamiento, mi desarrollo físico y quizá también mi parte mental del juego. Me tomo las cosas muy en serio, pero soy muy tranquilo, así que paso página enseguida. Este almuerzo de hoy, por ejemplo, es como una pausa para mí. En mi cabeza puedo decirme: "He completado una sesión de entrenamiento y ahora puedo relajarme un rato. Luego volveré a trabajar". Creo que tener esta perspectiva es clave.»

Federer es una fascinante mezcla de orden y espontaneidad; o quizá no sea una mezcla, sino una corriente alterna. Es como si toda esa planificación fuera lo que le permite estar en el momento, totalmente presente, resistente a las influencias externas que interfieren en su ciclo natural.

La pregunta de la retirada lleva flotando en el aire desde el 2009 y pese a ello él sigue diciendo, incluso diez años después, que todavía no se ha parado a pensar en ello con detenimiento.

—Lo que intento es ser lo más flexible posible con esto, para luego ver qué hacer realmente —dijo—. ¿Cuánto tenis? ¿Cuánto negocio? ¿Cuánta familia? Quiero tener todas las opciones abiertas para mis hijos y Mirka primero, y a partir de ahí ver qué hacemos. Lo que no quiero es comprometerme con algo demasiado pronto y después arrepentirme. Así que no lo sé. De verdad que no lo sé. Siempre he dicho que cuanto más piense en la retirada será porque estaré a punto de retirarme. Creo que si planeo mi vida de después del tenis ya será como si estuviera medio retirado.

—¿Y eso afectaría a tu forma de jugar? —le pregunté.

—Bueno, no a mi forma de jugar *per se*, pero quizá sí a mi deseo general de querer jugar bien —contestó—. Ya lo pensaré cuando me retire, no es algo que me estrese.

Durante años ha desbaratado cualquier previsión de otros sobre su carrera.

«"Has sido el n.º 1 del mundo, has ganado los cuatro Grand Slams, ¿qué te queda? ¿Ya estaría, no?" —espetó Federer imitando preguntas y suposiciones—. Ha sido un tema muy trillado, está claro.»

Detecta que algunas personas apuestan por su retirada, lo cual, para bien o para mal, es lo que periodistas como yo hacemos.

«Necesitan novedades y lo noto, noto que el cerco se estrecha a mi alrededor —añadió—. Todo el mundo me pide la entrevista extra y sé que lo hacen por si acaso. Pero no pasa nada. Es lo que es, ya sabes. Está bien.»

Otra parte del legado de Federer es que va a ahorrar este tipo de preguntas repetitivas a muchos futuros campeones que vayan cumpliendo años. «Eso espero», anheló.

«Mira a Stan, ahora dice que le habría gustado jugar un par de años más —comentó, hablando de Wawrinka—. Acaba de cumplir los 34. Antaño con 34 ya eras mayor, ahora piensas en jugar otros tres, cuatro o cinco años.»

Federer iba subiendo el tono de voz y gesticulaba con las manos.

«A ver, que con cinco años te pones en 39 —exclamó—. Pero es difícil, porque los mejores están muy fuertes.»

Federer no es de los de «el que venga detrás de mí, que arree» o, en la era de los Tres Grandes, «el que venga detrás de nosotros, que arree». Tiene un interés genuino por la próxima generación y no solo porque todavía deba enfrentarse a ellos. Siente auténtica curiosidad por ver quién será el próximo n.º 1, quién ganará múltiples *majors* y llevará este deporte un paso más hacia delante y no hacia atrás, con suerte.

Casi al final de la comida, con las tazas de café ya vacías, especulábamos sobre cuál de los tenistas jóvenes prometía más.

—¿[Alexander] Zverev, quizá? ¿[Stefanos] Tsitsipas? —exclamó, más curioso que convencido.

También salieron nombres de otros jugadores.

«Ya sabes cómo funciona, el tenis siempre genera superestrellas, así que no me preocupa —puntualizó—. Quizá también cuando esta generación se retire se liberarán y desbloquearán otra parte de su potencial. Quizá necesiten ganar un gran torneo para creérselo. Es lo que yo necesité. Necesité ganar Wimbledon para decir: "Vale, puedo hacer esto cada semana". Y puede que ellos también necesiten pasar por eso, porque por ahora no pueden salir a la palestra y decir: "Quiero ser el número uno", porque todo el mundo les va a decir: "¡Ja! ¡Novak es el número uno!" o "Muy bien, chaval, ¿y cómo piensas superar a Rafa?".»

Federer no había vuelto a jugar un partido sobre tierra batida en el circuito desde el 2016. Se saltó la temporada de tierra batida del 2017 para guardar fuerzas y cuidar el posoperatorio de la rodilla en su exitoso retorno. Y ganó Wimbledon sin ceder un solo set. Se saltó la temporada de tierra batida del 2018 para mantener la misma rutina que tan bien le había funcionado, pero por encima de todo quería celebrar a lo grande el 40.º cumpleaños de Mirka en abril.

«Ella ha hecho mucho por mí y pensé que, en lugar de darle algo material, quería darle recuerdos, experiencias —dijo—. Mi sueño siempre ha sido llevármela de viaje a algún sitio sin que sepa todos los detalles, porque siempre es ella la que se encarga de organizarlo todo. Así que pensé: "Voy a darle la vuelta".»

Tras unas vacaciones en familia emprendieron un viaje solo de adultos a Ibiza con unos cuarenta amigos, y Federer desconectó del tenis, aunque vio casi entera la final del Abierto de Italia en la que Rafa ganó a Zverev en tres sets.

«Estaba en uno de esos clubes de playa, viendo el partido por la tele —contó—. Tenemos un grupo de amigos majísimo; Mirka siempre ha procurado no perder el contacto con ellos y ella hizo la lista, yo me ocupé de los pequeños detalles. Tuvo un montón de sorpresas cada día, así que fue genial.»

Pero en el 2019 Federer volvía a estar listo para una temporada entera, sin pausa de dos meses en primavera. Creía que jugar sobre tierra batida aumentaba sus opciones sobre hierba en Wimbledon, donde en el 2018 perdió en cuartos ante Kevin Anderson en cinco sets tras contar con un punto de partido.

«Creo que el año pasado pasé demasiado tiempo sobre hierba —apuntó—. Creo que jugar sobre tierra batida me ayudará a golpear la pelota a toda velocidad. Cuando juego mucho sobre hierba siento que empiezo a guiar la pelota, mientras que sobre tierra batida voy más fuerte. Creo que me podría ir bien a la larga. Lo más importante es que quiero volver a París. Quiero volver a la tierra batida.»

Y le fue bien. En su regreso a la tierra batida llegó a cuartos en Madrid y a las semifinales de Roland Garros, en la que fue su primera aparición desde el 2015. Pocas cosas habían cambiado durante su ausencia. Nadal seguía siendo el hombre a batir y, por sexta vez en seis intentos en Roland Garros, Federer no pudo. Perdió en tres sets en una de las jornadas con más viento de la historia del torneo, con nubes de polvo rojo que se metía en los ojos de los tenistas y que se llevaba por los aires los sombreros panamá de los espectadores.

Una tormenta del desierto en París.

«Llega un momento en el que te conformas con lanzar y no hacer el ridículo», dijo Federer.

Pero Nadal, con una posición más atrasada en la pista y un golpe con efecto más intenso, estaba mejor preparado para soportar aquellas condiciones. Incluso con un tiempo tan aciago, el de Manacor estaba en su elemento en Roland Garros.

«Sobre tierra batida tiene una capacidad increíble —admitió Federer—. Yo ya lo sabía. Parece que yo no pelee, pero lo hago y lo intenté. Intenté darle la vuelta al partido hasta el último momento. Pero, cuanto más se alargaba, mejor parecía sentirse él con toda esa ventolera.»

Aún así, el objetivo de Federer seguía siendo Wimbledon y llegó al torneo en buena forma física y mental tras ganar el título en Halle sobre hierba por décima vez. En Wimbledon ganó los cinco primeros partidos y se plantó en otra semifinal contra Nadal.

Era su primer partido en el All England Club desde la final del 2008.

Era un momento para reflexionar sobre lo grande que fue aquel duelo y lo sorprendente que resultaba que Nadal a los 33 años y Federer a los 37 todavía se enfrentaran regularmente en *majors* más de una década después.

Habían pasado de dominar el deporte juntos a finales de la primera década de los 2000 a pelear para seguirle el ritmo a la amenaza todoterreno que era Novak Djokovic. Habían formado parte de los Cuatro Grandes con el auge de Andy Murray y de un grupo más numeroso después con el emerger de Wawrinka. Pero en el 2019, con Murray y Wawrinka mermados por las lesiones, volvían a ser los Tres Grandes. Djokovic, que los superaba a ambos en récords, era de nuevo el n.º 1 y ya estaba en la final de Wimbledon tras vencer a Roberto Bautista Agut aquel mismo día en la pista central.

El esperadísimo partido Federer-Nadal en Wimbledon no alcanzó el nivel del de la obra maestra de ambos del 2008. Este duelo fue a cuatro sets en lugar de cinco y no generó ni el mismo suspense ni los mismos recuerdos a la luz del crepúsculo. Terminó mucho antes de que oscureciera.

Sin embargo, su partido n.º 40 no dejó de ser un espectáculo ya que ambos cubrieron mucho espacio sorprendentemente bien, con Nadal a veces más pegado a la línea de fondo de lo habitual en un intento por llevar la iniciativa. Él y su entrenador, Carlos Moyá, sabían demasiado bien que Federer dominaba en los partidos sobre las superficies más rápidas desde su regreso en el 2017.

«El revés de Roger ha mejorado mucho y en Australia nos pilló por sorpresa —dijo Moyá del Open de Australia 2017—. Después de eso sabíamos que debíamos cambiar algo y, por suerte, sobre tierra batida es más fácil para Rafa cambiar un par de cosas contra quienes intentan quitarle ritmo.»

La hierba seguía siendo un reto superior. Federer ganó el primer set, muy ajustado, al adjudicarse los últimos cinco puntos del *tiebreak*. En el segundo set le falló el ritmo, perdió el servicio dos veces y veinte de los veintitrés puntos de la final por culpa de tiros fallidos repetitivos. Pero todavía tuvo más problemas para ganar el tercer set y ambos jugadores parecían culminar al mismo tiempo en el cuarto. Los tantos ganadores, y no los errores, eran la norma cuando ambos recurrían al revés y al *drive* contundentes.

«De él esperas golpes magníficos; es lo suyo —dijo Federer de Nadal—. Necesitas obligarlo a que siga dando esos golpes magníficos. El problema es cuando debes jugar cerca de tu límite, asumir un gran riesgo por un punto de *break*. Cuesta decir: "Voy a por ello", porque sabes que es difícil. Tienes que encontrar el equilibrio, y hoy yo lo he encontrado rápido. Estaba un poco en modo zen y calmado.»

Siempre era complicado saber, con solo mirarlo, si Nadal ganaba o perdía, si se sentía satisfecho o frustrado. Pero con la edad se había vuelto más transparente y en el sexto juego, tras fallar un resto de derecha, se golpeó la cabeza con la palma de la mano. Más avanzado el partido, tras fallar un revés cortado, se inclinó y se regañó a sí mismo.

Pero Nadal aún era Nadal. Perdiendo 3-5, salvó dos puntos de partido en un titánico juego con cinco iguales. Después, en el siguiente juego, salvó otros dos puntos de partido mientras Federer servía para ganar. Ambos los salvó con tantos ganadores: un *drive* de dentro afuera que puso punto final a un intercambio de veinticuatro golpes a alta velocidad y un arrogante *passing shot* de revés tras una dejada suave de Federer. Pero el suizo convirtió su quinto punto de partido y se plantó en su 12.ª final de Wimbledon, extendiendo los brazos en actitud triunfal y después señalando a Nadal con un saludo afectuoso en la red.

«Estuvo a la altura de tanta expectación», dijo Federer del partido.

Yo estaba de acuerdo, tal y como escribí en mi columna para el *Times* aquella noche:

«El partido resultó hipnótico en el cuarto set, no porque Federer y Nadal desafiaran al tiempo, sino porque se desafiaban el uno al otro.»

Cuando la victoria de Federer 7-6 (3), 1-6, 6-3, 6-4 fue una realidad, hablé con Jarkko Nieminen, el finlandés retirado amigo de Federer que, siendo zurdo y con un buen *drive* con efecto, le había ayudado a calentar para el partido.

«El nivel de tenis era una locura —exclamó Nieminen—. En algunos momentos me he quedado sin habla. No podía creer cómo se adelantaban a la pelota, lo fuerte que le daban, tan cerca de las líneas. Esos dos no son conscientes de su edad, eso te lo puedo asegurar.»

Pero, a diferencia del 2008, aquel duelo no terminó con una ceremonia de entrega de trofeos. A Federer lo esperaba Djokovic y en aquel momento él, y no Nadal, era su bestia negra. Federer había superado a Nadal en siete de sus ocho últimos partidos, pero había perdido cinco de los últimos seis contra Djokovic.

«Sé que esto aún no ha terminado —dijo Federer hablando del torneo—. Por suerte o por desgracia, todavía me queda uno más.»

Era una forma inusualmente honesta de decirlo, pero Federer sabía bien que no había podido ganar a Djokovic en un *major* desde la final de Wimbledon 2012.

Lo que estaba claro es que Federer jugaba y gestionaba el riesgo particularmente bien. Su decisión en primavera de jugar sobre tierra batida antes de la hierba parecía acertada.

Pero Djokovic también se había convertido en un maestro de la planificación y ahora volvía a estar bien asentado en la cima del tenis. Federer pasó su última semana como n.º 1 en junio del 2018, cumpliendo un total de 310 semanas en toda su carrera.

Djokovic lo superaría en el récord masculino en el 2021, en un asalto renovado a los récords más prestigiosos del tenis tras recuperarse de su bache en el 2018.

Era un oponente cambiante y formidable sobre cualquier superficie, y todo un reto si se tenía en cuenta que Federer nunca había conseguido vencer a Nadal y a Djokovic en un mismo torneo *major*.

«Rafa, al ser zurdo, plantea problemas muy distintos que Djokovic —comentó Federer—. Djokovic se mantiene en su línea, golpea liso, se mueve diferente y cubre la pista de forma diferente. Tienes que ajustarte a nivel de táctica. Hoy Rafa servía más rápido que antes. Novak sirve en la misma zona en términos de velocidad, eso ayuda mucho. Pero lo más importante es la confianza. Si no tienes confianza, es muy difícil derrotar a Rafa o a Novak seguidos.»

El hecho de que hablara de «Rafa» y alternara el uso de «Novak» y «Djokovic» parecía un claro reflejo de la relación que mantenía con cada rival: cálida y familiar con «Rafa»; fría y más conflictiva con «Novak» y «Djokovic».

No obstante, Federer mantuvo un semblante similar en ambos partidos. En Wimbledon 2019 estaba en modo zen y una de las cosas más fascinantes de la final fue que Djokovic, a menudo beligerante, eligió adoptar el mismo tono.

«Una de las tácticas que comentamos antes del partido es que necesitaba mantenerse muy muy calmado y positivo —comentaba Goran Ivanisevic, uno de los entrenadores de Djokovic—. El objetivo era olvidarse del público. No hay público. En la pista solo estáis tú y Roger.»

Y eso lo decía porque el público de la pista central, como de costumbre, iba a favor de Federer, el contrincante más débil y de mayor edad (o sin edad), de juego y modales elegantes, con el que la selecta clientela de Wimbledon se identifica.

Como había hecho con Nadal, Federer abrió la final con un *ace* y ganó el primer juego. Djokovic ganó el siguiente en blanco. Un primer set equilibrado, sin roturas de servicio, con mucha astucia y potentes golpes al fondo de la pista. En el *tiebreak* Federer se puso 5-3 sirviendo él, pero la cosa se complicó cuando quiso lanzar un *drive* a media pista y lo falló de largo. Perdió los tres puntos siguientes y el set.

El suizo no daba señales de desfallecer, porque rompió el servicio tres veces en cuatro juegos a un Djokovic de repente titubeante y se adjudicó el segundo set en 25 minutos. Pero aquello resultó una anomalía y el tenso tercer set fue una repetición del primero. Federer disponía de un punto de set con Djokovic sirviendo en 5-6, 30-40, pero el suizo falló el resto de revés, que se le fue largo, ante un buen primer saque. Llegaron al *tiebreak* y Federer tuvo un comienzo calamitoso, fallando reveses y quedando atrás 5-1 antes de remontar 4-5. Djokovic le dio la oportunidad de jugar, sacando un segundo servicio, pero Federer falló otro revés, esta vez cortado. Otra oportunidad perdida y ya iban 2 sets a 1 para Djokovic, pese a que el nivel de Federer de punto en punto era claramente superior.

Y así siguieron las cosas en el cuarto set, pero esta vez Federer se vio recompensado. Ambos pasaron estoicamente al quinto y decisivo set, pero bajo nuevas normas.

Para el 2019 el All England Club decidió, por primera vez, instituir un *tiebreak* del quinto con doce juegos. El club tomó la decisión como respuesta al aumento de partidos ultramaratonianos que se daban en el circuito masculino, algunos de los cuales tenían como protagonista al estadounidense John Isner, gran sacador, y uno de ellos a Federer, el día que ganó a Roddick en un quinto set que se alargó a 16-14 en la final del 2009.

Aquel año, si era necesario, tendría un final claro. Después de que Federer rompiera el servicio de Djokovic 7-7 en el quinto set con un *passing shot* de derecha cruzada, pareció que no iban a necesitar un *tiebreak*. Cuando se hizo el silencio, Federer sirvió para llevarse el campeonato. Mirka estaba encorvada en el palco, con la frente apoyada sobre los puños, como si no soportara verlo.

Con 15-15 Federer anotó un *ace* en la T. Con 30-15 anotó otro *ace* en la T.

Iban 40-15. Dos puntos de partido. Eso sería una buena notica contra la mayoría de los oponentes, pero ante Djokovic resultaba menos reconfortante para Federer, en vista de aquellas semifinales seguidas del US Open.

Mirka levantó la cabeza, parpadeando ante el sol de última hora de la tarde, miró el marcador y volvió a agachar la cabeza.

Federer, con astucia, volvió a colocar su primer saque en la T. Djokovic estaba mal colocado, pero esta vez, en lugar de un *ace*, la pelota se estrelló contra la parte superior de la red y cayó hacia atrás.

«Novak no sabía por dónde le iba a venir —dijo Paul Annacone, exentrenador de Federer—. Para Roger, cualquier tiro que cruzara la red y cayera cerca de la zona central ganaba el partido; y en lugar de eso se estrelló contra la parte superior de la red. Cuando eso ocurrió tuve un *flashback*.»

Federer tenía que volver a sacar, fue un poco más lento de lo normal al responder el profundo resto de derecha de Djokovic y su *drive* se le fue largo.

Iban 40-30. Federer acertó a sacar esta vez. Djokovic lo bloqueó con un resto de derecha que se quedó bastante corto. Federer no quiso darle vueltas y respondió con un golpe de derecha con efecto en diagonal y subió corriendo a la red. Pero no fue un tiro muy preciso y Djokovic se desplazó a la derecha sin tener que estirarse para replicar con un *drive* en diagonal que quedó fuera del alcance de Federer.

Novak había salvado dos puntos de campeonato y Federer, más abatido de lo que su cara de póker permitía intuir, jugó más conservador los dos puntos siguientes y los perdió. Lanzó lejos la pelota, decepcionado, cuando el marcador electrónico indicaba 8-8 y las 18.23.

Aquello era agobiante para Federer y sus fans, algunos de los cuales ya casi cantaban victoria en el que fuera su primer punto de partido. Para el equipo de Djokovic era estimulante, pero todavía quedaba mucho trabajo por hacer.

En cierta forma el tenis siempre es un concurso de concentración: dos luchas internas separadas por una red. Aquel partido era buen ejemplo de ello.

«Cierto —me dijo Djokovic meses después, cuando nos vimos en Montecarlo—. Cada aspecto de tu vida se traduce en un punto de partido de una final y en si vas a poder gestionarlo o no. Es más complejo, pero puedes reducirlo a eso y resumirlo en una frase: debes estar en el momento presente y confiar en ti, creer en ti.»

Djokovic no estaba muy seguro de a qué se enfrentaba. Hubo un momento en el que incluso tuvo que confirmar con Damián Steiner, el juez de silla, que el *tiebreak*, de ser necesario, sería a doce juegos.

Para mí el juego más impresionante de Djokovic en todo el partido llegó cuando servía e iban 11-11. Con 40-0 perdió cuatro puntos seguidos, regalándole a Federer un punto de *break*. Djokovic lo salvó atacando y el revés cortado de Federer se fue. El suizo enseguida tuvo otro punto de *break* y Djokovic volvió a atacar, esta vez con una volea de derecha poco ortodoxa y un golpe por encima de la cabeza titubeante por detrás de un Federer que corría a cerrar el punto. Al darse la vuelta Djokovic y volver a la línea de fondo, lucía una sonrisa irónica y negaba con la cabeza. Sabía que se había salvado por poco. Por muy poco.

Aún así, era el tenis resiliente, visceral y atrevido de Djokovic, con el público y el flujo del partido en su contra. Federer seguía lanzando de forma impecable, combinaba cortes y tiros largos con el revés y se lo veía tan fresco al final del quinto set como lo estaba al final del primero.

Pero había perdido su mejor ocasión. Empatados a doce juegos, Djokovic asumió el mando y se puso por delante 4-1 mientras Mirka miraba sin querer ver. Federer acortó diferencias 4-3, pero Djokovic ganó los dos puntos siguientes como un campeón, con un *drive* limpio de derecha y un revés potente y liso que se clavó en la línea al final de un largo intercambio.

Iban 6-3 y Djokovic tenía su primer punto de partido, 44 minutos después de que Federer tuviera su último punto de partido.

Federer sacó un segundo servicio, Djokovic restó de revés en diagonal, Federer se desplazó a la izquierda y falló su último *drive*: la pelota rebotó en el marco de su raqueta y voló hacia el público, que ya mostraba un ánimo más apagado.

Los padres, el tío, el agente y el entrenador de Djokovic, Marian Vajda, daban saltos y se abrazaban en el palco, pero Djokovic, serio, caminó hasta la red y saludó con una sonrisa de «yo contra el mundo» que me pareció de lo más sardónica. Después se agachó sobre la hierba y cortó unas briznas para su ya tradicional pero inusual bocado de la victoria en Wimbledon.

Mientras Djokovic masticaba, Federer se lamentaba. Había estado a un punto de la que habría sido su mayor victoria, la que lo habría convertido en el campeón individual de más edad de la era moderna de Wimbledon y supuesto su 21.º título en un *major*, ampliando la diferencia con Djokovic y Nadal.

«Siento que he perdido una oportunidad increíble —declaró después con su tono de barítono algo más bajo de lo habitual.»

Al preguntarle qué había salido mal, respondió: «Un tiro, supongo. No sé cuál elegir. Elige tú».

Fue una de las mejores finales de la historia del tenis, tan emocionante como la de Wimbledon del 2008, y con mayor continuidad y visibilidad.

«Esta ha sido más directa porque no hemos sufrido retrasos por la lluvia, no se nos ha echado la noche encima y todo eso —declaró Federer—. Pero sí, ha sido épico, tan ajustado, tantos momentos. Seguro que hay similitudes, pero hay que rebuscar, ver dónde están. Soy el perdedor en ambas, esa es la única similitud que yo veo.»

La victoria de Djokovic por 7-6 (5), 1-6, 7-6 (4), 4-6, 13-12 (3) fue también la final masculina individual más larga de Wimbledon, con 4 h y 57 min, en un torneo que data de 1877.

«He estado a la defensiva casi todo el partido —declaró Djokovic—. Yo defendía. Él mandaba. Solo he intentado luchar y buscar la salida cuando más importante era, y eso es lo que ha pasado.»

Federer terminó con 91 golpes ganadores y 61 errores no forzados; Djokovic, con 54 ganadores y 52 errores no forzados, casi todos ellos en su paseo del segundo set. Federer anotó más *aces* (25 a 10) y cometió menos dobles faltas (6 a 9). Convirtió más puntos de *break* (7 a 3) y ganó más puntos en general (218 a 204). Pero en el tenis, como Federer bien sabe, se trata de ganar los puntos críticos.

No fueron solo las decisiones que tomó en los dos puntos de partido. Fueron los *tiebreaks*, un territorio típico de Federer.

«Roger zarandeó a Novak, pero no en los tres *tiebreaks* —comentó Craig O'Shannessy, el experto analista que asesoraba a Djokovic—. Novak ha subido más a la red que él, lo cual es un gran error. Roger debería haber servido y voleado, restar y subir a la red, arriesgar en los segundos servicios, rondar más el centro de la pista. Debería haber subido a la red en los *tiebreaks* y no hacía más que dudar y quedarse atrás, dejando que los intercambios se prolongaran.»

Es cruel pero inevitable que Federer, uno de los ganadores más prolíficos del tenis y cualquier deporte, también será recordado por perder dos de los partidos más grandes jamás jugados, quizá, los dos partidos más grandes que él ha jugado. Su victoria del 2017 frente a Nadal en el Open de Australia fue espectacular, pero Wimbledon sigue siendo el más histórico y prestigioso de todos los *majors*, el lugar que mejor se adapta a su estilo y a su imagen.

Federer ha inspirado a mucha gente con su tenis, también a sus contrincantes.

«Espero dar a otras personas la oportunidad de pensar que a los 37 nada termina», dijo Federer con deportividad en la pista central, hablando con Sue Barker, de la BBC. Enseguida fue el turno de Djokovic para hablar con Barker.

«Roger dice que espera dar a otras personas la oportunidad de creer que pueden hacerlo a los 37 —declaró Djokovic, que entonces tenía 32—. Yo soy una de ellas.»

Existe la sugerente opinión que dice que Federer ha tenido un camino más fácil hacia el éxito, que ganó el grueso de sus títulos de Grand Slam cuando Nadal no era una amenaza y Djokovic aún no despuntaba. Podría decirse que el único *major* que Federer ganó con ambos contrincantes consolidados fue el US Open del 2008. Pero eso sería olvidar que Nadal y Djokovic se convirtieron en los fabulosos jugadores que son porque tenían a Federer como vara de medir. Federer logró mantenerse como un auténtico rival incluso cuando Nadal y Djokovic estaban en su mejor momento, y eso fue con el suizo ya bien entrado en la treintena.

Y, mientras que Sampras tuvo que asumir que superasen sus récords menos de una década después de su retirada, Federer ha jugado tantos años que ha tenido que asumir que rompan los suyos antes de su retirada.

Es un devenir interesante y una vez le pregunté por ello.

«Por mucho que me gusten los récords, romperlos o establecerlos, creo que lo más bonito de verdad es romperlos —contestó—. Nadie puede arrebatarte ese momento. Todos los récords están ahí para que alguien los rompa un día, pero ese primer momento cuando das el salto a esa esfera en la que nadie ha estado nunca, ese momento es muy inspirador.»

Seguro que es mucho más dulce de saborear cuando has catado el amargo sabor de la decepción en un gran partido. Su distintiva resiliencia se ha visto puesta a prueba incluso cuando ya le quedaba poco por demostrar.

Si flaqueas, ayuda que tu familia sepa cómo apoyarte para pasar página con rapidez. Mirka, que vio el peligro en la pista central, lo comprendía perfectamente. El día después de la derrota los Federer se marcharon de acampada.

«Los primeros días lo pasé un poco mal —dijo Roger—. Pero me iba de acampada con mis hijos. No tuve mucho tiempo para pensar en las oportunidades perdidas. Me dediqué a organizar la vida de mis cuatro hijos, conduciendo por la bella campiña suiza. A veces tienes *flashbacks* del tipo: "¡Oh, podía haber hecho esto, debería haber hecho eso otro!". Al día siguiente te estás tomando una copa de vino con tu pareja, pensando: "Las semis estuvieron bastante bien, incluso la final estuvo bastante bien". Vas por fases.»

Capítulo 17

SUDÁFRICA

Viajé en tren a Basilea, con sus calles pulcras y sus pistas de tenis bien cuidadas, pero seguir la historia de Federer hasta sus orígenes verdaderos requería un viaje mucho más largo.

En febrero del 2020, después de cubrir el Open de Australia, tomé un vuelo diurno de Melbourne a Perth, un vuelo nocturno que cruzó el océano Índico hasta Johannesburgo y un Uber desde el aeropuerto internacional hasta una zona industrial en Kempton Park con un conductor zimbabuense expatriado a bordo de un sedán maltrecho que, como el barrio, había vivido épocas mejores.

Sin Sudáfrica, Roger Federer no existiría.

Fue en Kempton Park, en 1970, donde el padre de Federer, Robert, entonces un ingeniero químico de 23 años, conoció a la madre de Federer, Lynette, que en aquella época era una secretaria de 18 años, cuando ambos trabajaban para la empresa química suiza Ciba-Geigy.

«Mi marido dejó el corazón en Sudáfrica», me dice Lynette con orgullo muchos años después.

Ella también dejó el suyo y, pese a que la joven pareja se trasladó al país natal de Robert, Suiza, regresaban a menudo al de Lynette, primero como recién casados y después con sus dos hijos.

«Pasamos las vacaciones allí muchos años —me explica Lynette—. Roger fue por primera vez cuando tenía tres meses. Era un bebé, y mi hija tenía dos años. Me encantaba ir con los niños. Antes de que empezaran el colegio solíamos pasar tres meses allí. A ellos ya les gustaba Sudáfrica, aunque eran muy pequeños.»

El vínculo se mantuvo sólido para Roger, que tiene doble nacionalidad, suiza y sudafricana, incluso si las visitas se espaciaban mucho a medida que su carrera tenística ganaba ritmo.

Pero ahora regresaba a Sudáfrica con una misión: un partido de exhibición con Rafa Nadal en el estadio de fútbol de Ciudad del Cabo, con capacidad para 55 000 espectadores, junto al cofundador de Microsoft, Bill Gates, y el cómico Trevor Noah, que se les unían para jugar a dobles.

Las entradas en línea se agotaron en menos de 10 minutos.

«Creo que va a ser muy emotivo, porque llevo muchos muchos años queriendo jugar en Sudáfrica —declaró Federer en la rueda de prensa previa al partido—. No puedo creer que haya tardado tanto.»

Federer había llegado a las semifinales del Open de Australia, donde cayó ante Novak Djokovic en un partido desigual y con una lesión en la pierna que lo obligó a plantearse la retirada antes del partido. Jugó de todos modos, avanzándose 4-1 antes de que la realidad se impusiera y Djokovic ganase sin ceder ni un set.

Poco más de una semana después, en otro continente, estaba listo para volver a la pista con el Match in Africa, el último de la serie de partidos de exhibición benéficos de la fundación de Federer para recoger fondos para la educación infantil.

Empezó el proyecto benéfico con la ayuda y el apoyo de sus padres en el 2004, cuando llegó a n.º 1 por primera vez, a los 22 años de edad.

«Cuando Roger empezó a ganar bastante dinero, le dijimos: "Creemos que es bueno que dones un poco de tu fortuna a quienes menos tienen"», cuenta Lynette.

Lynette, la pequeña de cuatro hermanos, creció en Sudáfrica durante el *apartheid*. Su padre combatió en la Segunda Guerra Mundial con Gran Bretaña y pasó mucho tiempo destinado en Europa. Su madre era enfermera y Lynette dice que ella y sus hermanos crecieron considerando a las personas negras sus iguales. Lynette, igual que su hijo, siempre evita los temas políticos en público, pero es uno de los motores de la fundación.

«Mucha gente tenía interés en que Roger apoyara sus proyectos —dice—. La Cruz Roja y otros, pero nosotros buscábamos algo no muy grande donde poder realmente ver y sentir el cambio.»

En parte Roger se había motivado gracias a Andre Agassi, el campeón estadounidense que creó la fundación que lleva su nombre cuando tenía treinta y tantos años. Agassi dice a menudo que ojalá lo hubiera hecho mucho antes.

«Recuerdo escucharlo decir eso —me dice Federer—. Me inspiré en Andre. Empecé mi fundación antes de ser bueno de verdad, y eso prueba lo mucho que me importaba hacer algo así.»

Resultaba fascinante pensar que tanto él como Agassi gravitaron hacia labores benéficas educativas pese a que ninguno de los dos terminó sus estudios formales en la adolescencia. En su etapa adulta temprana Federer no era, según él ha admitido, un gran lector, aunque después descubrió su afición por los libros de récords.

La fundación de Federer hizo un buen trabajo, empezó financiando proyectos en Sudáfrica y después se expandió a otros países africanos y a Suiza. Antes de llegar a Ciudad del Cabo Federer visitó Namibia, donde se vio con el presidente del país, Hage Geingob, y en el 2018 también se vio con el presidente de Zambia, Edgar Lungu, durante un viaje a África.

Los cinco partidos anteriores, llamados entonces Match for Africa, recaudaron un total de 10 millones de dólares, y el partido de Ciudad del Cabo recaudaría otros 3,5 millones. En total, según Godsick, Federer ha generado más de 50 millones de dólares para proyectos en África. Está claro que, cuando se retire, Federer se concentrará de lleno en la fundación.

«Hasta ahora no he tenido mucho tiempo —declaró a un grupo de periodistas suizos antes de llegar a Sudáfrica—. Siempre he dicho que estos años me van a servir como aprendizaje, pero a la larga mi sueño sería ser tan conocido por la labor de la fundación como por el tenis.»

Eso es todo un reto, pero también una de las razones por las que Federer buscó el apoyo de Gates, fan del tenis y una de las personas más ricas del mundo. Gates pasó de dirigir Microsoft a dedicarse a la filantropía con la Bill & Melinda Gates Foundation, la mayor fundación privada del mundo, con activos que rondan los 50 000 millones de dólares, y ha trabajado intensamente en África abordando problemas como la malaria.

Godsick contactó con Gates cuando Federer preparaba una exhibición en Seattle en el 2017, y Gates accedió a colaborar. Federer, procedente de un entorno modesto, ahora se siente igual de cómodo entre multimillonarios que entre jugadores de línea de fondo. Él y su familia han ido de vacaciones con el francés Bernard Arnault y su familia. Arnault es presidente y director ejecutivo de la mayor empresa de artículos de lujo del mundo: LVMH Moët Hennessy Louis Vuitton. Moët & Chandon, una división de la empresa, es uno de los patrocinadores de Federer. En mayo del 2015, según el periodista francés Thomas Sotto, Federer sorprendió a Arnault en su pista de tenis privada de París con un partido de dobles en el que jugó con él contra dos de sus hijos.

Federer también mantiene muy buena relación con Jorge Paulo Lemann, el ejecutivo suizo-brasileño que de joven jugó en Wimbledon y que es uno de los inversores de la Copa Laver (Federer a veces entrena en la pista de hierba de Lemann).

«Contar con Bill Gates ha sido genial para mi fundación —asegura Federer—. Es muy interesante aprender de él, hablar con él, conocer a su esposa. El equipo que hay detrás de su fundación es mucho más amplio que el de la mía, más familiar, pero pasar tiempo con él y contar con su apoyo ha sido muy importante para nosotros.»

Los roles se invertían en la pista de tenis, donde Gates, voluntarioso pero limitado, estaba encantado de ceder la autoridad a su pareja de dobles. Federer llamó a su equipo Gateserer, que casi parece un trabalenguas.

«Si a alguien se le ocurre un nombre mejor, estaremos encantados de escucharlo», dice Federer con una carcajada.

Pero al menos a Gates le gusta jugar al tenis. Trevor Noah, el cómico sudafricano es una estrella en Estados Unidos, donde presenta *The Daily Show*, y era un gran fichaje para el evento en muchos sentidos. Él, como Federer, es de madre sudafricana y padre suizo. También tiene mucho tirón en Sudáfrica. El problema era que no sabía jugar al tenis.

«No quería decírselo, porque cuando la gente guay te invita a hacer algo, dices: "¡Me apunto!" —explicó después Noah en el programa *Ellen*—. En dos meses aprendí a jugar al tenis desde cero, es una de las cosas más locas que he hecho en la vida.»

Aquel Match in Africa tuvo muchas cosas extraordinarias, pero que Noah consiguiera aguantar el tipo ante 51 954 espectadores jugando a un deporte que acababa de aprender debe de ser una de las más extraordinarias. El tipo no conoce el pánico escénico.

Lynette tampoco. La presentaron en el estadio como «la orgullosa madre de Roger Federer» y subió la rampa con salero para lanzar la moneda antes del partido para deleite del público. Resplandecía. Disfrutaba el momento y su hijo la recibió en la pista con un abrazo y un beso.

Al contemplar la escena desde las gradas pensé en mi breve visita a Kempton Park dos días antes y a las antiguas oficinas de Ciba-Geigy donde trabajaron Roger y Lynette. Tras la entrada principal, rematada con alambre de púas, una bandera suiza ondeaba al viento junto a una bandera sudafricana.

A lo largo de toda la vida vamos topando con sucesos aleatorios: el desvío inesperado en el camino. Pero que los Federer se conocieran es un suceso con consecuencias más relevantes que en muchos otros casos. Robert, a quien le apasionaba viajar en su juventud, podía haber ido a parar a cualquier otro país en su aventura profesional: Estados Unidos, Australia o incluso Israel.

Y en lugar de eso viajó hasta Sudáfrica, donde él y su futura esposa jugaban al tenis como aficionados y después, ya en Basilea, enseñaron el deporte a sus hijos.

Su energético hijo se convirtió en uno de los más grandes tenistas de todos los tiempos: una fuerza creativa y a menudo arrolladora, el favorito del público pero también un competidor resiliente, un optimista irreductible con una visión pragmática que le permite tomar decisiones difíciles y adaptarse a los éxitos más grandes y a las derrotas más brutales.

Es un buen lote; no es perfecto, pero es un buen lote que le ha permitido ganar en el circuito en las décadas de 1990, 2000, 2010 y 2020.

«Nunca he perdido la pasión por el tenis —me asegura Federer—. Nunca.»

Ha habido épocas en las que esta afirmación sonaba más tozuda que lógica, pero le creo. Su satisfacción está clara, desde la pista de entrenamiento hasta la del torneo y la pista improvisada en medio del ventoso estadio sudafricano ante el mayor público de la historia del tenis viendo jugar a Federer contra su gran rival.

«Con el tiempo hemos dejado atrás una parte de aquella rivalidad acérrima a cambio de una rivalidad que ambos valoramos y que sabemos que es algo especial en el mundo del deporte —me confesó Nadal antes del partido—. Y creo que también sabemos que nos ha beneficiado a ambos y tenemos que cuidarla. Creo que es bonito cuidar esta historia que hemos vivido juntos y creo que ambos sabemos que, para cuidarla, una de las cosas más importantes que necesitamos hacer es mantener una muy buena relación entre nosotros.»

Federer no se imaginaba Ciudad del Cabo sin Nadal. En su cabeza era el emparejamiento que el público sudafricano merecía. Fue realmente complicado encontrar una fecha que les fuera bien a ambos para viajar. Cuando por fin tuvo lugar el partido, Federer hubo de confiar en su tolerancia al dolor: persiguió globos alegremente y repartió golpes de fantasía con la rodilla derecha lesionada, y solo su círculo más íntimo sabía que al mes siguiente iba a pasar por el quirófano.

Gates, muy involucrado en temas de salud pública, sabía que el potencial del coronavirus detectado en China podía poner en riesgo al mundo entero. Habló de la tormenta que se avecinaba con Federer y Nadal durante una cena en el elegante y recóndito hotel bien vigilado donde se hospedaban: el Ellerman House, con vistas a la bahía de Bantry y a la isla Robben, donde tiempo atrás Nelson Mandela contaba los días para salir de prisión.

«Tuvimos mucha suerte por albergar el evento y estamos muy agradecidos —declaró John-Laffnie de Jager, extenista sudafricano del circuito y uno de los promotores del partido—. Un par de semanas después, con el virus, no habríamos podido hacerlo.»

Un par de semanas después ya no habría sido posible disfrutar de los momentos que cierran un círculo en ese estadio de

Ciudad del Cabo ni de abrazos en la red ni de alegría y orgullo en las gradas ni de celebraciones pospartido con tenistas, recogepelotas y bailarines saltando al unísono al ritmo de la música mientras a Federer le resbalaban las lágrimas por las mejillas.

Como tantas otras veces, su tempo fue excelente.

EPÍLOGO

Después de tantos años como nómada de la raqueta, después de haber disfrutado tanto todo el camino, ¿cómo saber que has llegado a la línea de meta? Federer llevaba tiempo resistiéndose a planificar su retirada, incluso a visualizarla, porque creía que hacerlo afectaría a su rendimiento y a su forma de disfrutar del presente. Sin embargo, las señales estaban ahí para todo aquel ajeno a su burbuja de pensamientos, y quizá el indicio más evidente cuando el tenista más elegante del circuito iba a cumplir los cuarenta años era que el juego ya no parecía fácil.

Federer se perdió casi toda la temporada de 2020, ya acortada por la pandemia, por culpa de dos cirugías artroscópicas de rodilla; y cuando regresó al circuito en marzo de 2021, tras un paréntesis de más de un año que dedicó por completo a su familia en los Alpes suizos, su juego ya no fluía como antes. Los partidos rutinarios eran raros, y aunque había mucho interés por el estado de su juego, él ya no era un elemento central en el circuito. Si parecía una figura conocida ubicada en una época equivocada era también porque en su ausencia todo había cambiado por culpa de las restricciones pandémicas, que redujeron la cantidad de público y la cercanía con este.

El partido más memorable del que iba a ser su último retorno a las pistas no tuvo público. Se enfrentaba al alemán Dominik Koepfer, que no era cabeza de serie, en un partido de tercera ronda de Roland Garros; un partido que, en otra de las novedades de aquel año, se jugaba en las sesiones nocturnas de la renovada pista Philippe Chatrier. Federer, que sabía que la humedad del anochecer parisino ralentizaba las condiciones del juego, presionó para no jugar de noche; pero los organizadores de Roland Garros, deseosos de exhibirle, no le hicieron caso. «Supongo que el negocio necesita seguir prosperando», comentó Federer, quien a aquellas alturas conocía bien cómo funcionaba el negocio del tenis.

Las sesiones nocturnas eran un intento de conseguir más ingresos, sobre todo en cuanto a derechos televisivos, pero, por culpa de las restricciones pandémicas vigentes en París, las sesiones de aquel primer año se jugaban sin público. En las gradas solo había empleados del torneo, los equipos de los tenistas, y periodistas como yo, sentados en las filas de más arriba, sobre la pista de tierra batida, pasando frío en medio de un silencio abrumador. Era un ambiente insípido, en el que uno no podía evitar pensar: «¿Y Federer se ha recuperado de dos operaciones en la rodilla a los 39 años para esto?». Las duras condiciones del partido no hacían más que acentuar que aquel no era su hábitat natural, y eso empezaba a notarse en su juego, que acumulaba errores y fallos. Terminó el partido con 63 errores no forzados y 51 golpes ganadores, pero marchó triunfante a las 00.43, entre los vítores aliviados de Ivan Ljubičić, Severin Lüthi y todo su equipo, que resonaban en la pista vacía. El triunfo de Federer 7-6 (5), 6-7 (3), 7-6 (4), 7-5 sobre su tenaz contrincante fue una victoria trabajada, no una victoria bonita. El suizo tuvo que remontar para ganar el tercer set, y luego se vio obligado a aferrarse a su juego con uñas y dientes para evitar un quinto set que con casi toda probabilidad habría perdido.

«Ha sido un partido único en muchos sentidos, y estoy contento de haber ganado, sobre todo también a nivel emocional», declaró Federer. «¿Cómo gestionas haber perdido aquel set? ¿Cómo consigues seguir adelante intentando valerte de la energía que te transmite tu equipo y la gente que te está viendo por televisión? En cierta manera también estaba jugando para ellos, intentaba que eso me inspirara».

Pero ya no volvería a jugar en París, porque se vio obligado a retirarse del torneo para protegerse la rodilla, recién operada, antes de la cuarta ronda, en la cual le esperaba un reto mayor ante Matteo Berrettini, la nueva estrella italiana, de 1,98 m de altura.

No era propio de Federer, el hombre de hierro del tenis, retirarse a mitad de un torneo; y tampoco era propio del suizo utilizar un torneo *major* como si fuera un calentamiento. «Mucha gente dice "Es Roger Federer, puede hacer lo que quiera, se ha ganado ese derecho"; y lo entiendo, pero, aun así, no me gusta», me confesó Patrick McEnroe, analista de ESPN y ex capitán del equipo estadounidense de la Copa Davis. «Porque eso devalúa el *major* y pone las cosas fáciles a otro jugador del cuadro».

Sin embargo, resultó que ni la rodilla ni el juego de Federer habían vuelto a la normalidad; y él lo sabía. «Es importante que escuche a mi cuerpo y procure no exigirme demasiado en mi camino a la recuperación», declaró.

Por desgracia, el camino no iba a conducirle a la recuperación.

«Fue duro, porque nunca estaba al 100%», afirma Ljubičić. «Puede que la gente no se diera cuenta de que algo iba mal, pero nosotros, que pasamos horas y días en la pista, veíamos que nunca entrenábamos a fondo, y eso era duro».

Federer solo participó en cinco torneos durante aquel último regreso a las pistas: un torneo sobre pista dura, dos sobre tierra batida y dos sobre hierba. Solo llegó a unos cuartos de final, los de Wimbledon, donde perdió en sets consecutivos ante Hubert Hurkacz, un estilizado tenista polaco que cotizaba al alza y era conocido por ser uno de los jugadores más simpáticos del circuito, aunque no mostró ni una pizca de simpatía al eliminar a Federer sin piedad por 6-3, 7-6 (4), 6-0.

No fue la derrota más dolorosa del suizo en la pista central —recordemos las finales de 2008 y 2019—, pero entraba dentro de esa categoría de derrotas que duelen, y la intensa sospecha de que aquel podría haber sido su último partido en Wimbledon resultó cierta, lo cual aseguraba a Hurkacz un puesto de honor en los concursos de preguntas en las próximas décadas.

Aquel 6-0 del último set fue un triste final para la monumental carrera de Federer en el All England Club, pero el tenis es, por definición, un duelo de uno contra uno en el que no cabe la compasión por los campeones veteranos. Federer alargó su carrera más allá de cualquier expectativa y esta decisión le aportó muchas satisfacciones, pero también conllevaba el riesgo de sufrir un gran desencanto, que es exactamente lo que ocurrió en Wimbledon.

En su rueda de prensa tras el partido Federer parecía menos sorprendido que el resto de nosotros por la paliza que acababa de recibir, y más de un año después explicaría el porqué. Se había vuelto a lesionar la rodilla durante la puesta a punto sobre hierba en Halle, Alemania, donde cayó ante el joven tenista canadiense Felix Auger Aliassime.

«Sabía que necesitaba un milagro para tener alguna posibilidad de ganar en Wimbledon», admitió en una entrevista que le hice para el *Times*. «Incluso nos llegamos a plantear con el equipo si participar o no en el torneo. Porque el tema era ese, si no puedes ganar, ¿qué sentido tiene? Pero yo les dije: "Hemos llegado hasta aquí, dejadme intentarlo al menos". Y estoy contento de haberlo intentado, porque llegué más lejos de lo que imaginaba. En cambio sabía que Roland Garros iba a ser duro».

Lo que más le sorprendió de la derrota en Wimbledon fue que nadie le preguntó por la rodilla. «¡Nadie!», exclamó después en una entrevista para *L'Équipe*. «Me pareció increíble, porque yo no era capaz de pensar en otra cosa. Durante meses. Cada día, cada hora, cada minuto. Y al final no tuve que dar ni una sola explicación sobre mi rodilla. Ya me estaba bien, por cierto, pero al mismo tiempo no entendía qué era lo que había visto la gente. O yo había sabido esconder muy bien el problema y nadie se había dado cuenta, o la gente no quería sacar el tema por educación».

A lo largo de los años nunca había sido fácil detectar el nivel de estrés físico de Federer. «Siempre se esforzaba mucho para aparentar que todo iba bien», afirma Ljubičić. «Y padeció mucho dolor de espalda, muchas contracturas en la espalda y en el cuello. Siempre procuraba que nadie lo supiera y que nadie notara nada. Roger es así. Sabe funcionar con normalidad incluso cuando las cosas no van bien».

Aunque Federer no cojeara ni concediera gestos de dolor en Wimbledon, el marcador de su partido ante Hurkacz en el torneo de hierba favorito del suizo debería haber sido un indicio más que revelador. A mediados de agosto, una semana después de su 40 cumpleaños, anunció con rostro sombrío en las redes sociales que iba a tener que operarse de nuevo de la rodilla derecha, que tendría que usar muletas durante «muchas semanas» y que permanecería alejado del tenis durante «muchos meses».

Todavía no estaba listo para retirarse y aún albergaba «un destello» de esperanza que le permitiera regresar al circuito. Sin embargo, pese a su amor por el tenis y su optimismo extremo, aquel era un territorio ignoto y desalentador, y eso es algo que me quedó incluso más claro tras hablar con un cirujano de Filadelfia especializado en intervenciones de rodilla cuya opinión respeto mucho: Nicholas DiNubile. Nunca había tratado a Federer, pero para él los indicios eran claros. Las anteriores intervenciones quirúrgicas a las que el suizo se había sometido y el largo período de recuperación en este caso apuntaban a que aquello no era algo sencillo como un desgarro de menisco, sino una artritis y un daño del cartílago que iban a requerir «técnicas regenerativas» como microfracturas: un escenario aciago para un atleta profesional de cuarenta años.

Por desgracia, DiNubile tenía razón.

«Es momento de preguntarnos si Federer volverá a jugar al tenis en el circuito», escribí.

La respuesta es que ya nunca volvería a jugar un partido de individuales en el circuito. Sí jugó, en cambio, un partido más; aunque tuvo que transcurrir más de un año antes de que pudiera jugarlo.

Aquel año sin Federer resultó trascendental para el tenis. Estuvo lleno de sorpresas: la mayor de ellas la dio una adolescente británica, Emma Raducanu, con su espectacular victoria en el US Open de 2021, que la convirtió en la primera jugadora que ganaba un *major* partiendo desde la previa. Después llegó la abrupta retirada de la n.o 1 Ash Barty en marzo de 2022, a los 25 años, tras ganar el Open de Australia: una abdicación en marcado contraste con los arcos deportivos de Roger Federer y Serena Williams.

La estrella china del tenis Peng Chuai copó titulares en todo el mundo en noviembre de 2021 al acusar de abusos sexuales a un ex viceprimer ministro chino. La acusación, en forma de mensaje en una red social china, fue borrada de inmediato y la tenista se esfumó de la esfera pública durante varias semanas. La Asociación de Tenis Femenino (WTA), que no consiguió contactar con ella ni cuando Peng reapareció en Beijing, reaccionó suspendiendo todos sus torneos en China, incluidas las lucrativas finales de Shenzhen, a la vez que exigía contactar directamente con Peng y que se abriera una investigación formal a partir de sus acusaciones. Sin embargo, el gesto de la WTA no resultó tan contundente como parecía, dado que las fronteras con China seguían cerradas por culpa de la pandemia, y por ello no se podía celebrar ningún torneo en el país. Aquella aparente contundencia quedó en nada en abril de 2023, cuando la WTA dio marcha atrás y levantó la suspensión.

Djokovic se quedó a un partido del primer Grand Slam de un tenista masculino en cincuenta y dos años al perder ante Daniil Medvedev en la final del US Open de 2021. Aquella fue una noticia de gran calado en el mundo del tenis, pero su deportación de Australia poco antes del Open de Australia de 2022 resonó mucho más allá del ámbito deportivo, igual que resonó la decisión que tomó Wimbledon aquel mismo año de prohibir la participación de todos los tenistas rusos y bielorrusos debido a la invasión de Ucrania por parte de Rusia.

Los circuitos, preocupados por si aquella prohibición podía sentar un precedente, reaccionaron quitando puntos de *ranking* a Wimbledon, lo cual significaba que Djokovic no obtenía ninguna recompensa por alzarse con el título masculino individual. No obstante, sí tuvo la ocasión de reencontrarse con Federer en el All England Club.

Durante la celebración del centenario de la Pista Central Federer hizo una aparición sorpresa junto con otros campeones históricos del torneo. Se le veía esbelto, bronceado y elegantemente vestido, sin indicios visibles de cojera. Sin embargo, resultaba inquietante ver a Federer, con su traje oscuro y su corbata, al lado de Djokovic, con su ropa deportiva blanca, preparado para el calentamiento. Aquello subrayaba el nuevo papel de Federer como observador. «He tenido la suerte de jugar un montón de partidos en esta pista», explicaba Federer a Sue Barker, de la BBC. «Es raro estar hoy aquí, interpretando un papel diferente; pero, como ha dicho Novak, es genial estar aquí con todos los demás campeones. Esta pista me ha dado mis mayores triunfos y mis mayores derrotas».

Sin embargo, recordar el pasado con la empática Barker conllevaba sus riesgos. Barker fue la periodista que le había entrevistado a pie de pista en 2003, y ante la que Federer rompió a llorar cuando el suizo ganó su primer título individual. «No me lo vuelvas a hacer», le dijo Federer a Barker casi dos décadas después;

pero aquella vez era Barker quien iba a perder la compostura en la Pista Central. Aquel era su último Wimbledon como comentarista de la BBC después de 30 años de carrera, y no pudo contener las lágrimas cuando el público, en pie, le dedicó una ovación a toda su labor. Federer, en cambio, no estaba del todo dispuesto a bajar el telón: «Espero poder regresar», le dijo a Barker. «Como tú decías, una vez más».

Ningún otro gran torneo siguió los pasos de Wimbledon y prohibió la participación a tenistas rusos y bielorrusos. Se les permitió participar como deportistas neutrales en el US Open, pero en cambio Djokovic no pudo participar. Como extranjero no vacunado del coronavirus, en el año 2022 no se le autorizó a entrar en Estados Unidos, y el US Open aquel año lo ganó un fenómeno español: Carlos Alcaraz, demasiado joven e inexperto en 2019 como para entrar en mi lista de candidatos a campeones y en la de Federer, pero que desde los 19 años, tras su brillante primera temporada, siempre se mantiene en la parte alta de la clasificación (es el actual n.º 1). Sin embargo, el gran momento emotivo del torneo llegó antes, cuando Serena Williams anunció que se despedía del tenis a los 40 años. No pronunció la palabra que empieza por «r», sino que habló de estar viviendo una «evolución» que la alejaba del tenis, aunque dejaba la puerta abierta a seguir compitiendo. Lo que quiso decir estaba claro, y sus últimos partidos del US Open se convirtieron en un momento cultural: despertaron un gran interés y las entradas se agotaron para verla retroceder en el tiempo con la forma suficiente (y un gran drive) como para derrotar a Anett Kontaveit, la n.º 2 del mundo, en segunda ronda, antes de caer ante Ajla Tomljanović.

Aquel había sido un año intenso para el tenis: había mucho que procesar y contar. Pero, ya en mi casa, cerca de Boston, después del Open, mientras recuperaba el aliento y las horas de sueño, recibí un mensaje de un experto en tenis que me decía: «Mira Instagram».

Tan solo unas semanas después de Williams, ahora era Federer quien se despedía y aunque seguro que él habría preferido hacerlo en un partido de individuales, su rodilla no estaba por la labor: sería con un partido de dobles (si era posible), y en la Laver Cup, en el O2 Arena de Londres.

«He trabajado muy duro para recuperar mi plena forma competitiva, pero soy consciente de las capacidades y límites de mi cuerpo, y el mensaje que me ha estado mandando últimamente es muy claro», declaró Federer en una carta abierta que leyó en voz alta y compartió en las redes sociales.

En definitiva, la retirada se explicaba así: el elegante Federer ya no era capaz de bailar como siempre en una pista de tenis; pero también se explicaba por el tiempo.

«Es un tema de edad, seamos sinceros», me confesó en una entrevista para el *Times*. «No le veo sentido a llegar hasta el final. Estos últimos años lo he intentado durante mucho tiempo y ya está bien. Cuando me operé el año pasado era consciente de que tenía un largo camino por delante. En mis sueños me veía jugando otra vez, pero era muy realista sobre mi retorno a las pistas. Primero, porque lo hice por mi vida, mi vida personal. Necesitaba una rehabilitación muy completa. Si solo me retiro, sé que no voy a hacer la rehabilitación adecuada, así que si permanezco activo y sigo siendo un tenista profesional, sé que haré la rehabilitación al 100%, y entonces conservo la puerta abierta para, con suerte, regresar al menos a los partidos de exhibición, los 250, 500 o 1000, si las cosas van realmente bien; y a los Grand Slams si surge la magia, claro».

Sin embargo, sabía desde hacía meses que la magia iba a surgir y, desde hacía semanas, que el tenis de competición ya no era una opción para él. «La rodilla me daba muchos problemas y me costaba mucho progresar», me dijo. «Entonces fue cuando me dije a mí mismo: "Está bien. Lo acepto y no pasa nada". Y cuanto más lo analizaba mientras escribía la carta, más aliviado y feliz me sentía, porque sabía que estaba tomando la decisión correcta. Porque lo he dado todo en la pista; no me queda nada más por demostrar».

Se tomó el tiempo necesario para informar de su decisión a cada miembro de su equipo de forma individual: a algunos se lo contó en persona; a otros, como a Ljubičić, que estaba de vacaciones en Croacia, se lo dijo por teléfono. El comunicado oficial se hizo público el 15 de septiembre, pero habría llegado antes de no ser por el anuncio de Serena Williams y el fallecimiento de la reina Isabel II de Inglaterra el 8 de septiembre de aquel año.

«Fue difícil encontrar el momento adecuado», me dijo Ljubičić.

Después de tantos años como nómada de la raqueta, tantos años de éxitos bajo los focos, ¿cuál era la mejor manera de cruzar la línea de meta? Sin duda Wimbledon habría sido ideal; Basilea, la ciudad natal de Federer y su torneo local, probablemente habría sido la segunda mejor opción, pero la rodilla del suizo hacía que su participación en un torneo a gran escala fuera algo demasiado arriesgado en muchos sentidos.

«No puede jugar individuales», sentenció Ljubičić. «A ver, poder, puede, pero no se trata solo de jugar. Se trata de hacerlo bien, de jugar bien».

Así que sería en Londres, la ciudad donde se convirtió en una estrella mundial; en el O2 Arena, donde tantas veces había ganado las finales de la ATP; y en la Laver Cup, el evento que Federer hizo posible gracias a su condición de estrella y a sus contactos. Sería un último partido, si su cuerpo lo permitía, con Nadal a su lado en vez de al otro lado de la red.

Federer llamó a Nadal para informarle de su decisión poco después de que el mallorquín perdiera ante Frances Tiafoe en el US Open de 2022. «Solo quería informarle antes de que empezara a hacer planes sin tener en cuenta la Laver Cup», explica Federer.

Federer sabía bien que Maria Francisca, la esposa de Nadal, estaba en la última fase de un embarazo complicado, y estaba preparado para que Nadal rechazara educadamente su propuesta.

«Le conté por teléfono que tenía un 50-50 o un 60-40 de posibilidades de jugar los dobles», recuerda Federer. «Le dije: "Mira, te mantendré informado. Ve contándome cómo os va todo en casa y volvemos a hablar". Pero enseguida quedó todo claro por teléfono y Rafa me contestó: "Haré todo lo posible por estar ahí contigo", y obviamente eso para mí fue increíble».

«Demostró una vez más lo mucho que significamos el uno para el otro, y el respeto mutuo que nos profesamos. Pensé que aquello podía ser una historia bonita para nosotros, para el deporte, para el tenis y que quizá también podía ir más allá de todo esto: podía ser una historia que enseñara que somos capaces de coexistir pese a una marcada rivalidad, que somos capaces de salir triunfantes y demostrar que esto solo es tenis. Sí, es duro, y a veces brutal, pero siempre es justo. Y puedes salir adelante y seguir manteniendo esta rivalidad amistosa».

Nadal viajó a Londres, pero lo que completó la sensación de que el círculo se cerraba fue que los otros grandes rivales de Federer también estaban allí. Djokovic y Andy Murray se unieron al Team Europe. Por primera y única vez, el cuarteto de tenistas antaño conocidos como el Big 4 iban a jugar juntos en la Laver Cup: un regalo de despedida para Federer que no había estado al alcance de los grandes tenistas del pasado, porque no existía un evento como aquel. «Quiero aclarar que esto nunca fue parte del plan», dijo Federer sobre la creación de la Laver Cup.

Simplemente salió así, nada más. Y cómo tantas otras cosas que le pasan a Federer —un campeón que planificaba la espontaneidad—, salió la mar de bien.

Podía haber emitido un comunicado anunciando su retirada o haber convocado una rueda de prensa de despedida en Basilea y zanjar el tema. Y en cambio decidió arriesgarse y ponerse a sí mismo y a sus emociones —y las emociones de todo el mundo— bajo el foco, a la vez que impulsaba un evento que él y su equipo habían creado.

El evento rebosaba simbolismo: el Big 4 compartiendo por primera vez una pista de dobles, un jueves, en una sesión de entrenamiento abierta al público que estuvo abarrotada, y también le dio a Federer la seguridad de que su rodilla iba a poder aguantar un último partido oficial.

También rebosaba celebración, con el Big 4 posando en esmoquin a bordo del barco que surcaba las aguas del Támesis de camino a la gala de la Laver Cup.

Y rebosaba reflexión, ya que Federer y sus rivales recordaban una y otra vez los momentos que habían marcado su era, la de los cuatro, que comenzó solo como la era de Federer.

A Djokovic le preguntaron cuál de sus partidos contra Federer era el que primero le venía a la mente.

Contestó, magnánimo, que la final del US Open de 2007, que ganó el suizo.

«Ahora está siendo amable», exclamó Federer. «Gracias, Novak».

Djokovic miró a Federer y añadió: «No he terminado».

Hubo risas, y Djokovic enseguida habló de su victoria en la final de Wimbledon de 2019.

«¿Qué pasó?», preguntó Federer. «He bloqueado ese recuerdo».

Más risas. El viernes se disputó un partido de despedida: Federer y Nadal compartían pista de dobles por primera vez desde 2017 y aquella emocionante Laver Cup en Praga.

Volvieron a salir a la pista con pantalón corto blanco, camiseta azul y bandana blanca, pero esta vez de marcas diferentes: una señal de los cambios que se pueden dar en cinco años. Habría otros, como demostró el duelo con los estadounidenses Jack Sock y Frances Tiafoe. Pese a que el primer golpe de Federer aquella noche, su primer golpe competitivo en más de un año, fue una volea refleja de *drive* ganadora, sus limitaciones se hicieron evidentes cuando intentaba acelerar hacia pases amplios, y parecía estancado en la segunda marcha. Su habilidad con la raqueta todavía estaba ahí, pero en una charla con sus compañeros de equipo durante una pausa, Federer restó importancia a su falta de movimiento tras fallar un *drive* para convertir el único punto de partido que tuvieron Nadal y él.

El partido terminó con victoria 4-6, 7-6 [11-9] para el Team World cuando Sock, uno de los mejores jugadores de dobles del mundo, devolvió el último golpe de la carrera de Federer —un *drive* interior de dentro hacia fuera— superando a Nadal, que no logró alcanzarlo, a las 00:26, hora de Londres.

Adiós al final perfecto, pero no tanto al final feliz, que llegaría después, cuando Federer cogió el micrófono para una entrevista a pie de pista con Jim Courier. El suizo no tenía claro si iba a querer hablar, ya le había advertido a su agente, Tony Godsick, que lo decidiría sobre la marcha. «No quería tener un guión», recuerda Federer. «Creo que mareé mucho a Tony, pero le dije: "No quiero ir de A a B, a C, a D. Veamos cómo va saliendo todo"».

Y todo salió como había salido a lo largo de su carrera: Federer dio rienda suelta a sus emociones tras contenerlas al máximo mientras la bola estaba en juego. Hubo lágrimas (por supuesto) y palabras de agradecimiento para sus rivales y su esposa: «Ella podía haberme hecho parar hace mucho, mucho tiempo, y no lo hizo», dijo mirando a Mirka, que estaba en las gradas. «Me apoyó y me permitió jugar, y eso es maravilloso, gracias».

Sin embargo, y como escribí aquella noche en el *Times*, «lo que realzó aquella circunstancia especial fue la emoción que experimentó el resto de la gente: las miles de personas que había en el estadio, incluidos la familia de Federer y sus amigos; y quizá lo más conmovedor fue ver a Nadal, un campeón mucho menos lacrimógeno, que parecía tan inconsolable como su amigo y compañero de dobles» sentado junto a la pista, en el banquillo de su equipo, viendo cómo Federer lo pasaba mal.

El suizo se unió a él justo a tiempo para el momento emotivo garantizado de la noche: el homenaje que iba a dedicarle a Federer en la pista la cantante británica Ellie Goulding. Cuando Goulding se puso a cantar, Federer se dejó llevar, sollozando mientras se encorvaba hacia delante. Él y un lloroso Nadal se agarraron de la mano por unos instantes en la imagen más imborrable de la última noche de Federer como jugador en activo.

Tiempo después hablamos de aquel momento.

«Obviamente no podía hablar, y estaba la música», recordaba. «Creo que le conmoví, y supongo que el gesto es como un agradecimiento secreto. No sé lo que fue, para mí tal vez fue eso, así es como lo sentí».

Le pregunté a Federer si una demostración tan abierta de afecto y de emotividad podía ayudar a cambiar la percepción que tiene la gente de los atletas masculinos. Y estuvo de acuerdo conmigo.

«Creo que los dos sabemos muy bien cuales son nuestras raíces, quienes somos», dijo hablando de sí mismo y de Nadal. «Sí, el tenis es súper importante, pero en algún momento, cuando le quitas todos los *drives*, reveses, victorias y todo eso, todo es como: ¿quiénes somos? Siempre me ha costado mucho mantener las emociones a raya, tanto cuando ganaba como cuando perdía. Al principio me enfadaba, me entristecía, lloraba de rabia; y después empecé a llorar de felicidad cuando ganaba. Creo que lo que pasó el viernes fue otra cosa, siendo sincero, porque creo que todos los chicos ¬—Andy, Novak y también Rafa— vieron desfilar sus carreras ante sus ojos, conscientes de que todos nosotros llevamos ya bastante tiempo jugando de prestado».

Murray era particularmente consciente de ello. Ya estuvo a punto de retirarse tras insinuar en el Open de Australia de 2019 que su carrera podía estar tocando a su fin por culpa del dolor crónico de cadera que padecía. Incluso Federer, Djokovic y otros grabaron mensajes para un vídeo-homenaje que se emitió en Melbourne Park tras la eliminación de Murray de aquel año, pero el escocés, tras una cirugía de reemplazo de cadera, regresó al circuito convertido en una amenaza menor, pero totalmente comprometido con su oficio.

«Estoy contento de poder retirarme el primero, porque también se supone que me voy a ir el primero», dijo Federer, el mayor del grupo. «Espero que ellos puedan jugar el mayor tiempo posible y que expriman bien sus carreras».

Federer supo exprimir bien la suya ganando 1251 partidos individuales, 131 partidos de dobles y 103 títulos individuales, 20 de los cuales en *majors.* Sin embargo, las cifras no eran lo más importante aquella noche de viernes, y dudo de que vayan a serlo dentro de muchos años. Seguir a Federer ha sido una experiencia inmersiva: más centrada en sus habilidades que en sus cifras concretas; más centrada en lo que nos hacía sentir que en si flaqueaba o prevalecía.

Lo suyo fue la prestidigitación. Eso fue suyo y solo suyo, y cuando el espectáculo terminó, dejó entrar a todo el mundo: con la guardia baja y los brazos abiertos.

Pasada la medianoche volvió a abrir los brazos para abrazar a sus hijos dentro del O2 Arena. Menos de una hora después de su retiro, los dos pares de gemelos Federer parecían abatidos, pero su padre hizo todo lo posible para aclarar cualquier malentendido.

«No lloro porque esté triste», les dijo. «Lloro porque me siento feliz».

«Deshidrataste al mundo», le dije yo a Federer unos días más tarde.

Se rio con ganas. «Tenemos que recargarnos con esas lágrimas», contestó.

No obstante, al final de la dilatada carrera de Federer ya no existía la necesidad de recargarse y jugar más tenis de competición.

«Creo que me siento completo», afirmó. «Supongo que he perdido mi último partido de individuales. He perdido mi último partido de dobles. He perdido la voz de tanto gritar y apoyar al equipo. He perdido la última competición que he jugado formando parte de un equipo. He perdido mi trabajo, pero estoy muy feliz. Estoy bien. Estoy realmente bien. Esa es la parte irónica de todo esto, todo el mundo piensa en los finales felices, ¿verdad? Y en mi caso ha terminado siendo eso, pero de una forma que jamás imaginé que sucedería».

AGRADECIMIENTOS

«¿Y cuánto tardaste en escribirlo?» es la pregunta que más he oído desde que acabé el libro.

Más de un año es la respuesta sencilla si hablamos de planificación y proceso de escritura. Se lo expliqué todo con detalle a mi nueva e intuitiva agente literaria, Susan Canavan, y la idea le gustó desde la primera vez que la comentamos mientras almorzábamos en la orilla norte de Boston en el 2019. ¡Qué sencillo sonaba entonces! Terminé haciendo más de ochenta entrevistas para el proyecto y viendo o volviendo a ver montones de partidos de Federer.

Pero la respuesta más real es que este libro se originó hace más de veinte años, en las gradas de la pista Suzanne Lenglen de Roland Garros, en la primavera de 1999, cuando Federer debutó en un Grand Slam.

Federer captó nuestra atención siendo un adolescente y ya nunca la soltó. Ha habido más campeones llamativos y fascinantes en el tenis, pero ninguno que tuviese un juego tan agradable a la vista y, como pude saber al documentarme para este libro, ninguno que abrazara todos los aspectos de este deporte con ese insaciable entusiasmo.

La oportunidad de cubrir tan de cerca la carrera de Federer me llegó por estar donde había que estar —normalmente, en Europa— cuando había que estar.

Gracias a Barry Lorge y a Bob Wright, mis magníficos jefes en el periódico *San Diego Union*, ya fallecidos, que me abrieron la puerta del periodismo y luego me mandaron a cubrir torneos de tenis, incluido el Wimbledon 1990.

Gracias a Neil Amdur, antiguo corresponsal de tenis para el

The New York Times y luego editor de deportes en ese periódico, que apostó por mí no mucho después de mudarme a Francia como *freelance* recién casado. *Merci* a Peter Berlin y a Michael Getler, que me contrataron en París para el trabajo de mis sueños como corresponsal jefe de deportes en el *International Herald Tribune*, y *merci* también al excepcional David Ignatius, que me convirtió en columnista y me dio rienda suelta. ¿Qué más se puede pedir?

He pasado todos estos años queriendo pellizcarme sin parar mientras recorría el mundo para cubrir los eventos más importantes: Juegos Olímpicos, Copas del Mundo, campeonatos mundiales, Copas de América, Ligas de Campeones, torneos mayores de golf y mucho tenis, siempre. Gracias a todos los editores del *The International Herald Tribune* y *The New York Times* que lo han hecho posible, como Tom Jolly, Alison Smale, Sandy Bailey, Jeff Boda, Marty Gottlieb, Jason Stallman, Dick Stevenson, Jill Agostino, Naila-Jean Meyers, Andy Das, Oskar Garcia y, más recientemente, Randy Archibold, que me apoyó con la pausa laboral necesaria para escribir *Master*.

Y nunca lo habría escrito con propiedad sin las personas que hablaron conmigo. Gracias a los 82 que me cedisteis vuestro tiempo y vuestra confianza, y muchas gracias a Andy Roddick, Marat Safin, Pete Sampras, Rafa Nadal y Novak Djokovic por ahondar en lo que supone enfrentarse a Federer, y también a Peter Lundgren, José Higueras y, especialmente, a Paul Annacone por profundizar en lo que supone entrenarlo.

Mi agradecimiento especial para Federer y para su ya veterano agente, Tony Godsick, por concedernos al *The New York Times* y a mí un acceso tan amplio a lo largo de los años. Oportunidades así son muy poco frecuentes ahora entre muchas superestrellas del deporte, pero Federer entiende y respeta el papel de los medios de comunicación y se ha mostrado dispuesto a compartir más de sí mismo que la mayoría.

«¿Y cuánto tardaste?»

«Más de lo que debía», podría haber dicho Sean Desmond, editor de Twelve. Pero se contuvo. Con calidez y una empatía digna de Federer, Sean, también escritor, me dio el tiempo y la paz mental necesarios para acabar bien el trabajo.

Le agradezco que creyese en este proyecto, y a Rachel Kambury y al resto del equipo de Sean les agradezco que lo apoyaran. También les doy las gracias a mi familia y amigos por su paciencia cuando desaparecía entre plazos de entrega y temporadas tenísticas. Y sobre todo, *un grand merci* a mi roca, mi esposa desde hace treinta años, Virginie, que nunca flaqueó, ni siquiera en mitad de una pandemia, y que siempre me recordó, cuando la tarea parecía superarme, que esto era lo que siempre había querido hacer.

Muy a menudo estaba en lo cierto o, como les gusta decir a los (poco impresionables) franceses, no estaba equivocada.

ÍNDICE

Abierto de Italia, 225, 281, 331, 395
Abramowicz, Daria, 85
Acasuso, José, 239
Adams, Valerie, 53
Adidas, 238, 368, 370-371
Adler, Doug, 193
Agassi, Andre, 173, 245, 271, 330
  Adelaida ATP (1998), 153
  Copa Davis (1991), 326
  Copa Masters (2003), 158-161
  entrenamiento de, 31-32, 95, 143
  fundación, 409
  Grand Slams, 200, 247
  Juegos de Sídney (2000), 107
  Melbourne (2003), 163
  Open de Australia, 168
  Swiss Indoors (1998), 43, 95
  US Open, 229, 358
  Wimbledon, 172, 143, 153
Agut, Roberto Bautista, 397
Alami, Karim, 116
Alexander, John, 36
Allegro, Yves, 47, 75, 129, 135, 208, 274
  Juegos Olímpicos de Atenas (2004), 170
  muerte de Carter, 134-135
  primeros años, 74, 76-77, 96
  primeros entrenamientos, 50, 51, 66, 73

All England Lawn Tennis, 119, 120, 401. *Véase también* Wimbledon
Amanovic, Miljan, 303
Ancic, Mario, 130, 212
Anderson, Kevin, 17, 267, 303, 396
Andrianafetra, Harivony, 325
Andy Roddick Foundation, 381
Anisimova, Amanda, 384
Annacone, Paul, 266-267, 275, 282, 311
  Djokovic y Federer, 401
  entrenamiento de, 249, 254, 311, 314, 349, 365
  interés de Federer, 11-12
  Open de Australia (2017), 349
  patrones de sueño de Federer, 287-288
  recuperación de Federer, 157, 283-284
  Roland Garros, 275, 313
  Sampras y Federer, 254, 257
  Wimbledon, 126, 284-285
Arazi, Hicham, 130, 136, 227
Armada de Estados Unidos, 23
Arnault, Bernard, 410
Arnold, Lucas, 89, 225
Ashe, Arthur, 61, 151, 364
Asociación de Tenis de Estados Unidos, 24, 176, 224, 237, 365
Atenas, Juegos Olímpicos de (2004), 106, 162
ATP, circuito de la, 36, 42, 44, 89, 165, 273, 384

Bahrami, Mansour, 42
Bambino Cup, 45
Barcelona, Juegos Olímpicos de (1992), 107
Barker, Sue, 206, 404
Barlocher, Madeleine, 33-34, 40-41, 44
Barrett, John, 193, 194
Basilea, 13, 29-30
Bastl, George, 27, 136, 251, 257
Batalla de las Superficies (2007), 185-186, 220, 233
Batalla de los Sexos (1973), 186-187

Becker, Boris, 188, 228-229, 255, 365
Grand Slams, 42, 197
referente profesional, 38, 123
Wimbledon, 30, 145, 247
Beckham, David, 376
Bemelmans, Ruben, 360
Bencic, Belinda, 338
Benhabiles, Tarik, 143
Benneteau, Julien, 327
Berberian, Yulia, 57
Berdych, Tomas, 170, 344-345, 353
Bernard, Alexis, 61
Biena, 67-68
Björkman, Jonas, 120, 127, 143
Blake, James, 27, 207, 357
BNP Paribas Open (2018), 17, 363
Bogdanovic, Alex, 170
Bollettieri, Academy, 73, 116
Bollettieri, Nick, 116, 167
bombardeos de la OTAN en Yugoslavia, 300, 309
Borg, Björn, 13, 73, 104, 206, 232, 355
Copa Laver, 354
Grand Slams, 88, 94, 127, 197, 200, 244
Lundgren y las llamadas sin identificar, 127
referente profesional, 127, 201
Roland Garros, 211, 214
Wimbledon, 88, 94, 127, 206, 214; 1980, 179, 219, 220
Brady, Tom, 357
Brennwald, Roger, 42-44
Bresnik, Gunter, 51-54, 238-239
Bruguera, Sergi, 91, 115, 195, 204
Brunet, Régis, 61, 225, 367-370
Brunold, Armando, 95
Bryan, Bob, 116, 324
Bryan, Mike, 116, 324
Bryant, Kobe, 266, 380

Budge, Don, 247
Buffon, Gianluigi, 357-358
Burj Al Arab, 330
Butler, Gerard, 314

Cahill, Darren, 34, 62, 102, 131, 160, 214, 237
Copa Mundial de Tenis Juvenil (1996), 62-63
muerte de Carter, 131, 133-134
primeros años y entrenamiento de, 34-40
Calvelli, Massimo, 383
cambio climático, 309
Carillo, Mary, 144
Carlin, John, 230
Carlsson, Kent, 74
Carmen, Eric, 9
Carter, Peter, 34-40, 62, 129, 148, 238, 357, 368-369
Copa Davis, 153-154, 156
entrenamiento de, 18, 35-42, 73, 92, 93, 94-95, 149, 151, 300; reemplazo de Lundgren, 112-114
muerte de, 38, 131-137, 253, 274
Open de Australia, 102, 169, 233
Carter, Silvia, 134
Cash, Pat, 36, 88, 152, 188, 218, 349
Castorri, Alexis, 82
Chang, Michael, 135, 197, 213
Chatrier, Philippe, 107
Chicago Bulls, 385
Childs, Lee, 192
Chiudinelli, Marco, 44-45, 73, 122, 161, 317, 320, 326, 328
Christen, Bernhard, 371
Christinet, Cornélia y Jean-François, 47, 64-65
Ciba-Geigy, 29, 407
Cilic, Marin, 332, 353, 356-357, 360
circuito satélite, 76-78
Clément, Arnaud, 101, 169, 328, 369
Clijsters, Kim, 154

Collège de la Planta, 47, 65
Concordia Basel, 33
Connors, Jimmy, 32, 42, 151, 196, 201, 358
    Copa Masters, 157
    entrenamiento de, 302
    Grand Slams, 201, 244
    ruedas de prensa, 20
    US Open (1974), 294, 346
    Wimbledon (1984), 210
Copa Hopman, 276, 338
Copa Laver, 32, 366, 383-385, 410
    2017, 32, 255, 352-354
    2018, 363-365
    2020, 385
Copa Masters
    2000, 102-103
    2001, 137
    2003, 157, 159
    2004, 177
Copa Mundial de Tenis Juvenil (1996), 62
Coria, Guillermo, 98, 195, 199, 223
coronavirus, 166, 282, 412
Corretja, Àlex, 115, 187, 195
Costa, Albert, 187, 195, 204
Costa, Carlos, 382
Courier, Jim, 17, 236, 255, 265, 299, 303, 327
    Grand Slams, 42
    Open de Australia, 183, 254, 345
    rankings ATP, 78
    rivalidad Djokovic-Federer, 298
    rivalidad Nadal-Federer, 236
    Roland Garros, 213
Cowan, Barry, 121
Crans-Montana, accidente en 101, 104
Credit Suisse, 309, 375
Cruz Roja, 74, 408

Dartmouth, 373, 383
Davenport, Lindsay, 373
Davin, Franco, 10
Davis, Copa 25, 150-151, 317-328
    orange boys, 152-153
    1986, 152
    1991, 326
    1995, 326
    1997, 152-153
    1999, 153, 318
    2000, 101, 102, 187
    2001, 24, 25-28, 135-136
    2002, 130, 133
    2003, 149-150, 154-157
    2004, 195, 326
    2005, 199, 340
    2008, 326
    2012, 319-320
    2014, 75, 317-318, 320-328
    2015, 44
Davydenko, Nikolay, 193, 243
Decker, Brooklyn, 258
De Jager, John-Laffnie, 412
Del Campo, Pablo, 185-186
Delgado, Ramón, 188, 192
Del Potro, Juan Martín, 10, 382
    BNP Paribas Open (2018), 363
    Copa Davis (2008), 326
    Open de Australia (2009), 270
    Open de Miami (2018), 231
    Roland Garros (2009), 242-243, 248, 351
    US Open (2009), 265, 292-294, 296; (2017), 354
    Wimbledon (2009), 257
Dementieva, Elena, 107
Deniau, Georges, 61, 156
Día de Australia, 164

Dimitrov, Grigor, 347, 360, 382-383
Di Pasquale, Arnaud, 117
Djokovic, Dijana, 301, 307, 308
Djokovic, Goran, 300, 304, 305
Djokovic, Jelena, 303, 305
Djokovic, Novak, 18, 296-316, 342-343
  Copa Davis, 320-321
  entrenamiento en Dubái, 330
  flexibilidad de, 302-303
  lesiones, 353
  Open de Australia, 2005, 305-307; 2008, 211, 306-307; 2012, 219-220; 2020, 408
  Open de Miami (2009), 238-239
  primeros años y entrenamiento de, 49, 300-307
  Roland Garros: 2011, 275, 312-313; 2016, 342-343; 2019, 397
  US Open: 2007, 292; 2009, 292-295; 2010, 296, 297, 307-308; 2011, 296-297; 2015, 314-316
  Wimbledon, 2008, 214; 2011, 306-307; 2012, 312-313; 2019, 14-15, 86
Djokovic, Srdjan, 300, 301, 304, 307, 308
dominancia cruzada, 93
Donskoy, Evgeny, 352
Dorgan, Sophie, 338
Dorochenko, Paul, 18, 59, 91, 113, 278, 294, 368
Drysdale, Cliff, 364
Dubai Marina, Le Rêve en, 330
Dubái, 329-330, 335-337
Dubái, torneo de
  2002, 139
  2006, 202
  2007, 193
  2008, 211-212
  2017, 352
Dunant, Henri, 74

Eagle, Joshua, 132
Écublens, Tennis Club, 47-66

Edberg, Stefan, 12 25, 74, 82, 228-229, 338, 342
entrenamiento de, 42, 252, 314, 332
referente profesional, 12, 38, 42, 92, 123, 145, 294
Egger, Jean-Pierre, 53, 55
Eisenbud, Max, 273, 372, 378, 380
ejercicios físicos, 55, 56
El juego interior del tenis (Timothy Gallwey), 82
Ellison, Larry, 209-210
Emerson, Roy, 150, 225, 247, 263
Enqvist, Thomas, 43
entrenamiento a intervalos, 56
Erving, Julius, 24
Escudé, Nicolas, 169
especialización temprana, 31-32
esposas del tenis, 280
Esposito, Silvio, 45-46
Evans, Dan, 391
Evert, Chris, 284
exhibición, 185-188

F. C. Basilea, 82
Favre, Laurent, 118
Federación Internacional de Tenis, 107, 321, 364, 365
Federer, Charlene, 269, 271, 280, 281, 285, 287, 289
Federer, Diana, 29, 281
Federer, Lenny, 281, 289
Federer, Leo, 281, 289
Federer, Lynette, 248, 307
gestion asuntos empresariales de Roger, 367, 369-371
interés de Roger, 11
muerte de Carter, 131
primeros años de Roger, 28-31
Sudáfrica, 12-13, 29, 407-409, 411
Federer, Miroslava Vavrinec «Mirka», 120, 132
boda con Roger, 280
hijos y vida familiar, 9, 67, 269-274, 279-290

Juegos Olímpicos (2000), 106-107, 108-109
operación, 276-277
primer beso con Roger, 118
primera cita con Roger, 108-109
primeros entrenamientos de, 18, 108-111
relación con Roger, 274-282, 285-286, 322-323. 394-395
Federer, Myla, 269, 271, 280, 281, 285, 287, 289
Federer, Robert, 97, 161
decisión de Roger de abandonar los estudios, 68-69
enfermedad, 212
entrenamiento de Roger, 33, 47–48, 51-56, 253, 288, 339, 341
gestión asuntos empresariales de Roger, 198, 363, 373, 379, 384
muerte de Carter, 133
primeros años de Roger, 28–31
Sudáfrica, 407-410
Federer, Roger
años de juventud, 33-34, 47-65
autocontrol, 40, 81
comentarios políticos, 309
decisión de abandonar los estudios, 68-69
entrenamientos, 16, 33, 39-41;
años de Écublens, 47-50, 55-61; Swiss Tennis Academy, 67-68, 70, 75-76, 91; ruptura con Lundgren, 161-162, 278; cambio de Lundgren, 112-114. *Véase también entrenadores individualmente.*
estilo de ataque, 26
estilo, 92, 145
fundación, 408-410
Grand Slams, 9, 12, 15, 21, 102, 103, 148, 168, 178, 201, 207, 226, 244, 251, 263, 294, 364, 365, 378, 394
idea equivocada, 176
idiomas, 26, 29, 47, 50, 65, 277
interés, 11, 21, 394, 411
larga duración, 288
legado, 382, 384, 394
lesiones, 31, 212, 289, 331, 335, 412

nacimiento, 28
paréntesis de 2016, 282, 289, 329-330, 395
patrones de sueño, 287
primera vida, 28-31
rankings ATP, 78, 102, 164, 226
retirada, 266, 334, 393, 405
ruedas de prensa, 20, 89, 212, 298, 408
suerte, 101, 104, 118, 243, 247, 288, 298, 399
Federación Francesa de Tenis, 61
Federación Suiza de Tenis, 29, 59, 68
Federer S. A., 371-372, 380-381
Fernández, Mary Joe, 275, 296, 298, 374
Ferreira, Wayne, 42, 132
Ferrero, Juan Carlos, 140, 150, 159, 187, 195, 223
Fiala, Daniel, 78
Fish, Mardy, 142, 319
Fitzgerald, John, 35, 37, 153
Forbes (revista), 372, 374, 380, 384
Forcades, Joan, 209
Forstmann, Ted, 373, 378-380, 382
fracturas por estrés, 36, 195
Fragnière, François, 57
Freeman, Cathy, 105-106
Freyss, Christophe, 47-48, 61-66, 148, 367
Fromberg, Richard, 95

Gagliardi, Emmanuelle, 107
Gallwey, Timothy, 82
Gambill, Jan-Michael, 27
Garizzio, Agustín, 76
Garner, Jake, 293, 294
Gasquet, Richard, 27, 93, 192, 325-328, 340,
Gates, Bill, 19, 408-410, 412
Gaudio, Gastón, 187, 195
Gauff, Coco, 382
Geingob, Hage, 409

Gencic, Jelena, 300-304
Gilbert, Brad, 95, 143, 170, 214, 243, 352
Gillette, 376, 377
Gimelstob, Justin, 273, 322
Gisin, Dominique y Michelle, 82, 85
Godsick, Tony, 9, 43, 214, 238, 363, 373-376, 382
  Copa Laver, 32, 352, 354, 364-366, 384-385, 410
  Fernández y, 275, 296, 374
  Match in Africa, 408, 411
  Mirka y, 279
  Seles y, 373-374
  Team8 y, 381-384
Goffin, David, 356
Gómez, Andrés, 61
González, Fernando, 243
González, Pancho, 244
Graf, Jaz Elle, 160
Graf, Simon, 43
Graf, Steffi, 30, 71, 160, 179, 374
Granat, Jiri, 110
Grether, Claudio, 77, 96
Groeneveld, Sven, 33
  contratación de Lundgren, 112
  entrenamiento de, 68, 73, 79, 80-81, 92
  Mirka y, 118, 274, 279
  muerte de Carter, 132
Grosjean, Sebastien, 170, 232, 369
guerra de Yugoslavia, 300, 304, 339
Gullikson, Tim, 85, 124, 253-254
Gullikson, Tom, 124, 253
Guns N'Roses, 373
Günthardt, Heinz, 71
Günthör, Werner, 53

Haas, Tommy, 89, 373, 390
  Juegos Olímpicos (2000), 116-118

Roland Garros (2009), 241-242, 248
Wimbledon (2009), 257
Haase, Robin, 360
Habsudova, Karina, 109
Halep, Simona, 37
Halle, torneo de, 75, 141, 214, 332, 396
Hamburgo, torneo de (2002), 130
Henman, Tim, 120, 128, 173, 275
Henry, Thierry, 376
Herbert, Pierre-Hugues, 285
Heuberger, Ivo, 50, 73, 95
Hewitt, Ava, 283
Hewitt, Cherilyn, 152
Hewitt, Cruz, 283
Hewitt, Darryl, 152
Hewitt, Glynn, 152
Hewitt, Lleyton, 152, 196
Copa Davis, 149-150; 2000, 187; 2003, 141, 150
Copa Masters (2001), 137
Copa Mundial de Tenis Juvenil (1996), 62
Grand Slams, 35, 137
Open de Australia, 2003, 163; 2004, 168; 2005, 183
primer entrenador de, 35
rankings, 78, 130, 150
retirada, 283
rivalidad con Federer, 62-63, 138, 224
ruedas de prensa, 20
US Open, 2004, 175, 177; 2017, 336
viajar con familia, 283
Wimbledon, 2002, 130; 2003, 150; 2004, 170; 2009, 259
Higueras, José, 213-215, 237, 254, 275, 392, 416
Hingis, Martina, 28-29, 70-71, 106-107, 111, 203, 338
Hlasek, Jakob, 26, 52, 133, 156, 319
Hoad, Lew, 150, 244
Hodgson, Guy, 88
Hopman, Harry, 150

Horna, Luis, 139, 227
Hôtel de Crillon, 10, 198

IMG, 61, 130, 186, 198, 225, 273, 277, 279, 345, 367, 369-376, 378-382
Indian Wells, 14, 212, 276, 287, 318, 363
    2004, 192, 193
    2006, 207, 352
    2011, 266
    2017, 352
    2018, 363
International Herald Tribune, *The*, 10, 28, 192, 198, 301, 416
invitaciones para jugar, 36, 106, 226, 369-370
Islanova, Rauza, 167
Isner, John, 34, 103, 262, 319, 401
Istomin, Denis, 344
Ivanisevic, Goran, 87, 130, 199, 205, 220, 301, 303, 312, 400
    Wimbledon (2001), 220, 303
Ivanovic, Ana, 72, 306

Jagger, Mick, 259
Jagr, Jaromir, 358
James, LeBron, 104, 128
Jankovic, Jelena, 306
Jarryd, Anders, 74
Jeanpierre, Julien, 98
Jordan, Michael, 15, 86, 104, 381, 383
Juan Carlos I, 187
Ley de Jante, 97
Juegos Olímpicos
    Atenas (2004), 106, 170
    Barcelona (1992), 107
    Los Ángeles (1984), 107
    Pekín (2008), 106
    Río de Janeiro (2016), 334
    Seúl (1988), 109
    Sídney (2000), 24-25, 105-107, 108, 111, 116-117

tenis en, 107-108
Jung, Carl, 82

Kacovsky, Adolf «Seppli», 29, 33, 38, 63
Kafelnikov, Yevgeny, 133, 166
Karlovic, Ivo, 103, 143, 150, 393
Keller, Marco, 43
King, Billie Jean, 186
Knight, Phil, 384
Kohlschreiber, Philipp, 240, 360
Kooyong Lawn Tennis Club, 163
Korda, Petr, 199
Kosovo, 308-309
Koubek, Stefan, 142
Kournikova, Anna, 167
Kovac, Pavel, 147, 163
Krajicek, Richard, 119, 360
Kramer, Jack, 244
Kratochvil, Michel, 27, 73, 107, 136, 154
Kucera, Karol, 116
Kuerten, Gustavo «Guga», 24, 130, 168, 170, 223, 227
Kyrgios, Nick, 123, 356, 382, 384
Kruger, Parque Nacional 131

Labadze, Irakli, 85-87
Lacoste, 372
Lagardère Unlimited Tennis, 382
Lammer, Michael, 73-74, 81, 122, 129, 317, 320, 326, 328
Laver, Rod, 42, 150, 154, 164, 178, 180, 225, 233, 306, 342, 350, 359, 364
Law, David, 89, 95, 115
Leconte, Henri, 90
Lee, Hyung-taik, 142
Lemann, Jorge Paulo, 410
Lendl, Ivan, 61, 82, 123, 178, 255, 266
Les Petits As, 85
Lindt, 375

Ling, Ella, 392
Ljubicic, Ivan, 129, 133, 306
carrera como jugador, 133, 339-342
entrenamiento de, 29, 332-333, 338, 339, 341, 347, 365
Los Ángeles, Juegos Olímpicos de (1984), 107
López, Feliciano, 142, 204, 332, 393
Los Angeles Lakers, 266
Louvre, 285
Lundgren, Peter, 106, 116, 127, 142, 368, 370
carrera como jugador, 62, 74, 123, 136
contrato como entrenador en los desplazamientos, 72-74
entrenamiento de, 13, 75, 77-81, 84, 95-96, 104, 112-114, 117, 122, 125, 128, 129, 135, 139, 140, 147, 276, 416
muerte de Carter, 131-133
ruptura, 161-163, 278-279
Safin y, 179-182
Lungu, Edgar, 409
Lüthi, Severin, 52, 237, 282, 323-324, 342
Copa Davis (2014), 237, 317, 328
Copa Laver (2020), 385
entrenamiento de, 17, 50, 238-239, 317, 326, 328, 332, 338, 347, 349, 385, 388, 390-391
Open de Australia (2017), 347 339
Roland Garros (2016), 238, 258

McCormack, Chris, 383
McDonald, Mackenzie, 337
McEnroe, John, 17, 63, 85, 94, 157, 253, 255, 333
arrebatos, 123
Grand Slams, 42, 130
Roland Garros (1979), 228-229
US Open, 1990, 179, 219-220
Wimbledon, 1980, 179, 200, 219-220; 1984, 210
Macpherson, David, 34, 324-327
Madinat Club, 329, 336
Mahut, Nicolas, 262

Majoli, Iva, 70
Maleeva, Magdalena, 53, 57, 60
Maleeva, Manuela, 50, 54, 57-58
Malisse, Xavier, 120, 318
Mandela, Nelson, 412
Manta, Lorenzo, 25, 50, 107
Mantilla, Félix, 139
Maradona, Diego, 16
Marcolli, Christian, 81-85, 90, 98, 99, 114, 121, 135, 148, 166, 357
Martin, Todd, 25, 303
Martínez, Conchita, 111
Massú, Nicolás, 135
Masters de Shanghái, 137, 138, 356
Match in Africa, 408-411
Mathieu, Paul-Henri, 239
Mayweather, Floyd, 366
McEnroe, Patrick, 24, 224, 259
McIngvale, Jim, 157-160
McKinnon, Ian, 385
McMillan, Frew, 242
Mecir, Miloslav, 109
Medvedev, Andrei, 245
Melzer, Jürgen, 97-98, 344
Mensua, Rafael, 168
Mercedes-Benz, 374
Messi, Leo, 384
Meyerson, Ken, 372
Mezzadri, Claudio, 26, 318
Milosevic, Slobodan, 308
Mirnyi, Max, 135
Moët & Chandon, 380, 410
Molitor, Melanie, 71
«momento Starbucks», 264
Monfils, Gaël, 37, 242,248, 325-327
mononucleosis, 211-213, 307
Montecarlo, 115-116, 127, 305, 307, 318, 331, 402

More Life, Please! (Marcolli), 84
Mourier, Cédric, 323
Moyá, Carlos, 136, 190, 193, 195, 204, 343, 351, 369, 397
Müller, Gilles, 353
Mundial de Fútbol
1966, 53
1994, 189
1998, 190
Murray, Andy, 299, 342-343, 352-353, 397
Copa Davis, 321
Copa Laver (2018), 364-365
entrenamiento de, 302
Juegos Olímpicos (2016), 334
Open de Australia, 241; 2017, 345-347
Torneo de Dubái (2008), 211-212
US Open, 296
Wimbledon, 2009, 259; 2012, 313
Muster, Thomas, 199
Myskina, Anastasia, 167

Nadal, Ana María, 204, 230-231
Nadal, Rafael, 185-211, 387, 392
Abierto de Italia (2019), 395
años juveniles y principio de carrera, 78, 187, 229
Copa Davis, 321, 326; 2004, 195
Copa Laver (2017), 354
entrenamiento de, 31, 204, 387
Hewitt, 128
lesiones, 191, 201, 221, 230, 256, 343
Open de Australia, 2005, 232-235; 2009, 232; 2017, 347, 404
Open de Miami (2004), 169
Palma Arena en 2007, 185, 221
patrocinadores, 188, 383, 384
primeros años, 31, 189
rivalidad con Federer, 185, 192, 196, 202-203, 207, 211, 237, 249, 294, 311, 355, 375, 396

Roland Garros: 2000, 89; 2005, 196, 198, 220; 2007, 379; 2008, 210-211; 2009, 232; 2019, 395
Safin y, 166
separación de padres, 230
servicio, 115, 187
US Open, 2009, 292; 2019, 377
velocidad con la raqueta, 92
Wimbledon, 2003, 191-192, 205; 2006, 202; 2007, 205; 2008, 15, 215, 221; 2009, 256; 2011, 307; 2019, 396-399
Nadal Homar, Miguel Ángel, 189, 198
Nadal, Sebastián, 189, 230-231
Nadal, Toni, 187, 202, 204, 219, 232
Nakajima, Mike, 188, 281, 370, 383, 384
Nalbandian, David, 97-98, 131, 140, 159, 164, 326
Navratil, Miroslav, 109, 110
Navratilova, Martina, 58, 103, 109-111, 119, 151, 203
New Beyond Chocolate, The (Oertig- Davidson), 336
New York Times, 10, 105, 197-198, 200, 211, 292, 301, 375, 381, 387, 416
Newcombe, John, 42, 150, 152-153, 233
N'Goran, Clément, 78
Nieminen, Jarkko, 398
Nike, 86, 97, 130, 186, 188, 202, 206, 276, 281, 294, 368, 370-376, 383-384
Nishikori, Kei, 345
Noah, Trevor, 408- 410
Noah, Yannick, 42, 61, 139, 326
Norman, Magnus, 240
Novak, Jirí, 115, 136
Nystrom, Joakim, 74

Obama, Barack, 232
Oberer, Stephane, 72, 370
Oertig-Davidson, Margaret, 50, 336
Old Boys Basel, 33-34, 38-40, 44-46, 48, 73, 224
Open de Australia, 245, 334, 339
1995, 72, 254
1996, 146

1998, 85
1999, 117
2000, 101
2003, 140, 154
2004, 163-165, 168-169
2005, 177-181, 196, 232-235, 305-306
2006, 202
2007, 193
2008, 211, 306
2009, 270-271, 292
2012, 220
2016, 330, 332
2017, 344-352
2018, 356-357, 360
2020, 407, 408
Open de Australia del Sur (1982), 36
Open de Canadá, 336
Open de Miami, 130, 169, 192-196, 231, 239, 276, 287, 293, 331, 341, 352, 366, 369, 393
Orange Bowl, 68-69, 97-98, 367-368
Orantes, Manuel, 61
Osaka, Naomi, 58, 128, 193, 310
O'Shannessy, Craig, 267, 404
Ouahabi, Talal, 78

Paganini, Niccolò, 52
Paganini, Pierre, 208, 336, 338, 359
contexto, 52-54
ejercicios físicos de entrenamiento, 51-61, 62-64, 114, 208, 288, 336, 391
Panorama Resort and Spa, 269
Parkinson, enfermedad de 149
Parque Nacional Kruger, 131
Partizán de Belgrado, 304
patrocinadores, 366-378, 382-384. *Véase también* Nike; Uniqlo
Paul, Jakub, 390

Paul, Tommy, 383
Pekín, Juegos Olímpicos de (2008), 106, 324, 327
Periscope, 337-338
Pernfors, Mikael, 74, 152
Perry, Fred, 247
Pfeiffer, Andrew, 330
Phelps, Michael, 229
Philippoussis, Mark, 102, 143, 146-147, 154, 156, 246
Piaget, Jean, 82
Piatti, Riccardo, 306, 340
Pierce, Mary, 72
Pilic, Nikola «Niki», 305-306
Pioline, Cédric, 153
Pippen, Scottie, 385
Planque, Emmanuel, 338-339
PlayStation, 75, 80, 91
Pollock, Jackson, 17
Poltera, Toni, 387, 390
Porta, Jofre, 191
Pouille, Lucas, 336-339
Price, S. L., 132
Prinosil, David, 16
Privatklinik Bethanien, 270
psicología, 82-85
psicología del rendimiento, 82-85
Puerta, Mariano, 197

Querrey, Sam, 230, 343, 356

Radovanovic, Marko, 329-330
Rafter, Patrick, 26, 123, 266
    Copa Davis (1997), 153
    Roland Garros (1999), 225-226, 227, 247
    US Open (1998), 146
    Wimbledon (2001), 178, 220
Raonic,Milos, 332-334, 342, 353

Raoux, Guillaume, 95
Rasheed, Roger, 37, 155, 164, 177
Real Madrid, 189
relâchement, 392
Renshaw, William, 353
«resistencia explosiva», 55
Ricci Bitti, Francesco, 321-322
Riggs, Bobby, 187
Río de Janeiro, Juegos Olímpicos de (2016), 334
Ríos, Marcelo, 72, 113, 123, 167, 199
Robredo, Tommy, 192
Roche, Tony, 153, 178, 199, 233, 275, 336
Rochus, Olivier, 88, 367
Roddick, Andy, 98, 141, 278, 327-328
    Copa Davis, 2001, 26-28; 2004, 195
    Copa Masters, 2003, 159-160
    fundación benéfica, 381-382
    Open de Australia, 2005, 219
    patrocinadores, 372
    rankings, 98, 372
    retirada, 264-266
    servicio, 173-174
    títulos, 264-265
    US Open, 2006, 376-377
    vida familiar, 284
    Wimbledon, 2002, 131; 2003, 141, 143-146; 2004, 169-175; 2008, 214; 2009, 251, 258-264; 2019, 401
Roddick, John, 143
Roger Federer, calle (Biel), 67
Roger Federer Center Court, 44
Roger Federer Foundation, 410-412
Roger Federer: Spirit of a Champion (documental), 30, 147
#RogerWakeUpNow, 310
Roland Garros
    Chatrier 107

1968, 359
1973, 305
1979, 85
1987, 74
1996, 72, 142
1998, 24, 85, 168
1999, 24, 225-227, 245
2000, 115, 227
2001, 120, 227
2002, 130, 139-140,
2003, 227
2004, 195, 227-228
2005, 196-198, 227-229
2006, 340
2007, 378-380
2008, 209-211, 219, 223-224
2009, 238-243, 245-246, 247-248, 350-351
2011, 275, 297, 312-313
2016, 331-332, 342-343
2019, 395-396
2020, 85
Rolex, 237, 375
Ronaldo, Cristiano, 384
Rose, Axl, 373
Rosewall, Ken, 42, 150, 233, 244, 266, 358-359
US Open (1974), 200, 244, 346, 358
Rosset, Marc, 16, 68-69, 370
carrera como jugador, 90-91, 94, 102-103, 107, 133, 136
Copa Davis, 133; 1998, 90-91; 2003, 136, 154-155, 156
entrenamiento de, 30, 54, 57, 68-69, 89-90, 337, 370
excursion de esquí, 101-102
Juegos Olímpicos (2000), 107
Mirka y, 273, 278-279
muerte de Carter, 136
Róterdam, torneo de, 360, 361
rotura de menisco, 330

Rubens, Peter Paul, 17
Rubin, Noah, 344
Rusedski, Greg, 112, 132
Ryan, Bill, 127, 133, 275, 370
Ryder Cup, 354

Sabatini, Gabriela, 10, 58, 151
SABR («ataque sorpresa Federer»; *Sneak Attack by Roger)*, 314, 341
Sachs, Gloria, 23
Safin, Marat, 140, 162, 165-169
    Abierto de Italia (2001), 122
    Copa Davis (2002), 133
    entrenamiento de, 166-168, 302
    Open de Australia, 2004, 165-167, 16-169; 2005, 173-183, 196, 306
    Roland Garros (1998), 24, 168
    Torneo de Hamburgo (2002), 130
Safin, Misha, 167
Sampras, Bridgette, 251
Sampras, Gus, 253
Sampras, Pete, 176, 178, 251-256, 321, 365
    abandono de los Juegos de Sídney (2000), 107
    amistad con Federer, 252-255, 261, 266-267
    circuito de partidos de exhibición, 252-254
    Copa Davis, 1991, 325; 1995, 326
    Copa Masters (2003), 149
    entrenamiento de, 253-254
    Grand Slams, 12, 42, 128-129, 200, 228, 233, 243-244, 251, 263, 266-267, 268, 254, 375
    Open de Australia, 1995, 254; 1996, 146
    patrocinadores, 206
    raqueta, 228
    referencia profesional, 12, 19, 38, 86, 294, 302
    retirada, 12, 141, 201, 252
    Roland Garros, 244, 245; 1996, 141
    servicio, 64
    talasemia, 229

US Open, 1990, 123-124; 2000, 165; 2002, 12, 128-129, 257, 351
Wimbledon, 25, 141-142, 148, 206, 247-248, 261-262; 1979, 87; 1996, 119, 142; 2001, 119, 121-129, 228; 2009, 251-252
Sanguinetti, Davide, 318
Santa Ponsa Country Club, 188
Santana, Manolo, 197, 204
Santoro, Fabrice, 241
Sargsian, Sargis, 121
Saturday Night Live (programa televisivo), 159
Schmidli, Reto, 34
Schnyder, Patty, 106, 111
Schwartz, Alan, 176
Sears, Richard, 176
Sedgman, Frank, 150
Segurola, Santiago, 236
Seles, Monica, 301-304, 321, 373-374
Seúl, Juegos Olímpicos de (1988), 109
Shapovalov, Denis, 384
Sharapov, Yuri, 111
Sharapova, Maria, 31, 49, 72, 111, 188, 266, 273, 372-373, 383
Siemerink, Jan, 95
Silva, Andre, 383
Skelly, John, 116
Slusher, John, 383, 384
Smith, Peter, 35-36, 37, 41, 113-114, 149, 153, 169, 176-178
Smith, Stan, 364
Sock, Jack, 356
Soderling, Robin, 212, 257
Roland Garros (2009), 239-240, 241, 243-246, 248
Sídney, Juegos Olímpicos (2000), 25, 105-107, 108, 11, 116-117
Sommer, Yann, 82
Sotto, Thomas, 410
Spadea, Vince, 24, 116
Spadea, Vincent, 24, 116
Spartak Tennis Club, 167
Spicher, Joël, 76-77
Sproga, Raimonds, 97

Squillari, Franco, 122
Staubli, Reto, 163, 171
Stefanki, Larry, 258-259
Stein, Jonas, 45
Steinberg, Mark, 375, 382
Steiner, Damian, 402
Stevenson, Alexandra, 24
Stevenson, Samantha, 24
Stich, Michael, 42, 72
Stine, Brad, 17, 303
Stolle, Fred, 276, 358
Stolle, Sandon, 132
Strambini, Alexandre, 50
Strokes of Genius (documental), 45, 151, 176, 215, 256
Sudáfrica, 13, 29, 108, 407-412
Sundström, Henrik, 74
Svensson, Jonas, 74
Swiatek, Iga, 85
Swinnen, Sven, 65, 129
Swiss Federal Institute of Sport Magglingen, 53
Swiss Indoors, 42-44, 95, 380
Swiss National Tennis Center, 33,47, 68, 79, 112, 390
Swiss Tennis Academy (Biel), 67, 70, 74, 75, 91

tall poppy syndrome, 97
Tchelychev, Igor, 76
Team8, 381-384
tendinitis, 230, 256
Tennisclub Felsberg, 387, 390
Thiem, Dominic, 52, 331
Thorpe, Ian, 105
Threlfall, Bill, 88
Thunberg, Greta, 309
Tigre, Argentina, 9-21
Tillstrom, Mikael, 116
Tobias, John, 284, 382
Tomic, Bernard, 338

Torneo de Mallorca, 188
Tous, Alberto, 185
TransWorld International, 373
Travolta, John, 39
Trofeo Memorial Peter Carter, 153
Troxler, Daniel, 332, 346
Tsitsipas, Stefanos, 395
Tsobanian, Gerard, 182
Tsonga, Jo-Wilfried, 37, 284, 287, 325, 326, 331
tweener, 181, 291-292, 312

Uehling, Gordon, 316
Uniqlo, 281, 383-384
Universidad de Oregón, 65
Universidad de Zúrich, 82
US Open, 291-299, 336
    1974, 346, 358
    1990, 123-124
    1998, 146
    2001, 135
    2002, 12, 129, 257, 351
    2003, 150
    2004, 175-176, 177-178
    2005, 200, 358
    2006, 295, 376-377
    2008, 257, 405
    2009, 268, 291-294
    2010, 296, 297, 308
    2011, 296-299
    2015, 313-315
    2017, 354
    2018, 128
    2019, 377

Vacheron, Philippe, 65
Vajda, Marián, 303, 403
Valbella, 67, 289, 390, 391

Van Garsse, Christophe, 318
Van Harpen, Eric, 111
Verdasco, Fernando, 232, 347
Vicario, Arantxa Sánchez, 111, 276
Vilas, Guillermo, 10
VO_2 máx., 56, 94

Wawrinka, Stan, 93, 394, 397
    Copa Davis, 319-320, 322, 326
    entrenamiento de, 31, 51, 54
    Open de Australia (2017), 346-348
    rankings, 78, 325, 397
    US Open (2016), 343
Wenner, Jann, 23
Wertheim, Jon, 215
Wilander, Mats, 74, 197
Williams College, 23
Williams, Serena, 31-32, 57, 70, 106, 128, 193, 348, 357, 383
Williams, Venus, 20, 31-32, 57, 70, 106, 348
Wilson Pro, raquetas, 92, 124, 228
Wimbledon, 25, 120-121, 288
    tradiciones de la pista central, 119
    1877, 244
    1979, 85
    1984, 210
    1985, 30
    1996, 119, 141
    1998, 85-88
    2000, 115
    2001, 119-129, 220, 267, 303, 345
    2002, 130
    2003, 139-149, 191-192, 246, 247, 269
    2004, 170-175, 195
    2007, 205-206
    2008, 15, 214-220, 256, 351
    2009, 251-252, 257-265

2011, 284, 307
2012, 9, 285, 312, 342
2016, 332
2017, 353-354
2019, 15, 86, 400
Winning Ugly (Gilbert), 143
Wintour, Anna, 226, 273
Woodbridge, Todd, 35, 154
Woodforde, Mark, 35, 154
Woods, Tiger, 19, 128, 366, 375, 378, 382

Yen-hsun Lu, 257
Ysern, Gilbert, 246
Yu, Ron, 279

Zidane, Zinedine, 16
Ziff, Dirk, 382
Zverev, Alexander, 332, 382, 383, 395, 395
Zverev, Mischa, 345-346